Y0-CAR-798

SOWJETUNION

die OSTSEE

XXX1665

OSTPREUSSEN

POMMERN

Warschau

POLEN

NIEDERSCHLESIEN

Oder

Breslau

OBERSCHLESIEN

N

W   O

S

Prag

die
TSCHECHOSLOWAKEI

Donau

Wien

ÖSTERREICH

GERMANY

- Federal Republic of Germany
- Occupied by U.S.S.R. in 1945
- Under provisional Polish or Soviet administration
- German frontiers as of 1937
- Berlin under special Four-power status

Miles

| 0 | 50 | 100 | 150 |

Bayern

Brandenburg

Hessen

Pommern

Sachsen

Oberschlesien

Rheinland Pfalz

Thüringen

Niederschlesien

Das erste Jahr

Das erste Jahr

FOURTH EDITION

Margaret Keidel Bluske
Elizabeth Keidel Walther
CERRITOS COLLEGE

1817

HARPER & ROW, PUBLISHERS, New York
Cambridge, Hagerstown, Philadelphia, San Francisco,
London, Mexico City, São Paulo, Sydney

To our neglected children
Ricarda, Ingeborg, John, Dietrich, Allen

Sponsoring Editor: Ellen Antoville
Project Editor: Brigitte Pelner
Designer: Helen Iranyi
Production Manager: Marion A. Palen
Compositor: Syntax International Pte. Ltd.
Printer and Binder: The Murray Printing Company
Art Studio: Vantage Art, Inc.

Das erste Jahr, Fourth Edition

Library of Congress Cataloging in Publication Data

Bluske, Margaret Keidel
  Das erste Jahr.

  Includes index.
  1. German language—Composition and exercises.
2. German language—Grammar—1950-   I. Walther, Elizabeth Keidel, joint author. II. Title. PF3112.B5 1980   438′.2′4′21   79-16666
ISBN 0-06-040788-3

Frontispiece: Ramsau bei Berchtesgaden

Acknowledgments

The authors are grateful to the following publishing houses that so generously granted permission to use various sources for the reading selections.

Constanze-Verlag, Hamburg 1, Burchardstraße 14
Deutsches Jugendherbergswerk, Hauptverband für Jugendwandern und
    Jugendherbergen e.V., Detmold, Bülowstraße 26
Friedrich Wittig Verlag, Hamburg 39, Bebelallee 11
Lebendiges Wissen, München
Verlag Moritz Diesterweg, Frankfurt am Main, Hochstraße 31
Schocken Books Inc., 200 Madison Avenue, New York, N.Y. 10016
Hase und Koehler Verlag, Leipzig
Paul Neff Verlag, Wien Vl, Gumpendorferstraße 5
Johann Ambrosius Barth Verlag, Leipzig
Hoffmann und Campe Verlag, Hamburg 13, Harvestehuder Weg 41

PHOTO CREDITS

Cover: Vanderwall, DeWys
Frontispiece: German Information Center

Austrian National Tourist Office: Pages 393, 394, 395
German Information Center: Pages 12, 16, 28, 31, 38, 39, 42, 46, 60, 61, 66, 81, 84,
    91, 99, 101, 108, 110, 112, 125, 164, 168, 172, 173, 186, 187, 196 bottom, 200, 208,
    232, 235, 256, 276, 280, 284, 296, 299, 308, 311, 314, 320, 348, 349, 355, 376, 397,
    412, 415, 420
Metropolitan Opera Association: Pages 227, 342
Monkmeyer: Pages 80, 196 top
New York Public Library: Pages 137, 369
Swiss National Tourist Office: Pages 24, 142, 248
UPI: Page 419

Contents

GEDICHTE: Erinnerung, Wanderers Nachtlied, Der König in Thule, Gefunden, *Johann W. von Goethe* 202 /   Es lächelt der See, *Friedrich von Schiller* 204 /   Du bist wie eine Blume, Es ragt ins Meer der Runenstein, Es war ein alter König, Das Glück ist eine leichte Dirne, In der Fremde, *Heinrich Heine* 204

Preface

Das erste Jahr, Fourth Edition, may be used in a traditional classroom situation, for individual self-paced instruction, or for a combination of both. It is adaptable to either the quarter or the semester system. *Das erste Jahr, Fourth Edition*, consists of the text itself, a *Programmed Assignment Book*, an *Instructor's Guide and Test Manual*, and a laboratory program. Although the supplementary materials are extremely useful, the text may be used alone.

    Das erste Jahr, Fourth Edition contains thirty chapters as well as four review chapters. The basic organizational plan is as follows:

    FRAGEN (*Questions*). Each chapter begins with questions of a general nature (teacher to student or student to student). Only previously mastered words are used. The questions may be changed or amplified, and none can be answered by a mere yes or no.

    WORTSCHATZ (*Vocabulary*). The words in the vocabulary sections are listed according to parts of speech; odd-numbered chapters contain nouns and verbs only, and even-numbered chapters contain all other words. Idioms, with examples, are listed separately. These words make up the active vocabulary and are to be memorized. No other words are used in the exercises. Vocabulary sections at the end of the text (German–English, English–German) contain all active vocabulary words; thus the use of a supplemental dictionary is unnecessary.

    GRAMMATIK (*Grammar*). Grammatical structure is explained in English as simply as possible. There are brief definitions of grammatical terms listed in the Introduction. The primary or harder points of grammar alternate in one chapter with secondary, easier points in the following chapter, thus affording the student added time to master the more difficult concepts. Simple exercises for immediate oral practice follow each grammatical point and demonstrate the explanation. After each grammatical point and its related oral exercises, reference is made to the *Programmed Assignment Book* which contains an abundance of exercise material to be written out. The correct forms are given on the reverse side of each page.

ALLTÄGLICHES (*Everyday Life*). Each alternate chapter offers a dialogue depicting a situation in everyday life. As far as possible, only previously mastered structures are used. These dialogues give the student a chance to use the language colloquially. The first five dialogues have complete translations; thereafter, passive vocabulary is given in the margins. AUFSATZTHEMEN (*Essay Themes*) offer ideas for short essays.

LESESTÜCK (*Reading Selection*). Every other chapter contains one or two reading selections which increase in length and difficulty. Only grammatical constructions previously mastered are used. All words not included in the vocabulary sections up to this point are given in the margin. The readings vary in style and content, ranging from legends and historical notes to stories retold from great German literature. In the later chapters original writings are presented. There are two sections dealing with travel, study, and work opportunities in German-speaking countries. Neither the exercises nor the tests include material from the dialogues or reading selections. Instructors are free to use as much or as little of the reading as they wish. For graduate students whose main objective is the development of reading skills, abundant material is provided.

Review chapters follow Chapters 10, 16, 24, and 30. Each review chapter contains the following sections:

GESPRÄCH (*Dialogue*). An American and a German student talk about various phases of student life in Germany.

ÜBUNGEN (*Exercises*). Simple fill-in or substitution exercises are offered for classroom work. Reference is made to the *Programmed Assignment Book* for written exercises providing further practice.

LESESTÜCK (*Reading Selection*). Biographical sketches of great personalities of the German-speaking world may be assigned or used as collateral reading. Passive vocabulary is given in the margins. Only previously studied structures are used.

GEDICHTE (*Poems*). Selections from German poetry are to be found at the end of each review chapter and are intended for discussion and cultural enrichment.

This revision of the text has been made in response to criticisms and suggestions by teachers and students who have used the former edition. The changes which have been made in this revision are listed here.

1. The following major changes have been made in the grammar sections:
    a. The grammar content of some chapters has been adjusted in order to equalize the amount and difficulty of the subject matter. Some explanations have been clarified.
    b. The order in which cases are listed has been changed to agree with the order of presentation: nominative, accusative, dative, genitive.
    c. Changes in terminology have been made: **der**-words instead of **dieser**-words; *strong* and *weak* adjective endings instead of *primary* and *secondary*; the term *time level* in the subjunctive has been discarded.
    d. The use of boxed sections has been discontinued throughout.

2. Some of the dialogues and reading selections have been revised and simplified.
3. In order to increase their usefulness as conversational activity, the questions introducing each chapter have been somewhat extended, and none can be answered by a mere yes or no. No cues are given for answers.
4. A collection of traditional German songs has been added at the end of the Appendix.

Programmed Assignment Book and Laboratory Supplement. This workbook consists of written exercises corresponding to each grammar point in the text. The correct forms are given on the reverse side of each page.

Directions for the laboratory exercises are given so that students may orient themselves more easily while listening to the tapes (see below). Correct forms for the written responses are given in the last section of this workbook.

Instructor's Guide and Test Manual. For the instructor only, this booklet contains suggestions for use of the text and its supplements. It also contains two tests for each chapter of the text.

Laboratory Program. Tapes are available which are adaptable to any system of equipment. The directions for the laboratory exercises and the correct responses for the written laboratory exercises are given at the end of the *Programmed Assignment Book*.

We are very grateful to our many colleagues who have reviewed the manuscript so carefully and given most valuable suggestions. We owe thanks to Hans Walther for his painstaking reading of the manuscript, to Ricarda Radulescu for her helpful comments and criticisms, and to Ute Keitel-Hoffmann of the German Information Center, New York, for her kind assistance in providing illustrations.

MKB
EKW

Introduction

The Alphabet

a	ah	**h**	hah	**o**	oh	**u**	oo
b	bay	**i**	ee	**p**	pay	**v**	fow
c	tsay	**j**	yot	**q**	koo	**w**	vay
d	day	**k**	kah	**r**	er	**x**	iks
e	ay	**l**	el	**s**	ess	**y**	ipsilon
f	eff	**m**	em	**ß**	ess-tset	**z**	tset
g	gay	**n**	en	**t**	tay		

I. Pronunciation

A. STRESS

German employs no accent marks. The stress is on the stem syllable, which is usually the first. The inseparable prefixes, therefore (**be-, emp-, ent-, er-, ge-, ver-, zer-**), are not stressed.

be · **deu** · ten   ent · **geh** · en   ge · **le** · sen

Words of foreign extraction, however, are often accented differently, frequently on the last syllable.

U · ni · ver · si · **tät**   Phi · lo · so · **phie**
phi · lo · **so** · phisch   A · **me** · ri · ka

B. GLOTTAL STOP

German is pronounced more energetically and forcibly than English; syllables do not glide into each other. A glottal stop (breathing stop) is used before accented

1

initial vowels, preventing the slurring over of consonants.

Er-ist-alt. Sie-entdeckt-alles.

In English: *an ale* as opposed to *a nail*.

C. VOWELS

In German, each vowel represents only one sound. However, this sound is long in some words and short in others. A vowel is long when it is followed by only one consonant or an *h*. A vowel remains long even when the addition of an inflectional ending causes it to stand before two consonants: **leben, lebte.** A vowel is short when it is followed by two or more consonants. In a few one-syllable words the vowel is short: **am, ab, in, um.**

a	long (as in *father*)	Haar, Vater, Kahn
	short (as in *part*)	kalt, Kamm, hast
e	long (as in *obey*)	Beet, Meter, geht
	short (as in *met*)	helfen, Bett, nennt
	unstressed (as *e* in *mother*)	Mutter, haben, getan
	final (as *a* in *comma*)	Farbe, Lampe, trage
i, ie	long (as in *machine*)	ihm, Kino, ihnen; die, lieben
	short (as in *hit*)	ist, immer, bis
o	long (as in *go*)	Hof, Lohn, toben
	short (as in *form*)	offen, Gott, oft
u	long (as in *pool*)	Mut, Schule, du
	short (as in *bull*)	und, Kunst, Mutter
y	is pronounced like German **ü**. It occurs chiefly in words of foreign origin: **Lyrik, Myrte, Typ.**	

D. MODIFIED VOWELS

An umlaut (¨) indicates a modification in the sound of the vowel over which it is placed and is used with the following three vowels and the diphthong **au.**

ä long (as in *care*) Käse, Läden, Mädel
  short (as in *yet*) Blätter, fände, Männer

ö long (German long **e** with rounded lips, resembling English *worm*)
    schön, Söhne, Öfen
  short (German short **e** with rounded lips)
    können, öffnen, Götter

ü long (German long **i** with rounded lips)
Tür, müde, Sühne
short (German short **i** with rounded lips)
dünn, fünf, müssen

E. DIPHTHONGS

Diphthongs are combinations of long vowels.

ai, ei (ay, ey)	(as in *mine*)	Kaiser, dein, Bayern, Meyer
au	(as in *house*)	Maus, kaum, grau
eu, äu	(as in *boy*)	Leute, neun, Bäume

F. CONSONANTS

In the following descriptions of the consonant sounds, the consonant at the beginning or end of a word or syllable is referred to as "initial" or "final."

b	initial: as in English	baden, Bett, bitten
	final: like English *p*	Dieb, abnehmen, Erbse
c	before a, o, u: like English *k*	Cousine (*often replaced by **k***)
	before i, e, y, and umlauts: like English *ts*	Cent, Cäsar, circa (*often replaced by **z***)
ch	initial: like *k*	Christ, Chor, Chronik
	after a, o, u, au: like English *ah* with slight force on the ***h***	ach, Koch, Buch, Bauch
	after i, e, umlauts and consonants: like English *h* in *hew*	ich, echt, möchte, mancher
	before e, i (in a few words of foreign origin): like English *h* in *hew*	Chemie, China
chs	like English *ks*	sechs, wachsen
ck	like English *k*	Ecke, Glück, Backe
d	initial: as in English	dann, du, denken
	final: like English *t*	Bad, und, Mädchen
f	as in English	fahren, Fenster, fein
g	initial: like English *go*	gehen, gab, gut
	final: like English *k*	Tag, Berg, Flug
h	initial: like English *he*	haben, heute, Hut
	after long vowel: silent	geht, Bohne, naht
j	like *y*	ja, Jahr, Juli
k	as in English	kann, können, Kuh
kn	both sounded	Kneipe, Knabe, Knecht
l	like English *lit*	Liebe, lassen, Luft, alle

m, n, p	as in English	Mann, nein, Platz
ng	like English *sing*	Finger, gesungen, hing
pf	both sounded	Pfeife, Topf, Pfanne
ph	like English *f*	telephonieren, Philosophie
qu	English *kv*	Quelle, quer, quälen
r	(see footnote*)	rot, reden, Frau
s	initial or between two vowels: like English *rose*	sie, lesen, Sohn
	final, or before consonants and when doubled: like English *son*	das, bist, essen, Haus
ß	in writing: ss (like English *less*) used after a long vowel or diphthong, or at end of syllables	Grüße, Kuß, heiß, ißt
sch	like English *shoe*	Schuh, Tisch, Schnaps, schön
sp	*shp*	spät, springen, ansprechen
st	*sht*	Stein, stehen, vorstellen
t	as in English	tun, Teller, Mutter
th	like English *t*	Theater, Bibliothek, Thea
ti	before a vowel: *tsi*	Nation, Patient, Station
tz	English *ts*	Katze, sitzen, Fritz
v	like English *f*	Vater, von, viel
	in words of foreign origin: like English *v*	November
w	English *v*	Wasser, wie, schwer
x	as in English	Hexe, fix
z	English *ts*	zehn, Zimmer, zu, zwei

II. Syllabication

A. A single consonant goes with the next vowel.

le · sen   lau · fen   fra · gen

B. Consonant combinations **ch, sch, ß, st, ph,** and **th** go with the next vowel.

fi · schen   Bü · cher   Tele · phon   ko · sten

C. Compounds are divided into their component parts.

Arbeits · raum   dar · aus   ent · führen

---

* In southern Germany, the **r** is pronounced with a slight trill of the tongue against the upper edge of the upper front teeth. Elsewhere the **r** is pronounced with a trill of the uvula (the little tip hanging in the back of the soft palate).

III. Capitalization

A. In German all nouns and words used as nouns are capitalized.

B. In letters, **du** and **ihr** (*you*) are capitalized when referring to the person or persons addressed.

C. The personal pronoun **Sie,** *you* (*formal, sing. and pl.*), is always capitalized.

IV. Punctuation

A. All subordinate clauses are set off by commas.

Ich weiß, daß du kommst.
I know that you are coming.

Der Mann, der hier sitzt, ist mein Onkel.
The man who is sitting here is my uncle.

B. A comma is used before **und** and **oder** when they introduce a complete clause; that is, when each clause has a subject and a verb.

Er war krank, und daher blieb er zu Hause.
He was ill and therefore he remained at home.

but:

Ich stand am Fenster und sah alles.
I stood at the window and saw everything.

C. No commas are used to set off parenthetical words.

Der Alte aber verlor sein ganzes Geld.
The old man, however, lost all his money.

D. No comma is used in dates between the month and the year, but a period follows the day of the month.

München, den 26. Januar 1979   *Munich, January 26, 1979*

E. Closely related independent clauses may be separated by either a semicolon or a comma.

Ich frage ihn, (*or* ;) er wird es wissen.
I'll ask him; he'll know.

F. After a command an exclamation mark is used.

Öffnen Sie die Tür!   *Open the door.*

G. Compound words are seldom hyphenated. If, however, the last part of a compound applies to the following compound also, a hyphen is used.

Spiel- und Arbeitszimmer   *playroom and workroom*

H. Quotation marks in German are commonly written in one of the two following ways:

Er sagte, »Ich habe keine Zeit.«
Er sagte, „Ich habe keine Zeit.''

In this book, we will be using the second type of quotation marks.

I. To express the possessive of a proper name, an apostrophe is used only after names ending in an *s*-sound.

Georgs Hut   *George's hat*
Hans' Buch (*or* Hansens Buch)   *Hans' book*
Fritz' Haus (*or* Fritzens Haus)   *Fritz' house*

J. In letters an exclamation mark is often used after the salutation.

Liebe Mutter!   *Dear Mother,*

K. Italics are seldom used in German. Emphasis is indicated by spaced or bold-faced type.

V. German Type (**Fraktur**)

Modern German publications are printed almost entirely in Roman type. Many older German works in our libraries are printed in German type, called **Fraktur.** This German type is not used in this book. Students continuing the study of German beyond the first year will have opportunity to become acquainted with this older type of print.

ROMAN TYPE

Aa, Bb, Cc, Dd, Ee, Ff, Gg, Hh, Ii, Jj, Kk, Ll, Mm, Nn, Oo, Pp, Qq, Rr, Ss, Tt, Uu, Vv, Ww, Xx, Yy, Zz.

GERMAN TYPE (**FRAKTUR**)

𝔄a, 𝔅b, ℭc, 𝔇d, 𝔈e, 𝔉f, 𝔊g, ℌh, ℑi, 𝔍j, 𝔎f, ℒl, 𝔐m, 𝔑n, 𝔒o, 𝔓p, 𝔔q, ℜr, 𝔖s, (ſ, ß), 𝔗t, 𝔘u, 𝔙v, 𝔚w, 𝔛x, 𝔜y, 𝔝z.

VI. Definitions of Grammatical Terms

Accusative Case The case of nouns and pronouns when used as direct objects (I see *the child*) and as objects of certain prepositions (I'll go *without him*). In English only certain pronouns, and no nouns, show this distinction in case.

Active Voice See *Voice*.

Adjective A word that describes a noun or pronoun. **Attributive:** precedes the noun it describes. (a *large* house) **Predicate:** stands alone and describes the subject. (The child is *good*.)

Adverb A word that describes or modifies a verb, adjective, or another adverb. (The girl sings *well*. It is a *very* hot day.)

Antecedent The word, phrase, or clause to which a later word (pronoun) refers. (*The man who* visited us . . .)

Auxiliary Verb A verb that helps in the conjugation of the main verb. (he **has** given, she **will** eat, they **want** to come)

Case The form of a noun, pronoun, or adjective which shows its relationship to other words or its function in the sentence: Nominative, Accusative, Dative, Genitive.

Clause A group of words containing a subject and a predicate. **An independent (main) clause** can stand alone. **A dependent (subordinate, relative) clause** must function together with an independent clause.

Comparison The change in form of an adjective or adverb showing degrees of intensity: positive, comparative, superlative (*small, smaller, smallest*).

Conjugation The changes (inflections) of a verb to show tense, person, number (I *go*, you *go*, he *goes*, etc.).

Conjunction A word used to connect words, phrases, or clauses. **Coordinating conjunction:** connects expressions of equal value (I want to, *but* I can't). **Subordinating conjunction:** connects a dependent to an independent clause (I'll go, *although* it is raining).

Dative Case The case of nouns and pronouns when they are used as indirect objects (I give *him* the book) and as objects of certain prepositions (**Er geht mit** *mir*).

Declension The change in form of nouns, pronouns, or adjectives showing gender, number, case.

Definite Article *the* (**der, die, das**) in any case, singular or plural.

Demonstrative A word which points out the person or thing referred to (*this, that, these, those*). **Demonstrative adjective** (*this* book); **demonstrative pronoun** (I like *this one*).

***Der*-words** The group of words which are declined like the definite article **der** (**dieser, jeder, jener, mancher, solcher, welcher**), sometimes called **dieser**-words.

Direct Object The word, phrase, or clause which receives the action of the verb. Accusative case in German (He sees *me*).

***Ein*-words** The group of words which are declined like the indefinite article in German (**kein** and the possessive adjectives **mein, dein, sein,** etc.).

Finite Verb The verb form which changes with person, number, tense (he *has* gone). Not infinitives or participles.

Gender Classification of nouns and pronouns into either *masculine*, *feminine*, or *neuter*.

Genitive Case The case denoting possession (the *man's* hat, the book *of my teacher*). In German, also used after certain prepositions.

Idiom An expression, peculiar to a particular language, whose meaning cannot be translated literally.

Imperative Mood The form of the verb used in commands (*Go* home).

Indefinite Article *a*, *an*, (**ein, eine, ein**) in any case.

Indicative Mood The mood of the verb in objective statements or questions, in contrast to imperative and subjunctive moods.

Indirect Object The noun or pronoun to whom or for whom the action of the verb is performed (She sends *him* the letter). Dative case in German.

Infinitive Basic form of verb expressing its meaning without distinguishing person or number (*to sing*, *to hear*).

Interrogative A word used in asking a question. **Interrogative pronoun:** *who? what?* etc. **Interrogative adverb:** *why? where? how?* etc.

Intransitive Verb A verb which does not take a direct object. (He *goes* to school.)

Modal Auxiliary A verb which expresses speaker's attitude such as ability, desire, obligation, etc. (I *want* to do it. He *has* to eat.)

Nominative Case The case of nouns and pronouns when used as the subject or as a predicate noun. (*He* is *my friend*.)

Noun A word used to name a person, place, or thing.

Number The form of a noun, pronoun, or verb which indicates one (singular) or more than one (plural).

Passive Voice See *Voice*.

Past Participle The form of the verb used with an auxiliary verb to form the perfect tenses (he has *helped*, she had *thrown*). Also used as adjectives (the *closed* door).

Phrase A group of related words which does not have *both* subject and verb.

Positive Degree See *Comparison*.

Possessive Adjective Adjective showing possession (*my* father, *his* house).

Possessive Pronoun Pronoun showing possession. (The book is *mine*.)

Predicate The part of a sentence or clause which consists of the verb with all its modifiers, and which makes a statement about the subject.

Prefix A syllable added to the beginning of a word (*de*pose, *pre*occupation).

Preposition A word that relates a noun or pronoun to some other word. With its object it forms a prepositional phrase (*over* the bridge, *with* him).

Principal Parts The forms of a verb from which all six tenses may be derived (*go*, *went*, *gone*).

Pronoun A word used in place of a noun (*I*, *you*, *he*, etc., *all*, *everything*, etc.).

Reflexive A construction in which the subject and object are the same person or thing. (He hates *himself*.)

Relative Pronoun A pronoun used to connect a dependent relative clause to the main clause (The boy *who* is sitting here . . .).

Subject The person or thing about which the predicate makes an assertion. Performs the action or causes the state of being. Nominative case (*She* went home.)

Subjunctive Mood The mood which expresses conditions contrary to fact, i.e., wishes, doubts, or possibilities, rather than certainties.

Suffix A syllable added to the end of a word (amuse*ment*, hope*ful*).

Superlative Degree See *Comparison*.

Tense The form of the verb showing the time of the action or state of being (present, past, present perfect, etc.).

Transitive Verb A verb which takes a direct object. (He *throws* the ball.)

Umlaut In German, modification of the vowels **a, o, u, au,** shown by two dots (**ä, ö, ü, äu**).

Verb A word that expresses action or state of being. (They *run* home. We *remain* here.)

Voice The form of the verb indicating whether the subject performs the action (active) or receives the action (passive).

Kapitel 1

See Introduction for pronunciation guidelines, pp. 1–4. Refer to tapes for pronunciation practice.

Useful Expressions

Guten Morgen!	*Good morning.*
Guten Tag!	*Good day.*
Guten Abend!	*Good evening.*
Gute Nacht!	*Good night.*
Wie heißen Sie?	*What is your name?*
Ich heiße . . .	*My name is . . .*
Herr, Frau, Fräulein	*Mr., Mrs., Miss*
Sprechen Sie Deutsch?	*Do you speak German?*
Ja, ein wenig.	*Yes, a little.*
Verstehen Sie alles?	*Do you understand everything?*
Nein, nicht alles.	*No, not everything.*
Ich weiß nicht.	*I don't know.*
Das ist richtig.	*That is right.*

10

Ist das falsch?	*Is that wrong?*
Bitte.	*Please.*
Wie geht es?	*How are you?*
Danke, gut.	*Fine, thank you.*
Bitte sehr.	*You're welcome.*
Auf Wiedersehen!	*Good-by!*

Wortschatz (*Vocabulary*)*

der Abend	*the evening*	die Frau	*the woman; wife*
der Bleistift	*pencil*	die Klasse	*class*
der Herr	*gentleman*	die Prüfung	*test*
der Lehrer	*teacher*	die Schule	*school*
der Morgen	*morning*	die Sprache	*language*
der Student	*student*	die Übung	*exercise, practice*
der Stuhl	*chair*		
der Tag	*day*		
der Tisch	*table*		

das Buch	*the book*
(das) Deutsch	*German*
das Fräulein	*young lady*
das Kapitel	*chapter*
das Papier	*paper*
das Stück	*piece*
das Stück Papier	*piece of paper*

beginnen	*to begin*	machen	*to make, to do*
denken	*to think*	reden	*to talk*
finden	*to find*	sagen	*to say, to tell*
fragen	*to ask*	schreiben	*to write*
gehen	*to go, to walk*	sein	*to be*
hoffen	*to hope*	sitzen	*to sit*
hören	*to hear*	studieren	*to study*
kommen	*to come*	träumen	*to dream*
lernen	*to learn*	verstehen	*to understand*

alles	*everything*	nein	*no*
das (*dem. pron.*)	*that*	nicht	*not*
der, die, das	*the*	und	*and*
gut	*good, well*	Fräulein Alt	*Miss Alt*

* For easy reference and review this section contains the active vocabulary used in the exercises and tests of this chapter. You should memorize the vocabulary while studying the chapter. For a list of grammatical abbreviations used throughout the text, see p. 443.

In der Vorlesung

heute	*today*	Frau Schmidt	*Mrs. Schmidt*
hier	*here*	Herr Klein	*Mr. Klein*
ja	*yes*		

Personal Pronouns

ich	*I*	wir	*we*
du	*you (fam. sing.)*	ihr	*you (fam. pl.)*
er	*he*	sie	*they*
sie	*she*	Sie	*you (formal, sing., and pl.)*
es	*it*		

Grammatik (*Grammar*)

For definitions of grammatical terms see Introduction, pp. 7–9.

A. GENDER AND THE DEFINITE ARTICLE (*THE*)

In German there are three genders of nouns:

der (*masculine*)   **die** (*feminine*)   **das** (*neuter*)

The definite articles, **der, die, das,** all mean *the* and must be learned with each noun, according to its own gender. Names of inanimate objects may be either masculine, feminine, or neuter.

der Tag   *the day*   die Klasse   *the class*   das Buch   *the book*

In German, *all* nouns are capitalized.

ÜBUNG 1

Supply the correct German definite article (*the*) and repeat each word twice.

a.
der Stuhl	**die** Sprache	**das** Fräulein
_____ Abend	_____ Frau	_____ Stück
_____ Tisch	_____ Klasse	_____ Land
_____ Tag	_____ Schule	_____ Buch
_____ Herr	_____ Hand	_____ Papier
_____ Bleistift	_____ Rose	_____ Band
_____ Student	_____ Prüfung	_____ Gold
_____ Finger	_____ Übung	_____ Schiff
_____ Arm	_____ Minute	_____ Kapitel
_____ Morgen	_____ Lampe	_____ Glas
_____ Lehrer	_____ Katze	_____ Wasser

b. 1. *der* Abend 2. *das* Stück 3. *die* Frau 4. *die* Schule 5. *der* Herr 6. *der* Tag 7. *das* Papier 8. *der* Bleistift 9. *das* Fräulein 10. *die* Sprache 11. *der* Stuhl 12. *der* Lehrer 13. *die* Klasse 14. *das* Buch 15. *der* Student 16. *der* Morgen 17. *der* Tisch 18. *die* Prüfung 19. *das* Schiff 20. *die* Hand 21. *der* Arm 22. *das* Kapitel 23. *die* Rose 24. *die* Katze 25. *das* Wasser 26. *die* Übung

ÜBUNG 2

Schriftliche Übungen (*Written Exercises*): See *Programmed Assignment Book*, p. 1, **A.**

The written exercises in the *Programmed Assignment Book* are provided with the correct forms on the reverse side of each page. Thus you can test yourself immediately for comprehension of each grammatical point and also reinforce your memory of active vocabulary words. Study the vocabulary section and each grammatical point before attempting the written exercises. As far as possible, try to write the exercises without referring to the text.

B. PERSONAL PRONOUNS

Singular		Plural	
ich	*I*	**wir**	*we*
du	*you* (familiar, speaking to *one* person)	**ihr**	*you* (familiar, speaking to *more than one* person)
er	*he*	**sie**	*they*
sie	*she*	**Sie**	*you* (formal, *sing.* and *pl.*, speaking to *one* or *more than one* person)
es	*it*		

du is used when addressing *one* person whom one calls by *first* name (*familiar singular*).

Fritz, **du** redest zu viel.   *Fritz, you talk too much.*

ihr is used when addressing *more than one* person whom one calls by *first* name (*familiar plural*).

Gertrud und Heinz, **ihr** findet Deutsch nicht schwer.
Gertrud and Heinz, you do not find German difficult.

Sie is used when addressing *one* person or *more than one* person whom one calls by *last* name (*formal, singular or plural*).

Herr Schmidt, **Sie** hören gut.   *Mr. Schmidt, you hear well.*

Herr Braun und Frau Schwarz, **Sie** schreiben nicht gut.
Mr. Braun and Mrs. Schwarz, you do not write well.

ÜBUNG 3

Supply the correct German pronoun indicated by the English cue.

a. 1. (*you*) Maria, _du, Sie_ 2. (*you*) Hans und Klaus, _ihr, Sie_ 3. (*I*) Der Lehrer und _ich_ 4. (*she*) Franz und _sie_ 5. (*we*) Die Klasse und _wir_ 6. (*they*) Helga und _sie_ 7. (*you*) Thomas und Gertrud, _ihr, Sie_ 8. (*you*) Herr Dahlmeyer, _Sie_ 9. (*I*) Ingrid und _ich_ 10. (*you*) Peter, _du, Sie_ 11. (*they*) Fräulein Untersdorf und _sie_ 12. (*he*) Gisela und _er_ 13. (*you*) Frau Ehlers und Herr Böhme, _Sie_ 14. (*you*) Susi, _du_ 15. (*you*) Konrad und Therese, _ihr, Sie_ 16. (*we*) Albert und _wir_ 17. (*she*) Angelika und _sie_ 18. (*they*) Der Herr und _sie_ 19. (*you*) Frau Bolle, _Sie_ 20. (*you*) Fräulein Schwarz und Herr Lenser, _Sie_

b. 1. (*you*) Herr Baron, _Sie_ verstehen. 2. (*you*) Sigi und Heidi, _ihr_ lernt gut. 3. (*you*) Herr und Frau Kolb, _Sie_ hoffen es. 4. (*they*) Der Student und _sie_ gehen heute nicht. 5. (*we*) Der Herr und _____ kommen heute. 6. (*you*) Herr Doktor Putzner, _Sie_ schreiben Deutsch. 7. (*I*) Fräulein Schnecke und _ich_ träumen. 8. (*you*) Anka und Lisa, _ihr_ macht die Übung.

ÜBUNG 4

Schriftliche Übungen: See *Programmed Assignment Book*, p. 1, **B.**

C. PRESENT TENSE

The infinitive is the basic unconjugated form of the verb, in English identified by *to: to hear, to do*. The infinitive of a German verb ends in **-en** or **-n: hören, tun.** The stem of the verb is the infinitive minus the **-en** or **-n: hör-, tu-.**

The present tense of the verb is formed as follows:

(ich)	verb stem + **-e**	(wir)	verb stem + **-en**
(du)	**-st**	(ihr)	**-t**
(er)		(sie)	**-en**
(sie)	**-t**	(Sie)	**-en**
(es)			

Note: Both **sie** (*they*), and **Sie** (*you, formal, sing. and pl.*), take the ending **-en.**

There are no *progressive* (*am going*) or *emphatic* (*I do go*) forms in German.

ich gehe	*I go, am going, do go*		wir geh**en**	*we go, are going, do go*
du geh**st**	*you go, are going, do go*		ihr geh**t**	*you go, are going, do go*
er geh**t**	*he goes, is going, does go*		sie geh**en**	*they go, are going, do go*
sie geh**t**	*she goes, is going, does go*		Sie geh**en**	*you go, are going, do go*
es geh**t**	*it goes, is going, does go*			

ÜBUNG 5

Supply the correct present tense ending repeating the pronoun with each verb.

1. ich frag*e*, find*e*, lern*e*   2. du studier*st*, mach*st*, schreib*st*
3. er beginn*t*, sitz*t*, sag*t*   4. sie (*she*) denk*en*, träum*en*, geh*en*
5. es beginn*t*, geh*t*, komm*t*   6. wir red*en*, find*en*, hoff*en*
7. ihr frag*t*, sag*t*, studier*t*   8. sie (*they*) hoff*en*, lern*en*, sitz*en*
9. Sie versteh*en*, schreib*en*, hör*en*

ÜBUNG 6

Supply the correct present tense ending. Always read the complete sentence.

1. Ich hoff*e* nicht.   2. Du lern*st* alles.   3. Er komm*t* heute.
4. Sie (*she*) träum*en* oft.   5. Es beginn*t* nun.   6. Wir sitz*en* hier.
7. Ihr geh*t* nicht oft.   8. Sie (*they*) schreib*en* es.   9. Ich sag*e* es.
10. Er versteh*t* es nicht.   11. Sie (*she*) frag*en* oft.   12. Sie (*you*) red*en*
mit mir.   13. Wir denk*en*, du komm*st* nicht.   14. Sie (*they*) hör*en* alles.
15. Der Herr sag*t* es.   16. Die Frau schreib*t* Deutsch.   17. Ilse und Gerd
lern*en* die Sprache.   18. Sie (*she*) und Erich mach*en* die Prüfung.

Die Universität Konstanz

ÜBUNG 7

Supply the correct present tense ending. Guess the meaning of the words not listed in the vocabulary section.

1. Er versteh____ es. 2. Herr Hellig bring____ das Buch. 3. Ihr träum____ hier nicht. 4. Sie (*she*) und ich sing____ laut. 5. Ich spring____ ins Wasser. 6. Sie (*they*) mach____ die Übung. 7. Du hör____ das Auto. 8. Wir schreib____ das Kapitel. 9. Ihr beginn____ mit Kapitel Eins. 10. Sie (*she*) sitz____ hinter mir. 11. Ich hoff____, du versteh____ mich. 12. Sie (*they*) denk____ nicht. 13. Du lern____ die Sprache. 14. Er frag____ mich. 15. Ich find____ das Stück Papier. 16. Das Fräulein studier____ Deutsch. 17. Sie (*she*) und ich red____ wenig. 18. Sie (*you*) mach____ die Prüfung. 19. Er und sie (*she*) sitz____ da. 20. Der Herr sag____: Guten Tag!

If the stem of the verb ends in **-d** or **-t,** an **e** is inserted in the second and third persons singular and the second person plural.

finden	*to find*
ich finde	*I find, am finding, do find*
du find**est**	*you find, are finding, do find*
er ⎫	*he*
sie ⎬ find**et**	*she finds, is finding, does find*
es ⎭	*it*
wir finden	*we find, are finding, do find*
ihr find**et**	*you find, are finding, do find*
sie finden	*they find, are finding, do find*
Sie finden	*you find, are finding, do find*

If the stem of the verb ends in **s, ss, ß, z, tz,** the **s** of the **-st** ending is omitted; **du sitzt.**

ÜBUNG 8

Supply the correct ending and repeat the pronoun with each verb.

1. du find__est__, red__est__, send__est__, sitz__t__   2. er red__et__, find__et__, bad__et__
3. sie *(she)* red__et__, wart__et__, flirt__et__   4. das Auto kost__et__, start__et__,
wart__et__   5. ihr red__et__, find__et__, sitz__t__

ÜBUNG 9

Express in German.

a. 1. she is finding *[sie findet]*   2. I say *[ich sage]*   3. he does make *[er macht]*   4. they sit *[sie sitzen]*   5. we are dreaming *[wir träumen]*
6. you (**du**) are hoping *[hoffst]*   7. you (**Sie**) write *[schreiben]*   8. she is studying *[studiert]*   9. I am learning *[ich lerne]*
10. he understands *[er versteht]*   11. they do think *[sie denken]*   12. you (**ihr**) are coming *[kommt]*   13. we are *[wir fragen]*
asking   14. it is beginning *[es beginnt]*   15. they are going *[sie gehen]*   16. she does talk *[sie redet]*   17. I am *[ich mache]*
doing   18. you (**Sie**) are studying *[studieren]*
b. 1. They find the paper. *[Sie finden das Papier.]*   2. I am writing the test. *[Ich schreibe die Prüfung.]*   3. She does hear it. *[Sie hört es.]*
4. We are going today. *[Wir gehen heute.]*   5. You (**du**) are saying everything. *[sagst alles]*   6. You (**ihr**) do *[versteht das Buch]*
understand the book.   7. He is sitting here. *[Er sitzt hier.]*   8. It is beginning. *[Es beginnt.]*   9. She is *[sie spricht Deutsch]*
talking German.   10. He is studying. *[er studiert]*   11. Mr. Fritz is coming today. *[kommt heute]*
12. The wife does understand it. *[Die Frau versteht es.]*   13. I am thinking. *[ich denke]*   14. Miss Hassel is *[träumt]*
dreaming.   15. You (**du**) are doing it today. *[machst es heute]*

ÜBUNG 10

Schriftliche Übungen: See *Programmed Assignment Book,* p. 3, **C.**

Remember: In German there are no progressive or emphatic forms.

he asks ⎫	
he is asking ⎬	er fragt
he does ask ⎭	

Alltägliches (*Everyday Life*)*

Im Klassenzimmer

er   Guten Tag! Darf ich mich
        vorstellen? Ich heiße Bob. Wie
        heißen Sie?

sie Tag! Ich heiße Sylvia.

er   Freut mich. Ich komme spät,
        aber der Lehrer ist auch noch
        nicht da.

sie Sie kommen nur eine Minute
        spät.

er   Ich habe heute sechs Klassen,
        und es ist schwer, so früh zu
        kommen.

sie Sechs Klassen! Das ist viel! Ich
        habe nur vier: Philosophie,
        Englisch, Deutsch und Musik.

er   Ich habe Psychologie, Deutsch,
        Mathematik, Chemie, Englisch
        und Geschichte. Ich lerne viel,
        und ich habe nicht viel Zeit.

sie Das glaube ich! Warum so viele
        Kurse?

er   Na, ich bin nicht reich. Ich
        arbeite schwer und mache alles
        schnell. Warum lernen Sie
        Deutsch?

sie Meine Familie kommt aus
        Deutschland. Ich finde
        Deutsch faszinierend!

er   Ja, so weit, so gut. Hoffentlich ist
        der Lehrer auch faszinierend!
        Pst! Da kommt er! Fünf
        Minuten zu spät. Ist das die
        deutsche Pünktlichkeit?

In the Classroom

*Hello! May I introduce myself? My
   name is Bob. What's your name?*

Hi! My name is Sylvia.
*Glad to meet you. I'm late, but the
   teacher isn't here yet either.*

You are only one minute late.

*I have six classes today and it's hard
   to come so early.*

*Six classes! That's a lot! I have only
   four: Philosophy, English, German,
   and Music.*
*I have Psychology, German, Math,
   Chemistry, English, and History.
   I study a lot and I don't have much
   time.*
I believe that! Why so many courses?

*Well, I'm not rich. I work hard and do
   everything fast. Why are you
   learning German?*

*My family comes from Germany.
   I find German fascinating!*

*Yes, so far, so good. I hope the
   teacher is also fascinating. Ssh!
   Here he comes! Five minutes too
   late. Is that German punctuality?*

* These dialogues of everyday life are offered as a contrast to exercise material. For the first
five dialogues, idiomatic translations are given; thereafter, there are marginal glosses for
words not in the active vocabulary. Read for oral practice and pleasure only. Constructions and
vocabulary from these dialogues are not included in the exercises or tests.

WIEDERHOLUNG (*REVIEW*)

Kapitel 1. Preparation for tests. See *Programmed Assignment Book*, p. 3, **A, B.**

PRÜFUNG 1 ODER 2

Kapitel 1. See Instructor.

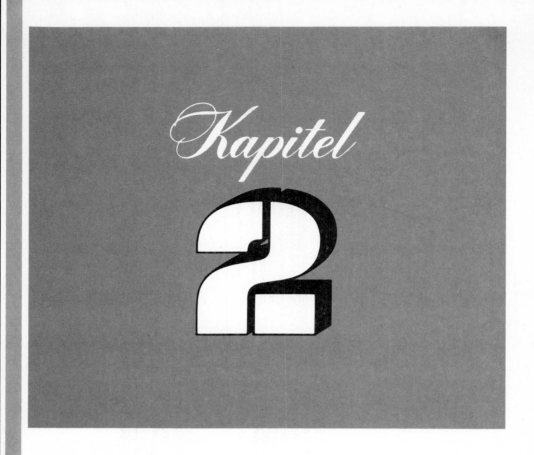

Kapitel

2

Fragen und Antworten (*Questions and Answers*)*

1. Der Lehrer kommt in die Klasse. Was sagt er?	Er sagt: „Guten Tag!"
2. Wie geht es?	Es geht gut, danke!
3. Was machen wir heute?	Wir lernen (reden, schreiben) Deutsch.
4. Welcher (*which*) Tag ist heute?	Heute ist Montag.
5. Welcher Tag ist morgen?	Morgen ist Dienstag.
6. Welcher Tag kommt dann?	Dann kommt Mittwoch.
7. Welches Kapitel haben wir heute?	Wir haben heute Kapitel Zwei.
8. Was ist drei und eins?	Drei und eins ist vier.
9. Was ist fünf und sechs?	Fünf und sechs ist elf.
10. Was ist sieben und zwei?	Sieben und zwei ist neun.

* In subsequent chapters **Fragen** only are given. They are based on the active vocabulary of previous chapters. The questions may be asked teacher to student or student to student. They serve as guidelines for free oral expression and may be altered or amplified.

11. Was ist acht und vier?   Acht und vier ist zwölf.
12. Was ist das?   Das ist ein Bleistift (ein Stuhl, ein Tisch, ein Buch, ein Stück Papier).
13. Der Lehrer geht. Was sagt er?   Er sagt: „Auf Wiedersehen!"

Wortschatz

alt	*old*	morgen	*tomorrow*
dann	*then*	nichts	*nothing*
dumm	*stupid*	oder	*or*
fleißig	*diligent*	schön	*beautiful*
intelligent	*intelligent*	schwer	*difficult; heavy*
interessant	*interesting*	still	*quiet*
jung	*young*	viel	*much*
leicht	*easy*	vielleicht	*perhaps*
man (*indef. pron.*)	*one, a person, they*	was	*what*
		wie	*how*

der Sonntag	*Sunday*	der Donnerstag	*Thursday*
der Montag	*Monday*	der Freitag	*Friday*
der Dienstag	*Tuesday*	der Sonnabend	*Saturday*
der Mittwoch	*Wednesday*	der Samstag	*Saturday*
		(*in Southern Germany and Austria*)	

eins	*one*	acht	*eight*
zwei	*two*	neun	*nine*
drei	*three*	zehn	*ten*
vier	*four*	elf	*eleven*
fünf	*five*	zwölf	*twelve*
sechs	*six*	dreizehn	*thirteen*
sieben	*seven*		

Useful Expressions

Review **Kapitel 1,** p. 10.

Grammatik

A. PRESENT TENSE OF **SEIN** (*TO BE*)

ich **bin**	*I am*	wir **sind**	*we are*
du **bist**	*you are*	ihr **seid**	*you are*
er **ist**	*he is*	sie **sind**	*they are*
sie **ist**	*she is*	Sie **sind**	*you are*
es **ist**	*it is*		

ÜBUNG 1

Supply the correct German form of the verb *to be*.

ich _bin_ , er _ist_ , sie (*she*) _ist_ , Sie _sind_ , wir _sind_ , das Fräulein
ist , der Herr und der Lehrer _sind_ , der Abend _ist_ , du und ich
sind , Josef _ist_ , der Student _ist_ , ich _bin_ , du _bist_ , Klara
und Johann _sind_ , wir _sind_ , sie (*they*) _sind_ , Sie _sind_ , ihr _seid_ ,
du _bist_ , der Stuhl _____ , er und sie (*she*) _____

Note: As already stated there is *no* progressive form of the verb in German.

| *he is* | **er ist** | *but* | *he is asking* | **er fragt** |
| *I am* | **ich bin** | *but* | *I am coming* | **ich komme** |

ÜBUNG 2

Supply the German equivalent for the English cue.

1. (*are*) wir _sind_ ; (*are talking*) wir _reden_ . 2. (*is*) er _ist_ ;
(*is asking*) er _fragt_ . 3. (*am*) ich _bin_ ; (*am learning*) ich _lerne_ .
4. (*are*) Sie _sind_ ; (*are thinking*) Sie _denken_ . 5. (*is*) der Lehrer _ist_ ;
(*is sitting*) der Lehrer _sitzt_ .

ÜBUNG 3

Schriftliche Übungen: See *Programmed Assignment Book*, p. 5, **A.**

B. QUESTION WORD ORDER

In direct questions, the subject follows the verb.

Bist du krank, Fritz?	*Are you sick, Fritz?*
Träumen Sie oft, Herr Klein?	*Do you dream often, Mr. Klein?*
Was **machen Sie** heute?	*What are you doing today?*

ÜBUNG 4

Supply the correct ending of the verb.

1. Frag___ er viel? 2. Sitz___ du vielleicht hier? 3. Beginn___ die Klasse?
4. Hör___ sie (*she*) alles? 5. Versteh___ ihr nichts? 6. Komm_en_ Sie heute?
7. Was mach___ er dann? 8. Wie geh___ es, Fräulein Schulz?
9. Träum___ man hier? 10. Schreibe___ ich alles richtig? 11. Lern___ er
viel? 12. Studier___ Georg Deutsch? 13. Find_est_ du die Sprache schwer?
14. Was sag___ der Lehrer?

ÜBUNG 5

Schriftliche Übungen: See *Programmed Assignment Book*, p. 5, **B.**

C. **NICHT**

If the negative, **nicht,** negates the entire sentence, it stands at the end of the sentence; if it modifies an adjective or adverb, it usually precedes that word.

Der Vater kommt **nicht.**	*The father isn't coming.*
Der Student schreibt **nicht viel.**	*The student doesn't write much.*
Sie versteht das Buch **nicht.**	*She doesn't understand the book.*
Hörst du das Fräulein **nicht?**	*Don't you hear the young woman?*
Der Herr redet **nicht laut.**	*The gentleman doesn't talk loudly.*

ÜBUNG 6

Express in German.

[handwritten: Sie findet das Papier nicht] [handwritten: Er versteht es nicht] [handwritten: Wir kommen nicht]
1. She doesn't find the paper.   2. He doesn't understand it.   3. We aren't coming.   4. The book isn't here. *[handwritten: Das Buch ist nicht hier]*   5. Klara doesn't hear it. *[handwritten: K. hört es nicht]*   6. The gentleman isn't sitting here. *[handwritten: Der H. sitzt nicht hier]*   7. The student is not diligent. *[handwritten: Der Student is nicht fleissig]*   8. Aren't you (**du**) going? *[handwritten: Gehst du nicht]*
9. Aren't they learning much?   10. Isn't the chair heavy?
[handwritten: Lehn lernen sie viel nicht]   [handwritten: Ist der Stuhl nicht schwer]

ÜBUNG 7

Schriftliche Übungen: See *Programmed Assignment Book*, p. 7, **C.**

D. ADJECTIVES AND ADVERBS

Adverbs are identical in form to predicate adjectives.

Der Mann ist **gut.**	*The man is good. (adjective)*
Der Mann schreibt **gut.**	*The man writes well. (adverb)*

ÜBUNG 8

Supply the German equivalent for the English cue.

1. (*beautiful*) Das Fräulein ist _schön_ . (*beautifully*) Du schreibst _schön_ .
2. (*quiet*) Der Lehrer ist _still_ . (*quietly*) Fräulein Forst sitzt _still_ .
3. (*easy*) Das Kapitel ist _leicht_ . (*easily*) Der Student lernt _leicht_ .
4. (*difficult*) Deutsch ist nicht _schwer_ . (*with difficulty*) Er hört _schwer_ .

ÜBUNG 9

Schriftliche Übungen: See *Programmed Assignment Book*, p. 7, **D.**

Luzern, Schweiz

Lesestück (*Reading Selection*)*

Deutsch und Englisch

Die Sprache ist der Spiegel einer Kultur. Alle Sprachen sind interessant, aber wir verstehen nicht alle Sprachen.

Verstehen Sie europäische Sprachen? Reden Sie Russisch? Schreiben Sie Polnisch? Verstehen Sie Bulgarisch?
5 Sie sind slawische Sprachen. Reden Sie Spanisch, Portugiesisch, Italienisch oder Rumänisch? Sie sind europäische Sprachen, romanische Sprachen. Holländisch, Deutsch und Englisch sind europäische, germanische Sprachen.

Der Lehrer sagt: „Deutsch und Englisch sind
10 germanische Sprachen. Hören Sie? Verstehen Sie?" „Ja,"

der Spiegel einer Kultur
mirror of a culture
aber *but*
Sprachen *languages*

* Glossed in the margins are those words not contained in the vocabulary sections of the current or preceding chapters. Easily recognizable cognates are not included in the marginal notes.

sagt Herr Klein. „Ich höre es; ich denke, ich verstehe es. Verstehe ich alles? Ich denke, ich verstehe viel, aber nicht alles."

„Ja, Sie lernen viel," sagt der Lehrer. „Sie verstehen
15 viel. Sie verstehen:

Die Sonne scheint.
Der Fisch schwimmt.
Der Mann singt laut.
Der Winter ist kalt.
20 Der Sommer ist warm.
Das Gras ist grün.
Der Vater findet das Buch.
Der Freund ist intelligent.
Der Student trinkt Wasser.
25 Die Frau hat blondes Haar.
Ich halte das Glas in der Hand.
Der Onkel sitzt im Park.
Eine Rose blüht im Garten.
Das Wetter ist stürmisch.
30 Der Großvater bringt das Paket.
Die Großmutter liegt im Bett.
Ich höre die Melodie.
Alles ist nicht Gold, was glänzt."

Walter Schneider denkt auch, „Deutsch ist nicht
35 schwer. Deutsch ist leicht." Walter ist nicht dumm. Er ist intelligent. Brigitte sitzt neben Walter. Sie ist jung und schön und hat blondes Haar. Walter beginnt zu träumen. Er träumt, und er hört nichts. Der Lehrer kommt und sagt: „Herr Schneider, wir lernen hier Deutsch! Man träumt
40 hier nicht!" Walter träumt dann nicht mehr. Er ist fleißig, und er hört und versteht alles. Der Lehrer fragt: „Was macht man hier?" Walter sagt: „Man redet Deutsch, man schreibt Deutsch, man sitzt still, man denkt viel, man lernt viel, man hört und versteht alles." Brigitte sagt dann: „Ich
45 finde die Sprache interessant, und ich verstehe auch alles."

Der Lehrer sagt dann: „Wir beginnen heute **Kapitel Eins.** Wir haben morgen die Prüfung. Die Prüfung ist nicht lang. Wir haben dann Kapitel Zwei. Das ist ein Buch. Das ist ein Bleistift. Das ist ein Stück Papier. Hier ist ein Stuhl.
50 Hier ist ein Tisch. Verstehen Sie das? Finden Sie das uninteressant? Ich hoffe, Sie sind fleißig. Sie verstehen dann alles. Sie lernen dann Deutsch leicht. Sie finden dann alles interessant. Auf Wiedersehen! Bis morgen!"

auch *also*

neben *next to*

nicht mehr *no longer*

haben *to have*
ein *a*

bis *until*

WIEDERHOLUNG (*REVIEW*)

Kapitel 2. Preparation for tests. See *Programmed Assignment Book*, p. 7, **A, B, C.**

PRÜFUNG 1 ODER 2

Kapitel 2. See Instructor.

Fragen

1. Guten Tag! Wie geht es? *Danke, gut. / Es geht gut, danke!*
2. Was hören (lernen, reden, schreiben) wir hier? *Wir lesen die Sprache*
3. Was lernen Sie leicht? *Ich lerne lesen* *ich verstehe viel*
4. Der Lehrer redet Deutsch. Verstehen Sie alles, nichts, oder viel?
5. Was sind Sie? *Ich bin ein Student*
6. Träumen Sie oder lernen Sie hier? *Ich*
7. Denken Sie, die Klasse ist dumm oder intelligent? *Die Klasse ist viel intelligent*
8. Was ist schön? *alle die Frauen sind schön*
9. Sind Sie jung oder alt? *Ich bin alt*
10. Was ist Englisch, und was ist Deutsch? *Sie sind Sprach*
11. Was machen wir heute? *Wir reden*
12. Haben wir heute eine Prüfung oder Fragen?
13. Finden Sie eine Sprache leicht oder schwer? *Ich finde eine Sprach schwer*
14. Lernen Sie viel, alles, oder nichts? *Ich lerne viel*
15. Versteht man alles, nichts, oder viel, was der Lehrer schreibt? *man versteht viel*
16. Ist Deutsch eine germanische oder eine slawische Sprache?
   " ist eine " Sprache

Die Universität München

17. Wie ist das Wetter (*weather*) heute?
18. Kommen Sie Sonnabend oder Freitag in die Schule?
19. Beginnen wir mit Kapitel Zehn oder Kapitel Eins?
20. Wieviel ist vier und sechs (zehn und eins, fünf und sieben, drei und neun, elf und eins, zwei und zehn)?
21. Ist heute Dienstag oder Donnerstag?
22. Ist morgen Mittwoch oder Montag?

Wortschatz

der Fluß	*river* die Flüsse	die Aufgabe N	*lesson, task*	
der Freund	*friend* die Fremde	die Feder	*pen* der Füller / Kugelschreiber	
der Kaffee	*coffee* die Kaffees	die Landkarte N	*map*	
der Mann	*man; husband* Männer	die Tafel N Tafeln	*blackboard*	
der Norden	*north*	die Tasse N	*cup*	
der Osten	*east*	die Tasse Kaffee	*cup of coffee*	
der Professor	*professor* en	die Tür en	*door*	
der Schnee	*snow*	die Uhr en	*watch, clock*	
der Schüler	*pupil*			

der Sommer   *summer*
der Süden   *south*
der Westen   *west*
der Winter   *winter*

das Auto *automobile, car*
das Heft *notebook*
das Land *country*
das Mädchen *girl*
das Wetter *weather*
das Zimmer *room*

antworten   *to answer*
bleiben   *to remain, to stay*
bringen   *to bring*
haben   *to have*

lachen   *to laugh*
liegen   *to lie, to be situated*
öffnen*   *to open*
trinken   *to drink*

Coordinating Conjunctions

aber   *but, however*
denn   *for, because*
oder   *or*
und   *and*

Prepositions with Accusative

bis   *until*
durch   *through*
für   *for*
gegen   *against*
ohne   *without*
um   *around*

Grammatik

A. VERB-SECOND POSITION

In the main clause of a declarative sentence the verb must be the second element. Instead of the subject any other element (adverb, prepositional phrase, object) may precede the verb.

I am going to school today.

1	2	3	4
Ich	**gehe**	heute	in die Schule.
Heute	**gehe**	ich	in die Schule.
In die Schule	**gehe**	ich	heute.

The gentleman and the woman are coming Saturday.

1	2	3
Der Herr und die Frau	**kommen**	Sonnabend.
Sonnabend	**kommen**	der Herr und die Frau.

* If the stem of the verb ends in **-m** or **-n** preceded by a consonant other than **h, l, m, n,** or **r,** an **e** is inserted as in verb-stems ending in **-d** or **-t:** *du öffnest, er öffnet, ihr öffnet.*

1. If the sentence does not begin with the subject, the subject usually comes immediately after the verb.

Heute **bringt er** das Buch. *Today he is bringing the book.*

ÜBUNG 1

Begin the sentence with the word in parentheses changing word order accordingly.

1. Ich lerne die Aufgabe. (heute) 2. Das Mädchen redet. (laut) 3. Wir trinken Kaffee. (dann) 4. Der Freund lacht laut. (oft) 5. Schnee liegt im Norden. (vielleicht) 6. Es ist warm. (im Süden) 7. Der Lehrer kommt nicht. (vielleicht) 8. Sie bleiben bis zehn. (morgen) 9. Wir fragen. (dann) 10. Er lernt die Aufgabe. (fleißig) 11. Sie trinkt eine Tasse Kaffee. (hier) 12. Die Sonne scheint. (heute) 13. Der Student bringt ein Heft. (dann) 14. Schnee liegt in Deutschland. (im Winter) 15. Er redet zu viel. (im Schlaf) 16. Du beginnst Kapitel Zwei. (Montag) 17. Sie finden Deutsch schwer. (im Moment) 18. Wir verstehen alles. (vielleicht) 19. Ich habe eine Feder. (in der Hand) 20. Wir finden das Auto. (im Parkplatz)

ÜBUNG 2

Schriftliche Übungen: See *Programmed Assignment Book*, p. 11, **A.a.**

2. The coordinating conjunctions **aber** (*but*), **denn** (*for*), **oder** (*or*), **und** (*and*) link main clauses and do not affect the word order.

Er geht in die Schule, **aber** ich bleibe hier.
He is going to school, but I am staying here.

Er kommt, **denn** er ist nicht müde.
He is coming, for he is not tired.

ÜBUNG 3

Connect the two sentences with the conjunction in parentheses.

1. Der Student fragt. Die Klasse lacht. (und) 2. Sie bringt das Buch. Wir finden es nicht. (aber) 3. Wir reden Deutsch. Wir studieren hier. (denn) 4. Du lernst die Aufgabe. Du gehst heute nicht ins Theater. (oder) 5. Wir sitzen hier. Wir lernen viel. (und) 6. Der Freund kommt. Er fragt alles. (und) 7. Es ist Winter. Es ist kalt. (und) 8. Ein Buch liegt da. Ich finde es. (und) 9. Schnee liegt im Norden. Es ist nicht sehr kalt. (aber) 10. Der Schüler bringt ein Heft. Er schreibt nichts. (aber) 11. Das Zimmer ist schön. Es ist nicht sehr groß. (aber) 12. Die Frau redet viel. Sie redet nicht sehr laut. (aber) 13. Ich lerne viel. Ich bin fleißig. (denn) 14. Wir sehen das Wort. Der Lehrer schreibt es an die Tafel. (denn)

Die Fußgängerzone München

3. Exclamations set off by commas do not affect the word order.

Ja, er lacht viel.　　　　*Yes, he laughs a lot.*

ÜBUNG 4

Begin the sentence with the word in parentheses.

1. Sie hat ein Auto. (ja)　2. Ich bin so dumm. (ach)　3. Ich trinke Kaffee nicht. (nein)　4. Er ist der Lehrer. (ja)

ÜBUNG 5

Schriftliche Übungen: See *Programmed Assignment Book*, p. 11, **A.b,c.**

B. NOMINATIVE AND ACCUSATIVE CASES

The subject of a sentence is in the nominative case, and the direct object is in the accusative case.

The definite article **der, die, das** (*the*) and the indefinite article **ein, eine, ein** (*a, an*) are nominative case forms for masculine, feminine, and neuter nouns, respectively.

		Masc.	**Fem.**	**Neut.**
NOM.	*the*	**der** Mann	**die** Frau	**das** Buch
	a	**ein** Mann	**eine** Frau	**ein** Buch
ACC.	*the*	**den** Mann	**die** Frau	**das** Buch
	a	**einen** Mann	**eine** Frau	**ein** Buch

Notice that only the masculine accusative differs from the nominative.

Der (ein) Bleistift ist hier.	*The (a) pencil is here.*
Der (ein) Freund sagt nichts.	*The (a) friend says nothing.*
Er versteht **den (einen) Lehrer** gut.	*He understands the (a) teacher well.*
Den (einen) Lehrer versteht man.	*One understands the (a) teacher.*
Die (eine) Sprache ist interessant.	*The (a) language is interesting.*
Der (ein) Schüler lernt **die (eine) Sprache.**	*The (a) pupil learns the (a) language.*

Note: After the verb **sein** (*to be*) and **bleiben** (*to remain*) the predicate nominative is used.

Er ist **der Lehrer.**	*He is the teacher.*
Er bleibt immer **ein Freund.**	*He'll always remain a friend.*

ÜBUNG 6

Supply the correct German article suggested by the English cue. Repeat subject and verb each time.

1. (*the*) Sie hört ___*den*___ Mann; ___*die*___ Sprache; ___*das*___ Auto. 2. (*the*) Wir finden ___*den*___ Kaffee gut; ___*die*___ Aufgabe gut; ___*das*___ Auto gut. 3. (*the*) Du bringst ___*den*___ Stuhl; ___*die*___ Feder; ___*das*___ Heft. 4. (*a*) Ihr beginnt ___*den einen*___ Abend; ___*eine*___ Aufgabe; ___*ein*___ Buch. 5. (*a*) Ich habe ___*einen*___ Bleistift; ___*eine*___ Uhr; ___*ein*___ Zimmer. 6. (*a*) Sie fragen ___*einen*___ Schüler; ___*eine*___ Frau; ___*ein*___ Mädchen. 7. (*the*) Der Lehrer fragt ___*den*___ Schüler; ___*die*___ Frau; ___*das*___ Fräulein. 8. (*a*) Sie findet ___*einen*___ Tisch; ___*eine*___ Tasse; ___*ein*___ Buch. 9. (*the*) Sie verstehen ___*den*___ Professor; ___*die*___ Prüfung; ___*das*___ Mädchen. 10. (*the*) Ich öffne ___*den*___ Schreibtisch; ___*die*___ Tür; ___*das*___ Heft.

ÜBUNG 7

Supply the German equivalent for the English cue.

1. (*the*) Er versteht ___*den*___ Lehrer. 2. (*the*) Ich finde ___*das*___ Land schön. 3. (*the*) Sie beginnt ___*den*___ Tag. 4. (*a*) Der Schüler lernt ___*eine*___ Aufgabe. 5. (*a*) Ich trinke ___*eine*___ Tasse Kaffee. 6. (*a watch*) Sie bringt ___*eine Uhr*___ 7. (*a car*) Wir haben ___*ein Auto*___. 8. (*the coffee*) Der Professor trinkt ___*den Kaffee*___ 9. (*the girl*) Sie hört ___*das Fräulein*___ 10. (*the river*) Hier ist ___*der Fluss*___

ÜBUNG 8

Supply the German equivalent for the English cue.

1. (*the lesson*) Ihr schreibt ___*die Aufgabe*___. 2. (*a map*) Dann finde ich ___*einen Landkarte*___. 3. (*the friend*) ___*Den Freund*___ verstehe ich nicht. 4. (*the summer*) Ist ___*der Sommer*___ warm? 5. (*the lesson*) Wir lernen ___*die Aufg.*___ 6. (*a car*) Ich habe ___*ein Auto*___. 7. (*the blackboard*)

Wir sehen _die Tafel_ nicht.   8. (*the friend*) Vielleicht antwortet _der Freund_.
9. (*a notebook*) Man bringt _das Heft_ in die Schule.   10. (*the door*) Du öffnest
die Tür.

ÜBUNG 9

Schriftliche Übungen: See *Programmed Assignment Book*, p. 11, **B.**

C. PREPOSITIONS WITH THE ACCUSATIVE CASE

The accusative case is used after the following prepositions:

bis	*until*	gegen	*against*
durch	*through*	ohne	*without*
für	*for*	um	*around*

Der Schüler kommt **ohne den Lehrer.**
The pupil comes without the teacher.

Er geht **durch den Garten.**
He is walking through the garden.

ÜBUNG 10

Supply the German article according to the first example of each exercise.

1. Wir kommen durch **den** Norden, durch **die** Schweiz, durch **das** Land.

durch _den_ Osten, durch _die_ Türkei, durch _das_ Wasser.
durch _den_ Westen, durch _die_ Heide, durch _das_ Gras.
durch _den_ Schnee, durch _die_ Welt, durch _das_ Feuer.

2. Er redet für **den** Lehrer, für **die** Frau, für **das** Fräulein.
für _den_ Mann, für _die_ Dame, für _das_ Land.
für _den_ Freund, für _die_ Klasse, für _das_ Kind.
für _den_ Schüler, für _die_ Schule, für _das_ Mädchen.

3. Ich habe nichts gegen **einen** Lehrer, gegen **eine** Klasse, gegen **ein** Kind.

gegen _einen_ Schüler, gegen _eine_ Frau, gegen _ein_ Buch.
gegen _einen_ Film, gegen _eine_ Frage, gegen _ein_ Mädchen.
gegen _einen_ Freund, gegen _eine_ Prüfung, gegen _ein_ Auto.

4. Du kommst ohne **einen** Lehrer, ohne **eine** Frau, ohne **ein** Auto.

ohne _einen_ Freund, ohne _eine_ Feder, ohne _ein_ Heft.
ohne _einen_ Bleistift, ohne _eine_ Landkarte, ohne _ein_ Buch.
ohne _einen_ Stuhl, ohne _eine_ Uhr, ohne _ein_ Stück Papier.

5. Sie gehen um **den** Garten, um **die** Schule, um **das** Zimmer.

um _den_ Tisch, um _die_ Kirche, um _das_ Haus.
um _den_ Park, um _die_ Universität, um _das_ Theater.
um _den_ See, um _die_ Klasse, um _das_ Museum.

ÜBUNG 11

Supply the German equivalent for the English cue.

1. (*the*) Wir gehen durch ___den___ Schnee. Ich schreibe es für ___den___ Lehrer.
Wir gehen um ___den___ Stuhl. 2. (*a*) Wir schwimmen durch ___einen___ Fluß. Ich
schreibe es für ___einen___ Freund. Was macht er ohne ___einen___ Bleistift? 3. (*the*) Du
redest nicht gegen ___die___ Frau. Was macht man für ___die___ Klasse? Sie steht
gegen ___die___ Tür. 4. (*a*) Was macht er ohne ___ein___ Auto? 5. (*the*) Ihr
kommt durch ___die___ Zimmer. 6. (*a*) Ich höre alles durch ___eine___ Tür.
7. (*a*) Sie sitzen um ___einen___ Tisch. 8. (*a*) Erich kommt ohne ___ein___ Mädchen.
9. (*a*) Ich falle gegen ___einen___ Stuhl. 10. (*the*) Sie machen nichts für ___die___ Frau.

ÜBUNG 12

Schriftliche Übungen: See *Programmed Assignment Book*, p. 13, **C.**

Alltägliches

<table>
<tr><td>

Die Familie

er Guten Tag, Gretchen! Wohin gehst du?

sie Guten Tag, Paul! Ich fahre schnell nach Hause. Meine Schwester ist krank.

er Das tut mir leid. Hoffentlich ist es nicht ernst. Wo ist deine Mutter?

sie Meine Mutter besucht meine ältere Schwester im Norden. Mein Neffe und meine Nichte haben Geburtstag.

er Sind sie Zwillinge?

sie Ja, und sie sind morgen ein Jahr alt.

er Morgen hat meine Großmutter Geburtstag. Sie wird achtzig.

sie Besuchst du sie morgen?

er Nein. Meine Tante und mein Onkel bringen die Großeltern zu uns. Wir feiern dann alle zusammen.

sie Du hast eine große Familie, nicht wahr?

er Ja. Und ich habe auch viele nette Verwandte.

</td><td>

The Family

Hello, Gretchen! Where are you going?

Hello, Paul! I'm hurrying home. My sister is sick.

I'm sorry. I hope it isn't serious. Where is your mother?

My mother is visiting my older sister up north. It's my nephew's and niece's birthday.

Are they twins?

Yes, and they'll be a year old tomorrow.

Tomorrow is my grandmother's birthday. She'll be eighty.

Are you visiting her tomorrow?

No. My aunt and uncle are bringing my grandparents to our house. We'll all celebrate together then.

You have a large family, don't you?

Yes. And I also have many nice relatives.

</td></tr>
</table>

sie Ich habe nicht so viele. Ich habe
nur eine Kusine. Sie lebt in
Alaska.

er Wie interessant! Wann besuchst du
sie?

sie Hoffentlich bald.—Ach, jetzt fahre
ich aber nach Hause. Es war
nett, mit dir zu reden.

er Grüße deine Schwester recht
herzlich! Hoffentlich geht es
bald besser. Auf Wiedersehen!

*I don't have so many. I have only
one cousin. She lives in Alaska.*

*How interesting! When will you
visit her?*

*Soon, I hope.—Oh, I'm driving
home now. It was nice to talk
with you.*

*Best regards to your sister. I hope
she is better soon. Good-by!*

WIEDERHOLUNG (*REVIEW*)

Kapitel 3. Preparation for tests. See *Programmed Assignment Book*, p. 15.

PRÜFUNG 1 ODER 2

Kapitel 3. See Instructor.

Kapitel

4

Fragen

1. Ist der Norden oder der Süden kalt?
2. Trinkt man Kaffee morgens oder abends?
3. Wer (*who*) kommt oft spät (*late*) in das Klassenzimmer?
4. Der Professor kommt in das Klassenzimmer. Was öffnet er?
5. Der Lehrer fragt. Wer antwortet?
6. Wo (*where*) liegt Schnee im Winter?
7. Was schreibt man in das Heft?
8. Was bringt der Student in das Klassenzimmer?
9. Wie finden Sie das Wetter heute?
10. Was macht man nicht ohne Bleistift oder Feder?
11. Wer geht um das Zimmer?
12. Was ist gut für das Land?
13. Was haben Sie in der Hand?
14. Ist heute Donnerstag oder Freitag?
15. Wieviel ist sieben und zwei? acht und vier? drei und sechs? vier und fünf?

Wortschatz

Verbs with Vowel Change

fahren (ä)	*to drive, to ride*		schlafen (ä)	*to sleep*
fallen (ä)	*to fall*		sehen (ie)	*to see*
laufen (äu)	*to run, to walk*		sprechen (i)	*to speak*
lesen (ie)	*to read*		werden(i)	*to become, to get*

ach!	*oh!*		kurz	*short*
auch	*also, too*		lang	*long*
blau	*blue*		langsam	*slow*
braun	*brown*		laut	*loud*
da	*there; then*		müde	*tired*
ein, eine, ein	*a, an*		noch	*still, yet*
einmal	*once*		nun	*now*
etwas	*something, somewhat*		rot	*red*
flach	*flat*		schnell	*fast, quick*
grau	*gray*		schon	*already*
groß	*great, large, tall*		sehr	*very*
grün	*green*		warm	*warm*
kalt	*cold*		wer	*who*
klar	*clear*		wieviel	*how much*
klein	*small, little*		wo	*where*

Useful Expressions and Idioms

Bitte, schreiben Sie!	*Please write.*
Bitte, wiederholen Sie!	*Please repeat.*
Bitte, lesen Sie das **noch einmal**!	*Please read that **once more**!*
Wie sagt man das **auf Deutsch**?	*How does one say that **in German**?*
im Winter, im Sommer	*in (the) winter, in (the) summer*
nicht mehr	*no longer, not any more*
Wieviel Uhr ist es?	*What time is it?*
Es ist ein (drei) Uhr.	*It is one (three) o'clock.*
Er geht **in die Schule**.	*He goes **to school**.*
Sie ist **zu Hause**.	*She is **at home**.*

Grammatik

A. VOWEL CHANGES IN PRESENT TENSE

Some verbs change the stem vowel in the second and third persons singular, present tense. The vowel changes are as follows:

Norddeutschland, Strand

e > *i*	e > *ie*	a > *ä*	au > *äu*
sprechen	**lesen** to read	**schlafen**	**laufen** to walk
ich spreche	ich lese	ich schlafe	ich laufe
du sprichst	du liest	du schläfst	du läufst
er sie } spricht es	er sie } liest es	er sie } schläft es	er sie } läuft es
wir sprechen	wir lesen	wir schlafen	wir laufen
ihr sprecht	ihr lest	ihr schlaft	ihr lauft
sie sprechen	sie lesen	sie schlafen	sie laufen
Sie sprechen	Sie lesen	Sie schlafen	Sie laufen

In vocabulary lists, vowel modifications of verb stems are given in parentheses.

schlafen (ä)   lesen (ie)   sprechen (i)

ÜBUNG 1

Supply the correct forms of the initial verb.

1. ich spreche, du _sprichst_ , er _spricht_ , sie (*she*) _spricht_
2. wir sehen, du _siest_ , er _siest_ , sie (*she*) _siest_
3. sie lesen, du _liest_ , er _liest_ , sie (*she*) _liest_
4. ich fahre, du _fährst_ , er _fährt_ , sie (*she*) _fährt_

Berlin

5. wir fallen, du _fällst_, er _fällt_, sie (*she*) _____, es _____
6. sie schlafen, du _schläfst_, er _schläft_, sie (*she*) _____, ihr _____
7. ich laufe, du _läufst_, er _läuft_, ihr _____, sie (*she*) _____
8. ich fahre, du _fährst_; ich schlafe, er _schläft_; ich falle, er _fällt_; ich laufe,
   er _läuft_; ich lese, er _____; ich sehe, er _____; ich spreche, du _____

ÜBUNG 2

Express in German.

1. I speak; he is speaking   2. we are driving; she drives   3. they are falling;
you (**du**) fall   4. I read; who is reading   5. we are sleeping; she sleeps
6. they walk; the student walks   7. do you (**ihr**) see; does he see   8. the pupil
and the teacher drive; she drives also   9. I run; he is running   10. you (**ihr**) speak
quickly; she speaks quickly

ÜBUNG 3

Schriftliche Übungen: See *Programmed Assignment Book*, p. 17, **A.**

B. PRESENT TENSE OF **HABEN** AND **WERDEN**

Notice the slight irregularity of the second and third persons singular, present tense,
of **haben** (*to have*) and **werden** (*to become, to get*).

ich habe		ich werde	
du **hast**		du **wirst**	
er		er	
sie } **hat**	*has, is having,*	sie } **wird**	*becomes, is becoming,*
es	*does have*	es	*does become*
wir haben		wir werden	
ihr habt		ihr werdet	
sie haben		sie werden	
Sie haben		Sie werden	

ÜBUNG 4

Give the correct present tense forms of **haben** and **werden,** repeating the subject each time.

1. ich _____   2. sie (*she*) _____   3. wir _____   4. sie (*they*) _____
5. du _____   6. was _____   7. man _____   8. der Herr _____
9. ihr _____   10. der Mann und die Frau _____   11. er und ich _____
12. Fräulein Henkel _____   13. du und sie (*she*) _____   14. es _____

ÜBUNG 5

Express in German

1. I become.   2. She has.   3. We are becoming.   4. Who becomes?
5. We have.   6. He does become.   7. You (**ihr**) are becoming.   8. I do have.
9. Have they?   10. Mr. Schnaps, do you get tired?   11. She has nothing.
12. I don't have it.   13. It is getting cold.   14. He doesn't have it.   15. One gets tired easily.

ÜBUNG 6

Schriftliche Übungen: See *Programmed Assignment Book*, p. 17, **B.**

C. AGREEMENT OF PRONOUNS

The personal pronoun must agree in gender with the noun to which it refers.

Der Tisch ist schön; **er** ist neu.
The table is beautiful; it is new.

Die Aufgabe ist interessant; **sie** ist nicht schwer.
The lesson is interesting; it is not difficult.

Das Heft liegt hier; **es** ist grün.
The notebook is lying here; it is green.

ÜBUNG 7

Supply the German pronoun rendered by the English pronoun *it* or *they*.

1. Der Bleistift ist neu. ____ liegt hier. ____ schreibt gut. ____ kostet nicht viel.
2. Ich trinke den Kaffee. ____ ist nicht kalt. ____ ist sehr warm. ____ ist gut.
3. Er bringt einen Stuhl, aber ____ ist hart. ____ ist auch zu klein.   4. Siehst du den Fluß? ____ ist lang. ____ ist auch grün.   5. Die Feder schreibt gut. ____ ist nicht alt. ____ liegt da.   6. Der Lehrer kommt durch die Tür. ____ ist offen. Dann ist ____ nicht mehr offen.   7. Da hängt eine Landkarte. ____ hängt lange da. ____ ist groß.   8. Ein Stück Papier liegt hier. ____ ist klein. ____ ist weiß. 9. Das Heft und das Buch sind da. ____ sind grau und grün.   10. Sie findet Bleistift und Feder nicht. ____ sind nicht da. ____ liegen im Auto.

ÜBUNG 8

Supply the German equivalent for the English cue.

1. Der Tisch ist nicht groß. (*It is small.*) _____
2. Der Winter in Deutschland wird kalt. (*It is often beautiful.*) _____
3. Das Fräulein bringt den Kaffee. (*It is already cold.*) _____
4. Der Fluß fließt von Norden nach Süden. (*It is long.*) _____
5. Der Bleistift ist nicht rot. (*It is green.*) _____
6. Der Student schreibt die Aufgabe. (*It is easy.*) _____
7. Ich laufe durch die Tür. (*It is not big.*) _____
8. Der Schüler sieht die Landkarte und das Heft. (*They are very small.*) _____
9. Ich fahre das Auto. (*It runs well.*) _____
10. Der Kaffee ist noch warm. (*It is very good.*) _____

ÜBUNG 9

Schriftliche Übungen: See *Programmed Assignment Book*, p. 19, **C.**

D. SUFFIXES -CHEN AND -LEIN

The addition of **-chen** or **-lein** to a noun forms the diminutive; they may also express endearment. When **-chen** or **-lein** is added to a word, its stem vowel usually adds an umlaut (**ä, ö, ü, äu**). The resulting form is always neuter.

der Tisch > **das** Tisch**lein**	*little table*
der Stuhl > **das** Stühl**chen**	*little chair*
die Tochter > **das** Töchter**chen**	*little daughter*, *dear daughter*

With most words, either **-chen** or **-lein** may be used, but the choice is sometimes arbitrary, depending upon sound, special meaning, or tradition.

das Schwesterchen	*or*	**das Schwesterlein**
das Büchlein	*not*	**das Büchchen**

Bayrische Alpen

ÜBUNG 10

Form the diminutive of the following nouns as in the example.

1. die Feder, **das Federlein**   2. der Fluß, _____   3. der Mann, _____
4. das Heft, _____   5. das Land, _____   6. der Stuhl, _____
7. das Buch, _____   8. die Mutter, _____   9. die Tür, _____

Lesestück

Wo spricht man Deutsch?

Der Lehrer bringt eine Landkarte in das Klassenzimmer.
Wir lesen „Dänemark,‟ „Deutschland,‟ „Österreich,‟ und   Österreich *Austria*
fragen: „Ist das eine Landkarte von Europa?‟ Der Lehrer
sagt; „Ja, wir lernen heute etwas über die Geographie von
5   Europa. Deutschland—die Bundesrepublik Deutschland   Bundes- *Federal*
und die Deutsche Demokratische Republik—liegt in Mittel-
europa. Das Land ist nicht sehr groß. Westrußland liegt
auch in Europa. Die Sowjetunion ist nicht klein; sie ist sehr
groß.
10   Dänemark, Polen, die Tschechoslowakei, Österreich,
die Schweiz, Frankreich, Belgien und die Niederlande liegen   die Schweiz *Switzerland*
im Norden, Osten, Süden und Westen neben Deutschland.   neben *next to*
In Österreich und in der Schweiz spricht man Deutsch. In
der Schweiz spricht man auch Italienisch und Französisch.
15   Man fährt auf der Autobahn schnell durch Deutsch-   auf *on*
land, denn das Land ist nicht groß. Das Klima ist mild. Im   das Klima *climate*
Winter wird es nicht zu kalt; im Sommer wird es nicht zu   zu *too*
warm. Es regnet viel; man sieht im Sommer viel frisches*   regnen *to rain*
Grün. Im Winter liegt oft viel Schnee. Im Norden ist das   frisch *fresh*
20   Land flach, aber im Süden liegen die Alpen. Da läuft man   flach *flat*
Ski.
Im Nordwesten liegt die Nordsee; sie ist oft kalt und
grau. Im Nordosten liegt die Ostsee. Im Süden ist der große,   die Ostsee *Baltic Sea*
blaue Bodensee. Der Rhein kommt aus der Schweiz im   der Bodensee *Lake*
25   Süden, fließt nach Norden durch Deutschland und die   *Constance*
Niederlande und dann in die Nordsee. Die Elbe kommt aus   fließen nach *to flow*
der Tschechoslowakei, fließt auch nach Norden und bei   *toward*
Hamburg in die Nordsee.
Berlin ist eine große und auch eine schöne Stadt in   die Stadt *city*

---

* Adjectives preceding nouns carry endings; since they present no translation problems from German to English they are used before Chapter 18 in the reading selections but not in the exercises.

30   Norddeutschland. Um Berlin sieht man viele Wälder und   Wälder und Seen *forests*
    Seen.   *and lakes*

    Richard und Robert sitzen still im Klassenzimmer. Robert
    hebt dann die Hand und sagt: ,,Ich fahre im Sommer mit   heben *to raise*
    Richard nach Deutschland. Wir landen in Frankfurt. Ist
35   das weit von Berlin?''   weit *far*
      ,,Fahren Sie im Zug oder im Bus?'' ,,Wir wandern,''   der Zug *train*
    sagt Richard. ,,Wir hoffen, die Leute sind freundlich. Sie   die Leute *people*
    helfen uns dann, und wir reden Deutsch zusammen.''   zusammen *together*
    Robert sagt: ,,Ich weiß, der Rhein ist sehr schön und auch
40   die Donau. Ist die Donau wirklich so blau?'' ,,Nein,''   die Donau *Danube*
    antwortet der Lehrer. ,,Sie ist grau, oder auch braun. Heute
    ist sie nicht die schöne, blaue Donau von Johann Strauß,
    aber sie ist immer noch schön.''   immer noch *still*
      ,,Das ist nicht so wichtig. Das Land ist herrlich, und   wichtig *important*
45   wir reden nur Deutsch. Ich hoffe, wir verstehen, was die
    Leute sagen. Es ist sicher nicht so schwer.''
      ,,Es ist nicht so schwer, wie Sie denken,'' antwortet der
    Lehrer. ,,Kommen Sie heute um drei in das Büro! Wir   das Büro *office*
    sprechen dann über das Wie und Was und Wo. Auf
50   Wiedersehen!''

WIEDERHOLUNG (*REVIEW*)

Kapitel 4. Preparation for tests. See *Programmed Assignment Book*, p. 19.

PRÜFUNG 1 ODER 2

Kapitel 4. See Instructor.

Fragen

1. Wieviel Uhr ist es?
2. Welcher (*which*) Tag ist heute?
3. Welche Aufgabe lernen wir heute?
4. Wie heißen Sie?
5. Was haben Sie gegen die Schule?
6. Was liegt im Winter im Norden?
7. Wer sitzt (schreibt, lernt, redet) hier?
8. Was versteht (spricht, sieht, liest, trinkt) man hier?
9. Geht man im Sommer oder im Winter in die Schule?
10. Wer trinkt viel Kaffee?
11. Wo schläft man gut?
12. Was haben Sie im Auto?
13. Was haben Sie im Heft?
14. Was hat man in der Garage?
15. Was ist blau (grün, braun, grau, rot)?

45

Grunewaldsee, Berlin

16. Was ist groß (flach, klein, leicht, schön)?
17. Wer ist jung (alt, groß, intelligent, interessant, dumm)?
18. Sind Sie morgens oder abends müde?
19. Fahren Sie schnell oder langsam?
20. Wie ist das Wetter heute?

Wortschatz

der Aufsatz	*essay*	die Ecke	*corner*
der Felsen	*cliff, rock*	die Frage	*question*
der Garten	*garden*	die Geschichte	*story, history*
der Himmel	*sky, heaven*	die Kreide	*chalk*
der Krieg	*war*	die Minute	*minute*
der Mond	*moon*	die Mutter	*mother*
der Platz	*place, seat*	die Sonne	*sun*
der Vater	*father*	die Universität	*university*
der Wald	*forest, wood*	die Wand	*wall (inside)*
der Weg	*way, path*		

das Bild	*picture*
das Glas	*glass*
das Haus	*house*
das Jahr	*year*
das Kind	*child*
das Lied	*song*
das Schiff	*ship, boat*
das Wasser	*water*

(das) Amerika	*America*	(das) Frankreich	*France*
(das) Belgien	*Belgium*	(das) Österreich	*Austria*
(das) Dänemark	*Denmark*	(das) Italien	*Italy*
(das) Deutschland	*Germany*	(das) Rußland	*Russia*
(das) England	*England*	die Schweiz	*Switzerland*

erzählen	*to tell, to relate*	singen	*to sing*
essen (i)	*to eat*	springen	*to jump*
fließen	*to flow*	stehen	*to stand*
führen	*to lead*	steigen	*to climb; to rise*
geben (i)	*to give*	tun*	*to do*
hängen	*to hang*	üben	*to practice*
legen	*to lay, to put*	verschwinden	*to disappear*
lieben	*to love*	versuchen	*to try*
reiten	*to ride (on an animal)*	weinen	*to weep, to cry*
scheinen	*to seem; to shine*	werfen (i)	*to throw*
schicken	*to send*	zeigen	*to show*

Prepositions with Dative | **Prepositions with Dative and Accusative**

aus	*out of*	an	*on, at; to*
außer	*besides, except*	auf	*on, upon*
bei	*at, at the house of*	hinter	*behind*
mit	*with*	in	*in, into*
nach	*after; to (ward)* (things or more)	neben	*beside, next to*
seit	*since*	über	*over, above*
von	*from, of*	unter	*under, below*
zu	*to*	vor	*before, in front of*
		zwischen	*between*

Grammatik

A. DATIVE CASE

The indirect object (to whom or for whom something is done) is in the dative case in German. English sometimes uses a preposition. (He gives it *to her*.) The definite

---

* When the infinitive ends in **-n** note the first and third persons plural: tue, tust, tut, tu**n**, tut, tu**n**.

and indefinite articles vary in form in the dative case. Masculine and neuter nouns of one syllable may add **-e** in the dative singular. This ending is, however, hardly used today except sometimes in literary German.

Masc.	**Fem.**	**Neut.**
dem Mann(e)	**der** Frau	**dem** Kind(e)
to the man	*to the woman*	*to the child*
einem Mann(e)	**einer** Frau	**einem** Kind(e)
to a man	*to a woman*	*to a child*

Ich schicke **dem Mann** das Bild.	*I send **the man** the picture.*
Er gibt es **der Frau.***	*He gives it **to the woman.***
Sie bringt **einem Mädchen** ein Buch.	*She is bringing a book **to a girl.***

ÜBUNG 1

Supply the dative case form of the article suggested by the English cue. Repeat the complete sentence each time.

1. (*the*) Er bringt _____ Mann (_____ Lehrer, _____ Freund, _____ Schüler, _____ Professor) das Buch.   2. (*the*) Er schickt _____ Frau (_____ Mutter, _____ Freundin, _____ Dame, _____ Studentin) das Bild.
3. (*the*) Er gibt _____ Fräulein (_____ Kind, _____ Mädchen) die Feder.
4. (*the*) Er zeigt _____ Mann (_____ Lehrer, _____ Professor, _____ Freund, _____ Schüler) nichts.   5. (*the*) Ich schreibe _____ Frau (_____ Dame, _____ Lehrerin, _____ Freundin, _____ Tante) oft.   6. (*the*) Du schickst _____ Kind (_____ Mädchen, _____ Fräulein, _____ Schulkind) so viel.   7. (*to a*) Ich gebe es _____ Mann (_____ Freund, _____ Schüler, _____ Lehrer, _____ Professor).   8. (*to a*) Wir zeigen es _____ Frau (_____ Mutter, _____ Dame, _____ Sekretärin).   9. (*to a*) Er erzählt es _____ Mädchen (_____ Fräulein, _____ Kind).   10. (*to the*) Was bringst du _____ Onkel (_____ Lehrer, _____ Professor, _____ Schüler)?
11. (*to the*) Sie schreibt es _____ Frau (_____ Dame, _____ Mutter, _____ Freundin).

ÜBUNG 2

Schriftliche Übungen: See *Programmed Assignment Book*, p. 23, **A.**

B. PREPOSITIONS WITH THE DATIVE CASE

The dative case is used after the following prepositions:

* The indirect object precedes the direct object, except when the direct object is a personal pronoun.

aus	*out of*	nach	*after; to*
außer	*besides, except*	seit	*since*
bei	*at, at the house of*	von	*from, of*
mit	*with*	zu	*to*

Der Vater fährt **mit dem Kind.**   *The father rides **with the child.***
Er trinkt **aus der Tasse.**   *He drinks **from the cup.***

ÜBUNG 3

Supply the German equivalent for the English cue.

a. 1. (*the*) Ich komme aus _____ Norden. Ich gehe aus _____ Schule. Ich laufe aus _____ Haus.   2. (*the*) Alle außer _____ Vater fahren Auto. Außer _____ Frau ist das Kind da. Außer _____ Bild schickt er nichts. 3. (*the*) Sie essen heute bei _____ Freund. Wir bleiben nun bei _____ Mutter. Sie schläft morgen bei _____ Kind.   4. (*the*) Nun verschwindet sie mit _____ Schüler. Dann sprechen wir mit _____ Frau. Da fährt er mit _____ Schiff.   5. (*the*) Was machst du nach _____ Sommer? Was tust du nach _____ Schule? Was trinkst du nach _____ Essen?   6. (*the*) Seit _____ Winter schreibt er nicht. Seit _____ Prüfung ist er müde. Seit _____ Aufsatz ist er sehr still.   7. (*a*) Sie erzählt nichts von _____ Krieg. Sie sagt nichts von _____ Geschichte. Sie spricht oft von _____ Kind.   8. (*the*) Laufen wir zu _____ Großvater? Gehen Sie zu _____ Universität? Kommt man hier zu _____ Schulhaus?

b. 1. (*the*) Er kommt aus _____ Wald. Bleibt ihr bei _____ Lehrer? Sie erzählt immer von _____ Krieg. Ich gehe mit _____ Professor. Außer _____ Felsen sehe ich nichts.   2. (*a*) Sie beginnt mit _____ Geschichte. Wir sehen Sie nach _____ Prüfung. Er erzählt langsam von _____ Aufgabe. Gehst du mit _____ Frau?   3. (*a*) Sie fahren zu _____ Mädchen. Er steigt aus _____ Schiff. Seit _____ Jahr hängt das Bild da. Er hat nichts außer _____ Auto. Sie spricht oft von _____ Lied.   4. (*the*) Er trinkt nichts außer _____ Kaffee. Er hat nichts außer _____ Uhr. Sie springt von _____ Felsen. Seit _____ Winter bin ich müde. Ihr geht mit _____ Mutter. 5. (*a*) Du kommst nach _____ Minute. Sie fahren zu _____ Schulhaus. Wir bleiben bei _____ Professor. Sie trinkt nicht aus _____ Tasse.

ÜBUNG 4

Schriftliche Übungen: See *Programmed Assignment Book*, p. 23, **B.**

C. PREPOSITIONS WITH THE ACCUSATIVE AND DATIVE CASES

The dative *or* the accusative case can be used after the following prepositions:

an	*on, at ; to*	über	*over, above*
auf	*on, upon*	unter	*under, below*
hinter	*behind*	vor	*before, in front of*
in	*in, into*	zwischen	*between*
neben	*beside, next to*		

If *motion toward* a goal, an object, or destination is expressed, the *accusative* is used.

Er legt das Buch **auf den Tisch.**	*He puts the book **on the table.***
Sie wirft das Bild **in die Ecke.**	*She throws the picture **into the corner.***
Sie laufen **hinter das Haus.**	*They run **behind the house.***

Using the accusative with the above prepositions answers the question **wohin?** (*where (to)?*).

Wohin springt er?	*Where does he jump?*
Er springt **in den Fluß.**	*He jumps **into the river.***

If *place where* or location is expressed, the *dative* is used.

Das Haus liegt **hinter dem Wald.**	*The house lies **behind the forest.***
Der Lehrer steht **vor der Klasse.**	*The teacher is standing **in front of the class.***
Das Buch ist **auf dem Tisch.**	*The book is **on the table.***

Using the dative with the above prepositions answers the question **wo?** (*where?*).

Wo schwimmt er heute?	*Where is he swimming today?*
Er schwimmt heute **in dem Fluß.**	*He's swimming **in the river.***

The following little rhyme may be helpful:

über, unter, vor, und **zwischen,**
an, auf, hinter, neben, in
take the *dative* after **wo?**
take the *accusative* after **wohin?**

The most common German renderings of the English preposition *to* are:

nach (*names of places*): Er fährt **nach Berlin.**
He drives to Berlin.

zu (*persons or places*): Er geht **zu dem Freund** und dann **zu dem Park.**
He goes to his friend and then to the park.

an (*places or things one goes up to*): Er läuft **an den Fluß.**
He walks to the river.

Dann gehen wir **an die Tafel.**
Then we go to the board.

in (*places one can actually enter*): Ich gehe **in die Bibliothek.**
I am going to the library.

These are not rigid rules, but they may be helpful.

ÜBUNG 5

Supply the correct German preposition for English *to*.

1. Sie geht _____ dem Lehrer. 2. Ich laufe _____ den See. 3. Wir fahren
_____ Hamburg. 4. Er läuft _____ die Tür. 5. Ihr kommt morgen _____
den Fluß. 6. Wann gehen Sie _____ Frankreich? 7. Gehen Sie _____ der
Frau!

ÜBUNG 6

Supply the German equivalent for the English cue.

1. (*the*) Er geht in _____ Wald. Er steht in _____ Wald. Er wirft es in _____
Ecke. Es liegt in _____ Ecke. Ich springe in _____ Wasser. Ich bleibe in
_____ Wasser. 2. (*the*) Er geht an _____ Fluß. Er sitzt an _____ Fluß.
Ich hänge das Bild an _____ Wand. Das Bild hängt an _____ Wand. Sie geht
an _____ Häuschen. Sie steht an _____ Häuschen. 3. (*the*) Sie legt es
auf _____ Tisch. Es liegt auf _____ Tisch. Das Kind springt auf _____
Couch (*fem.*). Das Kind schläft auf _____ Couch. Er steigt auf _____ Schiff.
Er bleibt auf _____ Schiff. 4. (*a*) Er wirft es hinter _____ Felsen. Sie findet
es hinter _____ Felsen. Ich stelle das Bild hinter _____ Tür. Das Bild steht
hinter _____ Tür. Läufst du hinter _____ Haus? Steht er hinter _____ Haus?
5. (*a*) Dann springt das Kind neben _____ Felsen. Dann findet man das Kind
neben _____ Felsen. 6. (*the*) Da läuft sie vor _____ Tür. Da steht sie vor
_____ Tür. 7. (*a*) Er wirft die Kreide unter _____ Tisch. Die Kreide liegt
unter _____ Tisch. 8. (*the*) Ich lege es zwischen _____ Bild und _____ Uhr.
Er wirft es zwischen _____ Weg und _____ Häuschen. 9. (*a*) Ich finde das
Heft zwischen _____ Tisch und _____ Stuhl. Der Bleistift liegt zwischen
_____ Feder und _____ Uhr. Der Garten liegt zwischen _____ Ecke und
_____ Haus.

ÜBUNG 7

Supply the German equivalent for the English cue.

1. (*in the sun*) Sie liegt _____. 2. (*to the door*) Der Lehrer geht _____.
3. (*beside the pen*) Der Vater legt es _____. 4. (*in front of the class*) Der
Professor kommt _____. 5. (*on the wall*) Das Bild hängt _____.
6. (*on the blackboard*) Wir schreiben _____. 7. (*beside the father*) Er sitzt
_____. 8. (*on the table*) Sie legt es _____. 9. (*between the cliff and the river*)
Wir reiten morgen _____. 10. (*into the woods*) Der Freund geht _____.
11. (*to the table*) Sie führt das Kind _____. 12. (*on the chair*) Ich werfe es
_____. 13. (*in the school*) Wie lange bleibst du _____? 14. (*on the water*)
Was fährt _____? 15. (*behind the house*) Wer steht _____? 16. (*into the
ship*) Er steigt _____. 17. (*in the room*) Der Herr bleibt _____. 18. (*under a*

little table) Es liegt _____. 19. (*on the wall*) Was hängt _____? 20. (*into the water*) Sie springt _____. 21. (*between the book and the pen*) Ich lege es _____ 22. (*into the corner*) Sie wirft das Heft _____. 23. (*in front of a house*) Das Auto steht _____. 24. (*to a river*) Er fährt _____. 25. (*on the wall*) Er hängt das Bild _____. 26. (*in the sun*) Sie legt es _____.

ÜBUNG 8

Schriftliche Übungen: See *Programmed Assignment Book*, p. 25, **C.**

Alltägliches

Zu Hause

(*Freitag abend. Es klingelt. Sie geht an die Tür.*)

sie Ach, Guten Abend, Thomas! Komm herein!

er Entschuldige! Hoffentlich bist du nicht beschäftigt.

sie Das macht nichts. Ich lerne nur. Bitte, nimm Platz hier auf der Couch!

er Danke. Wo ist die Familie?

sie Vater ist oben im Schlafzimmer. Mutter ist in der Küche. Mein kleiner Bruder ist im Studierzimmer. Natürlich! Da ist der Fernsehapparat.

er Was für ein schönes Wohnzimmer! Der Kamin macht es sehr gemütlich hier.

sie Ja. Ich bringe gleich Kaffee und ein Stückchen Kuchen. Stelle das Radio an,—oder den Plattenspieler. Da sind ganz nette Platten.

er Danke. Aber hier liegen interessante Zeitschriften. Darf ich rauchen?

sie Natürlich! Da steht ein Aschenbecher, und Streichhölzer liegen auch da. Ich komme gleich wieder.

At Home

(Friday evening. The doorbell rings. She goes to the door.)
Oh, hello Thomas! Come in!

Excuse me. I hope you're not busy.

That's alright. I'm only studying. Please sit down here on the couch.

Thanks. Where is your family?
Father is upstairs in the bedroom. Mother is in the kitchen. My little brother is in the study. Naturally! The television is in there.

What a beautiful living room! The fireplace makes it very cozy here.

Yes. I'll bring some coffee and a little cake right away. Turn on the radio—or the record player. There are some quite nice records.

Thanks. But here are some interesting magazines. May I smoke?

Of course! There is an ashtray and matches are there too. I'll be right back.

er (*allein*) Das ist aber ein schönes Klavier. Ich möchte wissen, ob Ingrid spielt. (*Ingrid kommt zurück*.) Ach, das geht aber schnell!

(alone) *That is a beautiful piano. I'd like to know if Ingrid plays.* (Ingrid comes back.) *Oh, that was fast.*

sie Ein Pulverkaffee dauert nicht lange. Möchtest du Zucker und Sahne?

Instant coffee doesn't take long. Would you like sugar and cream?

er Danke. Ich trinke den Kaffee schwarz.

Thanks. I drink my coffee black.

sie Es ist so dunkel hier. Dort steht die Lampe. Mach' doch Licht! Ich ziehe die Vorhänge.

It's so dark in here. There is the lamp. Turn on the light. I'll pull the drapes.

er Ach, ich Idiot! Nun gieße ich den Kaffee auf den Teppich! Wirfst du mich nun hinaus?

Oh, I'm an idiot. Now I'm spilling coffee on the carpet. Are you going to throw me out?

sie Noch nicht! Das hat noch Zeit.

Not yet. There is still time for that.

Aufsatzthemen (*Essay Themes*)*

Write 3–4 lines on one of the following topics.

1. Deutschland in Europa
2. Der Norden und der Süden von Deutschland
3. Das Klassenzimmer
4. Robert und Richard fahren nach Deutschland

WIEDERHOLUNG (*REVIEW*)

Kapitel 5. Preparation for tests. See *Programmed Assignment Book*, p. 27.

PRÜFUNG 1 ODER 2

Kapitel 5. See Instructor.

* These topics are merely suggestions for original expression; they may be changed or replaced by other topics. Don't try to use constructions not yet studied. Keep the sentences very simple.

Kapitel

6

Fragen

1. Was bringt man in das Klassenzimmer?
2. Wo liegt Deutschland?
3. Wo liegt Westrußland?
4. Ist Deutschland klein, mittelgroß oder groß?
5. Wo spricht man Deutsch?
6. Wie ist es in Deutschland im Sommer (im Winter)?
7. Wo ist es in Deutschland flach?
8. Wo liegen die Alpen?
9. Wo liegt Berlin?
10. Was ist der Rhein?
11. Was liegt neben (*next to*) Deutschland?
12. Wo liegt die Ostsee?
13. Wo liegt der Bodensee?
14. Wo beginnt der Rhein?
15. Warum sprechen Robert und Richard mit dem Lehrer?

16. Was ist die Donau?
17. Warum fahren Robert und Richard nicht mit dem Bus?
18. Wo ist es gut zu wandern?
19. Wo spricht man privat mit dem Lehrer?
20. Warum ist es in Deutschland so schön grün?

Wortschatz

allein	*alone*	oft	*often*
bald	*soon*	plötzlich	*suddenly*
dort	*there*	schlank	*slender*
dunkel	*dark*	so	*so*
einsam	*lonely*	traurig	*sad*
freundlich	*friendly*	wann	*when*
halb	*half*	warum	*why*
hoch	*high*	wieder	*again*
immer	*always*	wohin	*where (where to)*
leise	*soft, gentle*	zu alt	*too old*
neu	*new*	zu neu	*too new*
nur	*only*		

vierzehn	*fourteen*	achtzehn	*eighteen*
fünfzehn	*fifteen*	neunzehn	*nineteen*
sechzehn	*sixteen*	zwanzig	*twenty*
siebzehn	*seventeen*	einundzwanzig	*twenty-one*

dreißig	*thirty*	siebzig	*seventy*
vierzig	*forty*	achtzig	*eighty*
fünfzig	*fifty*	neunzig	*ninety*
sechzig	*sixty*	hundert	*hundred*

Useful Expressions and Idioms

es gibt   *there is, there are*
   Es gibt dort viel Schnee.   *There is a lot of snow there.*

noch nicht   *not yet*
   Er ist noch nicht hier.   *He isn't here yet.*

um drei Uhr   *at three o'clock.*
   Sie kommt um zehn Uhr.   *She is coming at ten o'clock.*
   Es ist zwanzig Minuten vor drei.   *It is twenty minutes before three.*
   Es ist fünf Minuten nach eins.   *It is five minutes after one.*
   Es ist halb sechs.   *It is five-thirty.*
   Es ist fünf Uhr dreißig.   *It is five-thirty.*
   Er geht nach Hause.   *He is going home.*

Grammatik

A. PERSONAL PRONOUNS

1. The personal pronouns in the nominative, accusative, and dative cases are:

NOM.	ich	*I*	NOM.	wir	*we*
ACC.	mich	*me*	ACC.	uns	*us*
DAT.	mir	*(to) me*	DAT.	uns	*(to) us*
NOM.	du	*you*	NOM.	ihr	*you*
ACC.	dich	*you*	ACC.	euch	*you*
DAT.	dir	*(to) you*	DAT.	euch	*(to) you*
NOM.	er	*he*	NOM.	sie	*they*
ACC.	ihn	*him*	ACC.	sie	*them*
DAT.	ihm	*(to) him*	DAT.	ihnen	*(to) them*
NOM.	sie	*she*	NOM.	Sie	*you (formal)*
ACC.	sie	*her*	ACC.	Sie	*you*
DAT.	ihr	*(to) her*	DAT.	Ihnen	*(to) you*
NOM.	es	*it*			
ACC.	es	*it*			
DAT.	ihm	*(to) it*			

Er liebt nur **mich.**	*He loves only **me.***
Sie zeigt **mir** den Garten.	*She shows **me** (**to me**) the garden.*

The indirect object precedes the direct object, except when the direct object is a personal pronoun.

Er gibt **mir das Buch.**	*He gives me the book.*
Er gibt **es mir.**	*He gives it to me.*

ÜBUNG 1

Repeat each sentence supplying the German equivalent for the English cue.

1. Er gibt es [*to me, to you (fam. sing.), to him, to her*].
   Er erzählt es (*to me, to you, to him, to her*).
   Er zeigt es (*to me, to you, to him, to her*).

   Sie schicken es [*to us, to you (fam. pl.), to them, to you (formal)*].
   Sie bringen es (*to us, to you, to them, to you*).
   Sie erzählen es (*to us, to you, to them, to you*).

2. Er sieht [*me, you (fam. sing.), him, her, it*].
   Er hört (*me, you, him, her, it*).
   Er versteht (*me, you, him, her, it*).

Er findet (*me, you, him, her, it*).
Er fragt (*me, you, him, her, it*).

3. Er geht (*with her, with me, with them*).
Sie bleibt [*at my house, at his house, at your (fam. pl.) house*].
Sie kommen [*after her, after you (fam. sing.), after him*].

4. Sie geht nicht (*without us, without me, without them*).
Wir machen es nur [*for her, for you (formal), for him*].
Er spricht immer (*against me, against them, against her*).

ÜBUNG 2

Place the direct and indirect objects correctly while giving the German equivalent for the English cues.

1. Ich schicke (*the picture to the lady*).   2. Er gibt (*it to the teacher*).   3. Sie erzählt (*the child the story*).   4. Der Vater gibt (*it to me*).   5. Wir zeigen (*the car to him*).
6. Karls Freund bringt (*him a cup of coffee*).   7. Die Frau schickt (*the pupil a watch*).   8. Das Mädchen gibt (*it to him*).   9. Ihr sagt (*it to them*) nicht.
10. Heute schreibt er (*it to the young lady*).   11. Ich erzähle (*the story to the child*).
12. Schickt er [*you (fam. pl.) a book*]?   13. Der Lehrer zeigt (*the pupil a map*).
14. Warum erzählen Sie (*it to her*)?   15. Warum singen Sie (*her the song*)?

ÜBUNG 3

Schriftliche Übungen: See *Programmed Assignment Book*, p. 29, **A.a,b.**

2. Also in the accusative case the pronoun must agree in gender with the noun to which it refers.

Der Kaffee ist kalt; ich trinke **ihn** nicht.
The coffee is cold; I am not drinking it.

Die Geschichte ist zu lang. Er liest **sie** nicht.
The story is too long. He does not read it.

ÜBUNG 4

Supply the correct German equivalent for *it*.

1. Da ist der Platz. Siehst du _____ auch?   2. Hier steht ein Stuhl. Ich finde _____ zu groß.   3. Er schreibt mit dem Bleistift. Dann legt er _____ auf den Tisch.   4. Der Vater erzählt eine Geschichte. Das Kind hört _____ oft.
5. Die Frage ist auf Deutsch. Ich verstehe _____ nicht.   6. Dort hängt ein Bild. Ich zeige _____ dem Lehrer.   7. Der Felsen ist hoch; ich sehe _____ gut.
8. Das Lied ist schön. Er singt _____ oft.   9. Die Aufgabe ist schwer. Sie versteht _____ nicht.   10. Das Buch ist neu. Ich lese _____ bald.

11. Der Weg ist dunkel. Ich finde _____ nicht.   12. Die Universität ist sehr alt. Ich zeige _____ dir.

ÜBUNG 5

Schriftliche Übungen: See *Programmed Assignment Book*, p. 29, **A.c,d.**

B. USE OF THE DEPENDENT INFINITIVE

The infinitive is the basic form of the verb without reference to person, number, or tense and is preceded in English by *to* (*to go*, *to think*) or by another verb form: *I hope **to study** music*. The infinitive which depends on another verb form is usually placed at the end of the sentence in German and it is usually preceded by **zu.** When the infinitive has an object or is modified, the phrase is set off by a comma.

Er hofft, den Bleistift **zu finden.**	*He hopes to find the pencil.*
Das Mädchen versucht, leise **zu reden.**	*The girl tries to talk softly.*

ÜBUNG 6

Supply the German equivalent for the English infinitive.

1. (*to read*) Sie versucht, lange _____.   2. (*to speak*) Wir hoffen, bald Deutsch _____.   3. (*to become*) Der Student hofft, bald Lehrer _____   4. (*to tell*) Die Mutter beginnt, die Geschichte _____.   5. (*to ride*) Ich liebe es, durch den Wald _____.   6. (*to sleep*) Heute versuche ich, bis elf _____.   7. (*to drive*) Bald hofft er, das Auto _____.   8. (*to send*) Nun schreibt sie mir, das Bild _____.   9. (*to become*) Das Wetter scheint, morgen kalt _____.   10. (*to eat*) Morgen bringt sie uns etwas _____.

ÜBUNG 7

Schriftliche Übungen: See *Programmed Assignment Book*, p. 31, **B.**

C. PRESENT TENSE FOR FUTURE MEANING

The present tense in German may often be translated by the future tense in English.

Wir **beginnen** mit einem Lied.	*We shall begin with a song.*
Er **fährt** heute das Auto.	*He will drive the car today.*

ÜBUNG 8

Express in German using the present tense.

1. I'll see you tomorrow.   2. He'll find you tomorrow.   3. She'll ask you tomorrow.   4. Soon I'll hear it.   5. Soon we'll understand it.   6. Soon they'll

find it.   7. Soon she'll drink it.   8. Soon I'll bring it.   9. Then he'll drive the car.
10. Then you'll read the book.   11. Perhaps they'll sing something.   12. Today
we'll have a test.

D. CONTRACTIONS

The following prepositions and definite articles are often contracted:

an dem > **am**		an das > **ans**	
in dem > **im**		auf das > **aufs**	
bei dem > **beim**		durch das > **durchs**	
von dem > **vom**		in das > **ins**	
zu dem > **zum**		zu der > **zur**	

ÜBUNG 9

Repeat each sentence contracting the words in boldface to form one word.

1. Sie steigt **in das** Auto.   2. Wir sitzen **in dem** Zimmer.   3. Er geht **zu der** Schule.
4. **In dem** Winter wird es kalt.   5. Nun steht er **an dem** Fenster.   6. Er bleibt oft
bei dem Freund.   7. Was erzählt man **von dem** Krieg?   8. Die Großmutter liegt
in dem Bett.   9. Bald fahren wir **zu dem** Strand.   10. Warum springt das Kind
in das Wasser?   11. Heute essen wir **bei dem** Onkel.   12. Wir fahren **auf das** Land.

ÜBUNG 10

Schriftliche Übungen: See *Programmed Assignment Book*, p. 31, **C, D**.

E. NUMBERS; TELLING TIME

See Vocabulary (**Wortschatz**), p. 55.

ÜBUNG 11

Express in German.

a. *Numbers:*   1. 9 and 6   2. 12 and 16   3. 20 and 31   4. 46 and 57
5. 63 and 75   6. 88 and 92   7. 101 and 213   8. 430 and 765

b. *Dates:*   1. 9 n. Chr. (nach Christi) [Hermann besiegt (*defeats*) die Römer im
Teutoburger Wald]   2. 800 (Krönung Karls des Großen in Rom; Das erste
deutsche Reich)   3. 1096 [erster Kreuzzug (*crusade*)]   4. 1348 (erste deutsche
Universität, Prag)   5. 1455 (Gutenberg Bibel, Mainz)   6. 1517 (Martin
Luthers 95 Thesen)   7. 1618 bis 1648 (Dreißigjähriger Krieg)   8. 1749
(Geburtsjahr Goethes)   9. 1806 (Ende des ersten deutschen Reiches)
10. 1871 bis 1918 (Das zweite deutsche Reich)   11. 1933 bis 1945 (Das dritte
deutsche Reich)

Der Loreleifelsen

c. *Time:* 1. It is five o'clock. 2. I am coming at half-past seven. 3. The class begins at 2:30. 4. It is fifteen minutes to six. 5. It is ten minutes after one. 6. The class begins at half-past two. 7. It is twenty-five (minutes) after eight. 8. He'll do it at twelve forty-five. 9. It's 11:30. (*Give two ways.*) 10. He'll bring it to me at 6:30. (*Give two ways.*)

ÜBUNG 12

Schriftliche Übungen: See *Programmed Assignment Book*, p. 31, **E.**

Lesestück

ZWEI GESCHICHTEN VOM RHEIN

Geschichten *stories*

Der Rhein ist ein Fluß in Deutschland. Er ist sehr lang, schön und romantisch. Ein Schiff nach dem anderen fährt auf dem Fluß. Der Rhein fließt von Süden nach Norden und mündet in die Nordsee. Im Rheinland gibt es viel Industrie.
5 Aber Industrie ist nicht sehr romantisch, und wir lesen heute zwei sehr romantische Geschichten. Ein Tourist fährt auf

ander *other*

münden *flow into*

Der Drachenfels

dem Rhein und hört auch die zwei Geschichten. Sie sind
sehr bekannt.

bekannt *well known*

Die Lorelei

     Im Jahre 1103 (elfhundertdrei) lebt am Rhein ein
10 Mädchen. Das Mädchen heißt Lorelei, und sie ist wunderschön. Sie hat blondes Haar und blaue Augen, sie ist schlank
und sehr jung, nur siebzehn Jahre alt. Sie liebt einen Ritter,
und er liebt sie, aber im Land gibt es einen Krieg. Der Ritter
geht in den Krieg und fällt. Lorelei weint bitterlich. Sie ißt
15 nichts mehr und hofft, bald zu sterben. Der Vater aber
spricht leise und traurig mit ihr. „Lorelei, mein liebes Kind,
du bist noch zu jung, so traurig zu sein. Ich weiß, du bist
sehr einsam. Aber das Leben steht vor dir, und du findest
einen anderen Ritter." Aber Lorelei hört nicht. Für sie gibt
20 es nur einen. Sie bleibt traurig und weint.
     Endlich denkt der Vater: „Das ist zu viel! Ich schicke
das Kind in ein Kloster. Dort ist man freundlich; das ist der
Platz für sie. Das Kloster ist aber weit im Norden, und
Lorelei ist noch zu jung, allein durch den Wald zu reiten."

schlank *slender*

der Ritter *knight*

sterben *to die*
lieb *dear*

das Leben *your life*
ander *other*

endlich *finally*

das Kloster *convent*
weit *far*

25   Der Vater spricht dann mit einem Freund und sagt:
„Lorelei geht ins Kloster, aber der Weg ist weit und führt
durch einen Wald. Der Wald ist sehr dunkel und einsam.
Lorelei ist viel zu jung, allein zu reiten, und ich bleibe hier,
denn ich habe sehr viel zu tun. Reitest du mit ihr?" „Ja,"
30   sagt der Freund.

    Dann reitet der Freund mit Lorelei. Der Weg ist
wunderschön, aber das Mädchen ist so traurig, sie sieht
nicht die Sonne, den Himmel, den Wald. Sie weint nur.
Endlich kommen sie bei Sonnenuntergang an einen Felsen   bei *at*
35   am Rhein. Der Felsen ist hoch und steil. Unter dem Felsen   der Sonnenuntergang *sunset*
fließt der Rhein. Er fließt dunkel und schnell. Lorelei sagt   steil *steep*
zu dem Freund: „Ich steige auf den Felsen. Von dort ist der
Fluß so schön. Ich komme bald wieder." Im Abendsonnen-   der Abendsonnenschein
schein steigt sie auf den Felsen. Sie steht hoch oben und   *sunset*
40   sieht das Land in aller Schönheit. Plötzlich ist alles zu viel   oben *above*
für sie. Sie springt von dem Felsen in den Fluß und
verschwindet im Wasser.

    Seit dem Tag erzählt man oft die Geschichte von der
Lorelei. Bei Sonnenuntergang sitzt die Lorelei auf dem
45   Felsen. Sie kämmt das goldene Haar mit einem goldenen   kämmen *to comb*
Kamm und singt ein Lied dabei. Das Lied hat eine wunder-
schöne Melodie. In einem kleinen Schiff auf dem Fluß hört
man das Lied. Der Schiffer sieht nur das Mädchen, er sieht   der Schiffer *boatman*
nicht den Felsen. So fährt er mit dem Schiff gegen den
50   Felsen—und Schiff und Schiffer verschwinden im Wasser!

Der Drachenfels

                                             der Drache *dragon*

    Noch vor Loreleis Zeit lebt ein Drache in einem Felsen am
Rhein nicht weit von dem Loreleifelsen. Der Drache plagt
das Land, denn nachts trampelt er über Felder und durch   Felder und Wälder *fields*
Wälder. Er frißt die Schafe und macht alles kaputt. Das   *and forests*
55   Volk ist sehr traurig und schickt einen Ritter zu dem   fressen *devour*
Drachen. Der Ritter ruft: „Herr Drache! Ich komme von
dem Volk. Höre, was wir sagen!" Der Drache stampft und   rufen *to call*
brummt: „Was habt ihr zu sagen?" Der Ritter spricht laut:
„Geh und laß' das Land in Frieden! Wir geben dir alles,   brummen *to growl*
60   was wir haben."

    Der Drache lacht und öffnet das Maul weit. Feuer   das Maul *mouth*
und Flamme kommen aus dem Maul, aber der Ritter   *(of animals)*
bleibt stehen, wo er ist. Dann brüllt der Drache: „Bring' mir
das schönste Mädchen im Land, und ich lasse das Volk in   brüllen *to roar*
65   Frieden."

Traurig geht der Ritter zu dem Volk und erzählt, was
der Drache sagt. Traurig hört das Volk, was er erzählt,
denn alle lieben Kunigunde, das schönste Mädchen in dem
Land. Aber Kunigunde ist sehr tapfer. Sie sagt: „Ich habe
70 keine Angst. Ich liebe das Land und euch alle. Ich gehe!"
Das Volk bittet sie, es nicht zu tun, aber sie hört nicht.

    Sonntag hat Kunigunde ein langes, weißes Kleid an,
ein Gebetbuch in der Hand und ein goldenes Kreuz um
den Hals. Das lange blonde Haar fällt auf die Schulter. Sie
75 geht mit dem Buch in der Hand auf dem Weg zum Drachen-
felsen. Der Wald ist sehr dunkel, und der Himmel ist sehr
grau.

    Endlich steht sie auf dem Felsen. Sie hört ein Stampfen
und Brüllen, aber sie hält das Gebetbuch fest in der Hand
80 und betet. Der Drache kommt, Feuer und Flamme kommen
aus dem Maul, und er greift nach dem schönen Mädchen.
In diesem Moment bricht die Sonne durch die Wolken und
scheint auf das goldene Kreuz um Kunigundes Hals. Das
Kreuz blitzt und funkelt. Der Blitz von dem Kreuz scheint
85 dem Drachen in die Augen und blendet ihn. Mit einem
Brüllen stürzt er von dem Felsen in den Rhein und ertrinkt.
Das Land ist frei!

tapfer *brave*
Angst haben *to be
  afraid*
bitten *to request*
weiß *white*
das Kleid *dress*
das Gebet *prayer*
der Hals *neck*

endlich *finally*
halten *to hold*
beten *to pray*
greifen nach *to grasp for*
dies *this*
brechen *to break*
die Wolken *clouds*
blitzen *to flash*
funkeln *to sparkle*
dem Drachen in die
  Augen *into the
  dragon's eyes*
stürzen *to crash*
ertrinken *to drown*

WIEDERHOLUNG

Kapitel 6. Preparation for tests. See *Programmed Assignment Book*, p. 33.

PRÜFUNG 1 ODER 2

Kapitel 6. See Instructor.

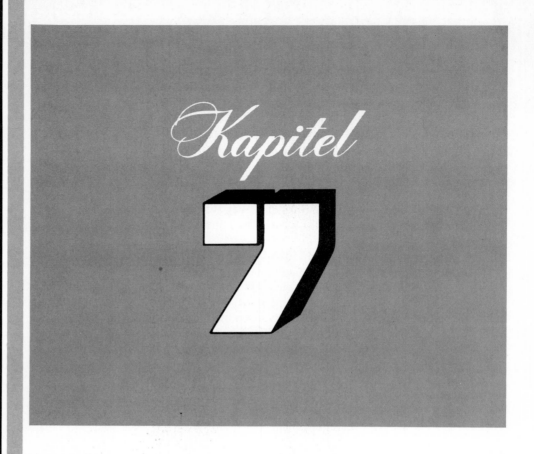

Kapitel

7

Fragen

1. Wie geht es?
2. Wieviel Uhr ist es?
3. Was hängt hier an der Wand?
4. Was versucht man, hier zu sprechen (lesen, reden, schreiben)?
5. Was zeigt der Lehrer oft der Klasse?
6. Wieviel ist fünfzehn und drei (zwölf und vier, dreizehn und sechs, zehn und sieben, elf und neun)?
7. Wer spricht zu schnell (zu laut, zu leise)?
8. Sie liegen in der Sonne. Werden Sie braun, schlank, oder traurig?
9. Sie sind traurig. Lachen Sie oder weinen Sie?
10. Sie sind oft allein. Werden Sie einsam?
11. Was singt man?
12. Was sieht man auf einem Fluß?
13. Was erzählt man einem Kind?
14. Was legt man auf den Tisch (auf den Stuhl, auf das Bett)?
15. Was liegt auf dem Tisch (auf dem Stuhl, auf dem Bett)?

16. Wann gehen Sie zu Bett (in die Schule, nach Hause)?
17. Wohin gehen Sie nach der Schule (heute, um acht Uhr, morgen)?
18. Wo und wann scheint die Sonne viel?
19. Wo gibt es viel Schnee?
20. Wer hat eine Mutter (einen Vater, ein Kind, eine Frau, einen Mann, einen Garten, ein Haus)?
21. Wer sitzt vor (neben, hinter) Ihnen?
22. Wie ist der Himmel heute?
23. Was hoffen wir, bald zu sprechen (lesen, schreiben, verstehen)?
24. Was scheint schwer (interessant, traurig) zu sein?
25. Was gibt es hier zu sehen?

Wortschatz

der Bauer	*farmer, peasant*	die Arbeit	*work*
der Dienst	*service*	die Dame	*lady*
der Dom	*cathedral*	die Macht	*power, might*
der Friede(n)	*peace*	die Pflicht	*duty*
der Hof	*court; yard; farm*	die Zeit	*time*
der König	*king*		
der Offizier	*officer*		
der Soldat	*soldier*		
der Staat	*state*		
der Wagen	*car; wagon*		

das Beispiel	*example*
das Geld	*money*
das Leben	*life*
das Recht	*right; justice*
das Schloß	*castle*
das Volk	*people*
das Wort	*word*

der Januar	*January*	der Juli	*July*
der Februar	*February*	der August	*August*
der März	*March*	der September	*September*
der April	*April*	der Oktober	*October*
der Mai	*May*	der November	*November*
der Juni	*June*	der Dezember	*December*

arbeiten	*to work*	heißen	*to be called*
bekommen	*to receive, to get*	kaufen	*to buy*
beobachten	*to observe, to watch*	leben	*to live*
beschreiben	*to describe*	sterben (i)	*to die*
besuchen	*to visit, to attend*	vergessen (i)	*to forget*

Neuschwanstein in Bayern

Grammatik

A. GENITIVE CASE

Possession or origin is expressed in English by 's or *of* and in German by the genitive case. Most masculine and all neuter nouns of more than one syllable add **-s,** those of one syllable add **-es,** to form the genitive singular. Feminine nouns remain unchanged in the genitive singular.

Masc.	Fem.	Neut.
des Königs	**der** Frau	**des** Kindes
the king's	*the woman's*	*the child's*
of the king	*of the woman*	*of the child*
eines Königs	**einer** Frau	**eines** Kindes
a king's	*a woman's*	*a child's*
of a king	*of a woman*	*of a child*

The genitive noun nearly always follows the noun it modifies.

der Wagen **des Vaters** the father's car, the car of the father

Die Macht **des Königs** ist groß. *The king's power is great.*
Es ist die Geschichte **einer Frau.** *It is the story of a woman.*

ÜBUNG 1

Supply the German equivalent for the English cue.

1. (*of the*) eine Ecke _____ Gartens; (*of a*) ein Weg _____ Gartens
2. (*of the*) der Vater _____ Königs; (*of a*) die Mutter _____ Königs
3. (*of the*) die Geschichte _____ Krieges; (*of a*) ein Lied _____ Krieges
4. (*of the*) die Wand _____ Felsens; (*of a*) das Bild _____ Felsens
5. (*of the*) der Freund _____ Mannes; (*of a*) die Pflicht _____ Mannes
6. (*of the*) der Fluß _____ Nordens; (*of the*) die Frage _____ Südens
7. (*of the*) eine Arbeit _____ Mutter; (*of a*) das Beispiel _____ Mutter
8. (*of the*) die Frage _____ Frau; (*of a*) die Geschichte _____ Frau
9. (*of the*) das Problem _____ Schule; (*of a*) die Ecke _____ Landkarte
10. (*of the*) das Geld _____ Dame; (*of a*) ein Wort _____ Frage
11. (*of the*) ein Tag _____ Jahres; (*of a*) die Arbeit _____ Jahres
12. (*of the*) das Bild _____ Schiffes; (*of a*) ein Lied _____ Schiffes
13. (*of the*) die Tür _____ Hauses; (*of a*) eine Wand _____ Hauses
14. (*of the*) die Arbeit _____ Mädchens; (*of a*) das Recht _____ Mädchens

ÜBUNG 2

Supply the German equivalent for the English cue.

1. (*of the*) der Weg _____ Offiziers, _____ Mutter, _____ Kindes
2. (*of the*) der Bleistift _____ Freundes, _____ Frau, _____ Mädchens
3. (*of the*) die Aufgabe _____ Vaters, _____ Schule, _____ Fräuleins
4. (*of a*) die Ecke _____ Gartens, _____ Wand, _____ Zimmers
5. (*of a*) das Ende _____ Krieges, _____ Geschichte, _____ Liedes
6. (*of a*) das Bild _____ Waldes, _____ Schule, _____ Schlosses
7. (*of the*) der Norden _____ Staates, _____ Stadt, _____ Landes
8. (*of the*) ein Tag _____ Winters, _____ Arbeit, _____ Jahres
9. (*of a professor*) die Arbeit _____ ; (*a professor's duty*) _____
10. (*of a child*) das Recht _____ ; (*a child's chair*) _____
11. (*of a woman*) die Macht _____ ; (*a woman's place*) _____
12. (*the car of the father*) _____ ; (*the father's picture*) _____
13. (*the time of the year*) _____ ; (*the time of the day*) _____
14. (*of the girl*) der Dienst _____ ; (*of the woman*) der Dienst _____
15. (*a friend's word*) _____ ; (*the word of a friend*) _____
16. (*the mother's money*) _____ ; (*the money of the mother*) _____
17. (*the song of a child*) _____ ; (*a song of the child*) _____
18. (*a teacher's book*) _____ ; (*the book of a teacher*) _____

ÜBUNG 3

Schriftliche Übungen: See *Programmed Assignment Book*, p. 37, **A.**

B. USE OF THE FOUR CASES

NOM. (*subject*)	**Der Freund** arbeitet.	*The friend* works.
ACC. (*direct object*)	Ich sehe **den Freund.**	*I see **the friend.***
DAT. (*indirect object*)	Ich gebe es **dem Freund.**	*I give it **to the friend.***
GEN. (*possessive*)	Der Vater **des Freundes** arbeitet.	*The father **of the friend*** *works.*

THE FOUR CASES OF DER AND EIN

	Masc.	Fem.	Neut.		Masc.	Fem.	Neut.
NOM.	der	die	das	NOM.	ein*	eine	ein*
ACC.	den	die	das	ACC.	ein**en**	eine	ein*
DAT.	dem	der	dem	DAT.	ein**em**	ein**er**	ein**em**
GEN.	des	der	des	GEN.	ein**es**	ein**er**	ein**es**

* No endings in these three places.

ÜBUNG 4

Definite Article. Supply the German equivalent for English *the, of the, to the*.

1. _____ Freund _____ Vaters zeigt _____ Schüler _____ Weg.
2. _____ Offizier gibt _____ Lehrer _____ Stuhl _____ Direktors.
3. Bald schickt _____ Student _____ Onkel _____ Freundes _____ Wagen.
4. _____ Mutter _____ Dame bringt _____ Frau _____ Aufgabe.
5. _____ Großmutter erzählt _____ Tochter _____ Lehrerin _____ Geschichte.
6. _____ Kind singt _____ Mädchen _____ Lied _____ Landes.
7. Nun schickt _____ Mädchen _____ Kind _____ Buch _____ Fräuleins.

ÜBUNG 5

Indefinite Article. Supply the German equivalent for English *a, an, of a, to a*.

1. _____ Mann bringt _____ Freund _____ Lehrers _____ Stuhl.
2. _____ Student gibt _____ Schüler _____ Bleistift _____ Freundes.
3. Nun zeigt _____ Freund _____ Offiziers _____ Schüler _____ Weg.
4. _____ Dame gibt _____ Frau _____ Adresse _____ Freundin.
5. Dann erzählt _____ Frau _____ Dame _____ Geschichte _____ Schule.
6. _____ Kind gibt _____ Mädchen _____ Bild _____ Schiffes.
7. _____ Kind singt _____ Fräulein _____ Lied _____ Männleins im Wald.

ÜBUNG 6

Supply the German equivalent for English *the* or *a*.

1. _____ Lehrer _____ Schülers gibt _____ Freund _____ Kaffee.
2. _____ Mutter _____ Mädchens schickt _____ Dame _____ Geld.
3. _____ Kind _____ Hauses bringt _____ Großmutter _____ Glas Wasser.
4. _____ Soldat _____ Königs gibt _____ Offizier _____ Wagen.

ÜBUNG 7

Supply the German equivalent for the English cue.

1. (*a*) _____ Krieg, (*of a*) _____ Krieges, (*after a*) _____ Krieg, (*through a*) _____ Krieg 2. (*the*) _____ Garten, (*of the*) _____ Gartens, (*out of the*) _____ Garten, (*around the*) _____ Garten. 3. (*a*) _____ Felsen, (*of a*) _____ Felsens, (*from a*) _____ Felsen, (against a) _____ Felsen 4. (*a*) _____ Frage, (of a) _____ Frage, (*after a*) _____ Frage, (*without a*) _____ Frage 5. (*the*) _____ Zeit, (*of the*) _____ Zeit, (*since the*) _____ Zeit, (*around the*) _____ Zeit 6. (*a*) _____ Pflicht, (*of a*) _____ Pflicht, (*with a*) _____ Pflicht, (*for a*) _____ Pflicht 7. (*a*) _____ Jahr, (*of a*) _____ Jahres, (*since a*) _____ Jahr, (*until a*) _____ Jahr. 8. (*the*) _____ Recht, (*of the*) _____ Rechtes, (*with the*) _____ Recht, (*without the*) _____ Recht 9. (*a*) _____ Wort, (*of a*) _____ Wortes, (*after a*) _____ Wort, (*for a*) _____ Wort

ÜBUNG 8

Schriftliche Übungen: See *Programmed Assignment Book*, p. 39, **B.**

Alltägliches

Das Wetter

er Grüß Gott, Monika!

sie Tag, Kurt! Schönes Wetter heute, nicht wahr?

er Für mich ist es etwas zu heiß. Gestern war es kühl und wolkig, und das war besser.

sie Wie kannst du das sagen? Die Sonne scheint, es ist doch herrlich!

er Es regnet heute noch. Es steht in der Zeitung im Wetterbericht.

sie Das glaube ich nicht.

er Hier habe ich die Zeitung. Lies doch selber!

sie Tatsächlich! „Heiter bis wolkig, Mittagstemperatur um 22 (zweiundzwanzig) Grad. Neigung zu örtlichen Gewitterschauern."

er Was sagst du nun?

sie Ach was! Der Wettermann hat nicht immer recht. Nach dem langen Winter habe ich genug von Schnee und Eis, Regen, Nebel, und Wind.

er Der Herbst und der Winter sind für mich die besten Jahreszeiten. Ich laufe gern Ski.

sie Ich habe den Frühling und den Sommer gern.—Hier hast du die Zeitung wieder. Aber sieh mal! Sie ist gar nicht von heute. Es steht hier: Montag, den 18. (achtzehnten) April.

er Ich weiß. Das war vorgestern. Bist du böse?

sie Solange die Sonne scheint, nein!

The Weather

Hello, Monika!

Hi, Kurt! Nice weather today, isn't it?

It's somewhat too hot for me. Yesterday it was cool and cloudy, and that was better.

How can you say that? The sun is shining; it is glorious!

It is going to rain yet today. It's in the newspaper in the weather report.

I don't believe that.

Here's the newspaper. Read it for yourself.

Really!" Fair to cloudy, noon temperature about 22 degrees. Tendency toward scattered showers."

What do you say now?

Oh well! The weatherman isn't always right. After the long winter I've had enough of snow and ice, rain, fog, and wind.

Fall and winter are the best seasons for me. I like to ski.

I like spring and summer. Here is your newspaper. But look! It's not today's. It says here: Monday, the 18th of April.

I know. That was day before yesterday. Are you angry?

As long as the sun shines, no!

Aufsatzthemen

Write a few lines on one of the following topics.

1. Lorelei spricht mit einer Freundin
2. Ein Kind fragt die Mutter über den Loreleifelsen
3. Ein Rheinschiffer spricht mit seiner Frau
4. Der Drache in der Höhle auf dem Drachenfels
5. Kunigunde spricht mit einem Freund
6. Der Ritter spricht mit dem Volk

WIEDERHOLUNG

Kapitel 7. Preparation for tests. See *Programmed Assignment Book*, p. 39.

PRÜFUNG 1 ODER 2

Kapitel 7. See Instructor.

Kapitel

8

Fragen

1. Was macht ein Bauer (ein König, ein Soldat)?
2. Wer hat immer viel Arbeit?
3. Haben Sie einen Wagen? Ist er groß oder klein?
4. Wer gibt dem Staat Geld?
5. Wer macht Dienst in der Armee?
6. Wer hat einen Hof?
7. Was macht man mit Geld?
8. Was kommt nach einem Krieg?
9. Wer hat große Macht im Land?
10. Wer denkt, er (sie) hat immer recht?
11. Was bekommen Sie für Ihre Arbeit?
12. Was kaufen Sie oft?
13. Wer besucht eine Universität?
14. Wie alt sind Sie?
15. Wer beobachtet Sie in der Klasse?

16. Beschreiben Sie das Zimmer!
17. Was vergißt man leicht?
18. Wo leben wir?
19. Was ist Ihre Pflicht?
20. Wie heißen Sie mit Vor- und Familiennamen?

Wortschatz

Verbs with Dative

antworten	*to answer*	glauben	*to believe*
danken	*to thank*	gehören	*to belong to*
dienen	*to serve*	helfen (i)	*to help*
folgen	*to follow*		

Der-Words

dieser	*this*		
jeder	*each, every; everyone*		
jener	*that*		
mancher	*many a*		
solcher	*such, such a*		
welcher	*which, what a*		

Ein-Words

kein	*no, not a, not any*
mein	*my*
dein	*your (fam. sing.)*
sein	*his*
ihr	*her*
sein	*its*
unser	*our*
euer	*your (fam. pl.)*
ihr	*their*
Ihr	*your (formal, sing. and pl.)*

also	*therefore*	gern(e)	*gladly*
berühmt	*famous*	kaum	*hardly, scarcely*
edel	*noble*	krank	*ill, sick*
einfach	*simple*	spät	*late*
ernst	*earnest, serious*	streng	*strict, severe*
früh	*early*	weise	*wise*
gar	*at all*	wenig	*little (quantity)*
gar nicht	*not at all*	zufrieden	*satisfied*

Useful Expressions and Idioms

Ich reite gern(e).	*I like to ride.*
Er singt gern(e).	*He likes to sing.*
Wie geht es dir?	*How are you?*
Wie geht es Ihnen, Herr Luft?	*How are you, Mr. Luft?*
Wie geht es ihm?	*How is he?*
Ich habe recht.	*I am right.*
Entschuldigen Sie!	*Excuse me!*

noch immer   *still*
 Er arbeitet noch immer. *He is still working.*

immer noch   *still*
 Er arbeitet immer noch. *He is still working.*

Wie heißt er? *What is his name? (lit., How is he called?)*
Wie heißt der Herr? *What is the gentleman's name?*

Grammatik

A. DER-WORDS

The following words (**der**-words) are also sometimes called **dieser**-words.

dieser	*this*	mancher	*many a*
jeder	*every*, *each*	solcher	*such a*
jener	*that*	welcher	*which*, *what a*

They are declined like the definite article. Note the **-es** of the neuter nominative and accusative endings.

	Masc.	Fem.	Neut.
NOM.	dies**er**	dies**e**	dies**es**
ACC.	dies**en**	dies**e**	dies**es**
DAT.	dies**em**	dies**er**	dies**em**
GEN.	dies**es**	dies**er**	dies**es**

Manch ein, solch ein (or **so ein**), and **welch ein** are sometimes used instead of **mancher, solcher, welcher** in the singular forms; **ein** then carries the ending. The form **solch ein** (or **ein solcher**) is generally more common than **solcher.**

Solch eine Prüfung ist zu schwer. *Such a test is too difficult.*
Mit **solch einem** Mann rede ich nicht. *I won't talk with such a man.*

ÜBUNG 1

Following the examples below, replace the definite articles with the indicated **der**-words equivalent to the English cue.

a. Beispiel: **Der** Tag ist schön. **Die** Frage ist lang. **Das** Haus ist groß. *(this)*

    Dieser Tag ist schön. **Diese** Frage ist lang. **Dieses** Haus ist groß.

1. **Der** Weg führt nach Hause. **Die** Sprache ist schwer. **Das** Kind weint. *(not every)*
2. **Der** Wald ist dunkel. **Die** Aufgabe ist leicht. **Das** Glas ist voll. *(that)*
3. **Der** Krieg ist lang. **Die** Tafel ist grün. **Das** Bett ist hart. *(many a)*
4. **Der** Platz ist frei. **Die** Feder schreibt gut. **Das** Bild kostet viel. *(such a)*
5. **Der** Fluß fließt schnell. **Die** Wand ist blau. **Das** Schiff fährt heute. *(which)*

b. Beispiel: Ich gebe **dem** Freund **den** Wagen. Ich gebe **der** Frau **die** Karte. Ich gebe **dem** Kind **das** Glas. (*this*)

Ich gebe **diesem** Freund **diesen** Wagen. Ich gebe **dieser** Frau **diese** Karte. Ich gebe **diesem** Kind **dieses** Glas.

1. (*that, such a*) Er schickt **dem** Mann **den** Ring. Er schickt **der** Dame **die** Uhr. Er schickt **dem** Fräulein **das** Liederbuch.
2. (*every, many a*) Der Student erzählt **dem** Schüler **den** Witz. Der Student erzählt **der** Freundin **die** Geschichte. Der Student erzählt **dem** Mädchen **das** Problem.

c. Beispiel: **das** Ende **des** Krieges; **die** Arbeit **der** Frau; **die** Ecke **des** Zimmers (*this, of this*)

dieses Ende **dieses** Krieges; **diese** Arbeit **dieser** Frau; **diese** Ecke **dieses** Zimmers

1. der Morgen des Tages; **die** Aufgabe **der** Klasse; **das** Bild **des** Kindes (*every, of every*)
2. der Freund des Mannes; **die** Adresse **der** Schule; **das** Geld **des** Mädchens (*that, of that*)
3. der Name **des** Waldes; **die** Pflicht **der** Frau; **das** Manuskript **des** Buches (*many a, of many a*)
4. der Bauer des Staates; **die** Geschichte **der** Aufgabe; **das** Zimmer **des** Hauses *such a, of such a*)
5. der Dienst **des** Offiziers; **die** Macht **der** Zeit; **das** Volk **des** Landes (*which, of which*)

d. Beispiel: **der** Wald (*this, that, which, through which*)

dieser Wald, **jener** Wald, **welcher** Wald, **durch welchen** Wald

1. **der** König (*this, that, which*)   2. **die** Arbeit (*such, which, every*)   3. **das** Recht (*every, that, this*)   4. das Volk **des** Staates (*of this, of every, of which*)   5. die Frage **der** Pflicht (*of such a, of many a, of that*)   6. die Geschichte **des** Schlosses (*of that, of every, of which*) (*In the following, replace also the preposition.*)   7. **aus dem** Hof (*from this, to that, with such a*)   8. **außer der Zeit** (*from that, with this, after every*)   9. **bei dem** Volk (*besides this, from that, to which*)   10. **durch den** Krieg (*for this, through such a, against many a*)   11. **durch die** Macht (*against such, for that, without every*)   12. **durch das** Wort (*against this, for which, without such a*)

ÜBUNG 2

Schriftliche Übungen: See *Programmed Assignment Book,* p. 43, **A.**

B. **EIN**-WORDS

Kein (*no, not a*) and the possessive adjectives are declined like the indefinite article. Therefore they are called **ein**-words.

kein *no, not a*

mein	*my*	unser	*our*
dein	*your (fam. sing.)*	euer	*your (fam. pl.)*
sein	*his*	ihr	*their*
ihr	*her*	Ihr	*your (formal, sing. and pl.)*
sein	*its*		

	Masc.	Fem.	Neut.
NOM.	mein*	meine	mein*
ACC.	mein**en**	meine	mein*
DAT.	mein**em**	mein**er**	mein**em**
GEN.	mein**es**	mein**er**	mein**es**

Note: The **-er** of **unser** and **euer** is part of the word and not an ending.

mit unser**em** Freund

ÜBUNG 3

Following the examples below, replace the definite and indefinite articles with the **ein**-words equivalent to the English cue.

a. Beispiel: **Der** Vater legt **den** Hut auf **den** Stuhl. (*my, his, her*)

Mein Vater legt **meinen** Hut auf **meinen** Stuhl.
Sein Vater legt **seinen** Hut auf **seinen Stuhl.**
Ihr Vater legt **ihren** Hut auf **ihren** Stuhl.

1. **Der** Onkel wirft **den** Bleistift auf **den** Schreibtisch. [*his, their, your (formal)*]
2. Der Name **des** Freundes steht in **dem** Adressbuch. [*of my, my; of her, her; of your, your (fam. sing.)*]
3. **Die** Frage macht **die** Mutter nervös. (*his, our, their*)
4. Die Rose aus **dem** Garten steht auf **dem** Tisch. [*her, your (formal), my*]
5. **Die** Uhr steht in einer Ecke **der** Garage. (*my, of my; her, of her; his, of his*)
6. **Das** Kind zeigt mir **das** Bild in **dem** Zimmer. [*his, their, your (fam. pl.)*]
7. **Der** Sohn hängt **das** Foto **des** Autos über **das** Bett. (*his, her, our*)

b. Beispiel: **ein** Garten (*my, his, our*)

mein Garten, **sein** Garten, **unser** Garten

1. **ein** Staat (*my, her, our*)   2. **eine** Pflicht [*your (formal), my, his*]   3. **ein** Leben (*his, her, no*)   4. das Bild **eines** Hofes [*of your (fam. sing.), of their, of my*]   5. der Platz **einer** Arbeit (*of his, of her, of our*)   6. das Recht **eines** Volkes [*of your (fam. pl.), of their, of my*] (*In the following replace also the preposition.*)   7. **aus einem** Wagen (*with my, from his, besides her*)   8. **zu einer** Aufgabe (*after his, since our, out of my*)   9. **aus einem** Land [*in our, from her, to your (formal)*]   10. **durch einen**

* No endings in these places.

Dienst (*against his, for their, without my*) 11. **ohne eine** Tür (*through my, around her, against our*) 12. **durch ein** Wort [*without your* (*fam. sing.*), *against his, for her*] 13. **gegen eine** Macht (*for not any, through his*)

ÜBUNG 4

Schriftliche Übungen: See *Programmed Assignment Book*, p. 43, **B.**

C. VERBS WITH THE DATIVE CASE

There are a number of verbs that require the dative case. Some common ones are:

antworten	*to answer*	glauben	*to believe*
danken	*to thank*	gehören	*to belong to*
dienen	*to serve*	helfen (i)	*to help*
folgen	*to follow*		

Das Mädchen dankt **dem Professor.**	*The girl thanks the professor.*
Er antwortet **der Frau** nicht.	*He doesn't answer the woman.*
Ich glaube **dir** nicht.	*I don't believe you.*

ÜBUNG 5

Supply the German equivalent for the English cue. Repeat the subject and verb each time.

1. (*the*) Sie dankt _____ Offizier, _____ Vater, _____ König.
2. (*the*) Er glaubt _____ Mutter, _____ Dame, _____ Frau.
3. (*the*) Ich antworte _____ Kind, _____ Volk, _____ Mädchen.
4. (*this*) Sie dienen _____ Staat, _____ Universität, _____ Land.
5. (*that*) Wir folgen _____ Wagen, _____ Dame, _____ Kind.
6. (*every*) Du hilfst _____ Freund, _____ Frau, _____ Fräulein.
7. (*my*) Das Geld gehört _____ Großvater, _____ Mutter, _____ Volk.
8. (*such a*) Er antwortet _____ Mann nicht.
9. (*her*) Jenes Haus gehört _____ Lehrer.
10. (*our*) Glaubt ihr _____ Professor?
11. (*which*) _____ Mädchen glauben Sie?
12. (*his*) Dieser Soldat dankt _____ Volk nicht.

ÜBUNG 6

Repeat the sentence replacing the article and noun in boldface with the German equivalent for the English cue.

1. Das Schloß gehört **dem König.** (*this officer*) _____, (*that man*) _____, (*his friend*) _____, (*the state*) _____, (*him*) _____, (*them*) _____,

[*you (formal)*] _____. 2. Der Bauer glaubt **der Frau,** (*this mother*) _____, (*no lady*) _____, (*her*) _____, (*us*) _____. 3. Ich danke **dem Vater,** (*that officer*) _____, (*this man*) _____, (*every child*) _____, (*her teacher*) _____, (*him*) _____, [*you (fam. pl.)*] _____, (*them*) _____. 4. Wir folgen **dem Lehrer,** (*that wagon*) _____, (*every car*) _____, (*him*) _____, [*you (formal)*] _____. 5. Wer hilft **der Dame?** (*his wife*) _____, (*our professor*) _____, (*her child*) _____, (*them*) _____, [*you (fam. sing.)*] _____.

ÜBUNG 7

Schriftliche Übungen: See *Programmed Assignment Book*, p. 45, **C.**

D. SUFFIX -IN

The addition of the suffix **-in** to a masculine noun forms the feminine counterpart. Sometimes an umlaut is added.

der Bauer	die Bäuer**in**	der Lehrer	die Lehrer**in**
der Freund	die Freund**in**	der Schüler	die Schüler**in**
der König	die König**in**	der Student	die Student**in**

Der König und **die Königin** sind sehr alt.
The king and (the) queen are very old.

Seine Freundin ist sehr schön.
His girl friend is very beautiful.

ÜBUNG 8

Repeat each noun, replacing the definite article, in 3 and 4 the preposition as well, with the German equivalent of the English cue.

Beispiel: **der** Lehrer (*my, her, his*); **die** Lehrerin (*our, his, their*)

mein Lehrer, **ihr** Lehrer, **sein** Lehrer; **unsere** Lehrerin, **seine** Lehrerin, **ihre** Lehrerin

1. **der** Student (*every, that, this*); **die** Studentin (*which, such a, each*)   2. die Pflicht **des** Königs (*of each, of many a, of her*); die Macht **der** Königin (*of this, of his, of our*)   3. **von dem** Schüler (*with my, after her, to every*); **zu der** Schülerin (*at the house of his, from that, with many a*)   4. **für den** Freund (*against her, without their, through my*); **durch die** Freundin (*for his, against every, without such a*)

ÜBUNG 9

Schriftliche Übungen: See *Programmed Assignment Book*, p. 45, **D.**

Lesestück

ZWEI LEGENDEN
Elisabeth

Achtzig Kilometer nördlich von Frankfurt liegt die Stadt
Marburg mit einer alten Universität und der berühmten
Elisabethkirche. Warum heißt sie so? Wer ist Elisabeth?

Die schöne, schlanke, junge Gräfin Elisabeth (1207–
5 1231) lebt auf der Wartburg, einer alten Burg in Thüringen.
Sie hat ein gutes und edles Herz. Ihr Mann Ludwig liebt sie
sehr, und sie liebt ihn. Er ist der junge Landgraf von
Thüringen.

Sie geht oft in das Dorf. Immer hat sie einen Korb am
10 Arm unter dem Mantel. In dem Korb ist Brot, Butter,
Wein, und Geld für die Armen.

Eines Tages sagt Ludwig leise aber ernst: „Elisabeth,
du gehst zu oft ins Dorf, du gibst dem Volk zu viel, du gibst
dem Volk alles. Bald habe ich nichts mehr. Du versprichst
15 mir nun, nicht mehr ins Dorf zu gehen und dem Volk nichts
mehr zu geben. Hörst du?"

Elisabeth verspricht, nicht mehr ins Dorf zu gehen.
Aber sie ist traurig, denn das Volk ist arm und braucht sie.

Im Sommer reitet Ludwig nach dem Norden. „Elisa-
20 beth, ich bleibe eine Woche im Norden, denn ich habe dort
viel zu tun", sagt er. „In acht Tagen bin ich wieder bei dir."
Ludwig gibt ihr einen Kuß. „Auf Wiedersehen! Ich liebe
dich."

Traurig bleibt Elisabeth allein zu Hause. Nach fünf
25 Tagen denkt sie: „Das Volk braucht mich, und Ludwig ist
nicht zu Hause. Gott versteht, was ich tue." Sie packt den
Korb voll mit Brot, Butter, Wein, Medizin, und auch Geld,
hängt ihn unter dem Mantel an den Arm und geht aus der
Tür. Aber ach! Plötzlich steht Ludwig vor ihr! Er ist wieder
30 da, denn dort im Norden denkt er nach zwei Tagen: „Meine
Elisabeth ist allein, und sie ist sicher einsam und traurig.
Ich reite schnell nach Hause zurück!"

„Elisabeth, ich denke, du sitzt allein zu Hause und
bist einsam und traurig", sagt Ludwig. „Du hast einen
35 Mantel um und gehst aus? Wohin gehst du?" Elisabeth
ist sprachlos. Dann antwortet sie leise: „Lieber Ludwig,
es ist gut, dich wieder zu sehen." Aber ihr Mann fragt:
„Elisabeth, wohin gehst du, und was hast du unter dem
Mantel?"

---

die Stadt *city*

die Kirche *church*
die Gräfin *countess*
die Burg *fortress*
Thüringen *Thuringia*
der Landgraf *count*

das Dorf *village*
der Korb *basket*
der Mantel *coat*
die Armen *the poor*

versprechen *to promise*

brauchen *to need*

die Woche *week*

sicher *surely*
zurück *back*

sprachlos *speechless*

Die Wartburg

40   In ihrer Not denkt Elisabeth: „Sicher vergibt mir Gott
und auch mein Mann"—und sagt: „Ach, ich gehe in den
Wald! Das Wetter ist so schön! Der Himmel ist blau, die
Sonne scheint hell!" Streng fragt Ludwig: „Was hast du
unter dem Mantel?" Leise betet Elisabeth: „Lieber Gott,
45   hilf mir!" „Nichts", antwortet sie schnell.

    „Du hast einen Korb unter dem Mantel. Ich sehe
ihn. Was ist in dem Korb?"—Und Elisabeth antwortet:
„Rosen!" Ludwig wirft den Mantel zurück und sieht in
den Korb. Da liegen schöne rote Rosen.

50   Von jener Zeit an geht Elisabeth wieder oft in das Dorf
zum Volk, denn Ludwig versteht: Gott hilft in der Not und
tut Wunder.

    Ludwig stirbt im Jahr 1227 (zwölfhundertsiebenundzwanzig). Elisabeth wandert nach dem Westen. In Marburg
55   stiftet sie ein Hospital; sie stirbt schon 1231. Sie ist nur
vierundzwanzig Jahre alt. Über ihrem Grab baut man die
Elisabethkirche.

Ludwig der Fromme

    Niedersachsen ist altes deutsches Kulturland im Nordwesten der Bundesrepublik Deutschland. Braunschweig,

die Not distress
vergeben to forgive

hell bright
beten to pray

das Wunder miracle

stiften to found
das Grab grave
bauen to build

fromm pious
*Niedersachsen Lower
  Saxony*
Braunschweig Brunswick

Der Dom in Hildesheim

60   Hannover, Göttingen, und Hildesheim liegen in Niedersachsen.

     Um das Jahr 800 (achthundert) lebt in Niedersachsen
Ludwig der Fromme, der Sohn Karls des Großen. Im
Jahre 814 (achthundertvierzehn) wird er Kaiser. Er heißt   der Kaiser *emperor*

65 „der Fromme", denn er betet viel und ist oft in der Kirche.

Um den Hals trägt er ein kleines, silbernes Kreuz. Es gibt ihm Trost und Kraft und ist ihm mehr wert als Gold und Geld.

Ludwig reitet und jagt gern im Wald. Oft bleibt sein
70 Gefolge weit zurück, denn er ist ein sehr schneller Reiter. Es ist ein schöner Tag im Oktober. Der Wald schimmert in vielen Farben: grün und rot, gelb und gold. Ludwig ist glücklich, denn er reitet sehr schnell und weit von seinem Schloß. Am Abend zu Hause sieht er plötzlich: das Kreuz
75 ist weg!

Am nächsten Tag reitet er wieder in den Wald und sucht das Kreuz, aber er findet es nicht. Da geht er in die Kirche und betet: „Lieber Gott, ich baue Dir eine Kirche an dem Platz, wo das Kreuz liegt. Eine große, schöne Kirche
80 baue ich Dir!" Jeden Tag reitet Ludwig in den Wald und sucht das Kreuz.

Der Winter kommt, der Wald liegt in tiefem Schnee, aber Ludwig sucht immer wieder das Kreuz. Er ist sehr traurig, denn er findet es nicht.
85 Am 24. (vierundzwanzigsten) Dezember sieht er plötzlich im tiefen Schnee einen Rosenstock. Mitten im Winter blühen rote Rosen im Schnee! Ludwig glaubt es kaum. Er steigt vom Pferd und geht zum Rosenstock. Da hängt sein silbernes Kreuz! Ludwig kniet im Schnee und
90 ruft: „Lieber Gott, hier baue ich Dir eine große, schöne Kirche!" Und er tut es.

Der Dom in Hildesheim steht noch heute, und er ist sehr bekannt. Vor dem Tor wächst auch heute noch der Rosenstock. Er ist schon über tausend Jahre alt, und jeder
95 Tourist bewundert ihn. Die Rosen blühen heute noch so rot und schön wie um das Jahr 800.

---

der Hals *neck*
tragen *to wear*
Trost und Kraft *comfort and strength*

jagen *to hunt*
das Gefolge *followers*
weit zurück *far behind*

die Farbe *color*
glücklich *happy*
weit *far*

suchen *to look for*

bauen *to build*

tief *deep*
immer wieder *again and again*

der Rosenstock *rosebush*

das Pferd *horse*

rufen *to call*

wachsen *to grow*

bewundern *to admire*

WIEDERHOLUNG

Kapitel 8. Preparation for tests. See *Programmed Assignment Book*, p. 47.

PRÜFUNG 1 ODER 2

Kapitel 8. See Instructor.

Kapitel 9

Fragen

1. Wie heißt Ihr Vater (Ihre Mutter, Ihr Freund, Ihr Kind, Ihre Frau, Ihr Mann)?
2. Arbeiten Sie vor oder nach der Schule?
3. Bekommen Sie viel oder wenig für Ihre Arbeit?
4. Um wieviel Uhr kommen Sie in die Schule (gehen Sie nach Hause, essen Sie, gehen Sie zu Bett)?
5. Ist Ihr Vater berühmt (streng, weise, groß, klein)?
6. Gehen Sie früh oder spät schlafen (nach Hause, in die Schule, zur Arbeit)?
7. Ist Ihr Haus klein (groß, schön, einfach)?
8. Leben Sie mit Ihrem Vater (Ihrer Mutter, Ihrem Freund, Ihrer Freundin)?
9. Was ist das Gegenteil (*opposite*) von: früh, viel, leben, fragen, lachen, laut, alt, mit, der Krieg, der Winter, der Norden, lang, kommen?
10. Wann haben Sie viel Geld (Zeit, Arbeit)?
11. Was vergessen Sie von Zeit zu Zeit?
12. Was kauft man nicht jeden Tag?

Die freie Universität Berlin

13. Was beobachten Sie gern?
14. Was gehört Ihnen?
15. Was ist Ihre Pflicht?
16. Wer hilft Ihnen mit einem Problem?

Wortschatz

der Bruder	brother	die Antwort	answer
der Dichter	poet	die Kraft	strength
der Hut	hat	die Schwester	sister
der Junge	boy	die Stadt	city
der Kaufmann	merchant	die Tochter	daughter
der Löwe	lion	die Wahrheit	truth
der Mensch	human being, person	die Welt	world
der Mut	courage		
der Rat	advice; counselor		
der Richter	judge		
der Ring	ring		
der Sohn	son		

das Bett	*bed*
das Ende	*end*
das Fenster	*window*
das Feuer	*fire*
das Gespräch	*conversation*
das Kleid	*dress*
das Pferd	*horse*
das Tier	*animal*
das Werk	*work* (*of art or literature*)

Bayern	*Bavaria*	Preußen	*Prussia*
Europa	*Europe*	Rom	*Rome*
Köln	*Cologne*	die USA	*U.S.A., United States*
München	*Munich*	Wien	*Vienna*

besitzen	*to possess, to own*	kosten	*to cost*
bitten	*to request, to ask*	lassen (ä)	*to let, to leave*
erfahren (ä)	*to find out; to experience*	rufen	*to call*
		tragen (ä)	*to carry; to wear*
erklären	*to explain*	versprechen (i) (*dat.*)	*to promise*
gebrauchen	*to use*	wissen (weiß)	*to know* (*a fact*)
kennen	*to know, to be acquainted with*		

Modal Auxiliary Verbs

dürfen (darf)	*to be permitted to*	müssen (muß)	*to have to*
können (kann)	*to be able to*	sollen (soll)	*to be supposed to*
mögen (mag)	*to like (to)*	wollen (will)	*to want (to)*

Grammatik

A. MODAL AUXILIARY VERBS (MODALS)

These six verbs are special helping verbs in both German and English. They indicate attitudes toward another action which is usually expressed by an infinitive. The infinitive dependent upon a modal stands at the end of the clause and is *not* preceded by **zu.**

Infinitive	Meaning	Attitude
dürfen	*may, to be permitted to* Sie dürfen diesen Apfel essen. *You may eat this apple.*	permission

Note: **nicht dürfen**   *must not*
                      Man darf nicht stehlen.
                      One must not steal.

können	*can, to be able to*	ability

Können Sie mich heute besuchen?
Can you visit me today?

mögen	*to like, to like to**	inclination

Wir mögen dort nicht sitzen.
We don't like to sit there.

müssen	*must, to have to*	necessity

Warum müssen sie ihm helfen?
Why must they help him?

sollen	*should, to be supposed to**	obligation

Wir sollen es nicht kaufen.
We are not supposed to (should not) buy it.

wollen	*to want, to want to**	desire

Bald wollen sie nach Deutschland fahren
Soon they want to go to Germany.

ÜBUNG 1

Supply the German equivalent for the English cue.

1. (*must*) Wir _____ nach Hause fahren.   2. (*may*) Sie (*they*) _____ hier singen.   3. (*should*) Wir _____ es nicht vergessen.   4. (*like*) Sie (*they*) _____ kein Lied singen.   5. (*want*) Wir _____ streng sein.   6. (*can*) Wir _____ ihm kaum glauben.   7. (*may*) Sie (*you*) _____ den König besuchen.   8. (*want*) Wir _____ das Volk beobachten.   9. (*have to*) Sie (*they*) _____ viel arbeiten. 10. (*are able*) Wir _____ hier etwas sehen.   11. (*want*) Sie (*you*) _____ Ihr Leben beschreiben.   12. (*like*) Wir _____ es gar nicht versuchen.   13. (*are supposed*) Sie (*you*) _____ mir helfen.   14. (*are permitted*) Wir _____ wenig kaufen.

* For other meanings see Chapter 24.

B. PRESENT TENSE OF MODALS

	dürfen	können	mögen	müssen	sollen	wollen
ich	darf	kann	mag	muß	soll	will
du	darfst	kannst	magst	mußt	sollst	willst
er sie es	darf	kann	mag	muß	soll	will
wir	dürfen	können	mögen	müssen	sollen	wollen
ihr	dürft	könnt	mögt	müßt	sollt	wollt
sie	dürfen	können	mögen	müssen	sollen	wollen
Sie	dürfen	können	mögen	müssen	sollen	wollen

Modals may also be used without a dependent infinitive, especially when the meaning is clear or when the dependent infinitive is a verb of motion.

Sie liest das Buch, aber ich **mag** nicht.
She is reading the book, but I don't care to.

Ich **darf** (gehen), aber ich **will** nicht.
I am permitted to (go), but I don't want to.

ÜBUNG 2

Supply the German equivalent for the English cue.

1. (*like*) Ich _____ Auto fahren.   2. (*must*) Du _____ dem Kind helfen.
3. (*should*) Er _____ im Garten arbeiten.   4. (*wants*) Sie (*she*) _____ ihr Haus beschreiben.   5. (*may*) Wir _____ nichts kaufen.   6. (*can*) Ihr _____ meinem Vater glauben.   7. (*want*) Sie (*they*) _____ uns besuchen.   8. (*must not*) Sie (*you*) _____ so laut rufen.   9. (*may*) Der Junge _____ allein bleiben.
10. (*likes*) Georg _____ deine Schwester nicht.

ÜBUNG 3

Supply the correct form of the indicated infinitive.

(**können**)   1. Ich _____ den Bruder rufen.   2. Wir _____ den Fluß sehen.
3. Du _____ den Freund nicht vergessen.   4. Ihr _____ den Lehrer nicht hören.   5. Sie (*she*) _____ den Richter kaum verstehen.

(**dürfen**)   1. Man _____ im Zimmer bleiben.   2. Sie (*you*) _____ das Glas gebrauchen.   3. Ihr _____ dieses Bild kaufen.   4. Ich _____ schon Auto fahren.   5. Der Junge _____ keinen Kaffee trinken.

(**mögen**)   1. Sie (*she*) _____ den Aufsatz nicht schreiben.   2. Wir _____ ihn nicht.   3. Ich _____ den Dichter gern.   4. Du _____ das Kleid sehr gern.
5. Sie (*they*) _____ die Stadt nicht.

(**sollen**)   1. Man _____ im Wald kein Feuer machen.   2. Ich _____ nicht so viel essen.   3. Hans und Uwe _____ zufrieden sein.   4. Du _____ das nicht.   5. Lotte und ich _____ ihm danken.

(**müssen**)   1. Gerhard _____ den Bruder besuchen.   2. Du _____ die Tochter rufen.   3. Wir _____ ihr die Wahrheit sagen.   4. Sie (*they*) _____ das Geld hier lassen.   5. Ich _____ das Kleid tragen.

(**wollen**)   1. Otto _____ die Tür öffnen.   2. Wir _____ schnell fahren. 3. Der Professor _____ alles erklären.   4. Ich _____ die Geschichte erzählen. 5. Ihr _____ früh schlafen gehen.

ÜBUNG 4

Express in German.

1. I may visit him. I am permitted to ask her. You (**du**) may observe me. You are permitted to lead me. He may help us. He is permitted to answer us. We may drive. We are permitted to go. You (**ihr**) may speak. You are permitted to sing. They may write. They are permitted to talk.   2. I can learn much. I am able to understand much. You (**du**) can describe it. You are able to observe it. She cannot work. She is not able to write. You (**ihr**) can receive it. You are able to send it. You (**Sie**) can throw it. You are able to eat it.   3. I like to serve. You (**du**) like to ride. He likes to climb. We like to try. You (**ihr**) like to help. They like to sing.   4. I must stay here. I have to answer. You (**du**) must sleep more. You have to walk more. One must do it now. One has to forget it now. We must find it. We have to learn it. You (**ihr**) must observe him. You have to visit him. You (**Sie**) must lead me. You have to find me.   5. I should go now. I am supposed to work now. You (**du**) should eat it. You are supposed to send it. She should buy it. She is supposed to understand it. We should say nothing. We are supposed to see nothing. You (**ihr**) should read the book. You are supposed to go now. They should show us. They are supposed to tell us.   6. I want to do it. You (**du**) want to hear it. She wants to have it. We want to believe it. You (**ihr**) want to stay here. They want to become famous.

ÜBUNG 5

Schriftliche Übungen: See *Programmed Assignment Book*, p. 51, **A, B.**

C. **HELFEN, HÖREN, LASSEN, SEHEN** WITH INFINITIVE

The verbs **helfen, hören, lassen, sehen** are sometimes used with a dependent infinitive. As with the modals, the infinitive stands at the end of the clause and is not preceded by **zu.**

Er **hört** sie ins Zimmer **kommen.**   *He hears her come into the room.*
Sie **läßt** ihn nicht hier **bleiben.**   *She doesn't let him stay here.*

ÜBUNG 6

Translate into German.

1. I let him go.   2. She doesn't let me drive.   3. He helps me explain it.   4. Do you (**Sie**) hear her crying?   5. They don't see me jump.   6. She leaves the hat lying there.   7. I see them coming.   8. She hears him calling his son.   9. The soldier doesn't let her answer.   10. He helps me write the essay.

ÜBUNG 7

Schriftliche Übungen: See *Programmed Assignment Book*, p. 53, **C.**

D. WISSEN, KENNEN, KÖNNEN

1. wissen = *to know* (a fact, or something indefinite)

Although **wissen** is not a modal, it is conjugated like one.

Present Tense

ich weiß	wir wissen
du weißt	ihr wißt
er ⎫	sie wissen
sie ⎬ weiß	Sie wissen
es ⎭	

Er **weiß** nicht viel.   *He doesn't know much.*
Er **weiß** nicht, was er will.   *He doesn't know what he wants.*

2. kennen = *to know* (to be acquainted with)

Ich **kenne** ihn noch nicht.   *I don't know him yet.*
Er **kennt** schon diese Geschichte.   *He already knows this story.*

ÜBUNG 8

Supply the correct form of **wissen.**

1. Ich _____, du kommst bald.   2. Er _____, ich frage zu viel.   3. Wir _____, das Land ist groß.   4. Ihr _____, er glaubt dem Großvater.   5. Sie (*they*) _____, du lebst im Osten.   6. Du _____, ich bekomme die Arbeit.
7. Man _____, er heißt Wolfgang.   8. Wer _____, wo das Schloß liegt?
9. Nun _____ ich, du ißt zu viel.   10. Dann _____ wir, sie liebt ihn sehr.

ÜBUNG 9

Supply the correct form of **kennen.**

1. Ich _____ den Fluß gut.   2. Ihr _____ das Haus schon.   3. Wer _____ das Kind des Offiziers?   4. Wir _____ das Bild des Lehrers.   5. Sie (*she*) _____ den Weg durch den Wald.   6. Du _____ die Geschichte.   7. Man _____ jedes Lied in diesem Buch.   8. Sie (*they*) _____ das Ende der

Geschichte.   9. Bald _____ er auch das Schiff.   10. Dort _____ Sie jedes Mädchen.

ÜBUNG 10

Express in German.

1. I know the officer. You (**du**) know the place. They know the way.   2. I know who she is. We know what she is doing. He knows where she lives.   3. You (**du**) know the story. She knows the answer. I don't know the lesson.   4. He knows when it begins. We know what it is.   5. He knows the picture. I know that castle. They know the country.   6. We know what you (**du**) are thinking. They know why he disappears. He knows where she is staying.

ÜBUNG 11

Schriftliche Übungen: See *Programmed Assignment Book*, p. 53, **D.a,b.**

3. **können** = *to know* (an acquired mastery; *how* to do something)

Ich **kann** Deutsch.	*I know German.*
Können Sie reiten?	*Do you know how to ride?*

ÜBUNG 12

Express in German.

1. Does she know English?   2. Every student knows how to read.   3. Do you (**ihr**) know how to ride?   4. They know no German.

ÜBUNG 13

Schriftliche Übungen: See *Programmed Assignment Book*, p. 55, **D.c.**

Alltägliches

In der Mensa

er O je, es ist ziemlich voll. Wir müssen Schlange stehen. Hast du Zeit?

sie Ja, eine Stunde. Und es geht ziemlich schnell. Wir wollen doch nur eine Kleinigkeit essen.

er Finden wir aber einen freien Tisch?

sie Natürlich! Es ist oft noch voller. Nicht jeder Platz ist besetzt.

In the Cafeteria

Oh my, it's quite full. We'll have to stand in line. Do you have time?

Yes, one hour. And it goes quite fast. And we only want a little bit to eat.

But will we find a free table?

Of course. Often it's even more crowded. Not every seat is taken.

Die Grenze West Berlin

er Hier hast du ein Tablett. Willst du Messer, Gabel und Löffel?	*Here you have a tray. Do you want a knife, fork, and spoon?*
sie Ich brauche nur einen Löffel und eine Gabel. Servietten sind auf dem Tisch.	*I need only a spoon and a fork. Napkins are on the table.*
er Zucker, Salz, und Pfeffer sind auch da. Jetzt sind wir an der Reihe. Was willst du?	*Sugar, salt, and pepper are there too. Now it's our turn. What do you want?*
sie Ich möchte nur eine Tasse Kaffee und etwas Gebäck.	*I'd like only a cup of coffee and some pastry.*
er Ich habe Hunger. Ich nehme die Suppe, ein belegtes Brot und etwas Kartoffelsalat. Und ein Glas Milch.	*I'm hungry. I'll take the soup, a sandwich, and some potato salad. And a glass of milk.*

sie	Die Männer! Sie essen alles und bleiben schlank! Aber ich! Ich muß hungern.		*Men! They eat everything and stay thin. But I! I always have to go hungry.*
er	Du bist schlank genug. Hier ist ein Stück Apfelkuchen für dich.		*You're slender enough. Here's a piece of apple cake for you.*
sie	Also gut. Morgen hungere ich.		*Well, all right. Tomorrow I'll starve.*
er	Wo ist nun ein freier Platz?		*Now where is a vacant seat?*
sie	Dort in der Ecke, sogar am Fenster.		*There in the corner. It's even at the window.*
er	O je! Da sitzt mein Geschichtsprofessor, und ich habe heute geschwänzt.		*Oh dear! There's my history professor, and I cut class today.*
sie	Es ist zu spät, Kurt. Er sieht dich schon.		*It's too late, Kurt. He already sees you.*
er	Ich sage, ich hatte eine Panne.		*I'll say I had a flat tire.*
sie	Wie originell!		*How original!*

Aufsatzthemen

Write a few lines on one of the following topics.

1. Elisabeth und ihr Mann
2. Elisabeth spricht mit dem Volk
3. Gott hilft Elisabeth
4. Ludwig der Fromme und ein Tag aus seinem Leben
5. Ein Gespräch zwischen Ludwig und seinem Gott

WIEDERHOLUNG

Kapitel 9. Preparation for tests. See *Programmed Assignment Book*, p. 55.

PRÜFUNG 1 ODER 2

Kapitel 9. See Instructor.

Fragen

1. Wer gehört zur Familie?
2. Was sieht man vom Fenster?
3. Was tragen Sie jeden Tag?
4. Was ist ein Pferd?
5. Welches Tier sieht man im Zoo?
6. In welchem Land liegt Wien (Köln, München, Rom)?
7. Nennen Sie eine Großstadt in Frankreich (Preußen, Bayern)!
8. Was wissen Sie von Rom (Berlin, Bayern, Wien)?
9. Warum fährt man nicht oft um die Welt?
10. Warum besitzen Sie kein Schloß (keinen Hof, kein Pferd, kein Schiff)?
11. Wie schnell darf man auf der Autobahn fahren?
12. Wo kann man viel über ein Land erfahren?
13. Wann sollen Sie heute zu Hause sein?
14. Wer will Sie heute oder morgen besuchen?
15. Warum kann das Ende jeder Geschichte nicht glücklich sein?

16. Wer muß viel Mut haben?
17. Was trägt mancher Mensch am Finger?
18. Welches Tier kann arbeiten?
19. Wann mögen Sie morgens aus dem Bett steigen?
20. Wo darf man nicht schlafen?

Wortschatz

angenehm	*pleasant*		möglich	*possible*
bekannt	*well known*		richtig	*right, correct*
dankbar	*thankful*		schwach	*weak*
doch	*still, anyway*		sondern	*but, on the contrary*
ehrlich	*honest*		stark	*strong*
endlich	*finally*		wahr	*true*
fast	*almost*		weit	*far*
genug	*enough*		wichtig	*important*
glücklich	*happy*		wirklich	*real*
leider	*unfortunately*			

unangenehm	*unpleasant*		unglücklich	*unhappy*
unbekannt	*unknown*		unmöglich	*impossible*
undankbar	*ungrateful*		unwichtig	*unimportant*
unehrlich	*dishonest*		unwirklich	*unreal*

Useful Expressions and Idioms

bitten um   *to ask for*
    Er bittet um einen Platz.   *He is asking for a seat.*

denken an (*acc.*)   *to think of*
    Sie denkt oft an den Krieg.   *She often thinks of the war.*

dieser, jener   *the latter, the former* (See below.)

Möchten Sie . . . ?   *Would you like . . . ?*
    Möchten Sie ein Glas Wasser?   *Would you like a glass of water?*

nicht wahr?   *isn't it (so)?*
    Das Lied ist bekannt, nicht wahr?   *The song is well known, isn't it?*

so . . . wie   *as . . . as*
    Ich komme so bald wie möglich.   *I'll come as soon as possible.*

Grammatik

A. **DER**-WORDS AND **EIN**-WORDS AS PRONOUNS

1. The **der**-words as pronouns (i.e., in place of a noun) are identical to their adjective forms. Notice the difference in the English meaning.

der-**Word**	as **Adjective**	as **Pronoun**
dieser, diese, dieses	*this*	*this one; the latter*
jeder, jede, jedes	*each, every*	*each one, every one*
jener, jene, jenes	*that*	*that one; the former*
mancher, manche, manches	*many a*	*many a one*
solcher, solche, solches	*such a*	*such a one*
welcher, welche, welches	*which, what a*	*which one*

Kaufst du diesen Ring? Dann kaufe ich **jenen.**
Are you buying this ring? Then I'll buy that one.

Welches Haus beschreiben Sie? Ich beschreibe **dieses.**
Which house are you describing? I'm describing this one.

Mein Bruder lebt in Südamerika, meine Schwester lebt in der Schweiz. Jener ist Arzt, diese ist Lehrerin.
My brother lives in South America; my sister lives in Switzerland. The former is a doctor; the latter is a teacher.

ÜBUNG 1

Supply the **der-**word suggested by the English cue.

1. Dieser Lehrer ist sehr ernst. (*that one*) _____ ist streng.   2. Diese Klasse beginnt um acht. (*that one*) _____ beginnt um zehn.   3. Dieses Bild gehört mir. (*that one*) _____ gehört ihm.   4. Das Leben in diesem Staat ist leicht. (*that one*) In _____ ist es nicht so leicht.   5. Seine Tochter liest diese Geschichte. (*each one*) Er liest _____.   6. Ich lerne viel von diesem Lehrer. (*such a one*) Ihr lernt auch viel von _____.   7. Die Dame findet diesen Ring schön. (*many a one*) Ich finde _____ nicht schön.   8. Ich schreibe mit dieser Feder. (*that one*) Sie schreibt mit _____.   9. Er erzählt von diesem Land. (*many a one*) Sie erzählen von _____.
10. Mein Freund kennt manchen Offizier. (*every one*) Der Leutnant kennt _____.

ÜBUNG 2

Supply the German equivalent for the English cue.

1. Der Vater und die Mutter arbeiten viel. (*the former, the latter*) _____ ist streng, _____ wird müde.   2. Die Dame und das Mädchen lernen Deutsch. (*the former, the latter*) _____ lernt leicht, _____ lernt schwer.   3. Ich kaufe einen Bleistift und eine Feder. (*the former, the latter*) _____ kostet fünfzehn Pfennig, _____ kostet fünfzig Pfennig.   4. Sie liest ein Buch und eine Geschichte. (*the former, the latter*) _____ ist lang, _____ ist kurz.

2. The **ein-**words as pronouns (i.e., in place of a noun) must have complete endings in all places; thus they are declined like the **der-**words. Notice the difference in the English meaning.

ein-**Word as Adjective**			ein-**Word as Pronoun**	
kein, keine, kein	*no, not a*		keiner, keine, keines	*not any; no one*
mein, meine, mein	*my*		meiner, meine, meines	*mine*
dein, deine, dein	*your*		deiner, deine, deines	*yours*
sein, seine, sein	*his*		seiner, seine, seines	*his*
ihr, ihre, ihr	*her*		ihrer, ihre, ihres	*hers*
sein, seine, sein	*its*		seiner, seine, seines	*its*
unser, unsere, unser	*our*		unserer, unsere, unseres	*ours*
euer, euere, euer	*your*		euerer, euere, eueres	*yours*
ihr, ihre, ihr	*their*		ihrer, ihre, ihres	*theirs*
Ihr, Ihre, Ihr	*your*		Ihrer, Ihre, Ihres	*yours*

In the neuter pronoun forms **meines, deines, seines,** etc., the **-e** is often omitted: **meins, deins, seins,** etc.

ÜBUNG 3

Supply the **ein-**word suggested by the English cue.

1. Mein Wagen ist rot. (*yours*) Hilde, _____ ist auch rot, nicht wahr?   2. Seine Frau heißt Angelika. (*mine*) _____ heißt Angela.   3. Ihr Haus liegt am Fluß. (*his*) _____ liegt am Strand.   4. Er fährt gern in ihrem Wagen. (*his*) Sie fährt gern in _____.   5. Mein Auto steht in seiner Garage. (*his*) _____ steht auf der Straße.   6. Sie trinkt aus meinem Glas. (*hers*) Ich trinke aus _____. 7. Wir beobachten deinen Sohn. (*ours*) Du beobachtest _____.   8. Du darfst meinen Aufsatz lesen. (*yours*) Ich lese dann _____.   9. Ihr Platz ist dort. (*mine*) _____ ist hier.   10. Sein Leben gehört seiner Arbeit. (*hers*) _____ gehört nur ihrer Familie.

ÜBUNG 4

Supply the **ein-**word suggested by the English cue.

1. (*his, mine*) _____ Bruder liest gern, aber _____ mag nicht gern lesen.
2. (*your, hers*) Du sollst _____ Bett machen, und sie macht _____.
3. (*no, none*) Susi darf _____ Geld haben, denn Lore hat auch _____.
4. (*our, theirs*) _____ Sohn vergißt viel, aber _____ vergißt fast alles.

ÜBUNG 5

Schriftliche Übungen: See *Programmed Assignment Book*, p. 59, **A.**

B. USE OF **ABER** AND **SONDERN**

aber = *but, however* (used after either an affirmative or a negative statement)
sondern = *but, on the contrary, rather* (used after a negative statement, usually to express a positive response)

Erich ist nicht reich, **aber** er ist glücklich und gesund.
Erich is not wealthy, but he is happy and healthy.

Fritz geht nicht in die Schule, **sondern** er hilft seinem Vater zu Hause.
Fritz doesn't go to school, but he helps his father at home.

Note: **sondern**, like **aber,** does *not* affect the word order!

ÜBUNG 6

Supply **sondern** and complete the sentence in German.

1. Die Frau arbeitet nicht viel, _____. 2. Der Gast kommt nie früh, _____.
3. Die Geschichte ist nicht lang, _____. 4. Er ist nicht intelligent, _____.
5. Ihr Haus ist nicht neu, _____. 6. Heute ist der Himmel nicht grau, _____.
7. Das Kind lacht nicht, _____. 8. Wir leben nicht im Süden, _____.
9. Das Gespräch ist nicht wichtig, _____.

ÜBUNG 7

Express in German.

1. She doesn't explain the question, but the answer.   2. Not the brother but the sister owns a car.   3. Her son isn't wearing his hat but yours.   4. He doesn't find out the truth, but he is satisfied.   5. We aren't asking him to come, but he is coming anyway.   6. Her dress doesn't cost much, but very little.

ÜBUNG 8

Schriftliche Übungen: See *Programmed Assignment Book*, p. 59, **B.**

C. MASCULINE NOUNS WHICH ADD **-N** OR **-EN**

Some masculine nouns add **-n** or **-en** to each form except the nominative singular.

NOM.	der Bauer	der Mensch
ACC.	den Bauer**n**	den Mensch**en**
DAT.	dem Bauer**n**	dem Mensch**en**
GEN.	des Bauer**n**	des Mensch**en**

Nouns in this group which have occurred in Chapters 1 through 10 are:

der Bauer, -n	der Mensch, -en
der Herr, -n	der Soldat, -en
der Junge, -n	der Student, -en
der Löwe, -n	

ÜBUNG 9

Supply the correct ending for the noun.

1. Er sieht den Student_____. 2. Wir verstehen den Bauer_____ nicht. 3. Dann geben sie dem Soldat_____ das Pferd. 4. Sie fragt den Herr_____, wo er arbeitet. 5. Kennst du den Junge_____? 6. Wollen wir dem Mensch_____ helfen? 7. Dort steht der Hof des Bauer_____. 8. Die Frau des Soldat_____ ist nicht zufrieden. 9. Findet ihr die Geschichte des Löwe_____ interessant?

ÜBUNG 10

Schriftliche Übungen: See *Programmed Assignment Book*, p. 61, **C.**

Lesestück

Aus der Geschichte

Jeder kennt das dritte deutsche Reich, aber nicht jeder weiß, was das erste deutsche Reich und das zweite deutsche Reich sind. Karl der Große (742–814) ist der Vater des ersten Reiches, das Heilige Römische Reich Deutscher Nation.

5 Dieses Reich ist keine Nation, nur ein loser Bund Staaten. Napoleon macht diesem Reich 1806 ein Ende, und erst 1871 gründet Bismarck das zweite Reich. Dieses Reich endet 1918 nach dem Ende des zweiten Weltkrieges.

Aus der Geschichte erzählt man heute noch viel von
10 einem König. Dieser König heißt Friedrich der Große, und er ist manchem Menschen ein Vorbild der weisen Staatsführung. Wir lesen nun kurz etwas aus seinem Leben.

Friedrich der Große, König von Preußen, lebt von 1712 bis 1786 in Berlin. Sein Vater, König Wilhelm I. (der
15 Erste), ist sehr streng und bestraft ihn oft, denn Friedrich hat keinen Sinn für das Staatswesen. Er liebt Musik und Philosophie. Deutsch spricht er kaum, denn Französisch ist die Sprache der Intellektuellen dieser Zeit. So wird der Konflikt zwischen Vater und Sohn ernst; Friedrich
20 desertiert mit seinem besten Freund. Sie versuchen, nach England zu fliehen, aber man erfährt von dem Plan, folgt ihnen und fängt sie. Dann zwingt man ihn und seinen Freund, wieder nach Berlin zu reiten. Dort verurteilt man den Freund zum Tode durch das Schwert. Friedrich vergißt
25 das nie.

Von nun an wird sein Interesse für das Staatswesen ernst. Er beginnt, im Dienst des Staates zu arbeiten. Er wird Offizier und lernt viel vom Kriegswesen.

Bald stirbt der Vater, und für Friedrich beginnt der

das Reich *empire*

heilig *holy*
der Bund *federation*
Staaten *states*
erst *not until*

das Vorbild *example*
die Staatsführung *state leadership*

bestrafen *to punish*
der Sinn *inclination*
das Staatswesen *government*

fliehen *to flee*
fangen *to catch*
zwingen *to force*
verurteilen *to condemn*
der Tod *death*
das Schwert *sword*
nie *never*

das Kriegswesen *military affairs*

Friedrich der Große

30 Ernst des Lebens. Er wird im Jahre 1740 König. Er denkt:
„Ich bin der erste Diener des Staates." Er arbeitet unermüdlich. Er beginnt schon um vier Uhr morgens zu
arbeiten und schläft wenig. Sein Leben ist nicht mehr sein
eigenes Leben; es gehört seinem Volk. Er behauptet:
35 „Meine Pflicht ist es, dem Volk zu dienen." Von 1756
bis 1763 konzentriert Friedrich seine Energieen ganz auf
den Siebenjährigen Krieg. In diesem Krieg kämpft fast der
ganze Kontinent. Preußen, unter Friedrichs Führung,
gewinnt den Krieg, hat aber nur politischen und keinen

erst *first*
unermüdlich *tirelessly*

eigen *own*
behaupten *to assert*
ganz *entirely*
kämpfen *to fight*

40 materiellen Gewinn. Preußen wird, wie Österreich, eine
Großmacht in Europa.

    Während des folgenden langen Friedens versucht
Friedrich, seinem Volk zu helfen. Er kauft so wenig wie
möglich vom Ausland, gründet eine königliche Bank in
45 Berlin, verbessert die Zustände im Land, erneuert und
verbessert das Schul- und Rechtswesen. Jeder hat seinen
Platz im Leben und tut seine Pflicht. Industrie und Handel
gehören dem Bürger, Feld und Hof gehören dem Bauern;
der Edelmann ist Offizier und Gutsbesitzer. Jeder hat das
50 Recht, Gott auf seine Art zu ehren. Es gibt Religionsfreiheit
im Land, und das Volk ist dem König dankbar.

    König Friedrich liebt keine Pracht. Er baut ein kleines,
einfaches Schloß in Potsdam bei Berlin und nennt es
Sanssouci. Das heißt auf Französisch: „Ohne Sorge".
55 Dieses Schloß wird das Zentrum des intellektuellen Lebens
in Deutschland. Aber am Ende des Lebens ist Friedrich oft
allein. Er stirbt in Sanssouci als einsamer König.

der Gewinn gain
wie like
während during
wie möglich as possible
gründen to establish
die Zustände verbessern to improve the conditions
das Schul- und Rechtswesen school and judiciary system
der Handel trade
der Bürger townsman
der Edelmann nobleman
das Gut estate
auf seine Art in his way
ehren to worship
die Pracht splendor
bauen to build
die Sorge worry

Drei Anekdoten*

Friedrich der Große, König von Preußen 1740 bis 1786,
hat eine berühmte Armee. In dieser Armee gibt es ein
besonderes Regiment. Nur sehr große Soldaten findet man
in diesem Regiment. Sie kommen aus Rußland, England,
5 Frankreich und Spanien, denn sie bekommen in Preußen
gutes Essen und guten Lohn. Friedrich liebt dieses Regiment
besonders und besucht es oft. Er fragt dann immer dasselbe:
„Wie lange sind Sie hier? Wie alt sind Sie? Sind Verpflegung
und Lohn gut?"

10   In dieses Regiment kommt nun ein Soldat aus Frankreich. Er ist sehr, sehr jung, erst fünfzehn Jahre alt, aber
schon sehr groß. Er spricht noch gar kein Deutsch, denn er
ist noch nicht lange in Preußen. Sein Hauptmann aber
spricht Französisch und warnt ihn: „Morgen kommt der
15 König. Er fragt immer dasselbe. Lernen Sie also schnell
ein wenig Deutsch! Lernen Sie: Drei Wochen—Fünfzehn
Jahre—Beide!"

    Am nächsten Morgen um elf Uhr kommt der König.
Er geht auf und ab und beobachtet diesen und jenen.
20 Plötzlich sieht er unseren jungen Soldaten. Der König
denkt: „Er ist aber nur ein Kind!" Dann fragt er schnell:

besonder special

der Lohn pay
dasselbe the same thing
die Verpflegung food

erst only

der Hauptmann captain

Wochen weeks
beide both

auf und ab up and down

---

* These are only three of hundreds of anecdotes about Frederick the Great, versions of which
differ slightly.

Schloß Sanssouci

„Wie alt sind Sie?" Der junge Soldat vergißt nichts und
antwortet: „Drei Wochen!" Der König ist sehr erstaunt   erstaunt *astonished*
über solche Antwort und fragt: „Wie lange sind Sie hier?"
25 Der Soldat antwortet: "Fünfzehn Jahre!" Da ist der König
sprachlos. Endlich fragt er: "Sind Sie verrückt oder ich?"   sprachlos *speechless*
Und der junge Soldat antwortet dem König: „Beide!"   verrückt *crazy*

Voltaire (1694–1778), der große französische Kritiker,
Dramatiker, Zyniker, und Philosoph, ist ein Freund des
30 Königs. Er besucht Friedrich gern in „Sanssouci", und sie
sprechen über Musik und Philosophie. Voltaire kommt aber
oft spät zum Essen. Friedrich ist immer pünktlich, und er   zum Essen *for dinner*
wartet nicht gern. Schon steht das Essen auf dem Tisch; alle   warten *to wait*
Gäste sitzen und warten. Es ist acht Uhr und Voltaire   Gäste *guests*
35 kommt nicht. Es wird fünf Minuten nach acht. Voltaire
erscheint nicht. Das Essen wird kalt; der König und alle   erscheinen *to appear*
Gäste warten. Endlich—fünfzehn Minuten nach acht—
erscheint Voltaire. Er lacht, geht an seinen Platz und grüßt   grüßen *to greet*

jeden freundlich. Das ist dem König zu viel. Er ist gar nicht
40 freundlich und ruft einen Diener. Der Diener bringt Feder
und Papier, und Friedrich schreibt: „Voltaire ist ein Esel!"
Dann unterschreibt er: „Friedrich II (der Zweite)." Der
Diener bringt Voltaire das Stück Papier, und Voltaire liest
es. Aber er lacht nur. Ärgerlich sagt nun der König: „Was
45 lachen Sie? Bitte, Herr Voltaire, lesen Sie das für uns alle!"
Und Voltaire liest laut und klar: „Voltaire ist EIN Esel.
Friedrich, der ZWEITE!"

der Esel *ass*
unterschreiben *to sign*

ärgerlich *vexed*

ein *one*

Friedrich der Große arbeitet sehr viel, und in der
Nacht arbeitet er oft sehr spät. Oft läuft er nach Mitternacht
50 durch sein Schloß. Er trägt eine sehr alte Uniform, und man
kann nicht sehen, er ist ein König.
Eines Nachts ist es besonders spät. Friedrich kann
nicht schlafen, und er geht durch das Schloß. Da kommt
er auf einen Soldaten. Dieser Soldat soll Wache stehen, aber
55 er steht lässig gegen die Wand und ißt ein Butterbrot.
Friedrich ruft laut: „Hallo, Sie! Sind Sie der General?"
Der Soldat sieht den kleinen Mann in der schäbigen Uniform und antwortet: „Ha ha! Weniger!" „Dann sind Sie
der Major?" fragt der König. Der Soldat ißt weiter und
60 antwortet: „Noch weniger!" „So", sagt der König sarkas-
tisch, „Sie sind der Hauptmann?" Der Soldat grinst: „Noch
weniger!" Der König ruft nun ärgerlich. „Dann mindestens
Leutnant?" Der Soldat lacht, aber er ist nicht mehr so
unbefangen: „Noch weniger. Aber wer sind Sie? — — der
65 Feldwebel?" Und nun ruft Friedrich energisch: „Noch
mehr!" Der Soldat kaut nicht mehr und fragt: „Oh je!
Dann der Leutnant?" Der König antwortet streng: „Noch
mehr!" Der Soldat fragt nun ernst und höflich: „— — der
Hauptmann?" Wieder antwortet der König kurz: „Noch
70 mehr!" Der Soldat wird blaß: „— — der General?" Der
König antwortet kalt: „Noch mehr!" Der Soldat keucht:
„— — der König?" „Jawohl!" triumphiert Friedrich. Der
Soldat steht stramm und ruft: „Hier! Halten Sie mein
Butterbrot! Ich muß präsentieren!"

eines Nachts *one night*
besonders *especially*
die Wache *watch*
lässig *idle*
Hallo! *Hey!*

weniger *less*

der Hauptmann *captain*
mindestens *at least*

unbefangen *at ease*
der Feldwebel *sergeant*
kauen *to chew*

höflich *politely*
Oh je! *Oh dear!*
blaß *pale*
keuchen *to gasp*

stramm *at attention*
präsentieren *to present arms*

WIEDERHOLUNG

Kapitel 10. Preparation for tests. See *Programmed Assignment Book*, p. 61.

PRÜFUNG 1 ODER 2

Kapitel 10. See Instructor.

Wiederholungskapitel

Gespräch

Eine Begegnung

    Heinz Guten Tag, Fräulein Stevenson! Heute ist schönes Wetter, nicht wahr?

    Jean Ja, wunderbar! Aber wie wissen Sie denn, wie ich heiße?

5 **Heinz** Das kann ich Ihnen leicht sagen. Ich beobachte Sie schon lange bei Methusalem.

    Jean So——dieser Name für Professor Mederlein scheint bekannt zu sein! Sie wissen schon, wie ich heiße, aber wie heißen Sie denn?

10 **Heinz** Entschuldigen Sie! Darf ich mich vorstellen? Mein Name ist Lehmann.

    Jean Es freut mich sehr, Sie kennenzulernen. Aber wie heißen Sie mit Vornamen?

    Heinz Meine Mutter nennt mich Heinz. Ich weiß: Sie

15   sind Amerikanerin, und in Amerika gebrauchen die

die Begegnung
encounter

denn (particle. See Appendix V, p. 438.)

beobachte have been observing

Darf . . . vorstellen? May I introduce myself?

Es freut . . . kennenzulernen I am very glad to meet you.

nennen to call

103

Studenten fast immer nur den Vornamen. Also, gut!——Jean, darf ich Sie zu einer Tasse Kaffee in der Mensa einladen?

Jean Gerne. Methusalem war langweilig. Ich muß eine
20 Tasse Kaffee trinken.

die Mensa *coffee shop at university*
ein/laden *to invite*
langweilig *boring*

Beim Kaffeetrinken

beim *while*

Heinz Wo sind Sie zu Hause, Jean?

Jean Ich bin aus Los Angeles und vermisse das schöne Wetter dort.

Heinz Wieso? Hier ist es doch nicht so schlimm. Heute
25 ist es doch wunderbar. Wollen wir heute eine kleine Autofahrt machen? Haben Sie Zeit?

schlimm *bad*

Jean Ja, ich habe den Nachmittag frei. Aber haben Sie denn einen Wagen?

Heinz Ja, ich habe einen kleinen, roten Volkswagen und
30 nenne ihn „Käferchen".

das Käferchen *little bug*

Jean Das ist aber originell!

Heinz Also gut! Wohin wollen Sie? Aufs Land, an den See oder in den Wald? Wie Sie wissen, gibt es in der Umgebung von München viel zu sehen.

aufs Land *to the country*
der See *lake*
die Umgebung *vicinity*

35 **Jean** Ja, hier ist es wirklich wunderschön. Eine Freundin meiner Mutter lebt am Ammersee, und ich finde es dort sehr schön.

Heinz Dann fahren wir Richtung Ammersee-Starnberger See. Carl Orff, der bekannte Komponist, lebt am
40 Ammersee, und nicht weit von dort liegt das Max-Planck-Institut für Verhaltensphysiologie.

die Richtung *direction*

das Verhalten *behavior*

Jean Das ist alles enorm wissenschaftlich.

wissenschaftlich *scientific*

Heinz Entschuldigung! Ich sage es nur, denn ich habe großes Interesse für solches Studium. Heute wollen
45 wir nur die schöne Natur genießen. Gehen wir! Es ist Zeit.

genießen *to enjoy*
Gehen wir! *Let's go!*

Auf Wiedersehen—Bis Samstag!

Jean Ich danke Ihnen, Heinz, für den schönen Tag.

Heinz Nichts zu danken. Es war mir eine große Freude. Wann darf ich Sie wiedersehen, Jean? Haben Sie

die Freude *pleasure*

50   Freitag abend etwas vor?

Jean   Leider ja! Freitag abend gehe ich mit meiner Freundin ins Kino.

Heinz   Wie schade! Geht es am Samstag?

Jean   Ich glaube ja.

55   **Heinz**   Darf ich um Ihre Telefonnummer bitten? Dann kann ich Sie noch anrufen.

Jean   Schön. Meine Nummer ist: 47 89 36 (siebenundvierzig, neunundachtzig, sechsunddreißig). Aber rufen Sie, bitte, vor zehn Uhr abends an, denn meine

60   alte Wirtin liegt schon um zehn im Bett.

Heinz   Haben Sie Ihren Hausschlüssel in der Tasche?

Jean   Ja! Wie kann man solchen großen Schlüssel verlieren? Hier ist er.

Heinz   Also, Jean, arbeiten Sie heute abend nicht mehr!

65   Hoffentlich sehen wir uns am Samstag. Bis dann, auf Wiedersehen!

Jean   Auf Wiedersehen, Heinz! Kommen Sie gut nach Hause!

Glosses (right margin):

Haben Sie etwas vor? *Do you have anything planned?*
ins Kino *to the movies*
Wie schade! *Too bad!*

an/rufen *to call up*

die Wirtin *landlady*
der Schlüssel *key*
die Tasche *purse*
verlieren *to lose*
heute abend *this evening*

Kommen . . . Hause! *Get home safely.*

Übungen (Kapitel 1–10)

A. Begin each sentence with the word or words in boldface, changing word order accordingly.

1. Er denkt **kaum** an dich. 2. Das Bild kostet **nur sechzig Mark.** 3. Mein Vater hat wenig Zeit **für mich.** 4. Das Konzert beginnt **um zehn Minuten nach acht.** 5. Meine Freundin beschreibt gern **ihr Haus und ihren Garten.** 6. Man läßt **den Jungen** nicht ins Schloß. 7. Jeder versucht **so schnell wie möglich** nach Hause zu fahren. 8. Dieser Bauer scheint nicht **zufrieden zu sein.** 9. Der Lehrer will **seinem Sohn** nicht mehr helfen. 10. Sie kann die Arbeit nicht **allein** machen. 11. Sie erfahren alles **viel zu spät.** 12. Solch einen schönen Ring besitzt **nicht jeder.** 13. Ein Student darf hier nicht **träumen.** 14. Der Kaufmann bittet den Richter **noch einmal** um Rat. 15. Jeder soll **die Wahrheit** sagen.

B. Supply the German equivalent for the English cue.

1. (*to stay*) Meine Tochter verspricht _____. 2. (*not a word*) Das Kind hört _____. 3. (*in the garden*) Heute sitzen wir lange _____. 4. (*of the story*) Jedes Wort _____ ist wahr. 5. (*no hat*) Im Sommer trägt er _____. 6. (*many an animal*) _____ lebt in diesem Wald. 7. (*there is*) _____ dort viel zu tun. 8. (*after the war*) _____ wird er König von Frankreich. 9. (*you*) Ich danke _____ für den guten Rat, Herr Schilling. 10. (*his duty*) Der Student tut nicht immer _____. 11. (*sad and lonely*) Sein Leben ist _____. 12. (*this language*) Mit der Zeit lernen wir _____ auch. 13. (*which*) _____ Bleistift

gebrauchst du? 14. (*with them*) Ich fahre _____ in die Stadt. 15. (*everyone*) _____ soll ein Beispiel geben. 16. (*unfortunately*) _____ lese ich nicht gern. 17. (*fifty*) Er arbeitet _____ Minuten, dann beginnt er zu träumen. 18. (*once more*) Mein Bruder öffnet die Tür _____ und ruft. 19. (*her*) _____ Kleid ist gar nicht neu. 20. (*without the book*) Sie will _____ nicht nach Hause. 21. (*hardly*) Das Mädchen ist _____ achtzehn, und sie besucht schon die Universität. 22. (*pleasant*) Es ist nicht immer _____, in der Sonne zu liegen. 23. (*in our city*) _____ gibt es viel zu sehen. 24. (*mine*) Dieser Hut ist _____. 25. (*to her*) Welcher gehört _____? 26. (*of that story*) Sie findet das Ende _____ sehr traurig. 27. (*of every country*) Das Volk _____ liebt den Frieden. 28. (*who*) _____ steht dort an der Ecke? 29. (*but*) Der Bauer ist nicht ehrlich, _____ unehrlich. 30. (*for*) Wir steigen gern auf den Felsen, _____ von dort sieht man alles. 31. (*to cry*) Plötzlich beginnt das Kind _____. 32. (*seventy-six*) Ich bekomme _____ Mark für diese Arbeit. 33. (*but*) Das Mädchen redet nicht viel, _____ sie ist nicht dumm. 34. (*with his sister*) _____ spricht er kein Wort. 35. (*flat*) In Norddeutschland ist das Land _____. 36. (*at home*) Bleiben Sie wirklich _____? 37. (*at five o'clock*) _____ fahre ich mit Ihnen nach Hause. 38. (*asks for*) Er _____ ein Stück Papier. 39. (*this*) _____ Menschen kann man nicht glauben. 40. (*her*) Ich denke fast immer an _____. 41. (*under which table*) _____ liegt das Bild? 42. (*the poet*) _____ schreibt ein großes Werk. 43. (*enough*) Haben Sie _____ Kraft? 44. (*as far as possible*) Sie wirft den Ball _____. 45. (*him*) Ich gebe _____ Rat. 46. (*isn't it*) Es ist nur deine Pflicht, _____? 47. (*unknown*) Jener Soldat ist mir _____. 48. (*would you like*) _____ eine Tasse Kaffee? 49. (*this lesson*) Lesen Sie _____! 50. (*that word*) Wiederholen Sie _____!

C. Supply the correct form of the given infinitive.

1. (sein) Ich _____ ein guter Freund von ihr. 2. (wissen) Er _____, was er will. 3. (beobachten) Wer _____ uns? 4. (mögen) Ich _____ die deutsche Sprache gern. 5. (tragen) Warum _____ du keinen Hut? 6. (müssen) _____ ihr schon nach Hause? 7. (können) Herr Toll _____ den Hof nicht kaufen. 8. (haben) _____ ihr genug zu lesen? 9. (müssen) Wer _____ so viel tragen? 10. (vergessen) Ilse und Heinz, ihr _____ alles. 11. (lassen) Warum _____ du ihn dein Auto fahren? 12. (wollen) Die Dame _____ uns das Schloß zeigen. 13. (werfen) Er _____ den Hut auf meinen Platz. 14. (geben) Heute _____ es nichts zu schreiben. 15. (sein) Ihr _____ viel zu schwach. 16. (wissen) Ich _____ es wirklich nicht. 17. (hängen) Die Landkarte _____ an der Wand. 18. (fließen) Das Wasser _____ in den Fluß. 19. (sollen) Wie _____ ich euch führen? 20. (heißen) Wie _____ du, kleines Mädchen? 21. (tun) Ich _____ es so schnell wie möglich. 22. (dürfen) Wer _____ hier Feuer machen? 23. (fahren) Wohin _____ er mit dem Bauern? 24. (erfahren) Ihr _____ morgen die Wahrheit. 25. (tun) _____ Sie nichts für mich, Frau Holler? 26. (sein) Wer _____ Sie? 27. (haben) _____ du ein Glas Bier? 28. (scheinen) Der Mond _____ durchs Fenster. 29. (reiten) Wer _____ so

spät durch Nacht und Wind? 30. (antworten) Der Professor _____ dem Studenten nicht. 31. (versprechen) Das Mädchen _____ mir, morgen zu kommen. 32. (helfen) Jeder _____, wo er kann. 33. (sehen) _____ du das Tier? 34. (sitzen) Fritz _____ dort allein. 35. (sprechen) Ihr _____ zu leise. 36. (öffnen) Der Kaufmann _____ die Tür. 37. (gehören) Haus und Garten _____ ihnen seit einem Jahr. 38. (verschwinden) Ich weiß nicht, warum er _____. 39. (erklären) Der Lehrer _____ uns das Werk des Dichters. 40. (versuchen) Ich _____, das Fenster zu öffnen.

D. Can you guess the meaning of the following words?

der Ruf, die Liebe, in der Zwischenzeit, die Zufriedenheit, die Zeiger der Uhr, das Schlafzimmer, die Wirklichkeit, die Wichtigkeit, die Weisheit, der Wasserfall, die Wanduhr, die Armbanduhr, die Vergeßlichkeit, der Traum, der Liegestuhl, das Theaterstück, das Rathaus, der Stadtrat, die Rede, das Sprachtalent, der Sonnenschein, schwesterlich, der Besuch, die Schönheit, das Wörterbuch, die Dankbarkeit, die Dummheit, die Dunkelheit, die Ehrlichkeit, die Einsamkeit, die Erklärung, die Beobachtung, die Erzählung, das Abendessen, die Felsenwand, die Fläche, fraglich, der Glaube, die Größe, die Hilfe, himmlisch, die Hoffnung, jährlich, die Kälte, das Kaufhaus, die Kenntnis, kindlich, königlich, die Länge, mein Leben lang, männlich, menschlich, die Öffnung, richten, rötlich, schläfrig, das Tagesgespräch, die Wiederholung.

E. Schriftliche Übungen: Kapitel 1–10. See *Programmed Assignment Book*, pp. 65–69.

Lesestück

DREI KOMPONISTEN AUS DREI EPOCHEN

Die Musik hat ihre eigene Sprache; sie spricht zu jedem Menschen in jedem Lande. Man muß nicht Italienisch, Polnisch, Französisch oder Russisch sprechen, um Verdi, Chopin, Berlioz oder Tschaikowsky zu verstehen. Man
5 muß auch nicht Deutsch können, um Mozart, Brahms, Schumann, Strauß zu verstehen. Die deutschen Komponisten schreiben, sprechen und denken Deutsch, aber ihre Musik versteht jeder.

eigen *own*

um . . . zu (*inf*.) *in order to*

Johann Sebastian Bach (1685–1750)

Johann Sebastian Bach ist bekannt als der große
10 Komponist und Organist Deutschlands; er hat einen großen Einfluß auf die Entwicklung der Musik. Seine Musik ist für viele „absolute Musik"; sie entspringt einem einfachen, ehrlichen, edlen Herzen.

der Einfluß *influence*
die Entwicklung *development*
entspringen *to originate*
das Herz *heart*

Johann Sebastian Bach

       Bachs Geburtsstadt ist Eisenach. In dieser Stadt ist   die Geburt *birth*
15 die Wartburg; bekannt ist sie durch Martin Luther. Nicht
weit von hier geht Bach in die Schule. Er ist kaum zehn
Jahre alt, da sterben sein Vater und seine Mutter, und er
kommt in den Haushalt eines älteren Bruders. Man erzählt
aus dieser Zeit eine traurige Geschichte: Bach kopiert
20 beim Mondschein ein Musikbuch, denn der Bruder erlaubt
ihm nicht, das Original zu gebrauchen. Sechs Monate
arbeitet Bach, doch der Bruder erfährt es und konfisziert
alles! Seit dieser Zeit hat Bach ein Augenleiden.   das Augenleiden *eye*
     trouble
       Gute Musik hört Bach gern, aber er muß oft sehr weit
25 zu Fuß gehen, um sie zu hören. Oft wandert er nach   zu Fuß *on foot*
Hamburg, eine Entfernung von vielen Kilometern. Auch   um *in order*
   die Entfernung *distance*

nach Lübeck wandert er als junger Mann, denn Dietrich
Buxtehude, der bekannte Organist und Komponist, lebt
dort. Die Wanderung dauert über zwei Monate, denn es
30 sind mehr als dreihundert Kilometer.

    Als junger Mann heiratet Bach seine Kusine Barbara;
nach ihrem Tode heiratet er Anna Magdalena Wülken.
Aus den zwei Ehen hat er zwanzig Kinder. Die Familien-
konzerte im Hause Bach sind bekannt. Drei von seinen
35 Söhnen werden auch berühmte Komponisten. Den
größten Teil seines Lebens ist Bach Musikdirektor der
Thomaskirche in Leipzig. Dort stirbt er, fünfundsechzig
Jahre alt und blind.

    Bachs Fugen, Kanons, Kantaten, Oratorien, Pas-
40 sionen, Messen, Präludien, Klavierwerke, Instrumen-
talkonzerte sind in achtundfünfzig Bänden enthalten. Im
Jahre 1740 hält eine deutsche Zeitung eine Umfrage: man
soll den besten Komponisten nennen. Bach steht an
siebenter Stelle. Zweihundert Jahre später hält eine
45 amerikanische Zeitung eine Umfrage. Das Publikum wählt
Beethoven als ersten Komponisten, doch die Experten
wählen Johann Sebastian Bach.

die Wanderung *trip on foot*
dauern *to last, take*
heiraten *to marry*
der Tod *death*
die Ehe *marriage*

der Teil *part*

das Klavier *piano*
der Band *volume*
enthalten *to contain*
die Zeitung *newspaper*
die Umfrage *poll*
die Stelle *place*
wählen *to choose*

Ludwig van Beethoven (1770–1827)

    Bonn am Rhein ist die Geburtsstadt Ludwig van
Beethovens. Als Kind hat er es schwer, denn seine Familie
50 ist arm, und sein Vater macht viele Schulden. Seine erste
Stellung bekommt er mit elf Jahren; mit dreizehn wird er
Violinist im Hoforchester. Am Hofe hat man Interesse für
Beethovens Talent; man macht es ihm möglich, nach Wien
zu fahren, wo Mozart lebt. Leider wird Beethovens Mutter
55 krank, und er muß nach Bonn zurück. Nach dem Tode der
Mutter muß er für seine zwei Brüder sorgen und die
Schulden des Vaters bezahlen. Er gibt Klavierunterricht,
und endlich kann er mit zweiundzwanzig Jahren wieder
nach Wien fahren. Mozart ist schon tot, aber Beethoven soll
60 ,,Mozarts Geist aus Haydns Händen empfangen''.

    Wien ist die Musikstadt Europas. Was Beethoven
sucht, findet er: Erfolg. Er erobert die aristokratische
Gesellschaft durch seine Virtuosität als Pianist und durch
seine Größe als Komponist. Er liebt eine junge Dame,
65 komponiert für sie die ,,Mondscheinsonate'', hat aber kein
Glück in der Liebe.

    Beethoven ist Individualist. Von den Aristokraten

die Schulden *debts*
die Stellung *position*
das Hoforchester *court orchestra*

zurück *back*
sorgen *to care*
bezahlen *to pay*
das Klavier *piano*
der Unterricht *instruction*

der Geist *spirit*
empfangen *to receive*
suchen *to look for*
der Erfolg *success*
erobern *to conquer*
die Gesellschaft *society*

das Glück *luck*

Ludwig van Beethoven

sagt er: „Was sie sind, sind sie durch Zufall—; was ich bin, bin ich durch mich. Fürsten gibt es Tausende. Beethoven
70 gibt es nur einen." Dieser feste Glaube an sich und an sein Talent macht es ihm möglich, ein schweres Schicksal zu ertragen.

Um das Jahr 1800 beginnt Beethovens Ohrenleiden; es führt bald zu Taubheit. Nicht hören können ist für einen
75 Komponisten die größte Tragödie. Von nun an geht Beethoven selten in Gesellschaft; in seinem bekannten „Heiligenstädter Testament" schreibt er: „Es ist mir noch nicht möglich, den Menschen zu sagen: sprecht lauter, schreit, denn ich bin taub!" Oft denkt er an Selbstmord,
80 doch die Musik und sein ethischer Wille halten ihn zurück. So lebt er einsam und allein und schreibt seine größten

der Zufall *chance*
der Fürst *prince*
sich *himself*
das Schicksal *fate*
ertragen *to bear*
das Ohrenleiden *ear trouble*
die Taubheit *deafness*

Heiligenstadt (*small town near Vienna*)
der Selbstmord *suicide*
zurück/halten *to hold back*

Werke. Jeder kennt die fünfte Symphonie mit dem kurzen
Motiv von vier Noten. Man nennt es Beethovens Mono-
gramm, aber Beethoven sagt von den vier Noten: „So
85 klopft das Schicksal an die Pforte.'' Seine einzige Oper
„Fidelio'' ist lange Zeit kein Erfolg, aber heute gehört sie
zum Repertoire fast jedes Opernhauses.

    Beethoven liebt die Natur über alles. Kant und
Beethoven sagen: „Der Sternenhimmel über mir und das
90 moralische Gesetz in mir''. Oft wandert er in Wind, Regen
und Sturm. Seine Musik ist voll Leid, Humor, Liebe,
Freude, Hoffnung, Tragik. So tragisch sein Leben ist,
schreibt er seine letzte große Symphonie, die Neunte, „An
die Freude''.

klopfen *to knock*
das Schicksal *fate*
die Pforte *door*
einzig *only*
Kant (*German*
  philosopher)
der Sternenhimmel
  starry sky
das Gesetz *law*
der Regen *rain*
das Leid *sorrow*
die Freude *joy*

Richard Wagner (1813–1883)

95 Fast zwanzig Jahre lang ist die Neunte Symphonie von
Beethoven vergessen; keiner spielt sie. Plötzlich ruft ein
junger Chordirektor sie wieder ins Leben. Diese Symphonie
beeindruckt ihn tief; er will selbst Komponist werden. Er
heißt Richard Wagner und wird eine umstrittene Persönlich-
100 keit in der Musikwelt. Man sagt, es ist genau so unmöglich,
ihn als Menschen zu achten, wie seine Musik nicht zu
bewundern.

    Mit Tönen und Noten allein kann Wagner nicht alles
ausdrücken, was er fühlt; also greift er zum Wort. Wagner
105 will in seinem dramatischen Werk „die Musik durch die
Dichtung erlösen''. Er will die Kunst Shakespeares und
Beethovens verschmelzen, er ist der Schöpfer des
„Musikdramas'' und des „Leitmotivs'' und schreibt den
Text zu seinen Opern selbst. Durch ihn wird die „unendliche
110 Melodie'' Wirklichkeit. Es ist leicht, Wagners Musik zu
fühlen; es ist nicht leicht, sie zu verstehen.

    Richard Wagner beginnt seine Laufbahn als Chor-
direktor in Würzburg. Er beginnt zu komponieren, hat aber
kein Geld und ist unbekannt. Er glaubt, in Paris mehr
115 Erfolg zu haben als in Deutschland, aber die drei Jahre dort
sind bitter. Niemand kennt ihn, niemand hilft ihm, aber er
erwartet Hilfe von Menschen, denn er ahnt seine eigene
Größe. Nach der Arbeit an den Opern „Der fliegende
Holländer'' und „Rienzi'' bittet man ihn, nach Dresden zu
120 kommen. Er wird aber politisch revolutionär, und man
verbannt ihn. Er geht in die Schweiz. Dort wird Franz Liszt

spielen *to play*
ins Leben rufen *to bring*
  to life
beeindrucken *to impress*
selbst *himself*
umstritten *controversial*
genau *exactly, just*
als *as*
achten *to respect*
aus/drücken *to express*
fühlen *to feel*
zum Wort greifen *to*
  begin to write texts
die Dichtung *poetic*
  literature
erlösen *to set free*
verschmelzen *to fuse*
der Schöpfer *creator*
unendlich *endless*
die Laufbahn
  career

niemand *no one*
erwarten *to expect*
ahnen *to sense*
fliegend *flying*

Richard Wagner

sein Freund, gibt ihm Geld und hilft ihm. Seine nächste
Oper „Tannhäuser" ist kein Erfolg. Was er komponiert,
will kein Theater aufführen; Wagner glaubt, das ist das
125 Ende. Wie ein Wunder kommt dann ein Ruf von König
Ludwig dem Zweiten von Bayern. Der König—er ist jung
und exzentrisch—will alles für Wagner tun. Er will nur
Wagners Musik hören können. Allein sitzt der König im
Theater und hört „Tristan und Isolde".
130 Wagner kann vom König haben, was er will; Wagner
will sehr viel. Er will ein großes, schönes Haus; er braucht
viel Geld und—sein eigenes Theater. König Ludwig baut
ihm das Bayreuther Festspielhaus. Wagner vollendet den
„Ring des Nibelungen" und hört ihn zum ersten Mal im
135 Festspielhaus.
Wagner ist ein schwieriger Mensch; seine Frau bleibt
nicht bei ihm, Freunde hat er wenige. 1869 heiratet er die
Tochter von Franz Liszt, Cosima. Als letzte Oper komponiert er „Parzifal".

der Erfolg *success*
auf/führen *to present*
das Wunder *miracle*

brauchen *to need*
bauen *to build*
das Festspielhaus *festival
hall*
vollenden *to complete*
zum ersten Mal *for the
first time*
schwierig *difficult*
wenige *few*
heiraten *to marry*

Gedichte

Ein kleines Lied
von Marie von Ebner-Eschenbach (1830–1916)

Ein kleines Lied! Wie geht's nur an,
Daß man so lieb es haben kann,
Was liegt darin? Erzähle!—

Es liegt darin ein wenig Klang,
5 Ein wenig Wohllaut und Gesang,
Und eine ganze Seele.

Wie geht's nur an? *How is it possible?*
lieb haben *to love*
darin *therein*
der Klang *musical sound*
der Wohllaut *harmony*
die Seele *soul*

Erlkönig
von Johann Wolfgang von Goethe (1749–1832)

der Erlkönig *elfenking*

Wer reitet so spät durch Nacht und Wind?
Es ist der Vater mit seinem Kind;
Er hat den Knaben wohl in dem Arm,
10 Er faßt ihn sicher, er hält ihn warm.

die Nacht *night*
der Knabe *boy*
fassen *to hold*
sicher *safely*
bergen *to hide*
bang *afraid*
das Gesicht *face*
der Schweif *train*
der Nebelstreif *wisp of fog*
die Spiele *games*
spielen *to play*
bunt *many-colored*
der Strand *shore*
gülden Gewand *golden dress*

Mein Sohn, was birgst du so bang dein Gesicht?—
Siehst, Vater, du den Erlkönig nicht?
Den Erlenkönig mit Kron' und Schweif?—
Mein Sohn, es ist ein Nebelstreif.—

15 „Du liebes Kind, komm, geh mit mir!
Gar schöne Spiele spiel' ich mit dir;
Manch bunte Blumen sind an dem Strand;
Meine Mutter hat manch gülden Gewand."

Mein Vater, mein Vater, und hörest du nicht,
20 Was Erlenkönig mir leise verspricht?—
Sei ruhig, bleibe ruhig, mein Kind;
In dürren Blättern säuselt der Wind.—

sei *be*
ruhig *quiet*
dürr *dry*
die Blätter *leaves*
säuseln *to rustle*

„Willst, feiner Knabe, du mit mir gehn?
Meine Töchter sollen dich warten schön;
25 Meine Töchter führen den nächtlichen Reihn,
Und wiegen und tanzen und singen dich ein."

die Töchter *daughters*
warten *to look after*
der Reih(e)n *dance*
ein/wiegen, ein/tanzen, ein/singen *to rock, dance, sing to sleep*
düster *dark*
der Ort *place*
genau *exactly*
die Weiden *willows*
reizen *to charm*
die Gestalt *form*

Mein Vater, mein Vater, und siehst du nicht dort
Erlkönigs Töchter am düstern Ort?—
Mein Sohn, mein Sohn, ich seh' es genau;
30 Es scheinen die alten Weiden so grau.—

„Ich liebe dich, mich reizt deine schöne Gestalt;
Und bist du nicht willig, so brauch' ich Gewalt."

Mein Vater, mein Vater, jetzt faßt er mich an!
Erlkönig hat mir ein Leids getan!—

35 Dem Vater grauset's, er reitet geschwind,
Er hält in den Armen das ächzende Kind
Erreicht den Hof mit Mühe und Not;
In seinen Armen das Kind war tot.

brauchen *to use*
die Gewalt *force*
an/fassen *to seize*
ein Leid tun *to harm*
grausen *to shudder*
geschwind *quickly*
ächzend *moaning*
erreichen *to reach*
Mühe und Not *difficulty*

Wanderers Nachtlied
von Johann Wolfgang von Goethe (1749–1832)

Über allen Gipfeln
40 Ist Ruh',
In allen Wipfeln
Spürest du
Kaum einen Hauch;
Die Vögelein schweigen im Walde.
45 Warte nur, balde
Ruhest du auch.

die Gipfel *mountain tops*
die Ruhe *quiet*
die Wipfel *treetops*
spüren *to feel*
der Hauch *breath of air*
die Vögelein *little birds*
schweigen *to be silent*
warten *to wait*
ruhen *to rest*

Leise zieht durch mein Gemüt
von Heinrich Heine (1797–1856)

Leise zieht durch mein Gemüt
Liebliches Geläute.
Klinge, kleines Frühlingslied
50 Kling' hinaus ins Weite.

Kling' hinaus bis an das Haus
Wo die Blumen sprießen.
Wenn du eine Rose schaust,
Sag', ich laß' sie grüßen.

zieht durch mein Gemüt
  goes through my mind
das Geläute *ringing*
klingen *to ring out*
das Frühlingslied *spring
  song*
das Weite *distance*
die Blume *flower*
sprießen *to bloom*
schauen *to see*
grüßen lassen *to greet*

Die Lorelei
von Heinrich Heine (1797–1856)

55 Ich weiß nicht, was soll es bedeuten,
Daß ich so traurig bin;
Ein Märchen aus alten Zeiten,
Das kommt mir nicht aus dem Sinn.

Die Luft ist kühl und es dunkelt,
60 Und ruhig fließt der Rhein;

bedeuten *mean*

das Märchen *fairy-tale*
der Sinn *mind*

die Luft *air*

Der Gipfel des Berges funkelt
Im Abendsonnenschein.

Die schönste Jungfrau sitzet
Dort oben wunderbar,
65 Ihr goldnes Geschmeide blitzet,
Sie kämmt ihr goldenes Haar.

Sie kämmt es mit goldenem Kamme
Und singt ein Lied dabei;
Das hat eine wundersame,
70 Gewaltige Melodei.

Den Schiffer im kleinen Schiffe
Ergreift es mit wildem Weh;
Er sieht nicht die Felsenriffe,
Er schaut nur hinauf in die Höh'.

75 Ich glaube, die Wellen verschlingen
Am Ende Schiffer und Kahn;
Und das hat mit ihrem Singen
Die Lorelei getan.

Gebet
von Heinrich Keidel (1885–1921)

Lieber Gott,
80 Wir danken Dir
Für die Frucht im Feld,
Für das Wild im Waldrevier,
Für die liebe Welt.
Segne unsren Bauernstand,
85 Segne den, der Kohle bricht,
Damit in unsrem lieben Land
Immer Gottes Stimme spricht.

---

der Gipfel *peak*
funkeln *sparkle*
der Abendsonnenschein *sunset*

das Geschmeide *jewelry*
blitzen *flash*
kämmen *comb*

wundersam *peculiar*
gewaltig *mighty*

ergreifen *seize*
das Weh *melancholy*
die Felsenriffe *crags*
die Höhe *heights*

die Welle *wave*
verschlingen *swallow*
der Schiffer *boatman*
der Kahn *small boat*
getan *done*

das Gebet *prayer*

die Frucht *fruit*
das Wild *wild life*
das Waldrevier *preserve*
die Welt *world*
segnen *bless*
der Bauernstand *farmers*
die Kohle *coal*
brechen (*here*) *mine*
damit *so that*
die Stimme *voice*

Kapitel

11

Fragen

1. In welchem Land (in welchem Staat, in welcher Stadt) leben Sie (möchten Sie leben)?
2. Nennen Sie eine Kleinstadt in Deutschland (eine Großstadt, eine Universitätstadt, eine Industriestadt)! Was wissen Sie von dieser Stadt?
3. Wer gibt Ihnen guten Rat?
4. Wie heißt Ihr Vater (Ihr Bruder, Ihre Schwester, Ihr Mann, Ihre Frau)?
5. Was macht man, wenn der Lehrer fragt?
6. Was trägt eine Frau?
7. Was besitzen Sie?
8. Wer öffnet die Tür für eine Dame?
9. Was sagt ein ehrlicher Mensch?
10. Wann tragen Sie gern einen Hut?
11. Was schreibt man oft in der Klasse?
12. Was dürfen Sie hier im Klassenzimmer nicht tun?
13. Was ist das Gegenteil (*opposite*) von: angenehm, glücklich, möglich, wichtig, die Frage?

14. Was möchten Sie im Sommer machen?
15. Wo ist es verboten, ein Feuer zu machen?
16. Sie sind hungrig (durstig). Um was bitten Sie?
17. Was machen Sie gern?
18. Was ist nicht immer möglich?

Wortschatz

der Amerikaner	*American*	die Autobahn	*freeway*
der Brief	*letter*	die Bahn	*railroad, train; lane*
der Bürger	*citizen, townsman*	die Familie	*family*
der Fehler	*mistake*	die Karte	*card; ticket; map*
der Gast	*guest*	die Reise	*trip*
der Gruß	*greeting*	die Straße	*street*
der Kuchen	*cake*	die Tante	*aunt*
der Markt	*market*	die Woche	*week*
der Monat	*month*	die Wohnung	*apartment*
der Onkel	*uncle*	die Zeitung	*newspaper*
der Satz	*sentence*	die Zigarre	*cigar*
der Wert	*value*	die Zigarette	*cigarette*

das Bad	*bath; bath room; spa*
das Brot	*bread*
das Freibad	*public pool*
das Frühstück	*breakfast*
das Geschäft	*business; shop, store*
das Mal	*time (instance)*
das Schwimmbad	*swimming pool*

die Eltern (*pl.*)	*parents*
die Leute (*pl.*)	*people*

baden	*to bathe*	rauchen	*to smoke*
bauen	*to build*	reisen	*to travel*
bemerken	*to notice; to remark*	schauen	*to look*
erlauben (*dat.*)	*to allow, to permit*	spielen	*to play*
grüßen	*to greet*	stellen	*to place, to put*
hindern	*to prevent, to hinder*	suchen	*to look for, to seek*
holen	*to fetch, to get*	warten	*to wait*
lehren	*to teach*	wohnen	*to live (reside)*

Grammatik

A. PAST AND PERFECT TENSES OF WEAK VERBS

In German as in English there are two types of verbs. Verbs which do not change the stem vowel in the past tense and past participle are classified as weak verbs:

ask, asked, asked. Verbs which change the stem vowel are classified as strong verbs: *write, wrote, written.*

1. The past tense of weak verbs is formed as follows:

verb stem + **-te**	ich frag**te**	
-test	du frag**test**	
-te	er ⎫	
	sie ⎬ frag**te**	*asked, was (were) asking, did ask*
	es ⎭	
-ten	wir frag**ten**	
-tet	ihr frag**tet**	
-ten	sie frag**ten**	

ÜBUNG 1

Change each verb from the present tense to the past tense repeating the pronoun subject.

1. ich träume, studiere, zeige, weine, diene, führe   2. du schickst, übst, holst, dankst, besuchst, erzählst   3. er kauft, lacht, hört, folgt, erlaubt, macht   4. wir üben, stellen, versuchen, erklären, glauben, lieben   5. ihr legt, gebraucht, führt, lebt, kauft, hofft   6. sie folgen, erzählen, schicken, glauben, üben, führen

NOTE: Verbs with a stem ending in **-d** or **-t** (or **-m** or **-n** preceded by a consonant other than **h, l, m, n, r**) insert an **e** before the past tense ending.

ich anwortete	wir antworteten
du antwortetest	ihr antwortetet
er antwortete	sie antworteten

ÜBUNG 2

Change each verb to the past tense.

1. ich antworte, warte, rede, öffne   2. du arbeitest, beobachtest, badest, antwortest   3. es kostet, öffnet, antwortet, wartet   4. wir öffnen, arbeiten, beobachten, antworten   5. ihr redet, badet, wartet, öffnet   6. Sie arbeiten, beobachten, reden, antworten

ÜBUNG 3

Express in German.

1. I followed, I was visiting, I did use, I sent, I was studying, I did try   2. (**du**) you told, you were buying, you did believe, you asked, you were leading, you didn't learn   3. he permitted, she was getting, it didn't show, he bought, she was

laughing, he didn't study   4. we answered, we were talking, we didn't work, we opened, we observed, we didn't hear   5. (**ihr**) you believed, you were saying, you didn't ask, you answered   6. He and she weren't trying.   7. They learned much. 8. She and I bought it.   9. They told nothing.   10. I didn't practice.   11. We opened the window.   12. Who visited her?

2.   The past tense of **haben** is:

ich hatte	wir hatten	
du hattest	ihr hattet	*had, was (were) having, did have*
er ⎫	sie hatten	
sie ⎬ hatte	Sie hatten	
es ⎭		

ÜBUNG 4

Express in German.

1. I had no time.   2. She had a lot of work.   3. They were not right.   4. He had little power.   5. We had nothing to do.   6. She always had time for me.

ÜBUNG 5

Schriftliche Übungen: See *Programmed Assignment Book*, p. 71, **A.a.**

3.   The past participle both in English and in German is the form of the verb used with the helping verb *to have* to form the perfect tenses: he has *played*, I have *said*. German weak verbs form the past participle as follows:

ge- + *verb stem* + **-(e)t**

machen > **ge**macht   *made*   reden > **ge**redet   *talked*

Verbs beginning with the inseparable prefixes **be-, emp-, ent-, er-, ge-, ver-, zer-** or ending in **-ieren** have *no* participial **ge-**.

erklären > **erklärt**   studieren > **studiert**

For common meanings of these prefixes see Appendix, III.A, pp. 434–435.

ÜBUNG 6

Form past participles from the following verbs.

1. danken, lachen, suchen, fragen, weinen, wohnen, zeigen, haben   2. antworten, warten, reden, öffnen, kosten, arbeiten   3. bemerken, erzählen, versuchen, beobachten, gebrauchen, erlauben   4. grüßen, holen, spielen, besuchen, gehören, üben

4. The present perfect tense of weak verbs is formed in German as follows:

Present Tense of haben* + **Past Participle**

ich habe gehört	*I have heard, have been hearing; I heard*
du hast gekauft	*you have bought, have been buying; you bought*
er hat geglaubt	*he has believed, has been believing; he believed*
wir haben gearbeitet	*we have worked, have been working; we worked*
ihr habt gelacht	*you have laughed, have been laughing; you laughed*
sie haben geöffnet	*they have opened, have been opening; they opened*
Sie haben gesagt	*you have said, have been saying; you said*
er hat beobachtet	*he has observed, has been observing; he observed*
sie hat studiert	*she has studied, has been studying; she studied*

ÜBUNG 7

Change the verbs from the past tense to the present perfect, repeating the subject with each verb.

1. ich hörte, glaubte, schickte, diente, hatte   2. du danktest, fragtest, redetest, weintest, träumtest   3. er führte, baute, lernte, zeigte, suchte   4. wir hatten, grüßten, hinderten, öffneten, merkten   5. ihr beobachtetet, wartetet, erzähltet, studiertet   6. Sie erklärten, gebrauchten, versuchten, bemerkten, besuchten

ÜBUNG 8

Express in German.

1. I have asked, I have thanked, I have been leading, I have been trying, I have watched   2. (**du**) you have been dreaming, you have visited, you have been practicing, you have studied, you have been learning   3. she has sent, he has been serving, it has cost, she has been hoping   4. Who has been crying?   5. The girl has been asking.   6. The family has been waiting.   7. The American has been smoking.   8. He has been learning.   9. The professor has talked.

ÜBUNG 9

Schriftliche Übungen: See *Programmed Assignment Book*, p. 71, **A.b.**

5. The past perfect tense of weak verbs is formed in German as follows:

* Verbs using the auxiliary **sein** will be introduced in Chapter 14.

Past Tense of haben + **Past Participle**

ich hatte gedient	*I had served, had been serving*
du hattest gehofft	*you had hoped, had been hoping*
er hatte gehabt	*he had had, had been having*
wir hatten gezeigt	*we had shown, had been showing*
ihr hattet gedankt	*you had thanked, had been thanking*
sie hatten geschaut	*they had looked, had been looking*
Sie hatten geschickt	*you had sent, had been sending*
er hatte besucht	*he had visited, had been visiting*
sie hatte erzählt	*she had told, had been telling*

ÜBUNG 10

Change the verbs from the past tense to the past perfect, repeating the subject with each verb.

1. ich wohnte, glaubte, hoffte, baute   2. du grüßtest, dientest, führtest, suchtest
3. sie arbeitete, öffnete, antwortete, redete   4. wir dankten, erzählten, beobachteten, hörten   5. ihr fragtet, lerntet, erlaubtet, suchtet   6. sie gehörten, hatten, träumten, erklärten

ÜBUNG 11

Express in German.

1. I had tried, I had been laughing, I had been dreaming, I had worked   2. (**du**) you had been looking, you had studied, you had bought, you had practiced, you had waited   3. she had observed, he had visited, it had cost, he had been living, she had taught, who had hoped, he had learned   4. we had observed, they had been saying, you (**ihr**) had been talking, they had played, we had smoked, they had studied

ÜBUNG 12

Schriftliche Übungen: See *Programmed Assignment Book*, p. 71, **A.c.**

6. The past participle must stand at the end of an independent (main) clause or sentence.

Er **hat** mir das Bild **gezeigt.**
He has shown me the picture.

Am Nachmittag **hatte** sie schwer **gearbeitet.**
In the afternoon she had worked hard.

Warum **hast** du keine Zeit für ihn **gehabt?**
Why didn't you have time for him?
(*Why have you had no time for him?*)

ÜBUNG 13

Change from the past tense to the present perfect tense.

1. Ich hatte dein Werk in der Hand.   2. Gestern sagte ich ihm die Wahrheit.
3. Du glaubtest dem Bauern nicht.   4. Warum arbeitetest du so viel?   5. Sie
holte ihr Kleid.   6. Dann erzählte er uns eine lange Geschichte.   7. Man grüßte
den Kaufmann nicht.

ÜBUNG 14

Express in German.

1. I have sent it. I have been laughing. I have used the car. I have tried everything.
I have been watching her.   2. (**du**) You haven't asked me. You have been working
too much. You haven't bought enough. You have explained it well.   3. He has
loved her. She has waited long. It has cost too much. He has been dreaming. She
has noticed nothing.   4. We have heard it already.   5. Have you (**Sie**) bought
the house?   6. Often they have used my car.   7. Who has prevented it?   8. Who
has been playing tennis?

ÜBUNG 15

Change from the past tense to the past perfect tense.

1. Wir dankten dem Bruder.   2. Gestern bemerkte ich den Ring.   3. Ihr kauftet
den Wagen.   4. Ihr hattet nicht den Mut.   5. Sie öffnete diese Tür nie.   6. Sie
erlaubten ihrem Sohn alles.   7. Warum besuchten Sie uns nur im Winter?   8. Er
hinderte mich bei der Arbeit.   9. Sie antworteten dem Polizisten.

ÜBUNG 16

Express in German.

1. I had made a dress.   2. You (**du**) hadn't explained it.   3. She had been living
there.   4. We hadn't opened the door.   5. You (**ihr**) had already shown it to me.
6. You (**Sie**) had been talking too loudly.   7. They had practiced too much.
8. He had visited us often.   9. I had laid it on the table.   10. They hadn't been
watching us.   11. It had belonged to me.   12. You (**du**) had had no time.
13. You (**Sie**) had believed him.

ÜBUNG 17

Schriftliche Übungen: See *Programmed Assignment Book*, p. 73, **A.d.**

B. PRINCIPAL PARTS OF VERBS

The principal parts of a verb are those forms from which the entire conjugation may
be constructed. In English: *play, played, played; go, went, gone.* In German all weak
verbs follow the pattern on top of the next page.

Inf.	3rd Pers. Sing. Present	3rd Pers. Sing. Past	3rd Pers. Sing. Present Perfect
schicken	er schickt	er schickte	er hat geschickt

Weak Verbs in Chapters 1 through 11

antworten	erklären	grüßen	leben	reisen	üben
arbeiten	erlauben	haben	legen	sagen	versuchen
baden	erzählen	hindern	lehren	schauen	warten
bauen	folgen	hoffen	lernen	schicken	weinen
bemerken	fragen	holen	lieben	spielen	wohnen
beobachten	führen	hören	machen	stellen	zeigen
besuchen	gebrauchen	kaufen	öffnen	studieren	
danken	gehören	kosten	rauchen	suchen	
dienen	glauben	lachen	reden	träumen	

ÜBUNG 18

Give the principal parts of the following verbs.

1. weinen, danken, hören, lehren, grüßen, glauben, wohnen, zeigen   2. bemerken, gehören, erlauben, versuchen, besuchen, erzählen, studieren   3. antworten, warten, arbeiten, reden, öffnen, kosten, beobachten   4. üben, rauchen, baden, träumen, spielen, legen, lernen

ÜBUNG 19

Schriftliche Übungen: See *Programmed Assignment Book*, p. 73, **B.**

C. GERMAN PRESENT PERFECT FOR ENGLISH PAST

In German the present perfect tense is generally used in conversation instead of the simple past tense, except when relating a successive occurrence of events.

Gestern hat er uns eine lustige Geschichte erzählt.
Yesterday he told us a funny story.

Er fragte, ich lachte und antwortete nicht.
He asked, I laughed, and didn't answer.

ÜBUNG 20

Translate into German using present perfect tense.

1. Did you (**du**) work much yesterday?   2. He didn't look for her house.
3. They talked with us.   4. She fetched me a glass of water.   5. We practiced

diligently.   6. We visited his brother.   7. For his advice I thanked him.   8. Did you wait at the corner?   9. She greeted us.   10. They told me the truth. 11. We opened the door.   12. It cost too much.   13. We noticed nothing. 14. They explained everything.

ÜBUNG 21

Schriftliche Übungen: See *Programmed Assignment Book*, p. 73, **C.**

Alltägliches

Feiertage

der Feiertag *holiday*

Andrea	Entschuldigen Sie, Frau Brandt! Störe ich?	stören *to disturb*
Frau B.	Gar nicht. Komm doch herein, Andrea!	
Andrea	Danke, Frau Brandt. Ich weiß, Sie kommen aus	
	Deutschland. Morgen muß ich für die Schule etwas	
5	über deutsche Feiertage erzählen. Können Sie mir	
	helfen?	
Frau B.	Sehr gerne! Was willst du wissen?	
Andrea	Ach, bitte, sagen Sie mir erst nur die wichtigen	erst *first*
	Feiertage!	
10 **Frau B.**	Gut. Silvester ist der Abend vor Neujahr, und	
	man feiert fast wie hier in Amerika. Dann kommt der	feiern *celebrate*
	Neujahrstag. Im Frühjahr kommt dann Ostern.	das Frühjahr *spring*
Andrea	Kommt der Osterhase auch? Gibt es auch	der Osterhase *Easter bunny*
	Ostereier?	die Ostereier *Easter eggs*
15 **Frau B.**	Natürlich! Wir haben aber zwei Feiertage: den	
	Ostersonntag und den Ostermontag. Bald kommt	
	dann Muttertag. Und dann Pfingsten.	
Andrea	Pfingsten? Was ist das?	Pfingsten *Pentecost*
Frau B.	Pfingsten kommt fünfzig Tage nach Ostern, und	
20	da haben wir auch zwei Feiertage. Es ist meistens	meistens *usually*
	schönes Wetter, und man macht Wanderungen und	die Wanderung *hike*
	Ausflüge.	der Ausflug *excursion*
Andrea	Und dann?	
Frau B.	Ja, dann kommt in fast allen Dörfern und kleinen	das Dorf *village*
25	Städten die Kirchweih oder das Schützenfest und in	die Kirchweih *church festival*
	München das Oktoberfest.	das Schützenfest *shooting festival*
Andrea	Ach ja, man hört viel vom Oktoberfest in	
	München. Da trinkt man viel Bier.	
Frau B.	Das Oktoberfest in München ist ein richtiges	
30	Volksfest, und es beginnt Ende September und dauert	dauern *to last*
	zwei Wochen. Nur in München ist es aber so	

Das Oktoberfest, München

großartig. Am Rhein und an der Mosel feiert man die Weinlese, und man trinkt Wein.

Andrea   Gibt es so etwas wie „Halloween"?

35 **Frau B.**   Nicht genau. Aber am 2. November feiert man Allerheiligen. Da geht man auf den Friedhof.

Andrea   Ich habe von Advent gehört. Was ist das?

Frau B.   Weihnachten ist natürlich das größte Fest, und Advent bedeutet Ankunft. Die Adventzeit ist die
40 Vorbereitungszeit vor Weihnachten.

Andrea   Ich habe gehört, man feiert Weihnachten in Deutschland am Heiligabend.

Frau B.   Ja, das ist richtig. In Süddeutschland kommt das Christkind, und in Norddeutschland kommt der
45 Weihnachtsmann. Er stellt den Weihnachtsbaum ins Wohnzimmer. Die Kinder dürfen den Baum vorher nicht sehen. Nach dem Abendessen feiert man.

Andrea   Und alle bekommen Geschenke, nicht wahr?

Frau B.   Ja, natürlich! Die kleinen Kinder müssen dann
50 ins Bett, aber alle anderen gehen dann meistens um Mitternacht in die Kirche.

Andrea   Was macht man am Weihnachtstag?

Frau B.   Wir haben zwei Feiertage. Man hat meistens Besuch.

großartig *grand*
die Weinlese *grape harvest*

genau *exactly*
Allerheiligen *All Saints' Day*
der Friedhof *cemetery*
Weihnachten *Christmas*
bedeuten *to mean*
die Ankunft *arrival*
die Vorbereitung *preparation*
der Heiligabend *Christmas eve*

der Baum *tree*
vorher *beforehand*

das Geschenk *present*

55 **Andrea** Ich habe noch viel zu fragen. Aber ich höre
meinen Bruder rufen. Darf ich später wiederkommen?

Frau B. Aber ja! Es gibt noch viele Kirchenfeiertage und
viel zu erzählen. Auf Wiedersehen, Andrea!

Aufsatzthemen

Write a few lines on one of the following topics.

1. Friedrich der Große spricht mit Voltaire
2. Eine kleine Anekdote
3. Heute in der Mensa
4. Meine Diät
5. Eine interessante Epoche in der deutschen Geschichte
6. Das Schloß "Sanssouci"
7. Die Religionsfreiheit

WIEDERHOLUNG

Kapitel 11. *Preparation for tests.* See *Programmed Assignment Book*, p. 75.

PRÜFUNG 1 ODER 2

Kapitel 11. See Instructor.

Fragen

1. Wer gehört zu Ihrer Familie?
2. In welcher Straße wohnen Sie?
3. Wohnen sie in einem Haus oder in einer Wohnung?
4. Wann machen Sie eine Reise? Wohin geht die Reise?
5. In welchem Monat sind Sie geboren?
6. Wo kauft man etwas zu essen?
7. Wann und wo kommen Sie mit Ihrer Familie zusammen?
8. Was steht immer in der Zeitung?
9. Was mögen Sie gern spielen?
10. Was macht man in der Kirche?
11. Wo darf man laut singen?
12. Beschreiben Sie Ihr Haus oder Ihre Wohnung!
13. Was raucht man?
14. Welches Metall hat großen Wert?
15. Was ißt man oft am Nachmittag zu einer Tasse Kaffee?

16. Wie schnell darf man auf der Autobahn fahren?
17. Was essen und trinken Sie zum Frühstück?
18. Wo gibt es ein Freibad?
19. Was schreibt man oft am Ende eines Briefes?
20. Was macht man auf einem Tennisplatz (im Freibad, im Markt, auf der Autobahn)?

Wortschatz

Verbs with Separable Prefixes*

auf/machen	*to open*		vor/stellen	*to introduce*
ein/kaufen	*to go shopping, to shop*		zu/machen	*to close, to shut*
fort/setzen	*to continue*			

ab	*off*		Lieblings-	*favorite*
arm	*poor*		manchmal	*sometimes*
erst	*first; not until*		meistens	*usually, mostly*
falsch	*wrong*		natürlich	*naturally*
fort	*away*		nie, niemals	*never*
ganz	*quite; entire, whole*		reich	*rich, wealthy*
gestern	*yesterday*		überall	*everywhere*
hell	*bright*		weg	*away*
jetzt	*now*		zurück	*back*
letzt	*last*		zusammen	*together*
lieb	*dear*			

Useful Expressions and Idioms

bei uns   *at our house, in our country*
    Bei uns gibt es viel Armut.   *In our country there is much poverty.*
    Er bleibt nicht bei uns.   *He is not staying at our house.*

einmal, zweimal, dreimal   *once, twice, three times*
    Sie ruft uns fünfmal.   *She calls us five times.*

Karten (Klavier, Gitarre) spielen   *to play cards (piano, guitar)*
    Er spielt sehr oft Karten.   *He plays cards very often.*

Lieblings-   *favorite*
    Das ist mein Lieblingslied.   *That is my favorite song.*
    Sie ist seine Lieblingstochter.   *She is his favorite daughter.*

und so weiter (usw.)   *and so forth (etc.)*
warten auf (*acc.*)   *to wait for*
    Sie wartet nie auf mich.   *She never waits for me.*

* See p. 132, **C.**

zum Schreiben, zum Lesen   *for writing, for reading*
Ich habe keine Zeit zum Essen.   *I have no time for eating.*

im Januar, im Februar, usw.   *in January, in February, etc.*

Grammatik

A. PLURALS OF **DER, DIE, DAS, DER**-WORDS, AND **EIN**-WORDS

The plural forms of the definite article, the **der**-words, and the **ein**-words are the same for all three genders.

	der, die, das	**der**-words	**ein**-words
	Masc., Fem., Neut.	**Masc., Fem., Neut.**	**Masc., Fem., Neut.**
NOM. PL.	die	diese	keine
ACC. PL.	die	diese	keine
DAT. PL.	den	diesen	keinen
GEN. PL.	der	dieser	keiner

DER-**WORDS AS ADJECTIVES AND PRONOUNS**

Singular		**Plural**	
dieser, diese, dieses	*this; this one*	diese	*these*
jeder, jede, jedes	*each, every; each one, every one*	*no pl.; use* **alle** (*all*)	
jener, jene, jenes	*that; that one*	jene	*those*
mancher, manche, manches	*many a; many a one*	manche	*some*
solcher, solche, solches	*such, such a; such a one*	solche	*such; such ones*
welcher, welche, welches	*which, what a; which one*	welche	*which; which ones*

B. PLURALS OF NOUNS (TYPES 1 AND 2)

Nearly every German noun forms its plural in one of four ways:*

Type 1. by adding *no ending* (sometimes an umlaut)
    der Garten, die Gärten   *the garden, the gardens*
Type 2. by adding **-e** (sometimes an umlaut)
    der Abend, die Abend**e**   *the evening, the evenings*
Type 3. by adding **-er** (always an umlaut if vowel is a, o, u, au)
    das Buch, die B**ü**cher   *the book, the books*
Type 4. by adding **-n, -en, -nen** (never an umlaut)
    die Frau, die Frau**en**   *the woman, the women*

---

* A few nouns, mostly of foreign origin, add different endings, **-s** being most common: **das Auto, die Autos** (*the car, the cars*); **das Museum, die Museen** (*the museum, the museums*).

The best way to learn the plurals of nouns is to learn the plural ending along with the singular. The following chart may be of help, although there are many exceptions.

Type	To this Type Belong:
1. noun + -(ᐧᐧ)	most masculine and neuter nouns ending in **-el, -en, -er**
	all nouns ending in **-chen** and **-lein**
	two feminine nouns: **die Mutter, die Tochter**
2. noun + **-e** (ᐧ e)	mostly masculine nouns
3. noun + **-er** (ᐧ er)	most neuter nouns of one syllable
4. noun + **-n, -en, -nen**	mostly feminine nouns; all feminine nouns ending in **-in, -heit, -keit, -ung, -schaft**

	TYPE 1	TYPE 2	TYPE 3	TYPE 4
Singular				
NOM.	der Lehrer	der Tag	das Land	die Feder
ACC.	den Lehrer	den Tag	das Land	die Feder
DAT.	dem Lehrer	dem Tag(e)	dem Land(e)	der Feder
GEN.	des Lehrers	des Tages	des Landes	der Feder
Plural				
NOM.	die Lehrer	die Tage	die Länder	die Federn
ACC.	die Lehrer	die Tage	die Länder	die Federn
DAT.	den Lehrern	den Tagen	den Ländern	den Federn
GEN.	der Lehrer	der Tage	der Länder	der Federn

In the dative plural an **-n** must be added to all German nouns if the noun does not already end in **-n.**

From now on, the nominative singular and nominative plural will be given for all nouns in the vocabulary sections: **der Lehrer, -; der Hut, ᐧe.** For nouns which add **-n** or **-en** in the singular or which change the spelling slightly before the ending, the genitive singular is also given before the plural form:

der Student, -en, -en
der Bauer, -n, -n
der Fluß, -sses, ᐧsse

In this chapter only nouns of Type 1 and Type 2 are presented in the plural. Nouns of Type 3 and Type 4 are presented in the plural in Chapter 13.

Nouns of Type 1 in Chapters 1 through 12

der Amerikaner,-	der Bürger,-	der Fehler,-	das Fenster,-
der Bruder,ᐧ	der Dichter,-	der Felsen,-	das Feuer,-

das Fräulein,-	das Leben,-	der Onkel,-	der Vater,-
der Friede(n),-	der Lehrer,-	der Richter,-	der Wagen,-
der Garten,-	das Mädchen,-	der Schüler,-	das Wasser,-
der Himmel,-	der Morgen,-	der Sommer,-	der Winter,-
das Kapitel,-	die Mutter,-	die Tochter,-	das Zimmer,-
der Kuchen,-			

ÜBUNG 1

Change each article and noun to the plural according to the example in bold-face.

1. (*nom.*) **der Kuchen, die Kuchen**—der Sommer, der Lehrer, der Fehler, der Wagen, das Fräulein, die Tochter, der Bruder, das Zimmer, die Mutter   2. (*acc.*) **für den Bruder, für die Brüder**—durch das Zimmer, ohne den Fehler, gegen das Fräulein, um den Garten, den Lehrer, den Wagen, die Mutter.   3. (**dat.**) **von dem Vater, von den Vätern**—in dem Garten, aus dem Fenster, nach dem Sommer, bei dem Mädchen, mit dem Richter, zu dem Amerikaner, auf dem Felsen, bei der Tochter   4. (*gen.*) **des Winters, der Winter**—des Felsens, des Gartens, des Morgens, der Tochter, des Mädchens, des Bürgers

ÜBUNG 2

Translate the following plural nouns and phrases into German.

1. the Americans, the brothers, the poets, the mistakes, the cliffs, the uncles; these windows, our teachers, those rooms   2. through the rooms, for the teachers, against the windows, without my daughters, around our gardens, for those fathers, against these Americans, into which wagons, through his mistakes 3. from the citizens, out of the windows, to the gardens, after those summers, with her daughters, from our mothers, besides these pupils, since such winters 4. of the pupils, of the girls, of the judges, of which cakes, of those daughters, of my pupils, of your gardens, of her brothers

ÜBUNG 3

Schriftliche Übungen: See *Programmed Assignment Book*, p. 79, **A, B.a.**

Nouns of Type 2 in Chapters 1 through 12

der Abend, -e	der Dienst, -e	das Gespräch, -e	der König, -e
der Aufsatz, -̈e	der Dom, -e	der Gruß, -̈e	die Kraft, -̈e
das Beispiel, -e	der Fluß, -sses, -̈sse	das Heft, -e	der Krieg, -e
der Bleistift, -e	der Freund, -e	der Hof, -̈e	die Macht, -̈e
der Brief, -e	der Gast, -̈e	der Hut, -̈e	der Markt, -̈e
das Brot, -e	das Geschäft, -e	das Jahr, -e	das Mal, -e

der Monat, -e	das Recht, -e	der Stuhl, ⸚e	der Wert, -e
der Mond, -e	der Ring, -e	der Tag, -e	das Wort, -e *or* ⸚er[†]
der Offizier, -e	der Satz, ⸚e	das Tier, -e	
das Papier, -e	das Schiff, -e	der Tisch, -e	
das Pferd, -e	der Sohn, ⸚e	die Wand, ⸚e	
der Platz, ⸚e	die Stadt, ⸚e	der Weg, -e	
der Rat, ⸚*	das Stück, -e	das Werk, -e	

ÜBUNG 4

Change each article and noun to the plural according to the example in bold face.

1. (*nom.*) **der Satz, die Sätze**—der Markt, der Weg, der Offizier, der Fluß, das Jahr, die Stadt, der Platz, das Schiff 2. (*acc.*) **durch den Fluß, durch die Flüsse**—für den Gast, ohne das Tier, gegen diese Wand, um welchen Hof, ohne sein Papier 3. (*dat.*) **von seinem Freund, von seinen Freunden**—nach dem Krieg, seit jenem Abend, zu dem König, von jenem Beispiel, bei unserem Sohn, aus diesem Geschäft, mit welchem Brief 4. (*gen.*) **dieses Briefes, dieser Briefe**—dieses Monats, jenes Ringes, welches Jahres, meines Stuhles, ihres Hutes, unseres Geschäfts, solches Pferdes

ÜBUNG 5

Translate the following plural nouns and phrases into German.

1. the evenings, these chairs, those months, which papers, my sons, our pencils, your hats 2. for the places, through these cities, around those tables, without my friends, against your sons, for our horses, for his animals 3. with the tables, from these wars, after those words, since such days, to many cities, out of which markets, with such examples 4. of the rivers, of these friends, of those words, of which letters, of my notebooks, of your rings, of their ships

ÜBUNG 6

Schriftliche Übungen: See *Programmed Assignment Book*, p. 79, **A, B.b,c.**

C. SEPARABLE PREFIXES

Adverbs or prepositions are often used in German as separable prefixes of verbs to express a verbal idea as "off" in the English sentence: *The plane is taking off.* Other parts of speech, however, may be used as separable prefixes.[††]

---

* **der Rat, die Räte** (*counselor*); **der Rat, die Ratschläge** (*advice*).

† **die Worte** (*connected words*); **die Wörter** (*disconnected words*).

†† See **Wortschatz**, p. 128.

1. In the infinitive the separable prefix is stressed and written as one word.

Ich muß heute **einkaufen.**
I must go shopping today.

2. In the present and past tenses the separable prefix is separated from the verb and placed at the end of the independent clause.

Er **macht** die Tür für mich **auf.**
He opens the door for me.

Dann **setzte** ich meine Reise **fort.**
Then I continued my trip.

ÜBUNG 7

Complete the sentence in the present tense using the indicated verb. Translate.

1. (fortlaufen) Er _____ von der Schule _____. 2. (weggeben) Dann
_____ sie (*she*) das Kleid _____. 3. (zurückfahren) Warum _____ Sie
nicht bald _____? 4. (wiederholen) Sein Kind _____ den Ball_____.
5. (zusammenarbeiten) Der Student _____ mit seiner Schwester _____ .
6. (zumachen) Ich _____ die Haustür _____ .

ÜBUNG 8

Complete the sentence in the past tense. Translate.

1. (zurückschicken) Ich _____ seinen Brief _____ . 2. (fortführen) Der
Offizier _____ den Mann _____. 3. (einkaufen) Meine Mutter _____
gestern im Markt _____ . 4. (fortsetzen) Später _____ die Leute ihre Arbeit
_____ . 5. (abreisen) Der Amerikaner _____ nach einem Monat _____.
6. (vorstellen) Warum _____ er dich noch nicht _____ ?

ÜBUNG 9

Form a sentence by inserting the verb and prefix in the proper place.

a. Use present tense:

Beispiel: (mitgehen) Ich heute nicht gern.
Ich **gehe** heute nicht gern **mit.**

1. (fortfahren) Mein Sohn am Wochenende. 2. (zurückbringen) Wann der
Junge mein Liederbuch? 3. (wegwerfen) Dann das Mädchen seine Briefe.
4. (ausgehen) Du mit dem Herrn heute? 5. (einsteigen) Schnell der Bürger ins
Auto. 6. (abspringen) Das Kind vom Wagen des Jungen.

b. Use past tense:

Beispiel: (wegschicken) Ich die Briefe erst Montag.
Ich **schickte** die Briefe erst Montag **weg.**

1. (vorstellen) Ich dem Vater einen Schulfreund.   2. (fortsetzen) Im Sommer sie ihre Reise um die Welt.   3. (zusammensuchen) Die Schüler am Ende des Tages ihre Hefte.   4. (zuhören) Jeder gern dem Lehrer.   5. (einkaufen) Die Mutter jeden Montag in diesem Markt.   6. (wegreisen) Die Bürger mit ihren Familien.

ÜBUNG 10

Schriftliche Übungen: See *Programmed Assignment Book*, p. 81, **C.a.**

3.   In the perfect tenses the separable prefix is attached to the past participle.

Er hat gut **zugehört.**
He listened closely.

Warum hatten Sie das Kind **fortgeschickt?**
Why had you sent the child away?

ÜBUNG 11

Change the verb to the present perfect tense.

Beispiel: Ich stellte ihn der Dame vor.

Ich **habe** ihn der Dame **vorgestellt.**

1. Oft arbeitete er dort mit.   2. Dann legte sie das Stück Kuchen zurück.
3. Ich kaufte immer im Markt ein.   4. Die Tante setzte im Winter ihre Reise fort.
5. Seine Tochter stellte das Auto in die Garage ein.   6. Gestern holte der Vater unser Pferd wieder.   7. Die Amerikaner schickten das Paket zurück.
8. Was machtest du mit deinem Lehrer aus?   9. Wer machte das Fenster zu?

ÜBUNG 12

Change the verb to the past perfect tense.

Beispiel: Der Junge schaute gar nicht zurück.

Der Junge **hatte** gar nicht **zurückgeschaut.**

1. Mein Sohn setzte seine Arbeit an der Universität fort.   2. Leider schickte er mein Goethe-Buch nie zurück.   3. Das Mädchen suchte einen Ring aus.
4. Warum lachten sie nicht über die Geschichte mit?   5. Die Eltern führten das Kind weg.   6. Was hatte deine Tante heute an?   7. Endlich machte sie das Buch auf.

ÜBUNG 13

Translate into German using the indicated verb.

1. (**fortschicken**) His aunt had sent her guest away.   2. (**aufbauen**) How had he built up his business?   3. (**zurückschauen**) Unfortunately he had not looked back.

4. (vorstellen) She has never introduced her brother.   **5. (zurückstellen)** Why have you set back your watch, Mr. Klee?   **6. (weglegen)** The judge had already laid away his notebook.   **7. (auslachen)** Everyone has always laughed at us.
8. (einkaufen) I have never gone shopping there.

ÜBUNG 14

Schriftliche Übungen: See *Programmed Assignment Book*, p. 81, **C.b.c.**

4.   The separable prefix is placed before the **zu** preceding an infinitive and written as one word.

Er versuchte heute morgen, früh **aufzustehen.**
He tried to get up early this morning.

but: The **zu** is omitted after modal auxiliary verbs, and after **helfen, hören, lassen,** and **sehen.**

Er will heute früh **aufstehen.**
He wants to get up early today.

ÜBUNG 15

Complete the sentence by using the correct form of the indicated German infinitive.

Beispiel: [**einsteigen** (*to get in*)] Der Vater bittet ihn, schnell _____.

Der Vater bittet ihn, schnell **einzusteigen.**

 1. [**aushelfen** (*to help out*)] Ich versuchte, ihm _____ .
 2. [**abfahren** (*to drive off*)] Wir hofften, Donnerstag _____ .
 3. [**zurückgeben** (*to give back*)] Sie vergißt oft, meine Zeitung _____ .
 4. [**vorstellen** (*to introduce*)] Sie warteten, die Tante _____ .
 5. [**einkaufen** (*to go shopping*)] Was hinderte dich _____?
 6. [**mitgehen** (*to go along*)] Erlaubte er Ihnen _____?
 7. [**herkommen** (*to come here*)] Er erlaubt ihr nicht, Mittwoch _____ .
 8. [**ausgehen** (*to go out*)] Der Gast verspricht, mit ihm _____ .
 9. [**aussteigen** (*to get out*)] Willst du nicht hier _____?
10. [**ausgeben** (*to spend*)] Warum dürfen Sie kein Geld _____?

ÜBUNG 16

Translate into German using a verb with separable prefix.

1. She hoped to drive off early.   2. We tried to send back the letter.   3. You and he are supposed to work together.   4. The merchant asks him to go away.
5. Is he trying to help her out?   6. He promises me to stay away today.

7. They seem to be together again.   8. He forgets to introduce his friend.
9. We want to get out (**aussteigen**).   10. I can't spend (**ausgeben**) so much money.

ÜBUNG 17

Schriftliche Übungen: See *Programmed Assignment Book*, p. 83, **C.d.**

5.   Principal parts of separable verbs are given as follows:

vorstellen, er stellt **vor,** er stellte **vor,** er hat **vor**gestellt

If the prefix of a verb is separable, it will be indicated in the vocabulary sections and in the marginal notes of the reading selections thus: fort/setzen. For the most common separable prefixes and their meanings see Appendix III.B, p. 435.

Lesestück

AUS DER LITERATUR
Nathan der Weise

Hundert Jahre nach der Reformation, um 1700, beginnt in Europa eine Zeit neuen Denkens. Es ist die Zeit der „Aufklärung" in England, Frankreich und Deutschland. Der Mensch soll durch die Vernunft aufgeklärt und frei
5   werden. Jeder Mensch soll von seiner Vernunft Gebrauch machen. Immanuel Kant und Gottfried Wilhelm Leibniz sind die großen deutschen Philosophen der Aufklärung. Gotthold Ephraim Lessing (1729–1781) ist ihr großer Dichter. Macaulay, Englands bekannter Historiker, nennt
10   Lessing „den ersten Kritiker Europas". Die moderne Kritik beginnt mit Lessing. Sein Stil ist klar und einfach. Er liebt die Wahrheit über alles; er ist das Vorbild eines ehrlichen, menschlichen, toleranten Geistes. „Die edelste Beschäftigung des Menschen ist der Mensch", schreibt er.
15   In seinem Privatleben ist Lessing einsam und unglücklich. Er bekommt keine wirklich gute Stellung, seine Frau stirbt nach kurzer Ehe, er bleibt arm und allein.
In Deutschland spielt man sehr viel Theater. Jede Stadt von 100 000 Menschen oder mehr hat ein Theater.
20   Dieses deutsche Theaterleben beginnt auch mit Lessing. Er arbeitet in seinem Leben unermüdlich für ein deutsches Nationaltheater.
In seinem Drama „Nathan der Weise", einem großen Werk der Weltliteratur, schreibt der große Dichter Lessing
25   von der Toleranz. Religiöse Toleranz liegt ihm besonders

die Aufklärung
Enlightenment
die Vernunft *reason*
der Gebrauch *use*

nennen *to call*

das Vorbild *model*
der Geist *spirit, intellect*
die Beschäftigung
preoccupation
die Stellung *position*
die Ehe *marriage*

unermüdlich *tirelessly*

Gotthold Ephraim Lessing

nahe. „Nathan der Weise" wird das Humanitätsdrama der deutschen Literatur.

 Im Mittelpunkt dieses Dramas steht Nathan, ein jüdischer Kaufmann in Jerusalem. Der Sultan, ein Moham-
30 medaner, will wissen, welche Religion die richtige ist: die jüdische, die mohammedanische oder die christliche? Er glaubt, Nathan kann ihm die Antwort geben, denn er soll sehr weise sein. Nathan fragt, ob er ihm eine Geschichte erzählen darf? Der Sultan erlaubt es ihm, und Nathan
35 spricht:

 Es lebt ein Mann im Osten. Er besitzt einen wertvollen, goldenen Ring. Dieser Ring hat die Kraft, seinen Besitzer vor Gott und den Menschen angenehm zu machen. Der Mann trägt diesen Ring bis zu seinem Tode, dann stirbt er,
40 und sein liebster Sohn bekommt den Ring. Auch er darf wiederum den Ring nur seinem liebsten Sohn geben, wenn er stirbt. Endlich kommt der Ring an einen Mann mit drei Söhnen. Alle sind dem Vater gleich lieb; jedem Sohn verspricht er den Ring. Jeder glaubt, er bekommt den Ring.

besonders nahe *especially close*

jüdisch *Jewish*

ob *whether*

der Tod *death*
liebst *dearest*
wiederum *likewise*

gleich *equally*

45 Der Vater ist unglücklich, geht in die Stadt zu einem Juwelier und bittet ihn, zwei Ringe für ihn zu machen. Diese zwei Ringe sollen dem einen Ring vollkommen gleich sein. Es kann kosten, was es will.

Bald liegt der Vater im Sterben. Er ruft jeden Sohn 50 einzeln an sein Sterbebett und gibt ihm einen Ring. Jeder Bruder glaubt, den richtigen Ring zu besitzen und ist glücklich und dankbar. Doch nach dem Tode des Vaters erfährt jeder Sohn: es gibt drei Ringe. Sie gehen zu einem Richter. Er soll ihnen das Rätsel erklären, aber leider kann 55 der Richter den richtigen Ring auch nicht erkennen. Er gibt ihnen den Rat: jeder soll seinen Ring tragen und zufrieden sein. Jeder soll glauben, den richtigen Ring zu besitzen und danach handeln. Jeder muß an die Kraft des Ringes glauben und vor seinem Tode seinem liebsten Sohn den Ring und 60 auch den Glauben an seine Kraft geben. Nach tausend Jahren kann man dann wieder fragen: Welcher Ring ist der richtige?

vollkommen gleich completely identical
im Sterben liegen to lie dying
einzeln singly

das Rätsel riddle
erkennen to recognize

danach handeln to act accordingly

Zwei Fabeln

Lessing gebraucht gern die Form der Fabel (eine Tiergeschichte mit einer Moral); in vielen deutschen Schul- 65 büchern findet man eine oder zwei Lessingfabeln. Eine sehr bekannte erzählt von dem Rangstreit zwischen dem Tiger, dem Pferd, dem Fuchs, dem Esel, dem Löwen, dem Affen, dem Elefanten und dem Bären. Der Löwe bittet den Menschen endlich, Richter zu sein. Der Löwe fragt: „Nach welcher Regel willst du unseren Wert bestimmen?" Der 70 Mensch antwortet: „Ich wähle das nützlichste Tier." „Oho", ruft der Löwe, „dann muß ich weit unter dem Esel stehen! Du kannst unser Richter nicht sein, Mensch." Der Mensch geht. Dann sagt der Löwe: „Unser Rangstreit ist dumm. Was andere denken, ist nicht so wichtig. Ich weiß, 75 wer ich bin. Das ist genug." Und der Löwe geht, und mit ihm geht der weise Elefant, der starke Tiger, der ernste Bär, der schlaue Fuchs, das edle Pferd. Nur der Affe und der Esel bleiben zurück.

der Rangstreit quarrel about rank
der Esel ass
der Affe ape
nach welcher Regel according to which precept
bestimmen to determine
wählen to choose
nützlichst most useful

andere others

schlau smart

Das Pferd kommt zu dem Thron des großen Gottes 80 Zeus und sagt: „Man sagt, ich bin ein sehr schönes Tier. Ich glaube es auch, aber ich denke, manches könnte besser sein!" „Oho," sagt Zeus, „und was, glaubst du, kann besser sein? Sag' es nur. Ich höre." Und der gute Gott lächelt.

könnte could

lächeln to smile

„Gut", sagt das Pferd. „Ich wünsche mir längere
85 Beine. Dann kann ich schneller laufen. Ich wünsche mir
einen längeren Hals und eine breitere Brust. Dann bin ich
stärker. Ich muß auch den Menschen tragen. Also wünsche
ich mir einen angeborenen Sattel!"

Zeus antwortet: „Warte einen Augenblick", und mit
90 ernstem Gesicht spricht er ein Wort. Vor dem Thron steht
plötzlich—das häßliche Kamel.

Das Pferd sieht und schaudert. Zeus spricht: „Hier
hast du die hohen Beine, den langen Hals, die breite Brust,
den angeborenen Sattel. Willst du so aussehen?"
95 Das Pferd steht stumm da. „Geh"', sagt Zeus, „du
sollst diese Stunde nicht vergessen. Das Kamel bleibt auf
der Welt. Du kannst es oft sehen. Du sollst dann an deinen
Wunsch denken!"

wünschen *to wish*
längere Beine *longer legs*
der Hals *neck*

angeboren *built-in*
der Sattel *saddle*
der Augenblick *moment*
das Gesicht *face*
häßlich *ugly*

aus/sehen *to look*
stumm *mute*
die Stunde *hour*

WIEDERHOLUNG

Kapitel 12. Preparation for tests. See *Programmed Assignment Book*, p. 83.

PRÜFUNG 1 ODER 2

Kapitel 12. See Instructor.

Kapitel

13

Fragen

1. Was gibt es bei uns auf den Straßen zu sehen?
2. Wer muß oft auf Sie warten?
3. Wer hat Sie gestern besucht?
4. Was haben Sie gestern gekauft (gesucht, gehört, gemacht, gelernt)?
5. Wer bleibt oft zum Essen bei Ihnen?
6. Wann hoffen Sie, morgen aufzustehen (von zu Hause fortzufahren, nach Hause zurückzufahren, einen Freund aufzusuchen, einzukaufen)?
7. Was kann man in einem Supermarkt kaufen?
8. Was hat Ihr Großvater geraucht?
9. Wohin gehen Sie am Sonntag?
10. Welches ist Ihr Lieblingstier?
11. Wie oft essen Sie am Tage?
12. Was gibt es jeden Tag im Haus zu machen?
13. Wann haben Sie Zeit zum Lesen (zum Briefeschreiben, zum Schlafen)?
14. Warum glauben Sie nicht alles, was Sie hören?
15. Was macht ein Zimmer hell?
16. Wo sieht man viele arme Leute?

17. Wo haben Sie im Sommer gewohnt?
18. Wer erlaubt Ihnen manchmal, sein Auto zu gebrauchen?
19. Wann sind Ihre Eltern meistens zu Hause?
20. Was hat sieben (dreißig oder einunddreißig, dreihundertfünfundsechzig) Tage?

Wortschatz

der Bahnhof, ⸚e	(railroad) station	die Blume, -n	flower
der Baum, ⸚e	tree	die Farbe, -n	color
der Besuch, -e	visit	die Gegenwart	present; presence
der Feiertag, -e	holiday	die Milch	milk
der Geburtstag, -e	birthday	die Seele, -n	soul
der Preis, -e	prize; price	die Stunde, -n	hour
der Rock, ⸚e	skirt; (man's) jacket	die Tasche, -n	pocket; purse
der Schatten, -	shadow, shade	die Vergangenheit	past
der Teufel, -	devil	die Zukunft	future
der Wein, -e	wine		

das Bier, -e	beer
das Gedicht, -e	poem
das Jahrhundert, -e	century
das Licht, -er	light
das Märchen, -	fairy tale

merken	to notice; to note	tanzen	to dance
setzen	to set, to place	wählen	to choose; to vote

brennen, brennt, brannte, hat gebrannt	to burn
erkennen, erkennt, erkannte, hat erkannt	to recognize
nennen, nennt, nannte, hat genannt	to name, to call
rennen, rennt, rannte, **ist** gerannt	to run
senden, sendet, sandte, hat gesandt	to send
wenden, wendet, wandte, hat gewandt	to turn

Prepositions with Genitive

anstatt, statt	instead of	während	during
trotz	in spite of	wegen	because of

Grammatik

A. PAST AND PERFECT TENSES OF MODALS AND IRREGULAR WEAK VERBS

1. Modal auxiliaries form their principal parts as regular weak verbs do except that **dürfen, können, mögen, müssen** lack the umlaut in the past tense and past participle. Note the change in spelling of **mögen.**

Innsbruck, Österreich

Infinitive	Present	Past	Present Perfect
dürfen	er darf	er durfte	er hat gedurft
können	er kann	er konnte	er hat gekonnt
mögen	er mag	er mochte	er hat gemocht
müssen	er muß	er mußte	er hat gemußt
sollen	er soll	er sollte	er hat gesollt
wollen	er will	er wollte	er hat gewollt

2. Irregular weak verbs form their principal parts as regular weak verbs do except that they undergo a stem vowel change in the past tense and past participle. Note the change in spelling of **bringen** and **denken**. **Senden** and **wenden** have regular weak forms also which are less often used.

Infinitive	Present	Past	Present Perfect
brennen	es brennt	es brannte	es hat gebrannt
kennen	er kennt	er kannte	er hat gekannt
nennen	er nennt	er nannte	er hat genannt
rennen	er rennt	er rannte	er **ist** gerannt*
senden	er sendet	er sandte (sendete)	er hat gesandt (gesendet)
wenden	er wendet	er wandte (wendete)	er hat gewandt (gewendet)
bringen	er bringt	er brachte	er hat gebracht
denken	er denkt	er dachte	er hat gedacht
haben	er hat	er hatte	er hat gehabt
wissen	er weiß	er wußte	er hat gewußt

ÜBUNG 1

Change sentence to past tense; then repeat, changing the subject each time.

Beispiel: Ich mag nicht warten. (du, wir, er)

Ich **mochte** nicht warten.   **Du mochtest** nicht warten.

Wir mochten nicht warten.   **Er mochte** nicht warten.

1. Ich darf hier stehenbleiben. (du, er, Sie)   2. Du willst schnell in die Stadt. [er, wir, sie (*she*)]   3. Er soll früh nach Hause. (wir, ich, ihr)   4. Sie können alles gut verstehen. [du, wir, sie (*she*)]   5. Ihr mögt viel reisen. (ich, wir, er)   6. Wir müssen ihn suchen. [du, ihr, sie (*they*)]

ÜBUNG 2

Change sentence to present perfect tense; then repeat, changing the subject each time.

Beispiel: Er wollte es. (wir, ich, Sie)

Er **hat** es **gewollt.**   **Wir haben** es **gewollt.**

Ich habe es **gewollt.**   **Sie haben** es **gewollt.**

1. Ich durfte das nicht. (er, wir, Sie)   2. Sie wollte nach Hause. (ich, er, Sie)
3. Du konntest alles. [er, ihr, sie (*they*)]   4. Wir mußten in die Stadt. (Sie, ich, er)
5. Mochtet ihr in die Schule? (wir, ihr, du)   6. Ich sollte bald fort. (er, wir, ihr)

ÜBUNG 3

Change sentence to past perfect tense; then repeat, changing the subject each time.

* See **C.** p. 158.

Beispiel: Ich dachte zu viel. (wir, du, er)

Ich **hatte** zu viel **gedacht.**   **Wir hatten** zu viel **gedacht.**
Du **hattest** zu viel **gedacht.**   **Er hatte** zu viel **gedacht.**

1. Ich brachte nichts mit. (er, wir, ihr)   2. Du wußtest alles. [ich, er, sie (*they*)]
3. Ihr dachtet an uns. (er, Sie, ich)   4. Wir kannten ihn gut. [ihr, sie (*she*) du]
5. Er sandte es durch die Post. (ich, du, Sie)   6. Sie nannten das Pferd „Elsa".
(wir, ihr, ich)   7. Sie hatte nie genug. (wir, ich, ihr)

ÜBUNG 4

Change to the past, present perfect, and past perfect tenses.

Beispiel: Er will immer alles.

Er **wollte** immer alles.
Er **hat** immer alles **gewollt.**
Er **hatte** immer alles **gewollt.**

1. Mein Sohn darf nicht, denn er soll nicht.   2. Ich kann, aber ich will nicht.
3. Du mußt, und du magst es gern.   4. Ich bringe nichts.   5. Du denkst immer
an sie.   6. Was weißt du von Krieg?   7. Niemand kennt ihn.   8. Das Haus
brennt.   9. Sie hat meine Tasche.   10. Er nennt seine Frau „Schatzi".

ÜBUNG 5

Express in German.

1. He was not supposed to.   2. She always liked to.   3. Never did he want to.
4. I had to.   5. You (**du**) weren't permitted to.   6. She wasn't able to.   7. Has
he been allowed to?   8. Have you (**Sie**) been supposed to?   9. Has she liked to?
10. I haven't been permitted to.   11. She had had to.   12. They have not been
able to.   13. The child had wanted to.   14. The merchant had been permitted to.
15. My friend had not been able to.   16. Had the farmer been supposed to?
17. The soldier had had to.   18. The king had never liked to.   19. He brought
her something.   20. They thought of me.   21. My father knew everything.
22. What has he been bringing home?   23. Have you (**du**) been thinking of her?
24. He hasn't known it.   25. I had brought nothing.   26. Why hadn't you (**Sie**)
known it?   27. The child ran quickly.   28. He knew everyone here.   29. The
castle burned.   30. He turned.   31. The parents sent a letter.   32. How long
have you known them?   33. What had he called (**nennen**) her?   34. The forest
had burned.   35. The horse ran away.

ÜBUNG 6

Schriftliche Übungen: See *Programmed Assignment Book*, p. 89, **A.**

B. PLURALS OF NOUNS (TYPES 3 AND 4)

1. Nouns of Type 3 add **-er** and an umlaut (if the stem vowel is **a, o, u,** or **au**) to form the plural. Many neuter nouns of one syllable are of this type.

Nouns of Type 3 in Chapters 1 through 14

das Bad, ̈er	das Haus, ̈er	das Lied, -er	das Volk, ̈er
das Bild, -er	das Kind, -er	der Mann, ̈er	der Wald, ̈er
das Buch, ̈er	das Kleid, -er*	das Schloß, -sses, ̈sser	das Wort, ̈er *or* -e
das Geld, -er	das Land, ̈er		
das Glas, ̈er	das Licht, -er		

ÜBUNG 7

These are all Type 3 nouns. Change each phrase to the plural.

1. das Bad, ihr Kind, mein Lied, solches Haus, dieses Buch   2. für das Kind, in jenen Wald, durch mein Haus, ohne solches Kleid, um dieses Schloß   3. das Licht in jenem Haus, mit solchem Bild, aus keinem Glas, von welchem Wald, nach seinem Lied   4. das Bild des Hauses, das Wort jenes Buches, mancher Wald dieses Landes, der Preis ihres Kleides, welches Buch deines Kindes

ÜBUNG 8

Repeat the following sentences changing the nouns in boldface to the plural. Be sure that the verb agrees with the subject.

1. **Das Bild** hat zu lange an der Wand gehangen.   2. **Dieses Buch** ist sehr dick.
3. **Solches Glas** bricht leicht.   4. **Welches Haus** brannte?   5. **Ihr Kind** hat gern Märchen gelesen.   6. **Mein Kleid** hat zu viel gekostet.   7. **Das Buch dieses Kindes** liegt auf dem Bett.   8. **Das Volk jenes Landes** hat wenig zu essen.   9. **Das Lied manches Volkes** muß man lieben.   10. **Das Licht des Schlosses** brannte lange.
11. **Welches Bild unseres Hauses** findest du schön?   12. Wir reiten gern **in dem Wald.**   13. **Aus jenem Glas** wollte sie nicht trinken.   14. **Mit seinem Lied** machte er uns glücklich.   15. Warum gabst du es **jenem Kind?**   16. Der Staat hat **kein Geld für das Schloß.**   17. Ich fand **das Licht** zu hell.   18. Du sollst **ihr Bild** bekommen.   19. Wir konnten **den Mann** nicht vergessen.   20. Singen Sie bitte **das Lied** noch einmal!

ÜBUNG 9

Schriftliche Übungen: See *Programmed Assignment Book*, p. 91, **B.a.**

2. Nouns of Type 4 add **-n, -en,** or **-nen,** but never an umlaut, to form the plural. Most feminine nouns are of this type.

* **die Kleider** (*dresses; clothes*)

a. Nouns of Type 4 which add **-n** or **-en** in Chapters 1 through 13:

die Antwort, -en	die Geschichte, -n	die Stunde, -n
die Arbeit, -en	die Karte, -n	die Tafel, -n
die Aufgabe, -n	die Kirche, -n	die Tante, -n
die Autobahn, -en	die Klasse, -n	die Tasche, -n
die Bahn, -en	die Minute, -n	die Tasse, -n
das Bett, -en*	die Pflicht, -en	die Tür, -en
die Blume, -n	**der** Professor, -en*	die Übung, -en
die Dame, -n	die Prüfung, -en	die Uhr, -en
die Ecke, -n	die Reise, -n	die Universität, -en
das Ende, -n	die Schule, -n	die Wahrheit, -en
die Farbe, -n	die Schwester, -n	die Welt, -en
die Familie, -n	die Seele, -n	die Woche, -n
die Feder, -n	die Sprache, -n	die Wohnung, -en
die Frage, -n	**der** Staat, -en*	die Zeit, -en
die Frau, -en	die Straße, -n	die Zeitung, -en

ÜBUNG 10

These are all Type 4 nouns. Change each phrase to the plural.

1. die Sprache, meine Arbeit, jener Staat, diese Geschichte, solche Universität
2. für diese Kirche, gegen seine Antwort, durch unsere Straße, ohne seine Feder,
um das Bett 3. in dieser Straße, mit der Karte, aus meiner Tasche, von unserer
Wohnung, seit dieser Zeit 4. die Tür dieser Schule, die Antwort der Frau,
manche Frage ihrer Tante, jene Pflicht unserer Schwester, solche Reise mancher
Familie

ÜBUNG 11

Repeat the following sentences changing the nouns in boldface to the plural.
Be sure verb agrees with subject.

1. **Seine Antwort** war leicht zu verstehen. 2. **Unsere Reise** hat uns glücklich
gemacht. 3. **Manche Frage** schien schwer zu sein. 4. **Diese Straße** führt in die
Stadt. 5. **Die Tür der Kirche** stand offen. 6. **Die Frage solcher Frau** hört er
nicht. 7. **Die Reise meiner Tante** scheint sehr interessant zu sein. 8. **Manche
Geschichte unserer Schwester** hatte ein trauriges Ende. 9. Mit **solcher Frage**
kommst du weit. 10. In **seiner Antwort** lag viel Wahrheit. 11. Wir hatten bei
der Schwester viel gegessen. 12. Nach **meiner Klasse** mußte ich nach Hause.
13. In **jener Woche** wurde er wieder reich. 14. Mit **welcher Familie** machst du
deine Reise? 15. Sie gab mir **diese Theaterkarte.** 16. Er kaufte **seine Uhr** in
jenem Geschäft. 17. Ich hatte nur eine (zwei) **Minute** Zeit. 18. **Die Farbe der
Blume** ist schön.

* For practical purposes these nouns have been classified here as Type 4.

ÜBUNG 12

Schriftliche Übungen: See *Programmed Assignment Book*, p. 91, **B.b.**

b. Nouns adding **-n** or **-en** in the singular add **-n** or **-en** to form the plural:

der Bauer, -n, -n	der Löwe, -n, -n	der Soldat, -en, -en
der Herr, -n, -en	der Mensch, -en, -en	der Student, -en, -en
der Junge, -n, -n		

ÜBUNG 13

Change each sentence to the plural.

1. Der Bauer fragt den Herrn.   2. Solcher Mensch wird nie Student.   3. Der Junge des Soldaten folgt dem Bauern.   4. Welcher Soldat wohnt dort?   5. Beobachtest du gern den Löwen im Zoo?

ÜBUNG 14

Change nouns in boldface to the plural. Change verb form accordingly.

1. **Kein Student** kennt **jenen Menschen.**   2. **Der Junge dieses Soldaten** antwortet **dem Herrn** nicht.   3. **Der Bauer** hatte noch nie **solchen Löwen** gesehen.   4. **Der Junge** glaubte **dem Soldaten** nie.   5. Natürlich liest **der Student** die Bücher **des Jungen** gern.

c. Feminine nouns with suffix **-in** (see p. 78) add **-nen** in the plural:

der Amerikaner, -	die Amerikanerin, die Amerikanerinnen
der Dichter, -	die Dichterin, die Dichterinnen
der König, -e	die Königin, die Königinnen

ÜBUNG 15

Form the feminine counterparts of the following nouns and then change the latter to the plural.

1. der Student, die _____, die _____   2. der Sänger   3. des Führers   4. mit dem Freund   5. für den Lehrer   6. ohne den Tennisspieler   7. des Autofahrers   8. jener Reiter

ÜBUNG 16

Express in German.

1. the girl student, two girl students, of the three girl students, from the four girl students, for the five girl students   2. the (woman) teacher, six teachers, the words of the seven teachers, with the ten teachers, without the four teachers   3. the

American (woman), these American (girls), of those American (women), from
which American (girls), against some American (girls)   4. the girl friend, such
girl friends, of my girl friends, besides his three girl friends, for her girl friends
5. a (woman) worker, these workers, of such workers, after which workers,
without those workers

ÜBUNG 17

Schriftliche Übungen: See *Programmed Assignment Book*, p. 91, **B.c,d,e.**

C. SEPARABLE PREFIXES **HIN-** AND **HER-**

The separable prefix **hin** indicates motion away from the speaker or scene of action.
It is often compounded with other prefixes but seldom translated into English.

hingehen	*to go (over there)*	Ich **gehe** nie **hin.**
hineingehen	*to go in (there)*	Wir **gehen** dort **hinein.**
hinausgehen	*to go out (there)*	Ihr könnt schnell **hinausgehen.**
hinunterspringen	*to jump down (there)*	Sie brauchen nicht **hinunterzuspringen.**

The separable prefix **her-** indicates motion toward the speaker or scene of action.
It is often compounded with other prefixes but seldom translated into English.

herkommen	*to come (here)*	Er **kommt** gern **her.**
hereinkommen	*to come out (here)*	Sie **kommt** nicht **herein.**
herauskommen	*to come out (here)*	Ich will wieder **herauskommen.**
herunterspringen	*to jump down (here)*	Sie versucht plötzlich **herunterzuspringen.**

ÜBUNG 18

a. Complete the sentence with **hin-** and translate.

1. Heute gehen wir zu Großmutter _____.   2. Dann springen die Kinder ins
Auto _____ ein.   3. Die Leute werfen alles auf die Straße _____ aus.
4. Warum steigt Fritz nicht auf den Felsen _____ auf?   5. Der Student mag
immer zu dem Mädchen _____ übersehen.

b. Complete with **her-** and translate.

1. Meine Freundin kam ins Zimmer _____ ein.   2. Das Glas fiel vom Tisch
_____ unter.   3. Amalia schaute zum Fenster _____ auf.   4. Sie kann sofort
_____ auskommen.   5. Der Vater rief zu uns _____ über.

ÜBUNG 19

Schriftliche Übungen: See *Programmed Assignment Book*, p. 93, **C.**

D. PREPOSITIONS WITH THE GENITIVE CASE

The genitive case is used after the following prepositions:

(an)statt *instead of*   während *during*
trotz   *in spite of*   wegen   *because of*

Während des Sommers fahren wir oft aufs Land.
During the summer we often drive to the country.

(In older literature and colloquially, these prepositions are sometimes used with the dative.)

ÜBUNG 20

Express each noun in German in the case required after the indicated preposition.

1. **statt**: the guest, the cake, the letter, the greeting, the bread, the picture, the trip, the family, the watch, the aunt   2. **trotz**: this poet, that friend, such advice, many a way, this song, which country, such a girl, this power, that language, many a city, every story   3. **wegen**: the cliff, our garden, his brother, her father, their child, your dress, his life, our ship, my duty, his work, their apartment   4. **während**: such service, the evening, this month, that winter, such a year, his life, which song, that minute, which work, her story

ÜBUNG 21

Schriftliche Übungen: See *Programmed Assignment Book*, p. 93, **D.**

Alltägliches

Zimmersuchen

Peter   Guten Tag! In der Zeitung steht, Sie haben ein Zimmer frei. Darf ich das Zimmer sehen?
Wirtin   Jawohl! Kommen Sie bitte herein! Ich hole den Schlüssel. Das Zimmer ist oben.
5 **Peter**   Gibt es einen Fahrstuhl?
Wirtin   Natürlich! Aber Sie sind doch jung und gesund!
Peter   Vielleicht breche ich ein Bein beim skilaufen.
Wirtin   Malen Sie nicht den Teufel an die Wand! Kommen Sie, hier ist das Zimmer!
10 **Peter**   Nicht schlecht. Privaten Eingang. Drei Fenster. Aber wo sind die Vorhänge?
Wirtin   Ich habe sie zur Reinigung gebracht. Sehen Sie— hier haben Sie ein Sofabett, einen großen Schreibtisch, einen kleinen Tisch, zwei Sessel, einen Schrank.

jawohl *yes indeed*
der Schlüssel *key*
oben *upstairs*
gesund *healthy*
das Bein *leg*
malen *to paint*
schlecht *bad*
der Eingang *entrance*
der Vorhang *drape*
die Reinigung *cleaners*
der Sessel *armchair*
der Schrank *closet*

15	**Peter** Ich bin Mediziner und muß viel arbeiten. Ich brauche gutes Licht. Die Stehlampe dort ist kaputt.	brauchen *to need*
	Wirtin Ach was! Sie steht nur schief.	schief *crooked*
	Peter In der Annonce steht mit Küche und Bad. Wo sind sie?	die Küche *kitchen* das Bad *bathroom*
20	**Wirtin** Das Bad ist am Ende des Ganges, die Küche nebenan. Sie müssen Bad und Küche mit zwei Menschen teilen.	der Gang *hallway* nebenan *next door* teilen *to share*
	Peter Wer sind die zwei?	
25	**Wirtin** Eine junge Sekretärin und ein Sportlehrer. Sie sind nicht oft zu Hause.	
	Peter Das ist nett. Und das Bad ist groß und hell, hat auch Wanne und Dusche. Gibt es immer genug heißes Wasser?	nett *nice* die Wanne *tub* die Dusche *shower* heiß *hot*

30	**Wirtin** Klar! Aber alle dürfen nicht hintereinander baden. Die Küche ist modern, wie Sie sehen; da ist der Kühlschrank und der elektrische Herd. Jeder muß aufräumen, abwaschen, und wegstellen.	hintereinander
		  one-after-the-other
		der Herd *stove*
		auf/räumen *to clean up*
		sauber machen *to do the
		  cleaning*

	Peter Wer macht sauber?	
35	**Wirtin** Ich komme einmal die Woche. Dafür bezahlen Sie 25 Mark im Monat extra.	bezahlen *to pay*
	Peter Wievel kostet das Zimmer?	
	Wirtin Ja, alles ist heute teuer. Ich muß schon 145 Mark bekommen. Im Winter kommen noch 25 Mark für Heizung.	teuer *expensive* die Heizung *heat*
40	**Peter** Sagen Sie mir, ist die Sekretärin hübsch?	hübsch *pretty*
	Wirtin Ja. Sie ist zwanzig und sehr niedlich.	niedlich *cute*
	Peter Gut! Ich nehme das Zimmer. Wann kann ich kommen?	
	Wirtin Sagen wir, morgen nachmittag ab halb fünf?	ab *after*
45	**Peter** Sehr gut. Morgen ist Freitag, und ich habe das Wochenende frei.	
	Wirtin Sie kommen auch gerade recht, denn Samstag feiern die kleine Sekretärin und der Sportlehrer die Verlobung.	gerade *just* feiern *to celebrate* die Verlobung *engagement*
50	**Peter** Waaaaas! Wie traurig!	

Aufsatzthemen

Write a few lines on one of the following topics.

1. Die Tiere im Zoo
2. Weihnachten zu Hause
3. Musik in meinem Leben
4. Eine Fabel
5. Ein Gespräch zwischen dem Sultan und Nathan

WIEDERHOLUNG

Kapitel 13. Preparation for tests. See *Programmed Assignment Book*, p. 95.

PRÜFUNG 1 ODER 2

Kapitel 13. See Instructor.

Kapitel

14

Fragen

1. Wann haben Sie Zeit zum Lernen (zum Lesen, zum Ausgehen, zum Reisen, zum Kartenspielen)?
2. Was gibt es in einem Garten?
3. Lesen Sie gern über die Vergangenheit, die Gegenwart oder die Zukunft? Warum?
4. Nennen Sie ein deutsches Gedicht!
5. Welches Märchen erzählt von einem Mädchen und einem Wolf?
6. Was ist das Gegenteil von: arm, viel, spät, schwer, oft, erst, allein, lachen, laut, wichtig?
7. Welche Farbe ist Ihre Lieblingsfarbe?
8. Welche ist Ihre Lieblingsblume?
9. Was hat eine Frau fast immer in der Tasche?
10. Wie sieht der Student (die Studentin) neben Ihnen (vor Ihnen, hinter Ihnen) aus?
11. Was trinkt ein Baby?
12. Was hat sechzig Minuten?

Wortschatz

beide	*both; two*		lange	*for a long time*
dick	*fat; thick*		schwarz	*black*
dünn	*thin*		tief	*deep*
fertig	*ready, finished*		weiß	*white*
früher	*formerly*		weiter	*further*
her	*here (toward speaker)*		woher	*from where, whence*
hin	*there (away from speaker)*			

Strong Verbs

gewinnen, gewinnt, gewann, hat gewonnen	*to win*
leiden, leidet, litt, hat gelitten	*to suffer*
nehmen, nimmt, nahm, hat genommen	*to take*
schwimmen, schwimmt, schwamm, **ist** geschwommen	*to swim*
verlieren, verliert, verlor, hat verloren	*to lose*

Useful Expressions and Idioms

am Abend, am Morgen   *in the evening, in the morning*
Er bleibt am Abend zu Hause.   *He is staying home in the evening.*

heute abend, heute morgen   *this evening, this morning*
Heute morgen habe ich ihn gefragt.   *This morning I asked him.*

auf einmal   *suddenly*
An der Ecke blieb er auf einmal stehen.   *At the corner he suddenly stopped.*

zum ersten Mal, zum letzten Mal   *for the first time, for the last time*
Ich frage dich zum letzten Mal.   *I am asking you for the last time.*

statt* . . . zu + *inf.*   *instead of . . .*
Das Kind lachte, statt (anstatt) zu weinen.   *The child was laughing instead of crying.*

ohne . . . zu + *inf.*   *without . . .*
Er ging, ohne uns zu grüßen.   *He left without greeting us.*

um . . . zu + *inf.*   *in order to . . .*
Wir arbeiten, um besser leben zu können.   *We work in order to be able to live better.*

Grammatik

A. PAST TENSE OF STRONG VERBS

Verbs that change the stem vowel in the past tense and past participle are classified as *strong verbs*. The best way to learn each German strong verb is by memorizing

---

* **Anstatt** is a variant form and used interchangeably with **statt.**

its principal parts (infinitive, 3rd pers. sing. present, 3rd pers. sing. past, 3rd pers. sing. present perfect): **sehen, er sieht, er sah, er hat gesehen.** The strong verbs in this text through the current chapter are listed in groups on page 159 according to the vowel change pattern. A complete list of all strong verbs in this text is found in the Appendix, pp. 424–426.

1. Formation of past tense of strong verbs
stem with vowel change (sometimes with slight variation in spelling) + ‾

- -(e)st
- -
- -en
- -(e)t
- -en

sehen (*to see*)		**finden** (*to find*)	
ich sah		ich fand	
du sahst		du fandest	
er sah	*saw, was (were) seeing,*	er fand	*found, was (were) finding,*
wir sahen	*did see*	wir fanden	*did find*
ihr saht		ihr fandet	
sie sahen		sie fanden	
Sie sahen		Sie fanden	

Beispiel: Ich blieb gestern abend zu Hause.   *I stayed home last night.*
Du fielst vom Stuhl.   *You fell from the chair.*
Wir trugen alles ins Haus.   *We carried everything into the house.*

2. Past tense of **sein** (*to be*) and **werden** (*to become*)

ich war		ich wurde	
du warst		du wurdest	
er war	*was, were,*	er wurde	*became, was (were) becoming,*
wir waren	*was (were) being*	wir wurden	*did become*
ihr wart		ihr wurdet	
sie waren		sie wurden	
Sie waren		Sie wurden	

ÜBUNG 1

Refer to the list of strong verbs, p. 159.

Group 1

a. Express the following in the past tense.

1. Ich beschreibe.   2. Ich steige.   3. Ich schreibe.   4. Ich leide.   5. Ich bleibe.
6. Du reitest.   7. Du beschreibst.   8. Du steigst.   9. Du leidest.   10. Du bleibst.

11. Er schreibt.   12. Er reitet.   13. Sie bleibt.   14. Es scheint.   15. Er beschreibt.   16. Er leidet.   17. Sie steigt.   18. Wir schreiben.   19. Ihr bleibt. 20. Sie leiden.   21. Wir steigen.   22. Ihr scheint.   23. Sie beschreiben. 24. Wer schreibt?   25. Jeder steigt.   26. Ich bleibe.   27. Helga leidet. 28. Er und ich leiden.   29. Ihr beschreibt.   30. Die Leute bleiben.

b. Express in German.

1. He wrote.   2. They were climbing.   3. Who stayed?   4. I was suffering. 5. She described her house.   6. You didn't write a word.   7. They rode often. 8. The sun was shining.   9. We didn't describe everything.   10. I liked to stay at home.

Groups 2, 3

a. Express in the past tense.

1. Er verliert.   2. Es fließt.   3. Wir verlieren.   4. Das Wasser fließt.   5. Es beginnt bald.   6. Mein Bruder findet es.   7. Die Leute gewinnen leicht. 8. Wer trinkt den Wein?   9. Das Geld verschwindet schnell.   10. Alle schwimmen im Sommer.   11. Das Mädchen singt Lieder.   12. Sie springen aus dem Bett. 13. Wir finden die Aufgabe leicht.   14. Du und er singen viel.   15. Wer schwimmt gut?   16. Niemand gewinnt einen Preis.   17. Das Tier verschwindet schnell.   18. Was trinken sie?

b. Express in German.

1. I really sang well.   2. What did you lose?   3. Water flowed into the street. 4. We jumped out of the bed.   5. Who won?   6. They swam well.   7. Then they sang a song.   8. Who drank my coffee?   9. Yesterday she found her notebook. 10. When did the money disappear?   11. The class always began early.   12. Who was singing so loudly?   13. No, we didn't find your ticket.   14. At six thirty I jumped up.   15. Unfortunately I didn't win. I lost.

Group 4

a. Express in the past tense.

1. Ich helfe gern.   2. Sie wirft es weg.   3. Ihr sprecht zu laut.   4. Wer stirbt? 5. Du nimmst zu viel.   6. Ihr helft oft.   7. Wir sterben.   8. Du und ich werfen nichts.   9. Er und sie nehmen das Brot.   10. Die Mutter spricht mit uns. 11. Monika nimmt ein Stück Kuchen.   12. Mein Freund hilft ihnen nicht. 13. Dann stirbt der Löwe im Zoo.   14. Der Junge wirft sehr weit.   15. Ihr Bruder spricht auch Polnisch.

b. Express in German.

1. Who was throwing a piece of chalk?   2. Naturally they helped us. 3. Yesterday she took my car.   4. How did your uncle die?   5. Then I spoke with the poet.   6. Why didn't he help her?   7. Unfortunately you spoke too

softly.   8. Did the child throw the paper away?   9. Our favorite cat (**die Katze**) died.   10. Mr. Hesse was always helping me.

Group 5

a. Express in the past tense.

1. Ich besitze nichts.   2. Der Kaufmann vergißt alles.   3. Die Dame bittet.
4. Die Lehrer essen um ein Uhr.   5. Wer gibt ihm Rat?   6. Die Mädchen lesen nicht gern.   7. Da liegt das Buch.   8. Der Freund sieht durchs Fenster.   9. Der Gast sitzt am Tisch.   10. Das Kind liest diese Geschichte.   11. Du vergißt nichts.
12. Ihr seht alles klar.   13. Alle lesen die Aufgabe.   14. Ich esse wenig.
15. Ihr besitzt ein Haus.   16. Wir liegen in der Sonne.

b. Express in German.

1. Who owned the farm?   2. We gave them nothing.   3. Why didn't you ask to stay?   4. They read your story.   5. Unfortunately, I forgot to bring you a glass of water.   6. Did they see your picture?   7. Her hat lay on a chair.
8. Yesterday the child ate nothing.   9. There was much to do in the house.
10. We sat in the shade.   11. My family owned two cars.   12. The girls were always reading.

Groups 6, 7

a. Express in the past tense.

1. Wir erfahren nichts von ihnen.   2. Der Junge trägt einen Hut.   3. Du fährst sein Auto.   4. Sie erfährt wenig.   5. Wir fahren in den Wald.   6. Sie tragen Mäntel.   7. Das Glas fällt vom Tisch.   8. Wir schlafen zu lange.   9. Das Bild hängt lange da.   10. Der Richter ruft seinen Freund.   11. Das Mädchen heißt Marie.   12. Ihr lauft durch den Schnee.   13. Sie lassen uns nicht gehen.
14. Wer fällt vom Baum?   15. Wir hängen an jedes Wort.   16. Ihr ruft viel zu leise.   17. Ich lasse euch lange schlafen.   18. Das Auto läuft gut.

b. Express in German.

1. We found out everything.   2. They let us know.   3. What fell?   4. The lady wore a hat.   5. Why didn't you walk?   6. I called loudly.   7. What was her name? (*literally,* "How was she called?")   8. Then we drove home.   9. Did he sleep in the garden?   10. A picture was hanging on the wall.   11. Did you call?
12. She was carrying a package (**das Paket**).   13. I didn't fall.   14. How did he find it out?   15. We were driving too fast.   16. My parents didn't let us walk.

Irregulars

a. Express in the past tense.

1. Er wird müde.   2. Du verstehst nichts.   3. Wir bekommen einen Preis.
4. Sie geht in die Stadt.   5. Er tut nichts.   6. Der Winter kommt früh dieses Jahr.

7. Ihr seid sehr freundlich.   8. Alle stehen um den Tisch.   9. Wir werden alt.
10. Jener Soldat kommt.   11. Welches Fräulein ist da?   12. Meine Schwester
bekommt Geld, und es geht ihr gut.

b. Express in German.

1. Our friends didn't understand.   2. Who came late?   3. Did the weather get
cold?   4. They went home early.   5. Yesterday she did nothing.   6. Did you get
your prize?   7. Then we stood in a corner.   8. Today she was not very friendly.
9. Unfortunately he understood nothing.   10. My friends didn't come until eight
thirty.   11. Their parents were getting tired.   12. What did you do with the essay?
13. I was standing beside her.   14. Those people really didn't understand.

ÜBUNG 2

Repeat the following sentences changing the present tense to the past tense.
The necessary vowel change is indicated.

Beispiele: **(ie)** Er schreibt ihr oft.
     Er **schrieb** ihr oft.

     (a) Das Kind springt ins Wasser.
     Das Kind **sprang** ins Wasser.

1. **(ie)** Ich beschreibe den Garten.   2. **(ie)** Du bleibst gern zu Hause.   3. **(ie)** Die
Sonne scheint hell.   4. **(ie)** Er schreibt ihnen manchmal.   5. **(ie)** Der Junge steigt
durchs Fenster.   6. **(i)** Wer reitet so schnell?   7. **(i)** Wir leiden im Winter.
8. **(o)** Das Wasser fließt in den Ozean.   9. **(o)** Sie verliert den Mut.   10. **(a)** Er
beginnt zu lesen.   11. **(a)** Wir finden es schön.   12. **(a)** Jeder gewinnt einen Preis.
13. **(a)** Das Kind singt ein Lied.   14. **(a)** Ich trinke gern kalte Milch.   15. **(a)** Das
Pferd verschwindet im Wald.   16. **(a)** Sie hilft der Mutter.   17. **(a)** Wer spricht
so laut?   18. **(a)** Das Tier stirbt im Zoo.   19. **(a)** Du nimmst nichts mit.
20. **(a)** Mein Bruder wirft den Ball.   21. **(a)** Sie besitzt einen schönen Ring.
22. **(a)** Er bittet um ein Glas Wasser.   23. **(a)** Wir essen zu viel.   24. **(a)** Wer
gibt ihm Rat?   25. **(a)** Der Schüler liest gar nichts.   26. **(a)** Sein Hut liegt auf
dem Bett.   27. **(a)** Ich sehe etwas dort.   28. **(a)** Theo sitzt neben ihr.
29. **(a)** Vergißt sie zurückzukommen?   30. **(u)** Meine Eltern erfahren es schon.
31. **(u)** Wir fahren aufs Land.   32. **(u)** Sie trägt ein neues Kleid.   33. **(i)** Ein
Bild hängt an der Wand.   34. **(ie)** Er heißt Ralf.   35. **(ie)** Du läßt uns allein.
36. **(ie)** Er läuft um die Ecke.   37. **(ie)** Jeder ruft den Briefträger.   38. **(ie)** Schläfst
du gut?   39. **(a)** Der Winter kommt dieses Jahr sehr früh.   40. **(a)** Ich bekomme
eine neue Uhr.   41. **(a)** Er steht lange an der Tür.   42. **(a)** Sie tut viel für ihren
Vater.   43. **(a)** Der Student versteht wenig.   44. **(u)** Es wird spät.

ÜBUNG 3

Schriftliche Übungen: See *Programmed Assignment Book*, p. 99, A.

B. PERFECT TENSES OF STRONG VERBS

1.   The *past participle* of strong verbs is formed like that of weak verbs except for the following changes:

Stem: usually with vowel change; sometimes slight change in spelling
Ending: **-en** instead of **-(e)t.**

ge- + stem + **-en**
      (usually with vowel change;
      sometimes with slight change in spelling)

Beispiel:	Er hat seiner Familie geschrieben.	*He has written his family.*
	Ihr habt sehr laut gesungen.	*You sang very loudly.*
	Ich habe alles gelesen.	*I have read everything.*

Verbs beginning with the prefixes **be-, emp-, ent-, er-, ge-, ver-, zer-,** have no participial **ge-.**

trinken	**getrunken**	lesen	**gelesen**
leiden	**gelitten**	verlieren	**verloren**

2.   The present perfect and past perfect tenses of strong verbs are formed just as in the case of weak verbs.

Sie **hat** das Lied schon zweimal **gesungen.**
She has sung the song twice already.

Der Amerikaner **hatte** uns die Stadt **beschrieben.**
The American had described the city to us.

C. USE OF **SEIN** TO FORM PERFECT TENSES

Most verbs are conjugated in the present perfect and past perfect tenses with the auxiliary **haben.**
      Verbs taking no accusative object (intransitive verbs) and indicating a change of position or condition are conjugated with the auxiliary **sein.**
Note: **Bleiben** and **sein** are also conjugated with **sein** in the perfect tenses, although they show no change of position or condition.

springen (*to jump*)   **fahren** (*to drive*)

Present Perfect		**Past Perfect**	
ich bin gesprungen		war gefahren	
du bist gesprungen		warst gefahren	
er ist gesprungen	*have (has) jumped,*	war gefahren	*had driven, had*
wir sind gesprungen	*have (has) been*	waren gefahren	*been driving*
ihr seid gesprungen	*jumping, jumped*	wart gefahren	
sie sind gesprungen		waren gefahren	
Sie sind gesprungen		waren gefahren	

Ich **bin** ins Wasser **gefallen.**	*I fell into the water.*
Er **war** schon **gestorben.**	*He had already died.*
Sie **sind** lange hier **geblieben.**	*They have stayed here a long time.*
Sie **war** sehr krank **gewesen.**	*She had been very ill.*

The following verbs in Chapters 1 through 14 are conjugated with **sein:**

Weak Verbs	Strong Verbs				
folgen	bleiben	fließen	laufen	sein	sterben
reisen	fahren	gehen	reiten	springen	verschwinden
rennen	fallen	kommen	schwimmen	steigen	werden

D. STRONG VERBS IN VOWEL CHANGE GROUPS, CHAPTERS 1 THROUGH 14

Infinitive	Present	Past	Present Perfect
1. **beschreiben**	er beschreibt	er beschrieb	er hat beschrieben
bleiben	bleibt	blieb	**ist** geblieben
scheinen	scheint	schien	hat geschienen
schreiben	schreibt	schrieb	hat geschrieben
steigen	steigt	stieg	**ist** gestiegen
reiten	reitet	ritt	**ist** geritten
leiden	leidet	litt	hat gelitten
2. **fließen**	fließt	floß	**ist** geflossen
verlieren	verliert	verlor	hat verloren
3. **beginnen**	beginnt	begann	hat begonnen
finden	findet	fand	hat gefunden
gewinnen	gewinnt	gewann	hat gewonnen
schwimmen	schwimmt	schwamm	**ist** geschwommen
singen	singt	sang	hat gesungen
springen	springt	sprang	**ist** gesprungen
trinken	trinkt	trank	hat getrunken
verschwinden	verschwindet	verschwand	**ist** verschwunden
4. **helfen**	hilft	half	hat geholfen
nehmen	nimmt	nahm	hat genommen
sprechen	spricht	sprach	hat gesprochen
sterben	stirbt	starb	**ist** gestorben
werfen	wirft	warf	hat geworfen
5. **besitzen**	besitzt	besaß	hat besessen
bitten	bittet	bat	hat gebeten
essen	ißt	aß	hat gegessen
geben	gibt	gab	hat gegeben

lesen	liest	las	hat gelesen
liegen	liegt	lag	hat gelegen
sehen	sieht	sah	hat gesehen
sitzen	sitzt	saß	hat gesessen
vergessen	vergißt	vergaß	hat vergessen
6. **erfahren**	erfährt	erfuhr	hat erfahren
fahren	fährt	fuhr	**ist,** hat gefahren
tragen	trägt	trug	hat getragen
7. **fallen**	fällt	fiel	**ist** gefallen
hängen	hängt	hing	hat gehangen
heißen	heißt	hieß	hat geheißen
lassen	läßt	ließ	hat gelassen
laufen	läuft	lief	**ist** gelaufen
rufen	ruft	rief	hat gerufen
schlafen	schläft	schlief	hat geschlafen

IRREGULAR STRONG VERBS

bekommen	bekommt	bekam	hat bekommen
gehen	geht	ging	**ist** gegangen
kommen	kommt	kam	**ist** gekommen
sein	ist	war	**ist** gewesen
stehen	steht	stand	hat gestanden
tun	tut	tat	hat getan
verstehen	versteht	verstand	hat verstanden
werden	wird	wurde	**ist** geworden

ÜBUNG 4

Change the following verbs from the past tense to 1) the present perfect and 2) past perfect tenses.

a. Strong verbs conjugated with **haben:**

1. ich beschrieb, ich litt, ich verlor, ich begann, ich fand, ich gewann, ich sang.
2. du trankst, du halfst, du nahmst, du sprachst, du warfst.   3. er besaß, er bat, er aß, er gab, er las, sie lag, sie sah, sie saß, sie vergaß.   4. wir erfuhren, wir trugen, wir hingen, wir hießen, wir ließen.   5. ihr rieft, ihr schlieft, ihr bekamt. 6. sie standen, sie taten, sie verstanden, sie besaßen, sie baten, sie gaben, sie lasen, sie lagen.

b. Verbs conjugated with **sein:**

1. ich blieb, ich stieg, ich ritt, ich schwamm.   2. du sprangst, du verschwandest, du starbst, du fuhrst.   3. er fiel, er lief, er ging, er kam, sie war, sie wurde, sie

blieb, es floß.   4. wir stiegen, wir ritten, wir schwammen, wir sprangen, wir verschwanden.   5. ihr stiegt, ihr fuhrt, ihr fielt.   6. sie liefen, sie gingen, sie kamen, sie waren, sie wurden.   7. ich folgte, er reiste, sie rannten.

ÜBUNG 5

Repeat the following sentences changing the past tense of the verb to the present perfect. If there is a vowel change in the past participle, it is indicated. An asterisk (∗) denotes verbs taking **sein**.

Beispiel: (**u**) Er sprang* aus dem Fenster.
Er **ist** aus dem Fenster **gesprungen.**

1. Der Gast beschrieb die Stadt.   2. Die Schwester blieb* nicht lange.   3. Wer schrieb den Aufsatz?   4. Der Junge stieg* auf den Felsen.   5. Sie ritt* schnell in den Wald.   6. Sie litten im Krieg.   7. Das Wasser floß* durch die Straßen.   8. Ich verlor meine Uhr.   9. (**o**) Es begann zu regnen.   10. (**o**) Sie gewann nichts.   11. (**u**) Wer fand den Hut?   12. (**u**) Ich sang ein Lied.   13. (**u**) Er sprang* aus dem Fenster.   14. (**u**) Wir tranken Kaffee.   15. (**u**) Dann verschwand* die Sonne.   16. (**o**) Jeder half bei der Arbeit mit.   17. (**o**) Mein Vater nahm den Hut ab.   18. (**o**) Nie sprach sie so laut.   19. (**o**) Im Februar starb* sein Freund.   20. (**o**) Wer warf den Ball durchs Fenster?   21. (**e**) Meine Eltern besaßen einen Hof.   22. (**e**) Die Frau bat um Hilfe.   23. (**e**) Du aßest wenig.

ÜBUNG 6

Repeat the following sentences changing the past tense of the verb to the past perfect. A vowel change in the past participle is so indicated. An asterisk (∗) denotes verbs taking **sein**.

1. (**e**) Es gab viel zu tun.   2. (**e**) Nie las er so interessante Werke.   3. (**e**) Wo lag sein Heft?   4. (**e**) Ich sah jene Bilder zum ersten Mal.   5. (**e**) Lange saßen sie im Schatten.   6. (**e**) Nie vergaß sie seine Worte.   7. (**a**) Gestern erfuhren wir alles.   8. (**a**) Das Mädchen fuhr* nicht sehr schnell.   9. (**a**) Der Vater trug das Kind nach Hause.   10. (**a**) Eine Landkarte hing an der Wand.   11. (**a**) Sie ließ das Glas auf dem Tisch.   12. (**a**) Wir schliefen lange.   13. (**au**) Warum liefst* du fort?   14. (**ei**) Wie hieß der Film?   15. (**u**) Die Eltern riefen ihn.   16. (**o**) Was bekam sie zu essen?   17. (**o**) Wer kam* zu spät?   18. (**o**) Aus ihm wurde* ein großer Dichter.   19. (**a**) Sie gingen* schnell in die Stadt.   20. Leute standen an der Ecke.   21. Er tat alles für seine Familie.   22. Verstand sie den Brief?   23. (**a**) Fiel* er aus dem Fenster?

ÜBUNG 7

Express in German.

1. He was. He was helping. He didn't see.   2. I was. I was jumping. I didn't eat.   3. You were. You were running. You didn't fall.   4. She was. She was suffering.

She didn't ride.   5. Who was? Who was writing? Who didn't stay?   6. We were. We were beginning. We didn't lose.   7. They were. They were driving. They didn't carry it.   8. I have been. I have been calling. I have been reading.   9. Have you been there? Have you been sleeping? Have you been helping?   10. She has been. She has been wearing it. She has been sitting.   11. We had been. We had been forgetting. We had been throwing it.   12. You (**du**) had been. You had been singing. You had been losing.   13. They have been. They have been climbing. They have been staying.   14. I had been. I had been jumping. I had been running. 15. We have been. We have been following. We have been traveling.

ÜBUNG 8

Idioms. Express in German.

1. In the evening we usually stayed home.   2. Suddenly I was finished with my work.   3. For the first time, the boy won a prize.   4. We went to the store in order to buy bread.   5. She often read without understanding a word.   6. Why did you go home instead of visiting your uncle?   7. For the last time, her father sent her money.   8. Without knowing it, they gave us good advice.   9. Instead of buying a dress, my sister bought books with the money.   10. This morning he took my map in order to be able to find his way out of the city.   11. Why did they eat the cake without saying something?   12. Without knowing the man, we said „Hello".   13. In order to stay healthy one must eat and sleep enough. 14. Instead of being permitted to go, they had to work.

ÜBUNG 9

Schriftliche Übungen: See *Programmed Assignment Book*, p. 99, **B, C, D.**

Lesestück

Leben und Lernen in deutschsprachigen Ländern*

Wien, den 25. Oktober 19____

Lieber Fred!

    Dein langer Brief war wirklich sehr interessant, und ich danke Dir. Du hast gesagt, ich sollte auf Deutsch
5 antworten, und ich tue es gern. Ich will versuchen, einfach und klar zu schreiben. Im Goethe-Institut habe ich viel gelernt, aber ich schreibe jetzt nur kurze Sätze, denn Du sollst alles verstehen. Du hast so lange nichts von mir gehört, denn ich hatte sehr viel zu tun. Heute nachmittag

---

* The addresses of the agencies mentioned in this letter are to be found on p. 252.

10 regnet es; ich bleibe also im Studentenheim und schreibe   regnen *to rain*
Briefe.

Du weißt ja, ich wollte schon lange nach Deutschland.
Wir haben in unserer Schule eine Austauschschülerin aus   der Austausch *exchange*
Bayern gehabt, und wir hatten sie sehr gern. Sie war durch
15 den „American Field Service" bei uns. Später habe ich
auch viel Gutes über „Youth for Understanding" gehört.
Aber ich war noch nicht weit genug mit meinem Deutsch.
Im College habe ich dann mehr Deutsch gelernt, und nach
zwei Jahren wollte ich eine deutsche Universität besuchen.
20 Ich mußte ein amerikanisches College oder eine amerikanische Universität mit einem Überseeprogramm finden.
Alles hat geklappt. Weißt Du, Du kannst es auch so machen.   hat geklappt *worked out*
Es gibt fast 300 amerikanische Programme für Studenten
im Ausland, und mehr als 60 Colleges und Universitäten   das Ausland *abroad*
25 haben Programme in Deutschland, Österreich, und der
Schweiz. Andere Möglichkeiten für das Studium hier gibt
es auch. Vom nächsten deutschen Konsulat kannst Du ein
Büchlein bekommen: *Germany, A Directory for Teachers
and Students.*
30 Durch mein College war ich acht Wochen am Goethe-
Institut in Passau. Die Zeit in Passau war wunderbar.
Ich habe bei einer Familie gewohnt, und sie haben mich
praktisch adoptiert. Im Goethe-Institut habe ich viel
Deutsch gelernt, aber bei der Familie habe ich viel über
35 Land und Leute beobachtet. Die Familie Winkler wohnte   hübsch *pretty*
in einem hübschen Zweifamilienhaus mit kleinem Garten.   das Gymnasium *college*
Dr. Winkler lehrte an einem Gymnasium. Frau Winkler   *preparatory high school*
hat für die zwölfjährige Tochter Inge gesorgt und den
Haushalt geführt. Eine junge Frau kam einmal die Woche,
40 um mit der Hausarbeit zu helfen. Inge besuchte das Real-
gymnasium und lernte schon Latein, Französisch und
Englisch. Ich habe wenig Englisch geredet, denn die Familie
wußte, ich war da, um Deutsch zu lernen. Dr. Winkler
45 aber konnte sehr gut Englisch. Alle Nachbarn, Bekannten
und Freunde hatten großen Respekt vor Dr. Winkler, denn
er war Akademiker, und das bedeutet mehr als reich zu sein.   bedeuten *to mean*
Bei Winklers hatte ich ein sonniges, sauberes, modernes   mehr als *more than*
Zimmer. Ich habe mit Inge ein Bad geteilt. Mein Bett war   sauber *clean*
50 komisch; die Matratze hatte drei Teile und ein Keilkissen.   teilen *to share*
Bei schönem Wetter hat man die Federdecken zum Fenster   der Teil *part*
hinausgelegt. Sie waren viel zu warm im Sommer. Frau   das Keilkissen
Winkler hatte eine Waschmaschine, aber keinen Trockner.   *wedge-shaped bolster*
Beim Regenwetter war es oft sehr schwer, die Wäsche zu   die Decke *cover*
55 trocknen.   der Trockner *drier*

Passau

Wir haben im Goethe-Institut gefrühstückt, aber die
Familie Winkler wollte Sonntags mit mir frühstücken:
ein weichgekochtes Ei, zwei Brötchen mit Butter und
Marmelade, und Kaffee. Man sagte immer „Guten
60 Appetit". Morgens und abends haben die Eltern mir
immer die Hand gereicht.

Für das Mittagessen hatten wir vom Goethe-Institut
Marken, und wir haben uns alle ins Restaurant gesetzt.
Dort haben die meisten Studenten Suppe, Fleisch, Salat,
65 Kartoffeln, Gemüse und Nachtisch gegessen, denn es ist

weichgekocht *soft-boiled*
das Ei *egg*
das Brötchen *roll*
die Hand reichen *to shake
hands*
die Marke *coupon*
das Fleisch *meat*
die Kartoffel *potato*
das Gemüse *vegetable*
der Nachtisch *dessert*

die große Mahlzeit des Tages. Ich konnte nie so viel essen. | die Mahlzeit *meal*
Um vier habe ich zu Hause eine Tasse Kaffee und ein
Stück Kuchen gehabt. Frau Winkler hat immer Kaffee- | die Bohne *bean*
bohnen gekauft und hat sie frisch gemahlen. Die Nach- | mahlen *to grind*
70 mittagskaffeestunde ist eine feine Sitte, denke ich. | die Sitte *custom*

Das Abendessen hatte ich oft bei Winklers. Es war
einfach: Schinken, Wurst, Käse, Tomaten, Schwarzbrot | der Schinken *ham*
oder Pumpernickel, Tee oder ein Glas Bier oder Wein. Vor | die Wurst *sausage*
dem Essen haben wir nie Alkohol gehabt. Auch Inge durfte | der Käse *cheese*
75 am Sonntag etwas Bier oder Wein zum Essen trinken.
Inge hat über meine Art zu essen gelächelt, denn sie alle | lächeln *to smile*
hatten immer die Gabel in der linken Hand, das Messer | die Gabel *fork*
in der rechten. Inge mußte immer die linke Hand auf dem | das Messer *knife*
Tisch haben; meine linke Hand habe ich oft aufs Knie
80 gelegt. Aber in Deutschland macht man das nicht. Bei
schönem Wetter haben wir im Garten gegessen.

Winklers hatten wenige, nur vier oder fünf sehr intime
Familienfreunde. Inge hat sie mit „Tante" oder „Onkel"
angeredet. An Sonntagen, Feiertagen und Geburtstagen
85 haben Verwandte und Freunde die Familie besucht. Sie | Verwandte *relatives*
haben meistens Blumen, Schokolade, oder eine Flasche
Wein mitgebracht.

Inge mußte auch am Samstag in die Schule gehen, also
war Sonntag der Familientag. Nach der Kirche haben
90 Vater, Mutter und Inge meistens einen Ausflug gemacht. | der Ausflug *outing*
Ich bin manchmal mitgegangen. Wir mußten mit dem Auto
ein Stückchen fahren, dann sind wir zu Fuß gewandert. | zu Fuß *on foot*
Unterwegs haben wir ein kleines Wirtshaus gesucht, und | das Wirtshaus *inn*
wir konnten dort im Freien essen. Oft waren alle Tische | im Freien *outdoors*
95 besetzt, aber einige Stühle waren noch frei. Dr. Winkler | besetzt *occupied*
hat dann gefragt: „Sind diese Plätze frei?" Und wir haben
uns zu den Leuten an den Tisch gesetzt. Wir sagten dann
immer „Guten Tag" und „Mahlzeit". Dr. Winkler hat den | „Mahlzeit" (*greeting at*
Kellner mit „Herr Ober" und die Kellnerin mit „Fräulein" | *mealtime*)
100 angeredet. Ich wollte gern ein Glas Wasser, aber der Kellner | der Kellner *waiter*
brachte mir eine Flasche Mineralwasser! Nach dem Essen
rechnete der Kellner alles zusammen, mit Mehrwertsteuer | zusammen/rechnen *to*
und Bedienung, aber Dr. Winkler legte doch ein Trinkgeld | *add up*
auf den Tisch. Ich war gern in den Gartenrestaurants. | die Mehrwertsteuer
 | *value-added tax*
 | das Trinkgeld *tip*
105 Mit Dr. Winkler Auto zu fahren war aber nicht sehr
angenehm. Er hatte einen Mercedes und glaubte, sehr
schnell fahren zu müssen. Auf den Landstraßen muß man | die Landstraße *highway*
oft überholen, und das ist manchmal sehr gefährlich. | überholen *to pass*
Zuhause war Dr. Winkler immer freundlich, aber im Auto | gefährlich *dangerous*

110 hat er sehr über die anderen Fahrer geschimpft. Frau
Winkler wollte ihren Führerschein machen und mußte drei
Monate zu einer Fahrschule gehen. Die Schule hat sehr
viel gekostet, und die Prüfung war sehr schwer; sie ist
durchgefallen. Nun muß sie wieder versuchen.

115   Inge hat mir viel von ihrer Schule erzählt. Die Lehrer
sind zum größten Teil Männer und wollen respektvolle
Distanz. Einmal im Jahr macht die Klasse eine zehn- oder
zwölftägige Reise in die Berge zum Skilaufen, oder sie
fahren ins Ausland. Die Schule ist nicht leicht, und Inge
120 muß gute Zeugnisse bekommen, denn sie will später auf
die Universität.

    Ich habe im Goethe-Institut andere ausländische
Studenten kennengelernt. Wir haben Studentenkarten fürs
Theater und Konzert billig gekauft. Wir hörten auch wun-
125 derbare Orgelkonzerte im herrlichen Passauer Dom. Diese
alte Orgel soll die größte Orgel der Welt sein, und ich habe
bis jetzt nie gewußt, wie großartig solch ein Instrument
klingt. Auch besuchte ich mit den anderen Studenten öfters
abends die vielen Gasthäuser, und wir haben dort bis
130 Mitternacht gesessen und deutsche Lieder gesungen.
Manchmal waren wir auch im Freibad, denn das Wetter
war oft heiß.

    Lieber Fred, dieser Brief ist viel zu lang! Deine weiteren
Fragen: Wie kann man mit wenig Geld reisen? Wie kann
135 man einen „Job" in Deutschland bekommen? Was mache
ich mit meinem Deutsch nach dem College?—Diese Fragen
beantworte ich im nächsten Brief.

    O je! Ich muß jetzt schnell zur Post, sonst bekommst
Du den Brief erst zu Weihnachten. Morgen ist Samstag,
140 und ab zwölf Uhr sind alle Geschäfte, inklusive Postamt,
geschlossen.

    Grüße bitte alle Freunde auf der Uni! Bleibe gesund
und lerne fleißig Deutsch, sonst schreibe ich den nächsten
Brief auf Englisch. Schreibe bald!

Herzlichst
Deine
Susan

schimpfen *to scold*
der Führerschein *driver's license*

durch/fallen *to fail*

der Berg *mountain*

das Zeugnis *report card*

ausländisch *foreign*
kennen/lernen *to become acquainted with*
billig *cheap*
die Orgel *organ*

klingen *to sound*

sonst *otherwise*

geschlossen *closed*

WIEDERHOLUNG

Kapitel 14. Preparation for tests. See *Programmed Assignment Book*, p. 103.

PRÜFUNG 1 ODER 2

Kapitel 14. See Instructor.

Kapitel

15

Fragen

1. Wie viele Minuten hat eine Stunde?
2. Wie viele Stunden hat ein Tag?
3. Wie viele Tage hat eine Woche?
4. Wie viele Wochen hat ein Jahr?
5. Wie viele Jahre hat ein Jahrhundert?
6. Was brachten Sie gestern in die Klassenstunde mit?
7. Was kann man nicht tun, ohne den Mund (*mouth*) zu öffnen?
8. Was tun Sie manchmal, anstatt zu lernen?
9. Was muß man haben, um etwas zu schreiben (um zu fahren; um etwas kaufen zu können; um zu wissen, wie spät es ist)?
10. Was haben Sie in der Tasche?
11. Baden Sie am Morgen oder am Abend?
12. Wo sind Sie zum ersten Mal in die Schule gegangen?
13. Wann waren Sie zum letzten Mal im Theater oder in einem Konzert?
14. Was machen Sie oft während des Sommers (des Winters; des Tages)?
15. Wie oft haben Sie einen Autounfall (*accident*) gehabt (ein Haus gekauft; eine Reise nach Europa gemacht; eine Operation gehabt)?

Einkaufsstraße in Köln

16. Wo dürfen Sie Wein trinken, und wo dürfen Sie Wein kaufen?
17. Wohin kann man gehen, um allein zu sein?
18. Was ist das Gegenteil (*opposite*) von „weiß", „dünn", „früher", „der Arbeitstag"?
19. Was machen Sie, um Geld zu bekommen?
20. Was schreibt man am Ende eines Briefes?

Wortschatz

der Arm, -e	*arm*	die Bibliothek, -en	*library*
der Erfolg, -e	*success*	die Freude, -n	*joy, pleasure*
der Frühling, -e	*spring*	die Gefahr, -en	*danger*
der Geist, -er	*spirit ; mind*	die Jahreszeit, -en	*season*
der Herbst, -e	*fall, autumn*	die Jugend	*young people, youth*

der Kopf, ⸚e	*head*	die Liebe	*love*
der Nachbar, -n, -n	*neighbor*	die Mitte	*middle*
der Spaziergang, ⸚e	*walk, stroll*	die Nacht, ⸚e	*night*
der Sturm, ⸚e	*storm*	die Not, ⸚e	*need, distress*
der Wunsch, ⸚e	*wish*	die Stimme, -n	*voice*

das Auge, -n	*eye*
das Bein, -e	*leg*
das Gesicht, -er	*face*
das Herz, -ens,* -en	*heart*
das Leid, -en	*sorrow; harm*
das Tuch, ⸚er	*cloth, scarf; towel*

bedeuten	*to mean, to signify*	sorgen	*to care*
brauchen	*to need*	wiederholen†	*to repeat,*
fühlen	*to feel*		*to review*
kennen/lernen	*to become acquainted with*	wünschen	*to wish*

aus/sehen, sieht aus, sah aus, hat ausgesehen — *to look (like)*

an/rufen, ruft an, rief an, hat angerufen — *to call up (on the telephone)*

brechen, bricht, brach, hat gebrochen — *to break*

erscheinen, erscheint, erschien, **ist** erschienen — *to appear*

fliegen, fliegt, flog, **ist** geflogen — *to fly*

schießen, schießt, schoß, hat geschossen — *to shoot*

schlagen, schlägt, schlug, hat geschlagen — *to beat, to strike*

spazieren/gehen, geht spazieren, ging spazieren, **ist** spazierengegangen — *to take a walk, to stroll*

stehen/bleiben, bleibt stehen, blieb stehen, **ist** stehengeblieben — *to stop, to stand still*

treffen, trifft, traf, hat getroffen — *to meet; to hit (target)*

zerbrechen, zerbricht, zerbrach, hat zerbrochen — *to break to pieces*

Subordinating Conjunctions

als	*when*	nachdem	*after*
bevor	*before*	ob	*if, whether*
bis	*until*	obgleich, obwohl	*although*
da	*since, because*	seit, seitdem	*since (temporal)*
damit	*so that, in order that*	während	*while*
daß	*that*	weil	*because*
ehe	*before*	wenn	*when, whenever, if*

Irreg. sing.: das Herz, das Herz, dem Her**zen**, des Her**zens**.

† See Variable Prefixes, Appendix III. C., pp. 435–436.

Grammatik

A. DEPENDENT CLAUSES INTRODUCED
BY SUBORDINATING CONJUNCTIONS

1.   Subordinating conjunctions join an independent and a dependent clause. For the most common subordinating conjunctions in German see the vocabulary section above.

2.   In clauses introduced by subordinating conjunctions, the conjugated verb (the form of the verb which has the personal ending) stands at the end.

Er konnte es nicht kaufen, **da** er kein Geld **hatte.**
He couldn't buy it, since he had no money.

Sie wußte, **daß** er gestern zu Hause geblieben **war.**
She knew that he had stayed home yesterday.

ÜBUNG 1

Connect the sentences by using the indicated subordinating conjunction, changing the word order of the dependent clause. Translate.

Beispiel: Er tut gar nichts. (seitdem) Seine Frau arbeitet so viel.

Er tut gar nichts, **seitdem seine Frau so viel arbeitet.**

1. Ich schrieb ihm viele Briefe. (da) Er war in England sehr einsam.   2. Sie schickte beide Kleider zurück. (weil) Sie kosteten zu viel.   3. Meine Schwestern fuhren schnell nach Hause. (nachdem) Sie hatten mit dem Kaufmann gesprochen.
4. Die Eltern haben mir nie geholfen. (bevor) Ich wurde krank.   5. Die Jungen sind oft mit dem Wagen weggefahren. (obgleich) Der Vater hatte es niemals erlaubt.   6. Er starb im Mai. (obgleich) Er war nicht lange krank gewesen.
7. Sie mußte für ihre zwei Schwestern sorgen. (weil) Ihre Eltern hatten eine Reise nach England gemacht.   8. Meine Frau hat eine neues Kleid gekauft. (nachdem) Ich hatte es gewünscht.   9. Ich fragte. (ob) Er hatte den Rekord gebrochen.   10. Unser Nachbar besuchte uns oft. (seit) Wir hatten ihn im März kennengelernt.

ÜBUNG 2

Connect the sentences by using the indicated subordinating conjunctions, changing the word order of the dependent clause. Translate.

1. Meine Familie flog nach New York. (als, weil, bevor) Ich reiste nach Deutschland.   2. Er wünschte hier zu bleiben. (weil, als, da) Sein Vater wurde

krank. 3. Wir standen lange zusammen an der Ecke. (nachdem, bevor, bis) Unsere Freundinnen erschienen im Auto. 4. Der Nachbar beschrieb sein Haus. (obwohl, nachdem, obgleich) Wir kannten es schon. 5. Er schoß zweimal. (bis, bevor, ehe) Er traf das Ziel. 6. Sie wußte nicht. (daß, wann, ob) Es war zu spät.

ÜBUNG 3

Schriftliche Übungen: See *Programmed Assignment Book*, p. 107, **A.a,b.**

3. In German there are three equivalents for English *when*.
Als is used when reference is made to a single event in the past.

Er war sehr müde, **als** er gestern herkam.
He was very tired when he came here yesterday.

Wenn is used when reference is made to present or future time. **Wenn** is also used when reference is made to repeated or customary action in the past equivalent to *whenever*.

Du mußt ihm alles erzählen, **wenn** du ihn siehst.
You must tell him everything when you see him.

Er grüßte immer freundlich, **wenn** er mich sah.
He always greeted me cordially, when (whenever) he saw me.

Wann is used in direct or indirect questions and indicates a reference to time. It is used whenever one can supply „at what time".

Wann hast du ihn gesehen?
When did you see him?

Er fragt, **wann** ich komme.
He asks when I am coming.

ÜBUNG 4

Supply the indicated conjunction meaning *when*, and then translate into English.

a. (als) 1. Sie verstand kein Wort, _____ ich rief. 2. Er rief dich, _____ du schliefst. 3. Das Kind weinte, _____ es hinfiel. 4. Wir waren sehr traurig, _____ das Pferd starb. 5. Wir rannten hin, _____ das Kino brannte. 6. Es wurde sehr still, _____ wir gingen.
b. (wenn) 1. Der Student antwortet, _____ der Lehrer fragt. 2. Nie waren sie zu Hause, _____ er telefonierte. 3. Du sahst immer komisch aus, _____ du tanztest. 4. Der Richter gab uns Rat, _____ er konnte. 5. Die Eltern

Das Hofbräuhaus München

waren sehr glücklich, _____ der Sohn schrieb.   6. Die Mutter wird fast
krank, _____ der Vater leidet.

c. (wann)   1. Wußtest du, _____ das Bild verschwand?   2. Ich weiß nicht,
_____ das Konzert beginnt.   3. Sie wollten erfahren, _____ und wie die
Tante starb.   4. Könnt ihr mir sagen, _____ ihr fortreist?   5. Ich weiß
wirklich nicht, _____ sie arbeitet.   6. Ich soll fragen, _____ die Leute
kommen.

ÜBUNG 5

Supply either **als, wenn,** or **wann** and translate into English.

1. Er blieb stehen, _____ er seine Nachbarin sah.   2. Weißt du, _____ du
in die Schweiz fährst?   3. _____ ich endlich die Postkarte schrieb, war ich
zufrieden.   4. _____ der Vater Geld schickte, kaufte der Sohn immer neue
Bücher.   5. Es ist nicht gut, _____ der Mensch zu lange allein bleibt.   6. Ich
schaue nie auf die Uhr, _____ ich in der Bibliothek sitze.   7. _____ ich zehn
Jahre alt war, spielte ich gut Klavier.   8. Sie wußten nie, _____ die Tante sie
besuchen wollte.   9. Jeder tanzte, _____ die Musik spielte.   10. Er wollte
wissen, _____ er mir helfen sollte.   11. Ich konnte ihm nicht sagen, _____ der
Gast kommen wollte.   12. _____ du lachst, lachen alle mit.   13. _____ das

Der Hofbräugarten München

Glas vom Tisch fiel, zerbrach es.   14. Ich kann gar nichts sehen, _____ das Licht nicht brennt.

ÜBUNG 6

Schriftliche Übungen: See *Programmed Assignment Book*, p. 109, **A.c.**

4.   The modal auxiliary stands at the end of the dependent clause.

Ich fragte, **ob** ich mit ihr fahren **sollte.**
I asked whether I ought to drive with her.

ÜBUNG 7

Connect the sentences with the indicated conjunction, using the word order of the above example.

1. Die Studenten riefen sehr laut. (damit) Alle Leute konnten sie hören.   2. Die Herren fragten mich. (ob) Ich sollte schon um halb elf zu Hause sein.   3. Wir durften auf den Felsen steigen. (während) Die Kinder mußten am Fluß bleiben.
4. Niemand wußte. (daß) Du durftest die Karten wählen.   5. Wir warten hier

auf Sie. (bis) Sie wollen uns in den Garten führen.   6. Das Haus brannte. (da) Man wollte nicht um Hilfe rufen.   7. Jeder hat gewußt. (daß) Der Junge durfte nicht allein nach Hause fahren.   8. Natürlich haben wir ihm geholfen. (damit) Er konnte sein Studium fortsetzen.   9. Diese Studenten brauchten nicht viel zu arbeiten. (während) Jene mußten lange Aufsätze schreiben.   10. Meine Freundin brauchte nicht lange zu warten. (bis) Sie konnte den Gast vorstellen.

ÜBUNG 8

Schriftliche Übungen: See *Programmed Assignment Book*, p. 109, **A.d.**

5. The separable prefix is not separated in a dependent clause.

Sie ist glücklich, **wenn** er sie **anruft.**
She is happy when he calls her up.

Die Eltern hatten gewartet, **bis** der Sohn **zurückgekehrt** war.
The parents had waited until the son had returned.

Das Kind weinte, **weil** es **mitgehen** wollte.
The child cried because it wanted to go along.

ÜBUNG 9

Connect the sentences with the indicated conjunction, changing the word order of the dependent clauses as in the above examples. Translate into English.

1. Er sagte kein Wort. (als) Seine Frau stellte die Gäste vor.   2. Alle sind zufrieden. (wenn) Die Familie setzt ihre Reise fort.   3. Ich habe nicht gefragt. (wann) Sie hatte im Markt eingekauft.   4. Ingrid ist allein geblieben. (seitdem) Ihre Eltern sind nach Deutschland abgereist.   5. Sie grüßte den Herrn freundlich. (da) Er war stehengeblieben.   6. Wir trafen sie. (nachdem) Sie hatte alles im Markt eingekauft.   7. Er konnte den Briefträger nicht einholen (*catch up with*). (obgleich) Er war ihm schnell nachgelaufen.   8. Ich war traurig. (daß) Ich hatte den Brief am Dienstag nicht fortgeschickt.   9. Wir flogen nach Hause. (während) Er ist mit dem Schiff weitergefahren.   10. Sie mußte immer lachen. (wenn) Sie stellte einen neuen Gast vor.   11. Ihr Onkel wartete. (bis) Sie war aus dem Bus ausgestiegen.

ÜBUNG 10

Connect the sentences. Then repeat, changing each verb to the past tense.

1. Es wird Frühling. (bevor) Der Nachbar lernt meine Schwester kennen.   2. Wir werden gute Freunde. (nachdem) Der Professor stellt uns vor.   3. Ich spreche lange mit ihm. (da) Er bleibt hier stehen.   4. Die Familie ist glücklich. (wenn —

als *for the past tense*) Der Sohn kommt nach Hause zurück.   5. Natürlich sagt sie
Auf Wiedersehen. (ehe) Sie fährt im Auto fort.   6. Wir grüßen den Lehrer. (weil)
Er sieht so freundlich aus.

ÜBUNG 11

Schriftliche Übungen: See *Programmed Assignment Book*, p. 109, **A.e,f.**

B. WORD ORDER: DEPENDENT CLAUSE, INDEPENDENT CLAUSE

When the dependent clause precedes the independent clause, the dependent clause
is considered the first element; the conjugated verb must then immediately follow
the dependent clause.

1	2
Nachdem ich krank wurde,	**hat** er mich oft besucht.
After I became sick	*he visited me often.*

1	2
Bevor man schlafen geht,	**soll** man das Fenster öffnen.
Before one goes to sleep	*one should open the window.*

ÜBUNG 12

Connect the sentences beginning with the dependent clause, as in the above
examples. Translate.

1. (obwohl) Er sah mich. Er grüßte nicht.   2. (da) Du leidest so sehr. Du sollst
zum Doktor gehen.   3. (nachdem) Wir hatten einen Besuch gemacht. Wir setzten
unsere Reise fort.   4. (als) Alle wollten die Wahrheit wissen. Sie fragten den
Richter.   5. (weil) Ich hatte so viel zu tun. Ich habe nur selten an die
Vergangenheit gedacht.   6. (damit) Ich konnte besser schlafen. Ich öffnete alle
Fenster.   7. (als) Ich sah sie im Freibad. Ich erkannte sie wieder.   8. (da) Oft
wiederholte der Lehrer das Beispiel. Wir konnten es leicht aufschreiben.
9. (bevor) Er hat den Arm gebrochen. Er hat immer sehr gut geschossen.
10. (nachdem) Der berühmte Dichter war ins Zimmer gekommen. Jeder wollte
ihm die Hand geben.   11. (während) Damals hatte ich wenig zu tun. Heute habe
ich keine freie Zeit.   12. (weil) Unser Nachbar hat mit einer lauten Stimme
gerufen. Wir haben ihn von weitem gehört.   13. (seitdem) In der Stadt lernte ich
den Komponisten kennen. Er hat uns oft auf dem Lande besucht.   14. (wenn)
Wir fahren nicht früh genug in die Schule. Wir finden keinen Parkplatz mehr.
15. (obgleich) Er wollte auf dem Lande nicht wohnen. Seine Familie kaufte dort
ein Häuschen.   16. (da) Er mochte gelb nicht. Seine Freundin trug nie ein gelbes
Kleid.

ÜBUNG 13

Schriftliche Übungen: See *Programmed Assignment Book*, p. 111, **B.**

C. INDIRECT QUESTIONS

Indirect questions are dependent clauses introduced by interrogative adverbs such as **wer** (*who*), **wann** (*when*), **wo** (*where*), **was** (*what*), **wie** (*how*), **warum** (*why*) and must take dependent, i.e., verb-last, word order.

Ich weiß, **warum** er nicht geblieben **ist.**
I know why he didn't stay.

ÜBUNG 14

Change the direct question to an indirect question.

Beispiel: Ich möchte fragen. Warum ist die Bibliothek nicht offen?

Ich möchte fragen, **warum die Bibliothek nicht offen ist.**

1. Sie wollten wissen. Wer war in Amerika so reich geworden? 2. Ich fragte sie. Warum glaubte sie ihrem Bruder nicht? 3. Dann fragte der Gast. Wie ist es Ihnen im Herbst gegangen? 4. Ich weiß nicht. Welches Tuch hast du gewählt? 5. Sie hat nicht gesagt. Wohin wollte sie gehen? 6. Ich verstehe nicht. Warum darfst du es nicht mitnehmen? 7. Sie wußte schon. Woher hast du das bekommen?

ÜBUNG 15

Form an indirect question by beginning with: **Ich frage, _____.**

Beispiel: Wann haben Sie Geburtstag?

Ich frage, **wann Sie Geburtstag haben.**

1. Warum war er nicht geblieben? 2. Wie hattest du das gemacht? 3. Wo wollte sie euch treffen? 4. Was hatten sie den Kindern erzählt? 5. Wohin war er so schnell am Abend gefahren? 6. Wer hatte die Gefahr erkannt? 7. Wie hatte er das Mädchen kennengelernt? 8. Wo hatte die Frau das Brot eingekauft? 9. Wann sollte er zum Bahnhof gehen? 10. Warum schaute sie nicht zurück? 11. Was hat zu deinem Erfolg geführt? 12. Wohin ist sie am Wochenende geflogen? 13. Wer hat Sie um Hilfe gebeten? 14. Wann war der Präsident gestorben? 15. Wie ist es Ihnen gestern gegangen? 16. Wer hatte dich dort angerufen?

ÜBUNG 16

Schriftliche Übungen: See *Programmed Assignment Book*, p. 111, **C.**

Alltägliches

Im Kaufhaus

Tante Erna   Seit einer Woche ist Sommerschlußverkauf. Und ich gehe so gern mit dir einkaufen.

Großmutter Hopf   Ich konnte kaum warten, mit dir zu gehen. Fast alle Preise sind herabgesetzt.

5   **Tante E.**   Ich habe eine lange Einkaufsliste. Aber es ist besser, wir gehen von Abteilung zu Abteilung. Ist es dir recht?

Großmutter H.   Natürlich. Gott sei Dank, ich habe meine Laufschuhe an. Ach, hier ist Schmuck zum halben

10   Preis. Diese vergoldeten Ringe, Armbänder, Anhängsel sind ganz hübsch.

Tante E.   Ach was! Das ist Kitsch! Das trägst du doch nicht. Dort sind aber Geschenkartikel. Ich muß ein Geburtstagsgeschenk für Lotte kaufen. Laß

15   mal sehen: Bilderrahmen, Dosen, Kerzenleuchter, Aschenbecher, Kristallvasen, Keramik . . . . Was soll ich kaufen?

Großmutter H.   Wir können später zurückkommen. Gehen wir erst schnell zu den Haushaltsartikeln. Ich

20   brauche eine Brotschneidemaschine.

Tante E.   Das hat Zeit! Jetzt wollen wir mit der Rolltreppe in den ersten Stock. Es gibt dort Damenbekleidung.

Großmutter H.   Gut, aber es gibt dort sicher viele Menschen. Ich möchte dich nicht verlieren. Im Notfall tref-

25   fen wir uns um zwölf Uhr bei den Herrensocken, ja?

Tante E.   Hier sind wir. Das macht Spaß. Hier sind Pullis, dort Blusen, hier Unterwäsche, dort Röcke, Nachthemden, Strümpfe . . . .

Großmutter H.   Auweh! Jemand ist mir auf den Fuß

30   getreten!

Tante E.   Aber Großmutter! Du hast so große Füße!

Großmutter H.   Ach was! Nun hat jemand mir den Unterrock aus der Hand genommen!

Tante E.   Schau' her! Ein Morgenrock Größe 46. War

35   früher 150 DM. Nun nur 49.50 DM.

Großmutter H.   Wunderbar! ich gebe ihn Elli zu Weihnachten. Wo ist die Kasse? Ach, da steht eine lange Schlange.

Tante E.   Bleib' da stehen! Ich suche im Erdgeschoß Seife,

40   Raumspray, Zahnpasta, und so weiter. Warte hier auf mich!

---

das Kaufhaus *department store*
der Sommerschlußverkauf *end-of-summer sale*

herabgesetzt *reduced*

die Abteilung *department*

der Schmuck *jewelry*
vergoldet *gold plated*
das Anhängsel *pendant*
hübsch *pretty*
der Kitsch *junk*
das Geschenk *gift*
laß mal sehen *Let's see*
der Rahmen *frame*
die Dose *jar*
der Kerzenleuchter *candleholder*
der Aschenbecher *ashtray*
schneiden *to cut*

die Rolltreppe *escalator*
der erste Stock *second floor*
sicher *surely*
der Notfall *emergency*
Spaß machen *to be fun*
der Pulli *sweater*
die Unterwäsche *underwear*
das Nachthemd *nightgown*
der Strumpf *stocking*
Auweh! *Ouch!*
Ach was! *Nonsense!*
der Morgenrock *robe*
die Größe *size*
die Kasse *cash-register*
die Schlange *line*
das Erdgeschoß *main floor*
die Seife *soap*
die Zahnpasta *toothpaste*

Großmutter H.   Ich habe schon Hunger. Wir können dann
im Erfrischungsraum eine Kleinigkeit essen. Dann
bin ich wieder frisch und habe genug Kraft für den
45   Nachmittag.

Tante E.   Gut! Also bis bald! Ich treffe dich hier. Aber
halte deine Handtasche fest! Es gibt hier Taschen-
diebe.   der Taschendieb *pick-*
                                                                          pocket
Großmutter H.   Was du nicht sagst! Sind hier keine Haus-
50   detektive?

Tiefe Stimme   Einer steht hinter Ihnen, Madame!   die Stimme *voice*

Aufsatzthemen

Write a few lines on one of the following topics. Try to use at least three dependent clauses.

1. Mein Zimmer
2. Meine Studienpläne
3. Ein Spaziergang im Frühling
4. Ein typischer Feiertag
5. Ein typischer Schultag
6. Ein Besuch bei _____

WIEDERHOLUNG

Kapitel 15. Preparation for tests. See *Programmed Assignment Book*, p. 113.

PRÜFUNG 1 ODER 2

Kapitel 15. See Instructor.

Fragen

1. Was macht man mit einer Pistole?
2. Was schlägt in der Brust?
3. Was zerbricht, wenn es vom Tisch fällt?
4. Wer kommt zu Beginn der Klassenstunde ins Zimmer?
5. Was tun Sie, wenn Sie Geld brauchen?
6. Warum fahren Sie nicht um die Welt?
7. Wie lernt man einen Menschen kennen?
8. Welche ist Ihre Lieblingsjahreszeit? Warum?
9. Was muß man oft wiederholen?
10. Was macht Ihnen große Freude?
11. Wie reist man, wenn man wenig Zeit hat?
12. Wo treffen Sie Ihre Freunde nach der Klassenstunde?
13. Wo gehen Sie gern spazieren?
14. Was macht man, damit man nicht krank wird?
15. Was trinken Sie, wenn Sie am Abend Besuch haben?

16. Wo ist man oft in Gefahr?
17. Wie viele Augen (Köpfe, Arme, Beine, Herzen, Seelen, Nasen, Gesichter) hat jeder Mensch?
18. Was bedeuten folgende Wörter: der Tennisschläger, der Herzschlag, die Gesichtsfarbe, das Stimmband, die Gefahrenzone, erfolgreich, das Kopftuch, das Badetuch, der Heilige Geist, das Frühlingslied, die Geldsorgen, der Wunschtraum, die Liebesfreude, Mitternacht, die Armbanduhr, der Frühlingsstimmenwalzer, das Augenlicht, das Taschentuch, das Sorgenkind, das Wochenende, das Liebeslied?

Wortschatz

anders (*adv.*)	*different*	gleich	*immediately*
breit	*broad, wide*	herzlich	*cordial, hearty*
damals	*at that time*	lustig	*merry, funny, amusing*
gelb	*yellow*	selten	*seldom*

Useful Expressions and Idioms

aufs Land   *to the country*
Wir fuhren gestern aufs Land.   *We drove to the country yesterday.*

auf dem Land(e)   *in the country*
Wir wohnten damals auf dem Lande.   *We lived in the country at that time.*

gestern abend   *last night*
Sie hat uns gestern abend besucht.   *She visited us last night.*

jahrelang, tagelang   *for years, for days*
Ich habe ihn jahrelang nicht gesehen.   *I haven't seen him for years.*

einen Spaziergang machen   *to take a walk*
Ihr habt heute morgen einen Spaziergang gemacht.
You took a walk this morning.

weder . . . noch   *neither . . . nor*
Sie ist weder reich noch arm.   *She is neither rich nor poor.*

zum Beispiel (z.B.)   *for example*

Grammatik

A. RELATIVE CLAUSES

1. *Relative clauses* are dependent clauses introduced by relative pronouns. As in all dependent clauses, verb-last word order must be used in these clauses. In German the relative pronouns meaning *who*, *which*, *that* are identical to the definite article **der, die, das,** and plural **die,** except in the genitive forms and the dative plural.

RELATIVE PRONOUNS

	Masc.	Fem.	Neut.	Pl.	
NOM.	der	die	das	die	*who, which, that*
ACC.	den	die	das	die	*whom, which, that*
DAT.	dem	der	dem	**denen**	*to (for) whom, which*
GEN.	**dessen**	**deren**	**dessen**	**deren**	*whose, of which*

The *gender* and *number* of the relative pronoun are determined by its *antecedent* (the noun to which it refers).

The *case* of the relative pronoun is determined by its *use in the relative (its own) clause.*

a. Das ist der Herr, **der** mir den Brief schrieb.
                den ich gestern grüßte.
                dem wir das Geld gaben.
                dessen Mutter krank wurde.
b. Ich kannte die Frau, **die** neben mir saß.
                die du gestern besucht hast.
                mit **der** du gesprochen hast.
                deren Sohn dort wohnte.
c. Sie trug ein Kleid, **das** sehr teuer war.
                das sie am Montag gekauft hatte.
                mit **dem** ihr Mann zufrieden war.
                dessen Farbe ich nicht mochte.
d. Die Leute, **die** in dieser Stadt leben, sind freundlich.
                die ich nicht gut kenne, sind Freunde meines Bruders.
                denen das Feld gehörte, wollten es verkaufen.
                deren Geld er investiert hatte, verloren alles.

2. In German the relative pronoun must not be omitted.

Das Tuch, **das** sie trug, war schön.
The scarf she wore was beautiful.

Welcher, welche, welches, and the plural **welche** (*who, which, that*) may also be used as relative pronouns. There are, however, no genitive forms; the **der**-forms must be used for the genitive case. The **der**-forms are much more commonly used, particularly in spoken German.

Der Herr, **der** (*or* **welcher**) uns besucht, ist mein Onkel.
The gentleman who is visiting us is my uncle.

Unser Nachbar, **dessen** Tochter ich gestern kennenlernte, ist ein guter Arzt.
Our neighbor, whose daughter I became acquainted with yesterday, is a good doctor.

ÜBUNG 1

Supply the correct relative pronoun and translate.

a. Nominative

1. Sie kannte die Dame, _____ viele Reisen machte. 2. Was machtest du mit dem Geld, _____ ihm gehört? 3. Wir aßen das Brot, _____ auf dem Tisch lag. 4. Wo blieben die Leute, _____ kommen sollten? 5. Er schaute auf die Landkarte, _____ an der Wand hing. 6. Ich trug den Hut, _____ da liegt. 7. Gestern kauften sie das Haus, _____ an unserer Ecke steht. 8. Dann ging ich zu der Tante, _____ auf mich wartete. 9. Wer war der Herr, _____ dort saß? 10. Ich mag die Gäste nicht, _____ gestern abend erschienen sind. 11. Die Kinder glaubten den Eltern nicht, _____ ihnen alles versprachen. 12. Ich habe oft mit dem Kaufmann gesprochen, _____ hier wohnte.

b. Accusative

1. Ist das der Weg, _____ er dir zeigte? 2. Meine Schwester verlor die Uhr, _____ ich gewonnen hatte. 3. Kannten Sie schon das Märchen, _____ sie erzählte? 4. Meine Lehrerin schickte mir die Bücher, _____ ich brauchte. 5. Sie wählte eine Farbe, _____ ihr Freund gern mochte. 6. Wir erkannten die zwei Männer, _____ er uns vorstellte. 7. Ich hörte den Gruß nicht, _____ er mir zurief. 8. Dort lag die Tasche, _____ wir so lange gesucht hatten. 9. Das war ein helles Licht, _____ ich im Fenster sah. 10. Endlich bekam er den Brief, _____ sie schon am Montag geschrieben hatte. 11. Was machtest du mit dem Geld, _____ er dir sandte? 12. Ich beschreibe die Städte, _____ wir besucht haben.

c. Dative

1. Ich mochte den Lehrer gar nicht, mit _____ du sprachst. 2. Gehörte ihr die Tasche, aus _____ das Geld herausfiel? 3. Ich nahm das Glas, aus _____ er getrunken hatte. 4. Wir lesen die Bücher, von _____ wir so viel gehört haben. 5. Ist das euere Schwester, _____ das Geschäft gehört? 6. War das der Mann, _____ wir geholfen hatten? 7. Ich wartete auf die Leute, mit _____ ich sprechen wollte. 8. Kommt ihr in dem Wagen, in _____ ihr gestern abend gekommen seid? 9. Heute morgen kaufte ich das Bild, von _____ ich dir erzählte. 10. Wo sind die Nachbarkinder, mit _____ der Junge spielte? 11. Kennst du das Land, aus _____ er kommt? 12. Zum ersten Mal machte ich die Reise, von _____ ich dir erzählt habe.

d. Genitive

1. Hier steht der Mann, _____ Junge das Bein gebrochen hat. 2. Das ist der Student, _____ Familie uns besuchte. 3. Mein Bruder liebte das Mädchen,

_____ Eltern alles verloren hatten.   4. Wir besuchten die Amerikaner, _____ Briefe wir bekommen haben.   5. Siehst du dort die Kirche, _____ Tür offen steht?   6. Wir lernten Menschen kennen, _____ Vergangenheit sehr interessant war.   7. Wo lebt der Kaufmann, _____ Tochter so krank wurde?   8. Er wohnt in jener Wohnung, _____ Fenster auf den Park schauen.   9. Niemand wollte das Bild kaufen, _____ Farben so dunkel waren.   10. Überall bemerkten wir Autos, _____ Besitzer verschwunden waren.   11. Kaufen Sie viel in dem Geschäft, _____ Preise so hoch sind?   12. Das war die Frau, _____ Mann mir geholfen hat.

ÜBUNG 2

Schriftliche Übungen: See _Programmed Assignment Book_, p. 117, **A.a,b.**

3.   Indefinite antecedents such as **alles, etwas, nichts, viel, wenig,** require the use of **was** as a relative pronoun. **Das** (demonstrative pronoun) also requires **was.**

Er verlor **alles, was** er hatte.	_He lost everything that he had._
Ich sage **das, was** ich denke.	_I say what I think._

ÜBUNG 3

Supply the German equivalent for _that_ or _which_.

1. Nichts, _____ er sah, interessierte ihn.   2. Alles, _____ wir hatten, haben wir verloren.   3. Vieles, _____ du mir erzähltest, war unwichtig.   4. Manches, _____ sie besessen hatte, ist verschwunden.   5. Wenig, _____ ich ihn fragte, konnte er beantworten.   6. Das, _____ du denkst, ist nicht wahr.

4.   **Wer** is used as a relative pronoun to express _he who_ or _whoever._

Wer nicht warten will, darf gehen.   _Whoever doesn't want to wait, may go._

ÜBUNG 4

Supply the German equivalent for the English cue.

1. (_Whoever_) _____ mich nicht versteht, soll die Hand heben.   2. (_He who_) _____ nicht hören will, muß fühlen. [Sprichwort (_proverb_)]   3. (_Whoever_) _____ nach Deutschland fahren will, soll Deutsch lernen.   4. (_Whoever_) _____ ihn einen Teufel nennt, hat recht.   5. (_He who_) _____ diese Stadt im Sommer wieder besucht, wird sie nicht erkennen.

ÜBUNG 5

Schriftliche Übungen: See _Programmed Assignment Book_, p. 119, **A.c.**

B. NOUN COMPOUNDS

When two or more nouns are joined to form one word, the gender of the compound noun is determined by the last noun.

die Hand + der Schuh > **der** Hand**schuh**   *glove*
das Volk + die Schule + der Lehrer > **der** Volksschul**lehrer**   *elementary school teacher*

ÜBUNG 6

Form a compound noun with its correct definite article.

1. das Haus, die Tür   2. der Gast, das Zimmer   3. die Lieder, das Buch
4. der Finger, der Hut   5. der Tanz, die Musik   6. die Reise, der Führer
7. der Vater, das Land   8. der Kaffee, die Tasse

ÜBUNG 7

Schriftliche Übungen: See *Programmed Assignment Book*, p. 119, **B.**

C. DECLENSION OF **DAS HERZ**

	Singular	Plural
NOM.	das Herz	die Herzen
ACC.	das Herz	die Herzen
DAT.	dem Herzen	den Herzen
GEN.	des Herzens	der Herzen

ÜBUNG 8

Supply the correct form of **Herz.**

1. Auf einmal schlug das _____ nicht mehr.   2. Wir konnten das Schlagen seines _____ hören.   3. Das tue ich von _____ gern.   4. Das Lied heißt: „Zwei _____ im Dreivierteltakt".   5. Sie hat ein gutes _____.   6. Unsere _____ werden schwer, wenn wir vom Krieg sprechen.   7. Mein _____ schlägt schnell.   8. Der Dichter verstand die Sprache des _____.   9. Mein _____ ist schwer.   10. Der Gruß kam vom _____.   11. Man sagt, er hat kein _____.

Lesestück

Die Brüder Grimm

Die Werke der Brüder Grimm, Jacob (1785–1863) und Wilhelm (1786–1859), gehören zur Weltliteratur. Man kennt und liest sie auch in Ländern, in denen man nicht Deutsch spricht. Diese Werke sind eine Einheit von strenger Wissen- 5 schaft und poetischer Sprache.

    Die Brüder lebten und arbeiteten zusammen. Beide wurden Professoren und Mitglieder der Akademie der Wissenschaften in Berlin. Durch ihre Studien brachten sie alte vergessene Sagen und Legenden, Gedichte und 10 Märchen aus dem Dunkel der Vergangenheit ans Licht der Gegenwart. Monumental waren ihre Werke *Geschichte der deutschen Sprache*, *Deutsche Grammatik*, *Deutsches Wörter-buch* und *Deutsche Mythologie*. Aber ihre *Märchen* sind außer der Bibel und dem *Kapital* von Karl Marx das 15 bekannteste Buch in deutscher Sprache.

    Es war eine historische Zeit, in der die Brüder Grimm lebten. Friedrich der Große war gestorben, die Französische Revolution ging zu Ende, und ganz Europa stand zwanzig Jahre im Schatten **eines** Mannes: Napoleon Bonaparte. Die 20 Deutschen gewannen zu dieser Zeit den Ehrentitel „das Volk der Dichter und Denker''.

    Jacob Grimm war es immer eine Freude, wenn er arbeiten konnte. Und selten arbeitete er nicht. Er verbrachte seine Zeit gern in „seliger Einsamkeit über den Büchern''. 25 Sein Bruder Wilhelm, der Haus und Familie hatte, schien geselliger zu sein. Jacob wohnte bei ihm, seinen Kindern und seiner Frau, einer Kameradin aus der Kindheit; sie führte ihnen den Haushalt. Wilhelm litt viele Jahre an einem schwachen Herzen, aber er ließ nicht von der Arbeit ab. Er 30 besaß eine tief poetische Romantikerseele, Jacob einen immer aktiven Forschergeist. Beide arbeiteten und schrie-ben in einer der schönsten Epochen deutscher Kultur, der Romantik. Jacob und Wilhelm Grimms wissenschaftliche Werke, wie ihre Märchen, leben weiter.

Der Bärenhäuter
Ein Märchen nach Jacob und Wilhelm Grimm

35 Es war einmal ein Soldat. Solange es Krieg gab, ging alles gut, aber während des Friedens hatte er nichts zu tun. Da seine Eltern gestorben waren, ging er zu seinen Brüdern. Sie wollten aber nichts von ihm wissen.

    Der Soldat besaß nur sein Gewehr; das nahm er mit und 40 wollte in die Welt gehen. Er kam in einen Wald und setzte sich traurig unter einen Baum.

    Auf einmal hörte er ein Brausen, und plötzlich stand ein unbekannter Mann vor ihm. Er trug einen grünen Rock, sah stattlich aus, hatte aber einen Pferdefuß.

---

die Einheit *unity*
die Wissenschaft *scholarship, science*
das Mitglied *member*

die Ehre *honor*

verbringen *to spend*
selig *blissful*

geselliger *more sociable*

ab/lassen von *to leave off from*
der Forschergeist *inquiring mind*

der Bärenhäuter *man in the bearskin; idler*

solange *as long as*

das Gewehr *rifle*

sich setzen *to sit down*
das Brausen *roaring*

stattlich *stately*

Jacob und Wilhelm Grimm

45 „Du kannst soviel Geld haben, wie du willst", sagte der
Grünrock. „Du mußt aber eine Bedingung erfüllen. Du
darfst dich in den nächsten sieben Jahren nicht waschen,
Bart und Haare nicht kämmen, die Nägel nicht schneiden
und kein Vaterunser sagen. Wenn du stirbst, dann bist du
50 mein; wenn du lebst, so bist du frei und reich."
  Der Soldat dachte an seine große Not und willigte ein.
Der Teufel gab ihm den grünen Rock und eine Bärenhaut.
In der Tasche des Rockes fand der Soldat viel Geld. Die
Bärenhaut mußte er tragen, und sie diente ihm auch als Bett.
55 Er durfte kein anderes Bett haben.
  Während des ersten Jahres ging alles ganz gut, aber in
dem zweiten sah er wie ein Ungeheuer aus. Das Haar
bedeckte ihm fast das ganze Gesicht, seine Finger hatten
Krallen. Viele Menschen liefen fort, wenn er kam. Doch
60 gab er den armen Leuten immer viel Geld; sie sollten für
ihn beten.
  Im vierten Jahr kam der Bärenhäuter in ein Wirtshaus.
Im Nebenzimmer hörte er lautes Weinen. Er öffnete die
Tür und sah einen alten Mann. Der Mann sprang auf und
65 wollte fliehen, aber der Bärenhäuter sprach freundlich mit
ihm. Dann erzählte ihm der alte Mann alles. Er hatte kein

die Bedingung *condition*

der Nagel *nail*
schneiden *to cut*
das Vaterunser *Lord's Prayer*
ein/willigen *to agree*

das Ungeheuer *monster*
bedecken *to cover*
die Kralle *claw*

das Wirtshaus *inn*

fliehen *to flee*

Gänseliesl Brunnen in Göttingen

Geld und konnte nicht bezahlen. Der Bärenhäuter rief den
Wirt, bezahlte und gab dem armen, alten Mann einen Sack
voll Geld.

 der Wirt *innkeeper*
 bezahlen *to pay*

70 Der alte Mann war sehr dankbar. „Komm mit mir",
sprach er zu ihm, „ich habe drei schöne Töchter. Wähle
dir eine zur Frau. Du siehst ein wenig seltsam aus, aber sie
bringen dich schon in Ordnung."

 seltsam *peculiar*

  Die älteste Tochter sah den Bärenhäuter, schrie laut und

 schreien *to scream*

75 lief fort. Die zweite Tochter blieb stehen, fragte aber: „Wie
kann ich einen so häßlichen Menschen nehmen?" Die
jüngste sprach: „Lieber Vater, das muß ein guter Mann

 häßlich *ugly*

sein. Er hat dir aus der Not geholfen. Du hast ihm eine
Braut versprochen, und du mußt Wort halten."

die Braut *bride, betrothed*

80 Niemand konnte sein Gesicht sehen; niemand wußte,
wie glücklich der Bärenhäuter war. Er nahm einen Ring
von seinem Finger, brach ihn entzwei und gab ihr die eine
Hälfte. Dann sprach er: „Ich muß noch drei Jahre wandern.
Bitte Gott, mich am Leben zu halten. Ich komme wieder."

niemand *no one*

die Hälfte *half*
am Leben halten *to keep
alive*

85 Drei Jahre lang trug die Braut schwarze Kleider, dachte
oft an den Bärenhäuter und betete für ihn. Die beiden
Schwestern lachten und spotteten, aber sie blieb ruhig und
wartete.

beten *to pray*
spotten *to ridicule*
ruhig *quiet*

Endlich kam der letzte Tag der sieben Jahre. Ob der
90 Teufel wollte oder nicht, er mußte den Bärenhäuter
waschen, ihm das Haar kämmen und die Nägel schneiden.
Hiernach sah er wie ein tapferer Soldat aus und war viel
schöner als je vorher.

tapfer *brave*
schöner als *more
handsome than*
je vorher *ever before*

Der Soldat ging in die Stadt, zog einen eleganten Rock
95 an, kaufte einen Wagen mit vier Pferden und fuhr zu dem
Hause der Braut. Niemand erkannte ihn, aber der Vater
führte ihn in das Haus. Da saßen die drei Töchter. Er mußte
zwischen den beiden älteren sitzen, denn sie hatten nie solch
einen schönen Mann gesehen. Die Braut saß aber still und
100 sprach kein Wort.

Da bat der Soldat den Vater, ihm eine seiner Töchter zur
Frau zu geben. Die zwei älteren liefen schnell in ihre Zimmer
und zogen ihre besten Kleider an. Nun war der Soldat allein
mit seiner Braut. Er nahm den halben Ring, warf ihn in ein
105 Glas Wein und gab der Braut den Wein zu trinken. Sie trank
den Wein aus, fand den halben Ring und erkannte ihren
Bräutigam. Er ging zu ihr, umarmte und küßte sie.

an/ziehen *to put on*

der Bräutigam
betrothed

Nun kamen die beiden Schwestern zurück. Auf einmal
wußten sie alles. Die eine ertränkte sich, die andere erhängte
110 sich.

umarmen *to embrace*
sich ertränken *to drown
oneself*

Am Abend klopfte es an der Tür. Es war der Teufel. Er
sprach: „Siehst Du, nun habe ich zwei Seelen für deine
eine!"

sich erhängen *to hang
oneself*
klopfen *to knock*

WIEDERHOLUNG

Kapitel 16. Preparation for tests. See *Programmed Assignment Book*, p. 121.

PRÜFUNG 1 ODER 2

Kapitel 16. See Instructor.

Wiederholungskapitel

Gespräch

Am Telefon

(Heinz steht am Telefon. Er wählt 47 89 36.)   wählen *to dial*

Eine verschlafene männliche Stimme Steigenberger!   verschlafen *sleepy*

Heinz Spreche ich mit 47 89 36?

Stimme Nein! Hier ist 47 89 35.

5   **Heinz** Entschuldigen Sie, bitte. Hoffentlich habe ich Sie

nicht gestört.   stören *to disturb*

Stimme Nein, nein! Ich mußte doch aufstehen.

(Heinz wählt wieder.)

Weibliche Stimme Sedlmeier!   weiblich *female*

10   **Heinz** Könnte ich, bitte, Fräulein Stevenson sprechen?

Stimme Einen Augenblick, bitte.   der Augenblick *moment*

(Pause)

Jean Ja, bitte?

Heinz Guten Abend, Jean. Hier ist Heinz. Wie geht es

15   Ihnen?

Jean Heinz! Guten Abend. Es geht mir ausgezeichnet.   ausgezeichnet *excellent*

       Und Ihnen?

Heinz Sehr gut. Ich habe dreimal versucht, Sie telefonisch zu erreichen; Sie waren aber nie zu Hause.   *erreichen to reach*

20 **Jean** Ich war heute morgen in der Bibliothek. Ich kann mich dort besser konzentrieren als hier zu Hause.

Heinz Ich wollte fragen, ob Sie morgen abend Zeit haben, ins Theater zu gehen. Ein Freund von mir hat Karten gekauft, aber seine Freundin ist stark erkältet und liegt   *stark erkältet sein to have a bad cold*

25 im Bett. Ich nahm ihm also die Karten ab.   *ab/nehmen to buy from*

Jean Ins Theater gehe ich immer sehr gern. Aber was gibt es?

Heinz „Käthchen von Heilbronn" von Kleist.

Jean Das Stück kenne ich. Ich mußte es für einen Kursus   *das Stück play*

30 lesen.

Heinz Ich hole Sie um sechs Uhr ab, und wir gehen noch   *ab/holen to call for*
zusammen zum Abendessen. Ich kenne ein nettes,   *nett nice*
kleines Restaurant in der Maximilianstraße. Es ist nicht weit vom Residenztheater.

35 **Jean** Danke, Heinz. Ich bin morgen abend um sechs Uhr fertig.

Heinz Wunderbar! Auf Wiedersehen!

Jean Auf Wiedersehen bis morgen!

Im Restaurant

Jean Dieses Restaurant sieht sehr nett aus.

40 **Heinz** Bitte, lassen Sie mich vorgehen; das macht man hier   *vor/gehen to go ahead*
bei uns. Ich suche uns schon einen guten Tisch aus.   *aus/suchen to select*
(*Heinz geht voraus. Jean folgt. Alle Tische sind belegt. An*   *belegt taken*
einem Tisch sitzt ein einzelner Herr.)   *einzeln single*

Heinz Entschuldigen Sie, bitte, sind diese zwei Plätze frei?

45 **Der Herr** Ja, bitte.   *sich setzen to sit down*
(*Heinz und Jean setzen sich.*)   *gemütlich cozy*
der Ober waiter
Jean Hier sieht alles sehr gemütlich aus. Ich mag die alten   *die Speisekarte menu*
Lampen und die roten Tischtücher sehr gern.   *das Tagesgericht special*

50 **Heinz** Das Essen ist hier sehr gut. Herr Ober! Die   *Wiener Schnitzel veal cutlet*
Speisekarte, bitte.
(*Pause*)   *die Bohne bean*
Das Tagesgericht ist heute Wiener Schnitzel mit grünen   *kalte Platte cold cuts*
Bohnen. Oder haben Sie vielleicht Appetit auf eine   *der Spargel asparagus*
kalte Platte?   *der Schinken ham*
das Hähnchen chicken

55 **Jean** Es gibt hier so viel, daß ich nicht weiß, was ich will.   *die Gemüseplatte vegetable plate*
Spargel mit Schinken, Hähnchen mit Reis und   *das Ei egg*
grünem Salat, Gemüseplatte mit Ei, Sauerbraten mit   *das Rotkraut red cabbage*
Rotkraut, Bratwurst mit Kartoffelsalat.   *die Kartoffel potato*

Heinz   Essen Sie gern Fisch? Hier steht Forelle Blau mit
60   Salzkartoffeln. Das Restaurant ist für frische Fische
        bekannt.

das Salz *salt*

Jean   Dann nehme ich eine Forelle.

die Forelle *trout*

Heinz   Gut. Und was als Nachtisch? Fruchteis, Vanille-
        Pudding oder Apfelstrudel?

der Nachtisch *dessert*
das Eis *ice cream*

65 **Jean**   Ich muß erst warten. Bis dahin hat's noch Zeit. Ich
        glaube, eine Tasse Kaffee ist genug für mich.

Heinz   Herr Ober! Zweimal Forelle Blau, bitte. Ein
        großes Helles und ein Viertel Weißwein.

ein Helles *glass of light beer*
ein Viertel *quarter liter*

Jean   Da bin ich aber gespannt! Ich bin kein Weinkenner.

gespannt *curious*

70 **Heinz**   Man sagt hier, der Fisch muß schwimmen.

Der Herr, der noch am Tisch sitzt Herr Ober, die
        Rechnung, bitte.

die Rechnung *bill*

(*Der Ober bringt die Rechnung; der Herr zahlt, steht auf,*
sagt: „Auf Wiedersehen!" und geht.)

zahlen *to pay*

Im Theater

75 **Jean**   Es ist gut, daß Sie die Karten schon hatten. Hier gibt
        es keine mehr.

Heinz   Hier im Foyer ist viel los. Geben Sie mir bitte Ihren
        Mantel. Ich muß ihn an der Garderobe abgeben.

viel los *much going on*
der Mantel *coat*
die Garderobe *check room*

Jean   Danke, ich komme mit. Wir verlieren uns sonst im
80   Gedränge.

sonst *otherwise*
das Gedränge *crowd*

Heinz   Gut. Und nun gehen wir besser schon auf unsere
        Plätze. Wir sitzen Rang, erste Reihe. Von dort
        können wir schön auf die Leute im Parkett schauen.

der Rang *upper level*
die Reihe *row*
das Parkett *lower floor*

(*Der Platzanweiser führt sie auf ihre Plätze.*)

der Platzanweiser *usher*

85 **Jean**   Die Damen in eleganten Abendkleidern sehe ich so
        gern. Unsere Plätze sind wirklich ausgezeichnet.
        Von hier können wir die Bühne gut sehen, ohne
        Köpfe vor uns zu haben.

die Bühne *stage*

Heinz   Ja, hier sitzt man wirklich gut.

90 **Jean**   Das Theater ist so klein und gemütlich.

Heinz   Es ist schon voll besetzt. Es ist Zeit, daß wir da
        sind.

voll besetzt *full*

Jean   Nun muß ich schnell im Programm nachsehen, wer
        mitspielt. Elisabeth Schmidtbonn spielt die Haupt-
95   rolle, Helmut Lange spielt Friedrich Wetter, Graf
        vom Strahl. Ich kenne beide nicht. Vom Regisseur
        Wolfgang Richter habe ich schon gehört.

nach/sehen *to look up*
mit/spielen *to act*
die Hauptrolle *leading role*
der Regisseur *director*

Heinz   Er ist auch sehr bekannt. Die beiden Schauspieler
        sollen sehr gut sein. In der ersten Pause erzähle ich

der Schauspieler *actor*

100   Ihnen etwas über sie und das Theater hier. Jetzt
      klingelt's. Gleich wird es wieder klingeln, und dann
      beginnt die Vorstellung.

Jean   Es ist immer sehr aufregend, wenn der Vorhang
           hochgeht. Am Ende bin ich gespannt zu sehen, wie
105   viele Vorhänge die Schauspieler bekommen.

Heinz   Jetzt geht's aber los!

klingeln *to ring*
gleich *immediately*
die Vorstellung
   performance
aufregend *exciting*
der Vorhang *curtain*
Vorhänge *curtain calls*
los/gehen *to start*

Übungen (Kapitel 11–16)

A. Supply the past tense form of the indicated infinitive.

1. (beschreiben) Er _____ das Bild.   2. (grüßen) Wir _____ den Freund.
3. (hindern) Sie (*she*) _____ dich bei der Arbeit.   4. (schlagen) Der Nachbar
_____ das Tier.   5. (wählen) Die Bürger _____ einen Präsidenten.
6. (wiederholen) Der Lehrer _____ das Beispiel.   7. (rennen) Die Kinder
_____ durch den Garten.   8. (kennen) _____ du den Amerikaner?
9. (helfen) Er _____ nie einem anderen Menschen.   10. (wünschen) Sie (*they*)
_____ mir viel Freude.   11. (verlieren) Wo _____ Sie Ihre Armbanduhr?
12. (kommen) Dann _____ er in die große Wohnung.   13. (treffen) Ich _____
ihn gestern im Schuhgeschäft.   14. (schreiben) Du _____ so ungern Aufsätze.
15. (einkaufen) Was _____ sie (*she*) im Markt _____?   16. (werfen) Wir
_____ den Ball gegen das Fenster.   17. (zerbrechen) Es _____ auf einmal.
18. (besitzen) Der Richter _____ einen Hof.   19. (wohnen) _____ ihr gern auf
dem Lande?   20. (tragen) Der Gast _____ keinen Hut.   21. (lassen) Wir
_____ dich nicht gehen.   22. (sitzen) Wer _____ auf meinem Platz?
23. (bekommen) Am Morgen _____ er einen Brief.   24. (bitten) Sie (*she*)
_____ uns um Hilfe.   25. (liegen) Ihr Heft _____ auf dem Nachttisch.
26. (lehren) Was _____ Sie?   27. (werden) Dann _____ es bald dunkel.
28. (rufen) Die Mutter _____ die Kinder.   29. (sorgen) Andere Leute _____
für die Eltern.   30. (warten) Er _____ nie auf seine Brüder.   31. (hängen) Das
Bild _____ schon lange an der Wand.   32. (erfahren) Auf dem Weg _____ wir
alles.   33. (leiden) _____ Sie große Not?   34. (kaufen) _____ sie (*they*)
wirklich das alte Schloß?   35. (bauen) Er _____ das Haus letzten Sommer.
36. (fallen) Schnee _____ heute nacht.

B. Supply the past participle of the indicated infinitive.

1. (stellen) Er hat das Glas auf den Tisch _____.   2. (verstehen) Wer hat alles
_____?   3. (fortsetzen) Wann hatte er die Reise _____?   4. (vergessen) Nie
habe ich sein Gesicht _____.   5. (tragen) Sie hat den neuen Rock _____.
6. (werden) Wann war er krank _____?   7. (geben) Dort hat es viel Not
_____.   8. (treffen) Auf der Straße hat er sie _____.   9. (stehenbleiben) Sie
ist immer hier _____.   10. (fahren) Wer war mit ihnen _____?   11. (brennen)

Die Schule hat in der Nacht _____. 12. (lesen) Wir haben das Märchen noch nicht _____. 13. (laufen) Warum bist du so schnell _____? 14. (sprechen) Am Montag hat sie mit uns _____. 15. (vorstellen) Wann hatte er sie _____? 16. (wissen) Hast du damals alles _____? 17. (leiden) Der Bauer hatte jahrelang _____. 18. (beginnen) Das neue Semester hatte schon _____. 19. (werden) Es ist zu spät _____. 20. (finden) Hast du die Karten _____? 21. (springen) Sie ist ins Wasser _____. 22. (verschwinden) Mein Pferd ist hinter den Häusern _____. 23. (trinken) Was haben Sie nur _____? 24. (arbeiten) Im Herbst hat er nicht mehr hier _____. 25. (reiten) Wir waren um den See _____. 26. (wiederholen) Warum hat er die Frage nicht _____? 27. (singen) Heute abend haben die Gäste _____. 28. (reisen) Im Frühling ist sie um die Welt _____. 29. (nehmen) Wer hatte die Handtasche _____? 30. (gehen) Viele waren nach Hause _____. 31. (merken) Er hatte nichts _____. 32. (glauben) Ich habe ihm nicht _____. 33. (laufen) Wasser ist durch die Straßen _____. 34. (lachen) Er hatte über die Geschichte nur _____. 35. (steigen) Der Junge ist auf den Felsen _____. 36. (helfen) Haben Sie dem Nachbarn _____?

C. Supply the correct form of the modal auxiliary in the present tense. Then repeat the sentence in the past tense.

Beispiel: (können) Ich _____ es zum ersten Mal sehen.

> Ich **kann** es zum ersten Mal sehen.
> Ich **konnte** es zum ersten Mal sehen.

1. (wollen) Wer _____ so lange warten? 2. (können) Ihr _____ nicht für uns sorgen. 3. (müssen) Du _____ ihnen helfen. 4. (sollen) Warum _____ wir? 5. (mögen) Mein Vater _____ nicht lange bleiben. 6. (dürfen) _____ ich meinen Mann vorstellen? 7. (können) Wie _____ man ihn erkennen? 8. (wollen) Meine Eltern _____ allein wohnen. 9. (müssen) Trotz der Gefahr _____ wir weiter. 10. (wollen) _____ er nicht auf sie warten?

D. Change the following phrases to the plural.

1. aus welchem Brief 2. trotz des Sturmes 3. dieser Schüler 4. für solchen Herrn 5. während der Nacht 6. ohne seine Lehrerin 7. mit jener Karte 8. kein Wald 9. wegen des Staates 10. den König 11. meine Wohnung 12. zu meinem Geburtstag 13. gegen das Haus 14. anstatt seiner Schwester 15. durch dieses Schloß 16. nach diesem Kapitel 17. bei dem Bauern 18. außer diesem Beispiel 19. für meine Pflicht 20. mit diesem Menschen

E. Express in German.

1. She called me up. 2. I am continuing my work. 3. She has run away from the school. 4. Why did you try to drive off? 5. When had he given it back to her? 6. I repeated the word twice. 7. Where did you go shopping? 8. He took off his hat. 9. My son introduced his friend to me. 10. We went for a walk yesterday.

F. Reconstruct the two sentences to form one compound sentence in German, using the indicated conjunction.

Beispiel: Ich sprach mit dem Jungen. (*although*) I knew nothing.

Ich sprach mit dem Jungen, **obgleich ich nichts wußte.**

1. Die Tante bleibt bei uns. (*since*) Her husband has died.   2. Weißt du? (*whether*) The parents were at home last night.   3. Der Mann fragte uns zum letzten Mal. (*when*) We wanted to buy the farm.   4. Meine Nachbarin stellte mich ihrem Gast vor. (*because*) I wanted to become acquainted with him.   5. Wir holten unser Brot in der Bäckerei. (*while*) They went shopping in the market.   6. Trotz des Sturmes fuhr er in die Stadt. (*so that*) He could meet them after (*the*) church.   7. Wir brauchten viel Geld. (*for*) We had to buy a car.   8. Du bemerktest es gleich. (*that*) She had stopped in front of the store.   9. Er hat in der Sonne gesessen. (*until*) He had become quite weak.   10. Sie gingen schnell weiter. (*although*) They didn't know the way well.   11. Warum ließen Sie uns so lange warten? (*since*) You had to be in (*the*) church early.   12. Wir sind nach Köln geflogen. (*since*) Our parents had wanted it.   13. Er sah viel besser aus. (*since*) He had lived in the country. 14. Die Nächte waren sehr kalt geworden. (*but*) The days stayed warm and pleasant. 15. Der Gast reiste ab. (*before*) Our friends had become acquainted with him. 16. Natürlich konnte er den Hof nicht kaufen. (*after*) He had lost his money. 17. Wir essen das Brot gern. (*for*) We have eaten nothing for a long time.   18. Ihr Bruder sprach oft mit dem Nachbarn. (*while*) The neighbor's wife never greeted him.   19. Darf ich fragen? (*whether*) You can find the way to the church. 20. Wir warteten dort auf sie. (*until*) They finally appeared.

G. Supply the German equivalent for the indicated relative pronoun.

1. (*which*) Es war das achtzehnte Jahrhundert, in _____ er lebte.   2. (*whom*) Die Tante, _____ wir besuchten, erzählte uns von ihrer Europareise.   3. (*that*) Hast du das Geld bekommen, _____ ich dir schickte?   4. (*which*) Der Tisch, auf _____ er das Glas stellte, stand in der Ecke.   5. (*which*) Die Briefe, aus _____ er las, interessierten uns sehr.   6. (*which*) Der Erfolg, _____ der Dichter hatte, machte ihm wenig Freude.   7. (*that*) Sie mußten die Wörter aufschreiben, _____ sie gehört hatten.   8. (*which*) In jenem Herbst, während _____ Hans nach England reiste, fuhren wir oft aufs Land.   9. (*which*) Ich will ihr das Kleid zeigen, _____ ich gestern gekauft habe.   10. (*which*) Wir konnten die Straße nicht finden, in _____ er wohnte.   11. (*which*) Der Supermarkt, in _____ sie alles einkaufte, lag nicht weit.   12. (*whom*) Die Nachbarn, wegen _____ wir immer leise redeten, dankten uns.

H. Supply the German equivalent for the indicated relative pronoun.

1. (*whom*) Die Bürger, von _____ sie so oft reden, haben großen Einfluß. 2. (*which*) Das Bett, auf _____ er lag, war hart.   3. (*which*) Siehst du dort die Bäume, aus _____ die Soldaten geschossen haben?   4. (*which*) Die Fenster, aus

_____ man alles hören konnte, standen offen.   5. (*which*) Das Glas, aus _____
sie trank, fiel auf den Boden.   6. (*which*) Was tust du mit dem Rock, _____ du
auf das Bett legtest?   7. (*which*) Die Stimme, mit _____ er sie rief, war laut und
unfreundlich.   8. (*which*) Wir liebten die großen Bäume, unter _____ wir oft
saßen.   9. (*which*) Woher kennst du die Lieder, _____ die Kinder singen?
10. (*which*) Sie dachten oft an die Jugend, während _____ Sie so glücklich waren.
11. (*which*) Die Zeitungen, _____ Ihr Onkel mir gab, waren ganz uninteressant.
12. (*See p.* 183) (*that*) Nichts, _____ er sagt, kann ich verstehen.   13. (*that*) Er
bat uns um etwas, _____ wir ihm nicht geben konnten.   14. (*that*) Ich vergaß
wenig von dem, _____ ich in der Schule gelernt hatte.

I. Schriftliche Übungen: Kapitel 11–16. See *Programmed Assignment Book*,
pp. 125–131.

Lesestück

DREI GROßE DICHTER
Goethe (1749–1832) und Schiller (1759–1805)

Seit vielen Generationen nennt man Goethe und Schiller immer zusammen, weil die Zusammenarbeit dieser beiden großen Dichter den Höhepunkt der deutschen Klassik darstellt. Ihre Freundschaft führte zu fruchtbarer dichte-
5 rischer Tätigkeit. In der Weisheit seines Alters wurde es Goethe klar, wie viel ihm diese Freundschaft bedeutet hatte: „Überall lernt man nur von dem, den man liebt." In Weimar vereint das Goethe-Schillerdenkmal die beiden Dichter. Sie halten zusammen **einen** Lorbeerkranz, „den Kranz der
10 deutschen Dichtung".
  Johann Wolfgang Goethe kam am 28. (achtundzwanzigsten) August 1749 in Frankfurt am Main zur Welt. Scheinbar tot, schien es ein Wunder, daß er am Leben blieb. Selten war ein Kind so sorgfältig erzogen. Der Vater war
15 kaiserlicher Rat. Der Junge brauchte nicht in die Schule zu gehen, sondern lernte Sprachen, Wissenschaften, Philosophie und Künste zu Hause. Erst als alter Mann erkannte Goethe, wie viel er dem Kulturideal seines Vaters zu verdanken hatte. Goethe trat aus dem bürgerlichen Kreis
20 heraus, er kam 1775 an den Hof zu Weimar, wurde Minister, erhielt 1782 den Adelstitel und führte ein arbeitsames und befriedigendes Leben.
  Friedrich Schiller erblickte 1759 in Marbach in Württemberg das Licht der Welt. Der Fürst des Landes, in dessen
25 Diensten der Vater als Militärarzt stand, befahl, daß der

der Höhepunkt *climax*
dar/stellen *to represent*
die Tätigkeit *activity*
bedeuten *to mean*
überall *everywhere*
dem *the one*
vereinen *to unite*
das Denkmal *monument*
der Lorbeerkranz *laurel wreath*
die Dichtung *literature*

scheinbar *apparently*
erziehen *to educate*
kaiserlicher Rat *imperial councilor*
die Wissenschaft *science*
die Kunst *art*

verdanken *to owe to*
bürgerlich *middle class*
der Kreis *circle*
erhalten *to receive*
der Adel *nobility*

der Fürst *sovereign*
der Arzt *physician*
befehlen *to command*

Johann Wolfgang von Goethe

Friedrich Schiller

junge Schiller die Karlsschule, eine Militärakademie, besuchen sollte. In dieser Schule, die Sklavenschule genannt, bekamen die Schüler nie Ferien, sie durften während der ganzen Schulzeit nicht einmal nach Hause, und die Eltern
30 durften nur sehr selten zu Besuch kommen. Schiller rebellierte innerlich gegen die strenge Disziplin. Er mußte Medizin als Studienfach wählen. Der Titel seiner Examensarbeit, die er mit zwanzig Jahren schrieb, hieß „Die Philosophie der Physiologie"! Nun sollte die Schulzeit zu Ende
35 sein. Weil Schillers „Feuer" zu stark war, befahl der Fürst aber, daß er ein weiteres Jahr auf der Schule bleiben sollte. Aus Verzweiflung begann Schiller zu schreiben. Der rebellische Freiheitsgeist Schillers fand in dem Drama „Die Räuber" seinen Ausdruck. Das Stück, das er auf eigene
40 Kosten und ohne seinen Namen drucken lassen mußte, wurde ein großer Erfolg, aber Schiller bekam vierzehn Tage Arrest, weil er heimlich ins Theater zur Uraufführung gegangen war. Der Fürst verbot ihm, je wieder literarisch tätig zu werden. Um nicht ins Gefängnis zu kommen, floh
45 Schiller aus Stuttgart.

Schiller war nun in einer traurigen Lage, da er kein Geld und keine Stellung hatte. Oft wurde er krank und konnte nicht so arbeiten, wie er wollte. Weil er seine Dramen nicht rechtzeitig liefern konnte, konnte er auch seinen Kontrakt
50 mit dem Mannheimer Theater nicht einhalten.

Im achtzehnten und neunzehnten Jahrhundert war Weimar für die geistige Welt das Zentrum der deutschen Klassik, für Deutschland der Mittelpunkt des kulturellen Lebens geworden. Hier lebte und arbeitete Goethe. Schiller
55 aber fand am Hofe nur freundliche Aufnahme, weiter nichts. Goethe ging kalt an ihm vorbei. Endlich bekam Schiller auf Grund seiner vielen geschichtlichen Arbeiten eine Stellung als Professor der Geschichte und Philosophie an der Universität Jena, nicht weit von Weimar. Schiller
60 war dort nicht sehr glücklich und schrieb an seine Braut: „Mancher Student weiß vielleicht schon mehr Geschichte als der Herr Professor . . . . Inzwischen denke ich wie Sancho Panza: Wem Gott ein Amt gibt, dem gibt er auch Verstand. . . . Wie ich mit meinen Kollegen zurechtkomme,
65 ist eine andere Frage. Ich bin doch eigentlich nicht für das Professorenvolk gemacht."

Sieben Jahre lebten Schiller und Goethe nicht weit voneinander entfernt und konnten den Weg zu einander nicht finden. Erst im Jahre 1794 begann die Freundschaft, die

---

der Sklave *slave*
die Ferien *vacation*

das Studienfach *major subject*

weiter *further*
die Verzweiflung *despair*

der Räuber *robber*
der Ausdruck *expression*
eigen *own*
drucken lassen *to have printed*
heimlich *secretly*
die Uraufführung *first performance*
verbieten *to forbid*
je *ever*
tätig *active*
das Gefängnis *prison*
fliehen *to flee*
die Lage *situation*
die Stellung *position*
liefern *to deliver*
ein/halten *to fulfill*
geistig *intellectual*

die Aufnahme *reception*
vorbei *past*
auf Grund *on the basis of*

wem *to whom*
das Amt *post; official duty*
der Verstand *intellect*
zurecht/kommen *to get along*
eigentlich *actually*
entfernt *distant*

70 große Bedeutung für beide haben sollte. Die Korrespondenz zwischen Goethe und Schiller zeigt uns, wie wichtig für jeden der beiden Dichter der Rat des anderen wurde, wie jeder so bald wie möglich dem anderen seine Dichtung zusenden wollte, um seine Meinung zu hören. Schiller war
75 zehn Jahre jünger und voll Eifer, während Goethe schon begonnen hatte, „der Welt müde zu werden". Schiller feuerte Goethe an, Schiller war der dynamische Dramatiker, der schnell vorwärts mußte, und der Philosoph, der Goethe für die Philosophie gewinnen wollte—die Philosophie, die
80 für Goethe „die Poesie zerstörte". Schiller gewann an Goethe einen Freund und war für diesen der einzige Mensch, der ihn richtig verstand und der ihm kritisch zuhören konnte. Schiller war für Goethe wie ein „Spiegel, der das Licht zurückstrahlte".

85 Fast elf Jahre dauerte die Freundschaft. Sie endete erst mit dem allzufrühen Tode Schillers. Vom Arbeitstisch zum Krankenbett waren es nur ein paar Schritte, und hier endete der schwere Lebenskampf Friedrich Schillers. Seine Kämpfe waren heroisch, und in seinen Schriften lebten
90 die patriotischen Hoffnungen seines Volkes weiter. Vom Nationalismus aber sagte Schiller: „Das vaterländische Interesse ist nur wichtig . . . für die Jugend der Welt. Es ist ein kleinliches Ideal, nur für eine Nation zu schreiben."

Man sagte Goethe nichts vom Tode Schillers, da Goethe
95 in diesen Tagen auch krank gewesen war. Er sagte, als er nichts von Schiller hörte: „Ich merke es, Schiller muß sehr krank sein." Am nächsten Morgen fragte er seine Frau Christiane: „Nicht wahr, Schiller war gestern sehr krank?" und als sie zu weinen begann, fragte er: „Er ist
100 tot?" Über diesen Augenblick schrieb Goethe an einen Freund: „Ich glaubte, mich selbst zu verlieren und verliere einen Freund und mit ihm die Hälfte meines Daseins."

Über die Frage: Wer war größer, Goethe oder Schiller? hat man viel diskutiert. Natürlich ist es Goethe, den man
105 zusammen mit Homer, Dante und Shakespeare nennt. Aber Goethe lebte zweiundachtzig Jahre lang und konnte in seinem Lebenswerk den höchsten Ideen seiner Epoche Ausdruck geben. Schillers Leben dauerte nur fünfundvierzig Jahre—ein Leben voll Kampf und Leiden. Schiller kämpfte
110 gegen die Misere der täglichen Not, gegen Krankheit, gegen Despotismus. Von ihm schrieb Thomas Mann: „Von seinem Willen gehe etwas in uns ein: von seinem Willen zum Schönen, Wahren und Guten, zur inneren Freiheit,

sollte *was to*
die Bedeutung
significance
die Dichtung *literary
work*
die Meinung *opinion*
der Eifer *eagerness*

an/feuern *to stimulate*

zerstören *to destroy*
einzig *only*

zu/hören *to listen to*
der Spiegel *mirror*
zurück/strahlen *to reflect*
dauern *to last*

der Schritt *step*

der Kampf *struggle*
die Schrift *writing*

kleinlich *trivial*

der Augenblick *moment*

das Dasein *life*

der Ausdruck *expression*
gehe etwas in uns ein *let
something become a
a part of us*
der Wille zum Schönen
*desire for that which
is beautiful*

zur Kunst, zur Liebe, zum Frieden, zu rettender Ehrfurcht des Menschen vor sich selbst."

retten *to redeem*
die Ehrfurcht *reverence*

Heinrich Heine (1797–1856)

Man hat gesagt, daß die Amerikaner Heinrich Heine besser kennen als Goethe und Schiller. Es ist möglich, denn Schubert, Schumann und Mendelssohn haben viele seiner Gedichte in Musik gesetzt. Vieles, was Heine schrieb,
120 ist leicht zu verstehen, voller Humor—wenn auch ironisch und zynisch—und gar nicht langweilig. Wir besitzen von Heine u.a. (unter anderem) drei große und drei kleinere Gedichtsammlungen, fünf Bücher über Philosophie, Literatur, Kunst und Theater, drei Bücher über Zeit-
125 geschichte, zwei Bücher mit Reisebeschreibungen, drei Novellen und mehrere kleinere Aufsätze. Was die meisten Menschen gern lasen, war der leichte, satirische Ton, der manches kritisierte und verneinte. Es gibt wenige Gedichte, in denen Heine nicht mit frivoler Ironie die Stimmung
130 selbst zerstörte. Er sagte selbst: „Vergiftet sind meine Lieder." Trotzdem findet man unter seinen Gedichten viele, die zu der schönsten Lyrik der deutschen Sprache gehören.

wenn auch *even though*
langweilig *boring*

die Sammlung *collection*
die Kunst *art*

die Novelle *short story*

verneinen *to negate*
die Stimmung *mood*
selbst *himself*
zerstören *to destroy*
vergiftet *poisoned*
unter *among*

Heine war Rheinländer. Seine Geburtsstadt Düsseldorf war zu dieser Zeit von den Franzosen besetzt. Das Erlebnis
135 der Befreiung der Vaterstadt erweckte in dem jungen Harry Heine früh den Dichter der bürgerlichen Freiheit. Er schrieb: „In meiner Wiege lag schon die Marschroute für das Leben."

besetzt *occupied*
das Erlebnis *experience*
erwecken *to awaken*

die Wiege *cradle*
die Marschroute *direction*

Der junge Heine sollte Bankier werden, und seine Eltern,
140 die nicht reich waren, schickten ihn nach Hamburg zu seinem Onkel Salomon. Mit Hilfe des Onkels, der Millionär war, trat Heine in das Bank- und Geschäftsleben ein, aber nur die hübsche Tochter des Onkels interessierte ihn. Sie wollte aber nichts von ihm wissen. Heine trug die Wunde
145 dieser unglücklichen Liebe lange in seinem Herzen. Seine Liebeslieder bekamen einen leicht melancholischen, oft aber auch bitter zynischen Ton.

hübsch *pretty*
die Wunde *wound*

Da Heine keinen Erfolg im Geschäftsleben hatte, ließ ihn der Onkel studieren. An der Universität Bonn wurde
150 der freiheitliche, liberale und zu der Zeit revolutionäre Geist in Heine stärker. Spätere Semester in Göttingen und Berlin führten nur zu scharfer Kritik und starker Satire. Kurz vor seinem Doktorexamen änderte er seinen Namen Harry in Heinrich um und gab seine jüdische Religion auf,

um/ändern in *to change to*
jüdisch *Jewish*

Heinrich Heine

155 um Christ zu werden. Er sah nur diesen einen Weg zu
einer erfolgreichen Laufbahn, und er wollte durchaus ein
großer Mann werden. Leider machte ihn dieser Schritt
auch nicht glücklich. „Ich bin jetzt bei Christen und Juden
verhaßt . . . Ich sehe auch gar nicht, daß es mir seitdem
160 besser gegangen ist, im Gegenteil, ich habe seitdem nichts
als Unglück."

die Laufbahn *career*
durchaus *by all means*
der Schritt *step*

verhaßt *hated*
im Gegenteil *on the contrary*

Das Unglück war, daß er keine Stellung fand, obgleich
er durch sein „Buch der Lieder" berühmt geworden war.
Den Unterschied zwischen Ideal und Wirklichkeit konnte
165 Heine nicht hinnehmen. Er konnte nur mit ironischer,
scharfer Kritik alles durchschauen. Die Schriften, durch
die er Geld zu verdienen hoffte, hat man wegen revolutionärer Ideen verboten. Da er in Deutschland nicht mehr
schreiben durfte, mußte Heine nach Frankreich fliehen. In
170 seiner Verbitterung soll er gesagt haben: „Ich hasse alles,
was Deutsch ist." So etwas ist schwer zu glauben, wenn
man liest:

das Unglück *misfortune*
die Stellung *position*

der Unterschied *difference*
hin/nehmen *to accept*
die Schriften *writings*

verbieten *to prohibit*
fliehen *to flee*
hassen *to hate*

„Denk' ich an Deutschland in der Nacht,
Dann bin ich um den Schlaf gebracht.

Denk'ich *If I think*
bringen um *to rob of*

175 Ich kann nicht mehr meine Augen schließen,
Und meine heißen Tränen fließen.''

schließen *to close*
die Träne *tear*

Man kommt dann auf das charakteristische Paradox, von
dem er selbst ironisch sagte: ,,Ich brauche nicht immer
meiner eigenen Meinung zu sein.''

eigen *own*
die Meinung *opinion*
verbringen *to spend*

180 Heine verbrachte den Rest seines Lebens (1831–1856)
in Frankreich. Er liebte das Pariser Leben und fühlte sich
,,wie ein Fisch im Wasser.'' Hier erblickte er in einem
Schuhgeschäft eine kleine, schöne Verkäuferin, die er mit
nach Hause nahm. Weil er ihren Namen Crescentia nicht

erblicken *to catch sight of*
die Verkäuferin *salesgirl*

185 mochte, nannte er sie Mathilde. Mathilde konnte weder
lesen noch schreiben, hatte aber dafür viel Phantasie
und Temperament. Heine liebte sie leidenschaftlich und
schickte sie in eine Schule, damit sie lesen, schreiben und
Deutsch lernen sollte. Ein wenig lesen und schreiben lernte

dafür *in return for that*
leidenschaftlich
    passionately

190 sie, aber alles, was sie später auf Deutsch sagen konnte,
war ,,mein Mann'' und ,,Nehmen Sie Platz!''
Heine heiratete Mathilde im Jahre 1841. Die Ehe war
stürmisch glücklich. Mathilde tanzte gern, lachte viel und
liebte ihre Katzen und Papageien. Sie war einfach und

heiraten *to marry*
die Ehe *marriage*
die Katze *cat*
der Papagei *parrot*

195 lustig wie ein Kind. Wenn sie nicht bekam, was sie wollte,
warf sie sich wild auf den Boden und schrie. Sie liebte
schöne Kleider und Hüte. Heine, der immer Geld brauchte,
mußte ihr alles kaufen. Er tat es gern, denn er wollte sie
glücklich machen. Wenn sie am Nachmittag ausging, saß

sich *herself*
der Boden *ground*
schreien *to scream*

200 er nervös an seinem Schreibtisch, bis sie wiederkam.
Er wurde so eifersüchtig, daß er ihren Lieblingspapagei
vergiftete. Zwanzig Jahre lang beglückte sie ihn—und
machte ihn unglücklich. In seinen letzten Jahren war sie
seine große Freude, seine einzige Sorge und die Inspiration

eifersüchtig *jealous*
vergiften *to poison*
beglücken *to make happy*
einzig *only*

205 für viele seiner unsterblichen Lieder.
Im Jahre 1845 begann die Krankheit, die Heine acht
Jahre lang an das Bett fesseln sollte. Schon als Kind war
ihm lautes Sprechen unangenehm. Er litt oft an Migräne.
Nervosität, Depressionen und Schlaflosigkeit plagten ihn

fesseln *to chain*
sollte *was to*

210 sein ganzes Leben lang. In Paris bemerkte er eine Lähmung
in den Fingern seiner linken Hand, dann in seinem linken
Augenlid. Kein Arzt konnte ihm helfen. Bald stand Heine
nicht mehr vom Bette auf. Acht Jahre lang lag er in seiner
,,Matratzengruft''. Er wurde zum Skelett, fast alle Glieder

die Lähmung *paralysis*
link- *left*

die Matratze *mattress*
die Gruft *grave*
das Glied *limb (of the
    body)*

215 waren gelähmt, und wenn er lesen wollte, mußte er mit
den Fingern die Augenlider heben. Nur sein Geist und
sein Humor blieben ungebrochen. Er konnte von seinen

heben *to lift*

„eigenen Schmerzen nicht erzählen, ohne daß es komisch
wurde". In den Stunden, in denen er weniger litt, diktierte
220 er meisterhafte Werke und unvergeßliche Gedichte. „Mein
Körper leidet große Qual, aber meine Seele ist ruhig
wie ein Spiegel und hat manchmal auch ihre schönen
Sonnenaufgänge und Sonnenuntergänge."

Am 17. Februar 1856 starb Heinrich Heine. Er liegt
225 auf dem Friedhof von Montmartre begraben. Als
Abschiedsgruß schrieb er: „Lebt wohl, ihr geistreichen,
guten Franzosen, die ich so sehr geliebt habe. Ich danke
euch für eure Gastfreundschaft."

eigen *own*
der Schmerz *pain*
der Körper *body*
die Qual *torment*
der Spiegel *mirror*
der Sonnenaufgang
  sunrise

der Friedhof *cemetery*
begraben *buried*
der Abschied *farewell*
lebt wohl *good-by*
die Gastfreundschaft
  hospitality

Gedichte

Erinnerung
von Johann Wolfgang von Goethe (*1749–1832*)

Willst du immer weiter schweifen?
Sieh, das Gute liegt so nah.
Lerne nur das Glück ergreifen,
Denn das Glück ist immer da.

schweifen *to roam about,*
  to stray

ergreifen *to grasp*

Wanderers Nachtlied
von Johann Wolfgang von Goethe

5 Der du von dem Himmel bist,
Alles Leid und Schmerzen stillest,
Den, der doppelt elend ist,
Doppelt mit Erquickung füllest,
Ach, ich bin des Treibens müde!
10 Was soll all der Schmerz und Lust?
Süßer Friede,
Komm, ach komm in meine Brust!

der Schmerz *pain*
stillen *to silence*
elend *miserable*
die Erquickung *solace*
das Treiben *activity*
was soll? *what is the*
  sense?
die Lust *joy*
süß *sweet*

Der König in Thule
von Johann Wolfgang von Goethe

Es war ein König in Thule
Gar treu bis an das Grab,
15 Dem sterbend seine Buhle
Einen goldnen Becher gab.

Es ging ihm nichts darüber,

treu *faithful*
das Grab *grave*
die Buhle *ladylove*
der Becher *goblet*
es ging ihm nichts darüber
  he valued nothing more
  highly

Er leert' ihn jeden Schmaus;
Die Augen gingen ihm über,
20 So oft er trank daraus.

Und als er kam zu sterben,
Zählt' er seine Städt' im Reich,
Gönnt' alles seinen Erben,
Den Becher nicht zugleich.

25 Er saß beim Königsmahle,
Die Ritter um ihn her,
Auf hohem Vätersaale,
Dort auf dem Schloß am Meer.

Dort stand der alte Zecher,
30 Trank letzte Lebensglut,
Und warf den heiligen Becher
Hinunter in die Flut.

Er sah ihn stürzen, trinken
Und sinken tief ins Meer.
35 Die Augen täten ihm sinken;
Trank nie einen Tropfen mehr.

leeren *to empty*
der Schmaus *feast*
die Augen gingen ihm
    über *tears came to his eyes*
daraus *out of it*
zählen *to count*
das Reich *empire*
gönnen *to give gladly*
der Erbe *heir*
zugleich *at the same time*
das Mahl *festive meal*
der Vätersaal *ancestral hall*
das Meer *ocean*
der Zecher *reveler*
die Glut *glow*
heilig *sacred*
die Flut *waves*

stürzen *to crash*
trinken *to fill up*

täten ihm sinken *closed*

der Tropfen *drop*

Gefunden
von Johann Wolfgang von Goethe

Ich ging im Walde
So für mich hin,
Und nichts zu suchen,
40 Das war mein Sinn.

Im Schatten sah ich
Ein Blümchen stehn,
Wie Sterne leuchtend,
Wie Äuglein schön.

45 Ich wollt' es brechen,
Da sagt' es fein:
„Soll ich zum Welken
Gebrochen sein?"

Ich grub's mit allen
50 Den Würzlein aus,
Zum Garten trug ich's
Am hübschen Haus.

so für mich hin *all by myself*

der Sinn *intention*

der Stern *star*
leuchtend *shining*

welken *to fade*

graben *to dig*
die Wurzel *root*

hübsch *pretty*

Und pflanzt' es wieder
Am stillen Ort;
55 Nun zweigt es immer
Und blüht so fort.

pflanzen *to plant*
der Ort *place*
zweigen *to put forth
shoots*
blühen *to bloom*
so fort *continually*

Es lächelt der See
von Friedrich von Schiller (*1759–1805*)

Es lächelt der See, er ladet zum Bade,
Der Knabe schlief ein am grünen Gestade,
 Da hört er ein Klingen
60 Wie Flöten so süß,
 Wie Stimmen der Engel
 Im Paradies.

Und wie er erwachet in seliger Lust,
Da spülen die Wasser ihm um die Brust,
65 Und es ruft aus den Tiefen:
 Lieb Knabe, bist mein!
 Ich locke den Schläfer,
 Ich zieh' ihn herein.

lächeln *to smile*
der See *lake*
laden *to invite*
der Knabe *boy*
ein/schlafen *to fall asleep*
das Gestade *shore*
das Klingen *musical
sounds*
die Flöte *flute*
der Engel *angel*
selig *bliss*
die Lust *delight*
spülen *to wash over*
locken *to lure*

Fünf Gedichte
von Heinrich Heine (*1797–1856*)

Du bist wie eine Blume
70 So hold und schön und rein;
Ich schau' dich an, und Wehmut
Schleicht mir ins Herz hinein.

hold *gracious*
rein *pure*
an/schauen *look at*
die Wehmut *melancholy*
schleichen *to creep*

Mir ist, als ob ich die Hände
Aufs Haupt dir legen sollt',
75 Betend, daß Gott dich erhalte
So rein und schön und hold.

das Haupt *head*
beten *to pray*
erhalten *to keep*

Es ragt ins Meer der Runenstein,
Da sitz' ich mit meinen Träumen.
Es pfeift der Wind, die Möwen schrein,
80 Die Wellen, die wandern und schäumen.

ragen *to project*
der Runenstein *rune-stone*
pfeifen *to whistle*
die Möwe *sea gull*
die Welle *wave*
schäumen *to foam*

Ich habe geliebt manch schönes Kind
Und manchen guten Gesellen—
Wo sind sie hin? Es pfeift der Wind,
Es schäumen und wandern die Wellen.

der Geselle *fellows*

85 Es war ein alter König,
Sein Herz war schwer, sein Haupt war grau;   das Haupt *head*
Der arme alte König,
Er nahm eine junge Frau.

Es war ein schöner Page,
90 Blond war sein Haupt, leicht war sein Sinn;   der Sinn *mind*
Er trug die seidne Schleppe   seiden *silken*
Der jungen Königin.   die Schleppe *train*

Kennst du das alte Liedchen?
Es klingt so süß, es klingt so trüb'!   trübe *gloomy*
95 Sie mußten beide sterben,
Sie hatten sich viel zu lieb.   sich lieb/haben *to love*
           one another

Das Glück ist eine leichte Dirne   das Glück *good fortune*
Und weilt nicht gern am selben Ort;   die leichte Dirne *frivolous*
Sie streicht das Haar dir von der Stirne   *wench*
100 Und küßt dich rasch und flattert fort.   weilen *to stay*
           streichen *to stroke*
Frau Unglück hat im Gegenteile   die Stirn *forehead*
Dich liebefest ans Herz gedrückt;   rasch *quick*
Sie sagt, sie habe keine Eile,   im Gegenteil *on the*
Setzt sich zu dir ans Bett und strickt.   *contrary*
           drücken *to press*
           Eile haben *to be in a*
           hurry
           stricken *to knit*

In der Fremde   die Fremde *foreign land*

von Heinrich Heine

105 Ich hatte einst ein schönes Vaterland.   einst *once*
Der Eichenbaum   der Eichenbaum *oak tree*
Wuchs dort so hoch, die Veilchen nickten sanft.   wachsen *to grow*
Es war ein Traum.   das Veilchen *violet*
           nicken *to nod*
Das küßte mich auf deutsch und sprach auf deutsch,   sanft *gentle*
110 (Man glaubt es kaum,   küssen *to kiss*
Wie gut es klang) das Wort: „Ich liebe dich!"   klingen *to sound*
Es war ein Traum.

Kapitel

17

Fragen

1. Zu welcher Jahreszeit schneit es (schwimmt man gern; werden die Bäume gelb und rot; wird es sehr warm; läuft man Ski)?
2. Was macht das Leben schön?
3. Was tun Sie, wenn Sie hungrig (müde, glücklich, krank, einsam, kaputt) sind?
4. Was tun Sie, nachdem Sie nach Hause gefahren sind (einen Brief bekommen haben; ein schönes Mädchen kennengelernt haben)?
5. Welche Farbe hat der Bleistift, mit dem Sie schreiben (der Wagen, den Sie fahren; der Rock, den Sie tragen; das Kleid, das Sie anhaben; das Buch, das Sie lesen)?
6. Was ist das Gegenteil von: lustig, stark, alles, erscheinen, selten, das Leid, die Gegenwart, laufen, finden, hin-, schwarz?
7. Wie sieht das Mädchen aus, das vor Ihnen sitzt (der Student, der hinter Ihnen sitzt; der Mann, der neben Ihnen wohnt; die Frau, die in der Bibliothek arbeitet; der Junge, der die Zeitung bringt)?

8. Wo findet man Wetterberichte (deutsche Geschichten; Menschen, die Deutsch sprechen; Wohnungen, die sehr teuer sind; Autos, die sehr schnell fahren; Menschen, die Tennis spielen)?

9. Antworten Sie mit **weder . . . noch!** Essen Sie Bananen oder Pfirsiche gern? Rauchen Sie Pfeife oder Zigarren? Fahren Sie zu schnell oder zu langsam auf der Autobahn? Fahren Sie oft oder selten aufs Land? Lebt noch Ihr Urgroßvater oder Ihre Urgroßmutter?

10. Was hat es gestern abend zu essen gegeben?

11. Welche Farbe hat eine Sonnenblume?

12. Was trägt eine Frau manchmal um den Kopf?

13. Wie oft schlägt eine Uhr, wenn es eine Stunde vor Mitternacht ist?

14. Was braucht man, um um die Welt zu reisen?

15. Wer sorgt für die Kinder in der Familie?

16. Warum muß man manche Wörter oft wiederholen?

Wortschatz

der Arzt, ̈-e	doctor, physician	die Bedeutung, -en	meaning
der Bach, ̈-e	brook	die Burg, -en	fortress
der Berg, -e	mountain	die Entwicklung, -en	development
der Bericht, -e	report	die Freiheit, -en	freedom
der Feind, -e	enemy	die Gabel, -n	fork
der Fuß, ̈-e	foot	die Hand, ̈-e	hand
der Gedanke, -ns,* -n	thought, idea	die Kunst, ̈-e	art
der Glaube, -ns*, -n	belief	die Luft, ̈-e	air
der Körper, -	body	die Musik	music
der Löffel, -	spoon	die Nichte, -n	niece
der Name, -ns,* -n	name	die Post	post office; mail
der Neffe, -n, -n	nephew	die Stelle, -n	place, position

das Amt, ̈-er	office
das Dach, ̈-er	roof
das (Fahr) rad, ̈-er	bicycle
das Glück	happiness; luck
das Kino, -s	movie theater, movie(s)
das Messer, -	knife
das Paket, -e	package
das Postamt, ̈-er	post office
das Programm, -e	program
das Ziel, -e	goal, aim

Irreg. sing.:

der Gedanke	der Glaube	der Name
den Gedanken	den Glauben	den Namen
dem Gedanken	dem Glauben	dem Namen
des Gedankens	des Glaubens	des Namens

Bamberg

bedeuten	*to mean, to signify*	erreichen	*to reach, to attain*
begegnen (**ist**) (*dat.*)	*to meet, to encounter*	erwarten	*to expect*
berichten	*to report*	heiraten	*to marry, to get*
blicken	*to glance*		*married*
dauern	*to last*	ruhen	*to rest*
		stören	*to disturb*

an/fangen, fängt an, fing an, hat angefangen *to begin*
an/kommen, kommt an, kam an, **ist** angekommen *to arrive*
erhalten, erhält, erhielt, hat erhalten *to receive*
geschehen, geschieht, geschah, **ist** geschehen *to happen*
halten, hält, hielt, hat gehalten *to hold; to stop*
laden, lädt, lud, hat geladen *to load*
raten, rät, riet, hat geraten (*dat.*) *to advise; to guess*
treten, tritt, trat, **ist** getreten *to step, to kick*
ziehen, zieht, zog, hat gezogen *to pull, to draw*
ziehen, zieht, zog, **ist** gezogen *to move, to go*
zwingen, zwingt, zwang, hat gezwungen *to force, to compel*

Grammatik

A. MODALS IN THE PERFECT TENSES: DOUBLE INFINITIVE CONSTRUCTION

1. In addition to the regular past participles (**gedurft, gekonnt, gemocht, gemußt, gesollt, gewollt**) there is a second past participle form which is identical with the infinitive. This form must be used when the infinitive of another verb is expressed. This double infinitive construction must stand at the end of its clause.

Er **hat** (es) nicht **gedurft.**
He was not (has not been) permitted to.

Er **hat** es nicht **tun dürfen.**
He was not (has not been) permitted to do it.

ÜBUNG 1

In the second sentence supply the past participle suggested in the first sentence. Translate both sentences.

Beispiel: Er hat gewollt. Er hat tanzen _____.
                        Er hat tanzen **wollen.**

   He (has) wanted to. *He (has) wanted to dance.*

1. Sie hat gedurft. Sie hat fahren _____. 2. Georg hat gemußt. Er hat fliegen _____. 3. Ich habe gekonnt. Ich habe ihn nicht schlagen _____. 4. Wir hatten es nicht gesollt. Wir hatten nicht erscheinen _____. 5. Er und sie hatten nicht gemocht. Sie hatten nicht anrufen _____. 6. Ihr habt gleich gewollt. Ihr habt gleich hingehen _____.

ÜBUNG 2

Express in German.

1. He has been permitted to. He has been permitted to meet me. 2. Maria has never wanted to. She has never wanted to travel. 3. Jürgen had always been able to. He had always been able to beat me. 4. Who had been supposed to? Who had been supposed to introduce him? 5. Why had you had to? Why had you had to repeat it? 6. He has seldom liked to. He has seldom liked to play cards.

ÜBUNG 3

Schriftliche Übungen: See *Programmed Assignment Book*, p. 133, **A.a,b.**

2. When a dependent clause using a model is in the present perfect or past perfect tense, the conjugated form of the auxiliary verb **haben** immediately *precedes* the double infinitive.

Ich weiß nicht, ob sie ihn **hat** fortschicken wollen.
I don't know if she wanted to send him away.

ÜBUNG 4

Change both clauses from the past tense to the present perfect.

Beispiel: Sie gab mir das Tuch, da sie es nicht tragen wollte.

Sie **hat** mir das Tuch **gegeben**, da sie es nicht **hat tragen wollen.**

1. Die Eltern wußten nicht, ob der Arzt helfen konnte. 2. Die Tante ging, obwohl sie bleiben sollte. 3. Der Onkel schickte Geld, weil er es tun wollte. 4. Ihre Nichte war unglücklich, daß sie uns besuchen mußte. 5. Das Zimmer wurde zu warm, bis wir die Fenster öffnen durften. 6. Ich war besorgt, da das Kind nicht essen mochte. 7. Meine Nichte kaufte ein, da meine Tante nicht einkaufen konnte. 8. Susi ging nicht mit, obgleich sie gern reiten wollte. 9. Wir riefen den Arzt, weil wir ihn rufen sollten. 10. Er rauchte, obgleich er nicht rauchen durfte.

ÜBUNG 5

Schriftliche Übungen: See *Programmed Assignment Book*, p. 133, **A.c,d.**

B. DOUBLE INFINITIVE CONSTRUCTION:
HELFEN, HÖREN, LASSEN, SEHEN

When used like modals, the above verbs also use the double infinitive construction in the perfect tenses.

Meine Mutter **hat** mich nicht **telefonieren hören.**
My mother didn't hear me telephone.

Ich weiß, daß du die Vase **hast fallen lassen.**
I know that you let the vase drop.

ÜBUNG 6

Express in German.

1. He lets me drive home.   2. We helped her do the work.   3. She has heard him sing often.   4. No one had let him work in peace.   5. Our neighbors have never heard us speak against him.   6. Had they let him vote?   7. Have you seen the man standing there?   8. I said that I had helped him explain it.   9. They didn't know any longer when they had seen us coming.   10. We opened the door, after we had heard them calling.

ÜBUNG 7

Schriftliche Übungen: See *Programmed Assignment Book*, p. 135, **B.**

C. PRESENT TENSE OF HALTEN, LADEN, RATEN

These three strong verbs with stems ending in **-d** or **-t** are somewhat irregular in the second and third persons singular of the present tense.

halten (*to hold; to stop*)	**laden** (*to load*)	**raten** (*to advise*)
ich halte	lade	rate
du **hältst**	**lädst**	**rätst**
er **hält**	**lädt**	**rät**
wir halten	laden	raten
ihr haltet	ladet	ratet
sie halten	laden	raten

ÜBUNG 8

Supply the correct present tense form of the indicated infinitive.

1. (halten) ich _____, du _____, er _____   2. (laden) wir _____, ihr _____, Sie _____   3. (raten) ich _____, du _____, er _____
4. (erhalten) wir _____, ihr _____, Sie _____   5. (laden) Er _____ den

Wagen.   6. (raten) Sie (*she*) _____ jedem.   7. (erhalten) Meine Tochter _____ den Preis.   8. (laden) Unser Nachbar _____ alles auf sein Fahrrad.   9. (raten) Wer _____ Ihnen, nach Deutschland zu fliegen?   10. (erhalten) Warum _____ du so wenig Geld?

ÜBUNG 9

Schriftliche Übungen: See *Programmed Assignment Book*, p. 135, **C.**

D. ORDER OF ADVERBIAL EXPRESSIONS
   (See Appendix, IV.C., p. 437.)

Adverbial expressions of time usually precede adverbial expressions of place.

Ich bleibe den ganzen Tag zu Hause.   *I shall stay home all day.*

ÜBUNG 10

Insert the adverbial expressions into the sentence.
In the last three, form a complete sentence using the given words.

1. Der Professor arbeitet. (zu Hause, am Abend)   2. Meine Schwester fährt. (in die Stadt, morgen)   3. Ich kaufe ein. (am Markt, am Montag)   4. gestern, nach Hause, schickte, das Paket, ab, für seine Tochter, er   5. redet, immer, mit dem Fahrer, die Dame, in dem Bus   6. nach Südamerika, der Soldat, nach einem Jahr, zurück, fährt

ÜBUNG 11

Schriftliche Übungen: See *Programmed Assignment Book*, p. 137, **D.**

E. SUFFIX -ER

Nouns denoting the *agent* of an action are formed by adding the suffix **-er** to the verb stem. Sometimes an umlaut is added. The feminine form, if any, adds **-in.**

(arbeiten)	der Arbeit**er**, die Arbeit**erin**	*worker*
(kaufen)	der Käuf**er**, die Käuf**erin**	*buyer*
(wandern)	der Wander**er**,-	*wanderer*

ÜBUNG 12

Express in German the masculine and feminine forms of the following.

the story teller, the drinker, the dreamer, the rider, the driver, the leader, the servant, the visitor, the owner

ÜBUNG 13

Schriftliche Übungen: See *Programmed Assignment Book*, p. 137, **E.**

F. INFINITIVES USED AS NOUNS

The infinitive of a verb may be used in German as a neuter noun, usually with the definite article. It is best rendered in English by the gerund (*-ing* form).

Das Einkaufen in der Stadt ist ermüdend.
Shopping in the city is tiring.

Wir beginnen **mit dem Singen.**
We'll begin with (the) singing.

ÜBUNG 14

Express in German.

1. Sleeping is important.   2. He finds working there very unpleasant.
3. Teaching is often difficult.   4. Driving on the freeway is not very interesting.
5. Smoking isn't good for you, Ruth.

ÜBUNG 15

Schriftliche Übungen: See *Programmed Assignment Book*, p. 137, **F.**

Alltägliches

Im Postamt

Beamter Sie wünschen?		der Beamte *clerk*
Mike Bitte, zehn Briefmarken für Luftpostbriefe und		die Marke *stamp*
zwanzig Briefmarken für Postkarten nach den USA.		
Beamter Na, gut. Das macht also dreiundzwanzig Mark		
5	zusammen. Sonst noch etwas?	sonst noch etwas
Mike Ja, bitte. Zehn Marken für Inlandsbriefe mit		*anything else*
gewöhnlicher Post.		
Beamter Das Porto ist letzte Woche gestiegen, aber nicht		das Porto *postage rate*
für Eilbriefe und Einschreibebriefe.		der Eilbrief *special*
10	**Mike** Ich habe noch ein Päckchen abzuschicken.	*delivery letter*
Beamter Da müssen Sie zum Schalter Vier. Hier bekom-		der Einschreibebrief
men Sie nur Wertzeichen in kleinen Mengen.		*registered letter*
Mike Danke. Ich merke es mir. Schalter Vier ist jetzt frei.		der Schalter *window*
Auf Wiedersehen! (*Er geht an Schalter Vier.*)		das Wertzeichen *stamp*
		die Menge *amount*

15   **Beamtin**   Grüß' Gott!

    Mike   Grüß' Gott! Dieses Päckchen möchte ich postlagernd nach Innsbruck schicken.

    Beamtin   Sie haben den Absender vergessen.

    Mike   Wie dumm von mir. Darf ich Ihren Kugelschreiber

20   gebrauchen?

    Beamtin   Es fehlt auch die Postleitzahl.

    Mike   Ja—die habe ich nicht gewußt.

    Beamtin   Gehen Sie an den Tisch drüben. In dem dicken Buch können Sie nachschlagen. Wollen Sie das

25   Päckchen versichern?

    Mike   Nein. Es sind nur ein Paar Skisocken. Sie haben sogar ein Loch. Ein Freund hat sie bei mir liegenlassen, und ich schicke sie ihm nach.

    Beamtin   Das Päckchen wiegt aber etwas zu schwer für

30   Socken.

    Mike   Zum Spaß habe ich zwei Stück Seife beigelegt.

    Beamtin   Hoffentlich versteht Ihr Freund den Witz.

    Mike   Er hat mir einmal einen Stein geschickt. Dazu schrieb er: „Du hast so lange nicht geschrieben. Als

35   ich endlich Deine Postkarte bekam, ist mir dieser Stein vom Herzen gefallen!"

    Beamtin   Seltsame Freunde haben Sie! Jetzt aber los! Es stehen Leute hinter Ihnen.

    Mike   Nur noch eine Frage. Wo ist der Briefeinwurf?

40   **Beamtin**   Am Ausgang links.

    Mike   Ist das Postamt morgen auf?

    Beamtin   Wochentags sind wir von 8 bis 12 und von 3 bis 7 auf. Samstags machen wir um 12 Uhr zu.

    Mike   Am Sonntag möchte ich aber ein Ferngespräch

45   nach USA machen und ein Telegramm aufgeben.

    Beamtin   Die Hauptpost in der Theresienstraße ist immer auf, auch Sonntags.

    Mike   Sehr gut. Danke für die Auskunft. Auf Wiedersehen!

Glossary (margin):
- postlagernd *general delivery*
- der Absender *return address*
- der Kugelschreiber *ballpoint pen*
- die Postleitzahl *zip-code*
- drüben *over there*
- nach/schlagen *to look up*
- versichern *to insure*
- sogar *even*
- das Loch *hole*
- der Spaß *joke*
- die Seife *soap*
- der Stein *stone*
- Jetzt aber los! *Get going now!*
- der Briefeinwurf *letter drop*
- links *to the left*
- auf *open*
- zu/machen *to close*
- das Ferngespräch *long-distance call*
- die Hauptpost *main post office*
- die Auskunft *information*

Aufsatzthemen

Write a few lines on one of the following topics.

1. Einkaufen in der Stadt
2. Ein Märchen
3. Über die Schule und meine Lehrer
4. Ein Film, der (nicht) gut war

5. Das Leben der Brüder Grimm
6. Ein Gespräch zwischen dem Bärenhäuter und dem Teufel
7. Der Bärenhäuter und seine Braut sprechen über die Zukunft

WIEDERHOLUNG

Kapitel 17. Preparation for tests. See *Programmed Assignment Book*, p. 139.

PRÜFUNG 1 ODER 2

Kapitel 17. See Instructor.

Fragen

1. Wer kann Ihnen helfen, wenn Sie krank sind?
2. Was legt man auf den Tisch, bevor man ißt?
3. Was braucht man, um etwas kaufen zu können?
4. Was muß man haben, um etwas zu gewinnen?
5. Wie lange dauert die Fahrt nach Hause (die Klassenstunde, die Hausaufgabe, ein Telefongespräch, ein Gottesdienst in der Kirche, das Abendessen zu Hause, das Frühstück)?
6. Nennen Sie jemand, den Sie heiraten wollen (besuchen sollen, anrufen müssen, nicht verstehen können)!
7. Was stört Sie zu Hause (in der Schule, auf der Straße, im Postamt, im Kino, im Restaurant)?
8. Um wieviel Uhr kommen Sie in der Schule (in der Kirche, zu Hause) an?
9. Was erhalten Sie für Ihre Arbeit?
10. Was bedeuten diese Wörter: der Augenarzt, der Bergbach, der Zeitungsbericht, der Freiheitskrieg, der Luftballon, das Taschenmesser, das Lebensziel, der Teelöffel, die Gedankenentwicklung, die Arbeitsstelle,

die Burgruine, die Heugabel, die Kammermusik, der Familienname, der Glückwunsch, der Volksfeind, die Freiheitsstatue, feindlich, die Heirat, der Blick, der Anfang?

11. Welchen Glauben hat ein Optimist und welchen Glauben hat ein Pessimist?
12. Wo ruht man gut?
13. Was erwartet man von einem Briefträger?
14. Was erhält man durch die Post?
15. In welchen Ländern hat man wenig Freiheit?
16. Wie oft gehen Sie ins Kino?
17. Was zwingt einen Menschen zu essen?
18. Um wieviel Uhr fängt die Deutschstunde an?
19. Was geschieht, wenn man zu schnell fährt?
20. Was laden Sie in Ihr Auto, bevor Sie in die Schule fahren?

Wortschatz

ander-	*other, different*	nachher	*afterwards*
durstig	*thirsty*	niemand	*no one*
einige (*pl.*)	*a few, some*	offen	*open*
frei	*free*	ruhig	*quiet*
gewiß	*certain*	selb-	*same*
gewöhnlich	*usual, ordinary*	seltsam	*peculiar, strange*
heiß	*hot*	sicher	*sure, safe*
hungrig	*hungry*	viel	*much*
jemand	*some one*	viele (*pl.*)	*many*
mancher*	*many a (one)*	vorher (*adv.*)	*before, previously*
manche (*pl.*)	*some*	wenig	*little (quantity)*
mehr	*more*	wenige (*pl.*)	*few*
mehrere (*pl.*)	*several*	wohl	*well; probably*

Useful Expressions and Idioms

leid tun (*dat.*)   *to be sorry*
    Es tut mir leid. Es tut Ihnen leid.   *I am sorry. You are sorry.*
    Der Mann tut mir leid.   *I am sorry for the man.*

kalt sein, heiß sein (*impers.*) (*dat.*)   *to be cold, hot*
    Es ist mir kalt.   *I am cold.*
    Es ist ihm zu heiß.   *He is too hot.*

im Kino, ins Kino   *at the movies, to the movies*
    Ich sah es im Kino.   *I saw it at the movies.*
    Wir gehen heute abend ins Kino.   *We're going to the movies this evening.*

* The singular forms **mancher, viel, wenig** are listed here again for review. **Viel** and **wenig** are usually undeclined in the singular (**mit** *viel* **Kraft, für** *wenig* **Geld**) except when preceded by a definite article (**das viele Geld, die wenige Milch**).

zu Fuß gehen   *to go on foot, to walk*
    Ich gehe zu Fuß nach Hause.   *I'm walking home.*

nach und nach   *little by little, gradually*
    Es wurde nach und nach dunkel.   *It gradually became dark.*

nichts als   *nothing but*
    Sie liest nichts als Zeitungen.   *She reads nothing but newspapers.*

vor einem Jahr   *a year ago*
    Ich traf ihn vor einem Monat in München.   *I met him in Munich a month ago.*

was für (ein)*   *what kind of (a)*
    Was für ein Arzt ist er?   *What kind of a doctor is he?*
    Was für einen Wagen hast du?   *What kind of a car do you have?*
    Was für Bücher liest er?   *What kind of books does he read?*

Grammatik

A. ADJECTIVE ENDINGS

Predicate adjectives and *adverbs* have no endings.

Seine Tante war **jung** und **schön.**
His aunt was young and beautiful.

Das Kind lief **schnell** die Straße hinunter.
The child ran quickly down the street.

    Attributive adjectives, i.e., adjectives modifying and preceding nouns, always have endings. Adjectives in a series have the same ending.

1. *Strong* adjective endings are identical to the endings of the **der**-words except in the genitive singular of the masculine and neuter.

	Masc.	Fem.	Neut.	Pl.
NOM.	-er	-e	-es	-e
ACC.	-en	-e	-es	-e
DAT.	-em	-er	-em	-en
GEN.	**-en**	-er	**-en**	-er

The strong adjective ending is used:

a. when the adjective is not preceded by a definite article, a **der**-word, or an **ein**-word.

    Sie trank klare**s,** kalte**s** Wasser.   *She drank clear, cold water.*

---

* Note: In this idiom, **für** has no influence on the case of the noun.

b. when the adjective is preceded by an **ein**-word without declensional ending.

Er ist ein guter Lehrer.   *He is a good teacher.*

ÜBUNG 1

Supply the strong adjective ending.

NOMINATIVE

SINGULAR

Masc.

gut ____ Erfolg
lieb ____ Freund
tief ____ Schnee
ein alt ____ Mann

Fem.

lieb ____ Freundin
groß ____ Freude
gut ____ Musik

Neut.

lieb ____ Kind
hart ____ Brot
groß ____ Glück
sein tief ____ Leid

PLURAL

streng ____ Eltern
lang ____ Briefe
dunkel ____ Straßen
interessant ____ Berichte

ACCUSATIVE

SINGULAR

Masc.

gegen plötzlich ____ Erfolg
für gut ____ Kuchen
ohne groß ____ Wert

Fem.

gegen ernst ____ Arbeit
durch wirklich ____ Not
ohne groß ____ Kraft

Neut.

gegen kalt ____ Wetter
durch hell ____ Licht
ohne wahr ____ Glück
durch ihr gut ____ Beispiel
für sein jung ____ Kind

PLURAL

für blau ____ Augen
ohne alt ____ Freunde
durch lang ____ Nächte

DATIVE

SINGULAR

Masc.

mit freundlich ____ Gruß
nach weiter ____ Erfolg
aus klar ____ Himmel

Fem.

nach langsam ____ Entwicklung
bei schwer ____ Arbeit
von groß ____ Gefahr

Neut.

mit rot ____ Gesicht
nach groß ____ Glück
mit gut ____ Recht

PLURAL

nach lang____ Wochen
seit glücklich____ Tagen
zu arm____ Leuten

GENITIVE

SINGULAR

Masc.

statt heiß____ Kaffees
trotz gut____ Kuchens
wegen rot____ Weines

Fem.

trotz frisch____ Luft
wegen heiß____ Sonne
trotz groß____ Gefahr

Neut.

wegen kalt____ Wassers
trotz hell____ Lichtes
statt weiß____ Papiers

PLURAL

wegen dumm____ Leute
trotz viel____ Pflichten
statt alt____ Märchen

ÜBUNG 2

Supply the strong adjective ending.

1. Sie war ein schön____ Mädchen mit dunkel____ Haut und schwarz____ Augen.
2. Mit groß____ Mut sprang er ins kalte Wasser.   3. Sein letzt____ Erfolg
machte ihn berühmt.   4. Wegen stark____ Regens bleiben die Eltern zu Hause.
5. Martin hält nicht sein gegeben____ Wort.   6. Später sahen wir ihn mit rot ____
Gesicht fortfahren.   7. Mit laut____ Stimme rief sie uns zurück.   8. Mein
lang____ Brief lag unter offen____ Büchern.   9. Sie bauten breit____ Straßen.
10. Trotz spät____ Gäste machte uns der Abend groß____ Freude.   11. Er wollte
eine Tasse heiß____ Kaffees, aber wir baten um ein Glas kalt____ Wassers.
12. Er liebte hell____ Sonne, blau____ Wasser und grün____ Bäume.   13. Er
schickte uns einen Brief mit freundlich____ Grüßen und best____ Wünschen.
14. In dem Garten lagen schon tief____, schwarz____ Schatten.   15. Mit
lustig____ Lachen und laut____ Singen wanderten sie durch dunkel____ Wälder.
16. Wegen angenehm ____ Nachbarn blieben wir auf dem Lande wohnen.
17. Der Junge hatte ein ehrlich____ Gesicht und ein gut____ Herz.   18. Wir
wohnten vor viel____ Jahren in alt____ Häusern mit groß____ Zimmern und
hoh____ Fenstern.

ÜBUNG 3

Schriftliche Übungen: See *Programmed Assignment Book*, p. 143, **A.1.**

The strong adjective ending is used also:

c. when the adjective is preceded by a cardinal number. Cardinal numbers are indeclinable.

Ich habe zwei alt**e** Uhren gefunden.   *I found two old clocks.*

d. when the adjective is preceded by an indefinite numerical adjective: **andere** (*other*), **einige** (*some*), **mehrere** (*several*), **viele** (*many*), **wenige** (*few*).

Viele jung**e** Leute wohnen hier.   *Many young people live here.*

ÜBUNG 4

Supply the strong adjective ending.

1. Ihr gut____ Vater kaufte ihr drei neu____ Röcke, vier weiß____ Blusen und zwei klein____ Taschen.   2. Wir kauften vier klein____ rot____ Hefte, mehrere gelb____ Bleistifte und einige grün____ Federn.   3. Trotz mehrerer klein____ Kinder mußte meine Tante arbeiten gehen.   4. Nach wenigen ruhig____ Stunden ist er wieder fortgegangen.   5. Sie besuchten einige alt____ Burgen.   6. Viele ernst____ Gefahren warteten auf mich.

2. *Weak* adjective endings are all **-en** except in nominative singular of all genders and accusative singular, feminine and neuter.

	Masc.	**Fem.**	**Neut.**	**Pl.**
NOM.	**-e**	**-e**	**-e**	-en
ACC.	-en	**-e**	**-e**	-en
DAT.	-en	-en	-en	-en
GEN.	-en	-en	-en	-en

The weak adjective ending is used when the adjective is preceded by a definite article, a **der**-word, or an **ein**-word with a declensional ending.

Sie trägt diesen blau**en** Hut nicht gern.
She doesn't like to wear this blue hat.

Ich kann in einem hell**en,** warm**en** Zimmer nicht schlafen.
I can't sleep in a bright, warm room.

Adjectives ending in **-e** drop the **-e** before adding an ending.

Der Junge ist müd**e.**   *The boy is tired.*

Er ist ein müd**er** Junge.   *He is a tired boy.*

Adjectives ending in **-el, -en, -er** sometimes drop the -e before adding an ending.

ein dunkler Tag, der andre Rock

The adjective **hoch** drops the **-c** when an ending is added.

Dieser Baum ist hoch.   *This tree is high.*
Dieser hohe Baum ist schön.   *This high tree is beautiful.*

ÜBUNG 5

Supply the weak adjective ending.

NOMINATIVE

SINGULAR

Masc.	Fem.	Neut.
der kurz____ Bericht	die blau____ Karte	das weiß____ Dach
dieser lang____ Brief	diese dunkl____ Nacht	jedes rot____ Fahrrad
welcher grün____ Baum	seine groß____ Bedeutung	jenes gut____ Beispiel

PLURAL

die lustig____ Frauen
diese groß____ Ämter
seine traurig____ Kinder

ACCUSATIVE

SINGULAR

Masc.	Fem.	Neut.
für den ehrlich____ Herrn	für die langsam____ Entwicklung	durch dieses klar____ Wasser
gegen jenen gut____ Soldaten	durch jene offen____ Tür	für das ruhig____ Mädchen
ohne unseren alt____ Arzt	gegen diese schön____ Kunst	gegen manches wahr____ Wort

PLURAL

für die ander____ Städte
gegen diese wichtig____ Berichte
durch jene dunkl____ Zimmer

DATIVE

SINGULAR

Masc.	Fem.	Neut.
von dem jung____ Neffen	auf der schnell____ Autobahn	aus dem klein____ Fenster
zu jenem groß____ Bahnhof		

nach einem schön____   von dieser weit____ Reise   neben diesem neu____
  Feiertag   nach einer groß____   Postamt
                                        Freude   unter ihrem hoh____
                                                                  Dach

PLURAL

nach den schwer____ Zeiten
mit solchen hoh____ Häusern
von seinen viel____ Ärzten

GENITIVE

SINGULAR

Masc.

des alt____ Marktes
jenes seltsam____
  Wunsches
trotz seines tief____
  Glaubens

Fem.

statt der neu____ Musik
wegen mancher lang____
  Straße
trotz seiner leis____
  Stimme

Neut.

des ander____ Messers
jedes gut____ Programms
trotz ihres sicher____ Zieles

PLURAL

wegen der berühmt____ Schwestern
statt jener groß____ Pakete
trotz meiner streng____ Eltern

ÜBUNG 6

Supply the weak adjective ending.

1. Sie heiratete meinen sehr bekannt____ Neffen. 2. In der frisch____ Luft saßen unsere freundlich____ Nachbarn. 3. Ich mußte meine müd____ Kinder ruhen lassen. 4. Wie hast du damals das groß____ Werk schreiben können? 5. Im einsam____, still____ Garten begegneten wir unserem alt____ Arzt. 6. Im wunderschön____ Monat Mai besuchte ich meinen seltsam____ Onkel. 7. Er machte eine lang____ Fahrt mit dem klein____ Fahrrad. 8. Das weiß____ Brot soll nicht so gut sein wie das schwarz____. 9. Während des letzt____ Krieges starben seine alt____ Eltern. 10. Leider ging das schön____, schlank____ Mädchen mit dem traurig____ Gesicht nach Hause. 11. Seine klein____ Freundin erhielt den erst____ Preis. 12. Hast du den ehrlich____ Jungen gebeten, am nächst____ Montag hier zu sein? 13. Jeder gewöhnlich____ Bach machte ihm eine groß____ Freude. 14. Von diesem hoh____ Berg kann man über das weit____ Land sehen. 15. Er hat mir alles an einem kurz____ Beispiel erklärt. 16. Unsere reich____, lustig____ Freunde besuchen uns während der warm____ Jahreszeit. 17. Mit diesem alt____ Löffel und jenem lang____ Messer darfst du

nicht essen.   18. Auf der einsam____ Burg gab es nur einen hart____ Stuhl und einen einfach____ Tisch.   19. Der jung____ Mensch hatte einen schwach____ Körper aber einen sehr scharf____ Geist.   20. An welcher einsam____ Stelle bist du dem klein____, hungrig____ Mädchen begegnet?   21. Wir schwimmen gern in dem tief____, klar____ Wasser.   22. Mein Sohn bat den erfahren____ Seemann um Rat.   23. Die letzt____ Antwort war nicht richtig.   24. Er trägt immer denselb____ Hut.   25. Wir folgten dem gut____ Mann auf dem lang____, breit____ Weg bis an den groß____ Fluß.

ÜBUNG 7

Schriftliche Übungen: See *Programmed Assignment Book*, p. 143, **A.2.**

B. **DERSELBE, DIESELBE, DASSELBE**

The adjective **selb** (*same*) has weak adjective endings and is attached to the definite article, which is declined as if it stood alone.

Sie gehen **denselben** Weg nach Hause.	*They go home the same way.*
Wir kennen **dieselben** Leute.	*We know the same people.*

ÜBUNG 8

Supply the German equivalent for *the same.*

_____ Arzt	_____ Frau
für _____ Studenten	durch _____ Entwicklung
mit _____ Jungen	nach _____ Stunde
wegen _____ Freundes	während _____ Woche
_____ Messer	_____ Jahreszeiten
ohne _____ Leid	für _____ armen Nachbarn
aus _____ Auge	bei _____ freundlichen Leuten
statt _____ Beispiels	statt _____ lustigen Geschichten

ÜBUNG 9

Schriftliche Übungen: See *Programmed Assignment Book*, p. 145, **B.**

C. PRESENT PARTICIPLES AS ADJECTIVES

Formation of the present participle (*-ing* form of the verb)

infinitive + **d** > *schlafend* (*sleeping*)

Used as an *adjective*, the present participle takes adjective endings.

ein **schlafendes** Kind	*a sleeping child*
von seinem **sinkenden** Schiff	*from his sinking ship*

für jeden **zurückkommenden** Gast   *for every returning guest*
diese **wartenden** Menschen   *these waiting people*

ÜBUNG 10

Supply the German equivalent for the English cue.

1. (*sleeping*) der _____ Nachbar   2. (*working*) die _____ Frau   3. (*looking*)
ein gut _____ Mädchen   4. (*dying*) ein _____ König   5. (*questioning*) mit
_____ Blick   6. (*burning*) das _____ Licht   7. (*calling*) von der _____
Stimme   8. (*playing*) ein _____ Kind   9. (*driving*) aus dem _____ Wagen
10. (*traveling*) wegen _____ Studenten

ÜBUNG 11

Schriftliche Übungen: See *Programmed Assignment Book*, p. 145, **C.**

D. PAST PARTICIPLES AS ADJECTIVES

Used as an *adjective*, the past participle takes adjective endings.

ihr neu **gebautes** Haus   *their newly built house*
aus jeder **besuchten** Kirche   *out of every visited church*
ein **gegebenes** Wort   *a given word*
jener **abgebrochene** Bleistift   *that broken-off pencil*

ÜBUNG 12

Supply the German equivalent for the English cue.

1. (*written*) in dem _____ Aufsatz   2. (*done*) nach _____ Arbeit   3. (*broken*)
ein _____ Gegenstand   4. (*recognized*) von den _____ Leuten   5. (*bought*)
für das neu _____ Kleid   6. (*taken*) das _____ Geld   7. (*lost*) wegen der
_____ Uhr   8. (*opened*) unsere _____ Fenster   9. (*repeated*) die oft _____
Wünsche   10. (*beaten*) mit den _____ Jungen

ÜBUNG 13

Schriftliche Übungen: See *Programmed Assignment Book*, p. 147, **D.**

Lesestück

EINE LIEBESTRAGÖDIE
Die Leiden des jungen Werther

Goethes „Werther'' (1774) ist nicht der erste große deutsche
Roman, aber er ist der erste europäische Roman, der ein   der Roman *novel*
großer Bucherfolg und eine Sensation wurde. In zwei Jahren

erschienen in Deutschland sechzehn Ausgaben dieser
Liebestragödie aus dem achtzehnten Jahrhundert; in
England, Frankreich und anderen Ländern erschien das
Werk fünf-, zehn-, fünfzehnmal.

die Ausgabe *edition*

Die Menschen lasen nicht nur den Roman; manche
wollten so leben und sterben, wie der unglückliche Werther.
Junge Männer trugen das, was Werther im Roman getragen
hatte: blauen Rock und gelbe Hose. Menschen weinten
Ströme von bitteren Tränen. Man fand den Roman neben
der Leiche von Menschen, die sich das Leben genommen
hatten. Napoleon las „Werther" siebenmal und sprach 1808
mit Goethe lange über das Werk, als er mit seiner Armee
in Deutschland eine Pause machte. In China malte man
Werther-Figuren auf Porzellan.

die Hose *trousers*
Ströme von Tränen
streams of tears
die Leiche *corpse*
sich *their own*

malen *to paint*

Goethe hatte wenig Freude an dem großen Erfolg, da die
meisten Menschen wenig Verständnis für das Werk als
Literatur hatten. Bis Ende seines Lebens wollten sie von
Goethe wissen: „Hat Werther wirklich gelebt? Ist die
Geschichte wahr?" Aus seinem „Faust" und seinen anderen
Werken las Goethe oft vor, aus „Werther" nicht. Wenn
man von „Werther" sprach, wurde er immer ernst.

das Verständnis
understanding

vor/lesen *to read aloud*

Eine Liebestragödie aus dem achtzehnten Jahrhundert
muß einem jungen Menschen im zwanzigsten Jahrhundert
etwas seltsam erscheinen. Man darf nicht vergessen, daß
die Menschen damals alles mit anderen Augen sahen, daß
ihre Welt sehr klein war, daß die Vernunft im Leben eine
große Rolle gespielt hatte. Nun wurde plötzlich das Gefühl
ein Hauptthema.

die Vernunft *reason*
das Gefühl *feeling*
das Hauptthema *main
theme*

„Werther" ist ein Roman des Subjektivismus und hat
eine Form, die vom „ich" ausgeht. Es ist ein Briefroman,
in dem das kranke Herz spricht. Die innere Stimme, die
Werther hört, wird die Grundlage seines Lebens und
Denkens. In der deutschen Literatur hat es kein Werk
gegeben, das so ausschließlich ein Roman des Herzens war.
Hier findet man das Thema von dem Leben und der Liebe
und dem Tod. Nur Werthers Sentimentalität läßt ihn als
Menschen des achtzehnten Jahrhunderts erscheinen.

die Grundlage *basis*

ausschließlich *exclusively*

In dem ersten Brief, den der junge Werther im Mai an
einen Freund schrieb, erzählte er von seinem Leben in einer
kleinen Stadt und beschrieb die Natur, mit der er sich
verbunden fühlte. „Diese Jahreszeit der Jugend wärmt mit
aller Fülle mein . . . Herz. Jeder Baum, jede Hecke ist ein
Strauß von Blüten." Er war glücklich in der Natur, aber
nannte sein Herz „ein krankes Kind".

sich *himself*
verbunden *attached*
die Fülle *abundance*
die Hecke *hedge*
der Strauß *bouquet*
die Blüte *blossom*

(Bühnenbild) aus der Oper „Werther" von Jules Massenet

Im Juni schrieb er von einem Mädchen, das er bei einem Ball kennengelernt hatte. Werther wußte, daß Lotte schon
50 einem anderen „gehörte", aber ihr Verlobter war fortgereist. Auf dem Ball sah Werther nur ihre schwarzen Augen und ihre schöne Gestalt und hörte nur ihre Stimme. Er tanzte mit ihr. „Ich war kein Mensch mehr. (Lotte) in den Armen zu haben und mit ihr herumzufliegen . . . !"
55 Auf dem Wege nach Hause bat er, sie später an dem Tag besuchen zu dürfen. „Und ich bin gekommen—und seit der Zeit . . . ich weiß weder, daß Tag noch daß Nacht ist, und die ganze Welt verliert sich um mich her."
Es folgte nun für Werther eine kurze Zeit des Glücks.
60 Da Lottes Mutter tot war, sorgte sie für ihren Vater und ihre acht jungen Geschwister. Fast jeden Tag war Werther bei der Familie auf dem Lande; die Kinder, mit denen er gern spielte, liebten ihn. Und er liebte—Lotte!

der Verlobte *fiancé*

die Gestalt *form*

sich *itself*

die Geschwister *brothers and sisters*

In den Briefen, die Werther während dieser Zeit an den
Freund schickte, wiederholte er fast jedes Wort, das Lotte
sprach; er beschrieb jeden Weg, den sie ging. Er erkannte
die Gefahr, in der er stand und suchte in der Natur einen
Ausweg. „Es ist wunderbar; wie ich hierher kam und vom
Hügel in das schöne Tal schaute. . . . Ich eilte hin und
kehrte zurück, und hatte nicht gefunden, was ich hoffte."
Er versuchte, Lotte nicht mehr so oft zu besuchen: „. . . Ich
verspreche mir heilig: morgen willst du einmal wegbleiben.
Und wenn der Morgen kommt, . . . bin ich wieder bei ihr."
Er fühlte, wie die Leidenschaft stärker wurde. „Ich weiß
nicht, wie mir ist, wenn ich bei ihr bin. . . . Was ist unserem
Herzen die Welt ohne Liebe? . . . Heute konnte ich nicht zu
Lotte. Was war zu tun? Ich schickte meinen Diener hinaus,
nur um einen Menschen um mich zu haben, der ihr heute
nahe gekommen war."

Ende Juli, also nach sechs Wochen, kam ihr Verlobter,
Albert, wieder. Er war freundlich und die beiden Männer
wurden Freunde. Doch war die Situation unmöglich. „Ich
laufe in den Wäldern herum, und wenn ich zu Lotte
komme und Albert bei ihr im Gärtchen sitzt . . . so fange
ich viel verwirrtes Zeug an. ‚Um Gottes willen', sagte mir
Lotte heute, ‚ich bitte Sie, keine Szene . . . Sie sind fürchterlich, wenn Sie so lustig sind.'" Mit jedem Tag wuchs die
Leidenschaft. „Ich habe kein Gebet mehr als an sie . . . Ich
weiß oft nicht, ob ich auf der Welt bin." Endlich reiste
Werther ab, weil er wußte, daß er Lotte nicht mehr besuchen
sollte.

Den ganzen Winter arbeitete Werther in einer kleinen
süddeutschen Stadt. Im Februar heirateten Albert und
Lotte, aber aus den Briefen, die Werther ihnen schrieb,
sprach die alte Leidenschaft. Weil er mit seiner Arbeit nicht
zufrieden war und nur an Lotte dachte, hörte er wieder die
innere Stimme seines kranken Herzens. „Ich will nur Lotte
wieder näher, das ist alles. Und ich lache über mein eigenes
Herz und tue ihm seinen Willen." Nachdem er einige
Wochen in seiner Geburtsstadt verbracht hatte, fuhr er zu
Albert und Lotte.

Als Werther Lotte wiedersah, schlug sein Herz noch
wilder für sie. „Ich begreife manchmal nicht, wie sie ein
anderer liebhaben kann, liebhaben darf, da ich sie so ganz
allein, so innig, so voll liebe . . ." Im September schrieb er:
„Ja, es ist so. Wie die Natur sich zum Herbst neigt, wird
es Herbst in mir und um mich." Um das Herz zu beruhigen,

---

der Hügel *hill*
das Tal *valley*
eilen *to hurry*
zurück/kehren *to return*
heilig *sacred*

die Leidenschaft *passion*
wie mir ist *what is the
    matter with me*
zu tun *to be done*

nahe *near*

verwirrtes Zeug *nonsense*
um Gottes willen *for
    goodness' sake*
fürchterlich *dreadful*
wuchs *grew*
das Gebet *prayer*

eigen *own*
tue . . . Willen *let it have
    its way*

begreifen *to understand*
ein anderer *another man*
lieb/haben *to love*
innig *devotedly*
voll *completely*
sich neigen *to draw close*
beruhigen *to calm*

wanderte Werther oft im Sturmwind über die Heide. Die   die Heide *heath*
Natur, in die er versank, wurde sein einziger Trost. Aber   einzig *only*
110   nichts, was er machte, konnte ihm in seiner Not helfen.   der Trost *consolation*
„Ich habe so viel, und ohne sie wird mir alles zu nichts . . .
Weiß Gott, ich lege mich oft zu Bette mit dem Wunsche,
ja manchmal mit der Hoffnung, nicht wieder zu erwachen."   erwachen *to awaken*
Goethe erzählt nun von Werthers Schicksal weiter. Die   das Schicksal *fate*
115   Harmonie seines Geistes war zerstört. Der Wunsch zu   zerstören *to destroy*
sterben war in Werthers Seele immer stärker geworden.
Den letzten Brief, den man erst nach seinem Tode auf
seinem Schreibtisch fand, schrieb er in der längsten Nacht
des Jahres, am 21. Dezember: „Lotte, ich will sterben, und   die Überspannung
120   das schreibe ich Dir ohne romantische Überspannung, . . .   *exaggeration*
an dem Morgen des Tages, an dem ich Dich zum letzten
Mal sehe."
Er fuhr am Abend zu Lotte. Sie saß allein. Er holte ein
Buch Gedichte, die sie beide liebten und las vor, bis Lotte
125   zu weinen begann. Werther hatte ihr gesagt, daß er eine
lange Reise machen wollte; sie ahnte, daß es das letzte Mal   ahnen *to suspect*
war, das sie Werther sehen sollte.   sollte *was to*
Von Albert hatte Werther zwei Pistolen geliehen, die   leihen *to borrow*
er, so sagte er, zur Reise brauchte. Ein Nachbar hörte um
130   Mitternacht den Schuß; dann blieb alles still. Morgens   der Schuß *shot*
um sechs Uhr trat der Diener mit einem Licht ins Zimmer.
Er fand Werther, der sich über dem rechten Auge in den   sich *himself*
Kopf geschossen hatte. Er lag gegen das Fenster, in blauem
Rock und gelber Hose. Der Arzt, den man rief, legte ihn
135   auf das Bett, konnte aber nichts mehr für ihn tun. Man
schickte nach Albert, der gleich kam. Werther, der noch
schwach atmete, erkannte niemand mehr. Um zwölf Uhr
starb er.

WIEDERHOLUNG

Kapitel 18. Preparation for tests. See *Programmed Assignment Book*, pp. 147–155.

PRÜFUNG 1 ODER 2

Kapitel 18. See Instructor.

Kapitel 19

Fragen

1. Was geschieht, wenn man zu viel arbeitet (die Aufgabe nicht schreibt; nicht genug schläft; kein Geld hat; zu viel Kaffee trinkt)?
2. Wo waren Sie heute vor einem Jahr (vor einer Stunde, vor einer Woche)?
3. Wer tut Ihnen leid?
4. Wo gibt es nichts als Bücher (Blumen, Schuhe, Arbeit, Geld)?
5. Was für ein Auto (ein Haus, einen Ring, eine Uhr, ein Fahrrad) besitzen Sie?
6. In was für einer Stadt leben Sie?
7. Was für Musik mögen Sie?
8. Mit was für einem Ball spielt man Golf (Fußball, Korbball, Tischtennis)?
9. Vor wie vielen Jahren haben Sie eine Reise gemacht (geheiratet, Klavier gespielt, an den Weihnachtsmann geglaubt)?
10. Was ist das Gegenteil von: sicher, schnell, der Freund, das Glück, viel, gewöhnlich, jemand, laut, unruhig, nachher?
11. Wo sind Sie gewöhnlich um acht Uhr am Abend?

12. Wann wird man durstig?
13. Warum geht man von Zeit zu Zeit zu Fuß?
14. Was lernt man nach und nach?
15. Wann läßt man die Fenster offen?
16. Zu welchen Zeiten gibt es viele Autos auf den Straßen?
17. Was bedeutet: „Der Wunsch ist Vater des Gedankens"?
18. Was hält man in der Hand, wenn man schreibt?
19. Wo und wann ist die Luft klar?
20. Was für Musik spielt ein Symphonieorchester?

Wortschatz

der Anfang, ⸚e	*beginning*	die Angst, ⸚e	*fear*
der Augenblick, -e	*moment*	die Auskunft, ⸚e	*information*
der Einfluß, -sses, ⸚sse	*influence*	die Einladung, -en	*invitation*
der Kampf, ⸚e	*struggle, fight*	die Gestalt, -en	*figure, form*
der (Nach)mittag, -e	*(after)noon*	die Herberge, -n	*hostel*
der Schrecken, -	*fright*	die See, -n	*sea, ocean*
der See, -n	*lake*	die Seite, -n	*side; page*
der Stein, -e	*stone*	die Stellung, -en	*position, job*
der Traum, ⸚e	*dream*	die Wirklichkeit, -en	*reality*
der Unterricht	*instruction*	die Wissenschaft, -en	*science*

das Fernsehen	*television*
das Gefühl, -e	*feeling*
das Gegenteil, -e	*opposite*
das Haupt, ⸚er	*head, chief*

bewegen	*to move*	stürzen (**ist**)	*to crash; to rush*
eilen (**ist**)	*to hurry*	trennen	*to separate*
fürchten	*to fear*	übersetzen	*to translate*
kämpfen	*to fight, to struggle*	unterrichten	*to instruct, to teach*
klopfen	*to knock, to pound*	wandern (**ist**)	*to hike, to go hiking*
rechnen	*to figure, to reckon*	zurück/kehren (**ist**)	*to return*
retten	*to save, to rescue*		

an/sehen, sieht an, sah an, hat angesehen   *to look at*
binden, bindet, band, hat gebunden   *to bind, to tie*
entstehen, entsteht, entstand, **ist** entstanden   *to arise, to originate*
schreien, schreit, schrie, hat geschrieen   *to scream, to shout*

Grammatik

A. FUTURE AND FUTURE PERFECT TENSES

1. The future tense is formed as follows:

present tense of **werden** + infinitive of main verb

Die Telefonzelle

ich werde fahren	*I shall (will) drive, shall be driving*
du wirst fahren	*you will drive, will be driving*
er ⎫	*he* ⎫
sie ⎬ wird fahren	*she* ⎬ *will drive, will be driving*
es ⎭	*it* ⎭
wir werden fahren	*we shall (will) drive, shall be driving*
ihr werdet fahren	*you will drive, will be driving*
sie werden fahren	*they will drive, will be driving*
Sie werden fahren	*you will drive, will be driving*

In a main clause the infinitive stands last.

Er **wird** morgen abend hier **sein.**
He will be here tomorrow evening.

In a dependent clause the conjugated form of the auxiliary **werden** stands last, immediately preceded by the infinitive.

Ich weiß, **daß** sie mich nicht **besuchen wird.**
I know that she will not visit me.

ÜBUNG 1

Repeat the sentence replacing the infinitive with the German equivalent for the English cues.

1. Ich werde morgen anfangen. (*arrive, marry, go shopping, ask*)
2. Du wirst uns bald besuchen. (*follow, see, expect, understand*)
3. Dann wird er wohl den Wagen fahren. (*buy, fetch, use, take*)
4. Ich weiß, daß wir nach und nach alles schicken werden. (*explain, find out, tell, get*)
5. Ich glaube, daß ihr am Nachmittag zurückkommen werdet. (*drive back, walk back, fly back, go back*)
6. Ich weiß, daß die Leute nichts verstehen werden. (*receive, notice, take, break*)

ÜBUNG 2

Express in German in the future tense.

1. They will rest. 2. Who will receive it? 3. It will begin soon. 4. No one will arrive. 5. I shall expect you. 6. They will report it. 7. We shall load the car. 8. Who will get married? 9. She and I shall force him. 10. It will not last long.

ÜBUNG 3

Supply the future tense of the German verb suggested by the English cue.

Beispiel: (*will receive*) Sein Neffe _____ den Brief _____ .
Sein Neffe **wird** den Brief **erhalten.**

1. (*will last*) Deine Angst _____ nicht lange _____ . 2. (*will advise*) Der Arzt _____ Ihnen gut _____ . 3. (*will arrive*) Seine Nichte _____ kurz vor acht _____ . 4. (*will get*) Ihr Onkel _____ einen Schrecken _____ . 5. (*will become*) Beide Schwestern _____ ganz einsam _____ . 6. (*will know*) Ihre Tante _____ es wohl nicht _____ . 7. (*will be*) Der Feind _____ schon morgen dort _____ . 8. (*will look*) Er _____ auf die erste Seite _____ . 9. (*shall call up*) Wir _____ nach sechs Uhr _____ . 10. (*will reach*) Wann _____ ihr den See _____ ? 11. (*will begin*) Mein Bruder _____ zu schreien _____ . 12. (*will introduce*) Der Künstler _____ den Arzt _____ . 13. (*shall buy*) Ich _____ am Mittwoch nichts _____ . 14. (will fetch) In einem Augenblick _____ er Blumen aus dem Garten _____ . 15. (*shall stay*) Wir _____ nicht lange an der See _____ . 16. (*will drive away*) Sie (*they*) _____ nicht ohne Auskunft _____ . 17. (*will marry*) Wer _____ das schöne Mädchen _____ . 18. (*will force*) Der Einfluß des Arztes _____ mich _____ , mit der Wirklichkeit zu rechnen. 19. (*will happen*) Was _____ in der Zukunft _____ ? 20. (*shall move*) Wann _____ wir aufs Land _____ ?

ÜBUNG 4

Schriftliche Übungen: See *Programmed Assignment Book*, p. 157, **A.1.**

2. The future perfect tense of a verb is formed as follows:

present tense of **werden** + past participle of verb + **haben** or **sein**

Perfect Infinitive

Verb with **haben**	*Verb with* **sein**
ich werde gesehen haben	ich werde geblieben sein
[*I shall (will) have seen*]	[*I shall (will) have stayed*]
du wirst gesehen haben	du wirst geblieben sein
er ⎫	er ⎫
sie ⎬ wird gesehen haben	sie ⎬ wird geblieben sein
es ⎭	es ⎭
wir werden gesehen haben	wir werden geblieben sein
ihr werdet gesehen haben	ihr werdet geblieben sein
sie werden gesehen haben	sie werden geblieben sein
Sie werden gesehen haben	Sie werden geblieben sein

In a main clause the perfect infinitive stands last.

Er **wird** es schon **getan haben.**
He will have done it already.

Wann **werden** sie nach Hause **gegangen sein?**
When will they have gone home?

In a dependent clause the conjugated form of the auxiliary **werden** stands last, immediately preceded by the perfect infinitive.

Niemand weiß, **ob** er das Haus **gekauft haben wird.**
No one knows if he will have bought the house.

Er sagt mir, **daß** sie bald **zurückgekommen sein werden.**
He tells me that they will have returned soon.

The future perfect tense is rarely used today except in written German, or when expressing probability.

Er **wird** wohl zu spät **aufgeblieben sein.**
He probably stayed up too late.

A modal may also be used with a perfect infinitive.

Er **kann** es **getan haben.** *He can have done it.*
Sie **muß** schon **angekommen sein.** *She must have arrived already.*

Der Zeitungskiosk

ÜBUNG 5

Repeat the sentences substituting the perfect infinitive with the German equivalent for the English cues.

1. Gewiß werde ich es erhalten haben. (*will have expected, sent, reached, prevented*)
2. Du wirst es wohl gefunden haben. (*will have written, taken, seen, received*)
3. Ihr Onkel wird zum Bahnhof gefahren sein. (*will have gone, walked, come*)
4. Helmut und Fritz werden wohl noch nicht angekommen sein. (*will have climbed down, driven away, moved in, gone out*)   5. Ich weiß, daß wir es unserer Familie geschickt haben werden. (*will have shown, advised, repeated, explained*)   6. Ich fragte, ob ihr es angesehen haben werdet. [*will have begun, given away, eaten up, drunk up* (ausgetrunken)]

ÜBUNG 6

Change the following sentences to the future perfect tense.

Beispiel: Ein Lehrer hat diese Seite übersetzt.

Ein Lehrer **wird** diese Seite **übersetzt haben.**

1. Der Arzt hat ihnen gut geraten.   2. Die Hausfrau hatte nicht mit einem Gast gerechnet.   3. Niemand hatte sich die Photos angesehen.   4. In Wirklichkeit habe ich nichts erwartet.   5. Sie hat die Post erhalten.   6. Wer ist vor acht Uhr nach Hause geeilt?   7. Ihre Brüder waren nach Hause zurückgekehrt.   8. Dann ist das Kind zur Großmutter gelaufen.   9. Der Bus hält an jener Ecke.   10. Wohin ist der Feind verschwunden?

ÜBUNG 7

Connect the sentences with the given conjunction, changing word order as necessary.

Beispiel: Ich glaube. (daß) Er wird laut geschrieen haben.

Ich glaube, **daß er laut geschrieen haben wird.**

1. Ich weiß. (daß) Er wird in die Stadt zurückgekehrt sein.   2. Ich fragte. (ob) Er wird das Museum besucht haben.   3. Wir fürchten. (daß) Etwas Schreckliches wird wohl geschehen sein.   4. Du wirst genau erfahren. (wann) Ich werde die Post erhalten haben.   5. Ich werde nicht ruhen. (bis) Er wird mich angerufen haben.

ÜBUNG 8

Schriftliche Übungen: See *Programmed Assignment Book*, p. 157, **A.2.**

B. REFLEXIVE PRONOUNS

A reflexive pronoun must be used whenever a direct or indirect object refers back to the subject.

Accusative Forms

ich frage **mich**	*I ask myself*			**wir** fragen **uns**	*we ask ourselves*		
du fragst **dich**	*you ask yourself*			**ihr** fragt **euch**	*you ask yourselves*		
er		*he*		**sie** fragen **sich**	*they ask themselves*		
sie } fragt **sich**		*she* } asks { *himself / herself / itself*		**Sie** fragen **sich**	*you ask yourself (yourselves)*		
es		*it*					

ich arbeite für mich   *I work for myself*   wir arbeiten für uns   *...for ourselves*
du arbeitest für dich   *you work for yourself*   ihr arbeitet für euch   *...for yourselves*

er ⎫
sie ⎬ arbeitet für sich
es ⎭

he works for himself
she works for herself
it works by itself

sie arbeiten für sich   . . . *for themselves*

Sie arbeiten für sich   . . . *for yourself*
                                        (*yourselves*)

ÜBUNG 9

Supply the German equivalent for the English cue.

1. (*myself*) Ich halte ———— zurück. Ich sehe ———— im Spiegel an.
2. (*yourself*) Du tust es nur für ————. Du rettest ———— aus der Not.
3. (*himself*) Er findet ———— auf einmal allein. Günther zwingt ———— zu arbeiten.   4. (*herself*) Trudi mag nur ————. Frau Gotthard denkt nur an ————.   5. (*themselves*) Sie machen es für ———— allein. Die Eltern halten ———— immer zurück.

ÜBUNG 10

Supply the correct reflexive pronoun.

1. Ich frage ————.   2. Es bewegt ———— nicht.   3. Er liebt nur ————.
4. Er findet ———— allein.   5. Sie denkt nur an ————.   6. Sie stellen ———— in den Schatten.   7. Ihr seht viele Menschen um ————.   8. Helga arbeitet nur für ————   9. Heute muß ich ———— zwingen, etwas zu essen.   10. Herr Friedrich hält ———— zurück.

Dative Forms

ich helfe **mir**   *I help myself*
du hilfst **dir**   *you help yourself*
er ⎫   he ⎫   ⎧ *himself*
sie ⎬ hilft **sich**   she ⎬ *helps* ⎨ *herself*
es ⎭   it ⎭   ⎩ *itself*

wir helfen **uns**   *we help ourselves*
ihr helft **euch**   *you help yourselves*
sie helfen **sich**   *they help themselves*
Sie helfen **sich**   *you help yourself*
                                (*yourselves*)

ich spreche von mir   *I speak of myself*

du sprichst von dir   *you speak of yourself*
er ⎫ spricht von sich   *he speaks of himself*
sie ⎬ spricht für sich   *she speaks of herself*
es ⎭   (*acc.*)   *it speaks for itself*

wir sind außer uns   *we are beside ourselves*

ihr seid außer euch   *yourselves*
sie sind außer sich   *themselves*
Sie sind außer sich   *yourself*
                                (*yourselves*)

Note: Only the first and second persons show a difference in accusative and dative cases.

ÜBUNG 11

Supply the German equivalent for the English cue.

1. (*myself*) Ich kaufe _____ ein Buch. Ich finde _____ einen Platz.
2. (*yourself*) Du suchst _____ eine Wohnung. Du siehst _____ die Stadt an.
3. (*himself*) Er baut _____ ein Haus. Er sucht _____ eine Frau.   4. (*ourselves*)
Wir bleiben _____ treu.   5. (*themselves*) Sie schauen _____ das Schloß an.

ÜBUNG 12

Supply the correct reflexive pronoun.

1. Ich helfe _____.   2. Wir kaufen _____ ein Auto.   3. Sie merkt _____
den Weg.   4. Du schreibst es _____ auf.   5. Er nimmt _____ ein Stück
Brot.   6. Helmut ist mit _____ zufrieden.   7. Selten erzähle ich von _____.
8. Der Arzt ist außer _____.

ÜBUNG 13

Schriftliche Übungen: See *Programmed Assignment Book*, p. 159, **B.**

Alltägliches

Ein Telefongespräch

Susi Wir müssen Großmutti anrufen, aber es ist kein Ortsgespräch. Gehen wir zum Postamt! Es ist nicht weit!	das Ortsgespräch *local call*
Kurt Gut. Wir haben ja auch nicht genug Münzen, um in 5 der Zelle zu wählen.	die Münze *coin* wählen *to dial* die Zelle *booth*
Susi Ich habe Großmutters Telefonnummer nicht bei mir. Soll ich im Telefonbuch nachsehen oder die Auskunft anrufen?	nach/sehen *to look up*
Kurt Ich habe die Nummer. (*Nach einer Viertelstunde*) 10 Also—hier sind wir! Endlich! Dort ist der Schalter.	das Viertel *quarter* der Schalter *counter*
Beamter Guten Tag! Was wünschen Sie?	
Kurt Meine Schwester und ich möchten ein Ferngespräch nach Hamburg machen.	
Beamter Bitte. Sie können direkt wählen. Kabine zwo, 15 sobald sie frei ist.	zwo = zwei (*colloquial*)
Kurt Bitte, können Sie mir die Vorwählnummer für Hamburg geben?	die Vorwählnummer *area code*
Beamter 040 (Null-Vier-Null).	
Kurt Danke. Jetzt ist die Kabine frei. Hier, Susi, du sollst 20 den Hörer abnehmen und die Nummer wählen. Hörst du das Freizeichen?	der Hörer *receiver* das Freizeichen *dial tone*

Susi   Ja, sicher. (*Sie wählt.*) Es ist besetzt. Hoffentlich dauert es nicht lange.

25 **Kurt**   In jeder Zelle hängt ein Schild: Fasse dich kurz! Aber Großmutter ist zuhause und redet sicher stundenlang mit Tante Mieke.

Susi   Ich wähle wieder. Drücke den Daumen!

Stimme   Beerdigungsinstitut Tiefer und Leiser!

Susi   Ach, entschuldigen Sie! Ich bin falsch verbunden.
30 (*Sie hängt ein.*) Kurt, ich habe falsch gewählt.

Kurt   Du Dummkopf! Jetzt wähle ich.

Susi   Vielleicht bekommst du die Feuerwehr!

Kurt   Ruhig! So—jetzt läutet es.

Stimme   Hier bei Frau Doktor Springer!

35 **Kurt**   Kurt Adler hier. Darf ich Frau Dr. Springer sprechen?

Stimme   Bleiben Sie am Apparat! Ich rufe sie. Einen Augenblick.

Kurt   Hier, Susi, sprich du zuerst!

40 **Susi**   Großmutti! Guten Tag! Ich gratuliere zum Geburtstag!... Wie? Es ist garnicht dein Geburtstag?... Kurt!...

Kurt   Tag, Großmutter! Du hast heute Geburtstag. Heute ist der neunte... Wie?... Du hast am neunzehnten
45 Geburtstag? Ach je, wie peinlich!... Ach, das macht nichts. Es ist trotzdem nett, mit dir zu reden.... Laß es dir gut gehen! Wir rufen nochmal am neunzehnten an. Viele Grüße an Großvater!... Ja, wir versuchen, in den Ferien für ein paar Tage nach Hamburg zu
50 kommen..... Es tut mir leid, daß wir den Tag verwechselt haben. Aber du siehst ja, wir denken an dich. Alles Gute, bis zum neunzehnten... Auf Wiederhören! (*Er hängt ein.*)

Susi   Ha! Wer ist jetzt der Dummkopf?

55 **Kurt**   Das kann jedem passieren. Nun zahlen wir! (*Er geht an den Schalter.*)

Beamter   Das macht drei Mark fünfundachtzig.

Kurt   Danke. Auf Wiedersehen!

Susi   Siehst du... für das Geld hätten wir im „Café
60 Blümchen" Kaffee trinken können. Dort ist der Kuchen so wunderbar.

Kurt   Sei doch nicht so geizig! Großmutter war glücklich, und das ist auch etwas wert. Außerdem—ein Telefongespräch ist besser für deine Diät als Kaffee
65 trinken! Komm', gehen wir nach Hause!

---

besetzt *busy*

das Schild *sign*
sich kurz fassen *to be brief*

Drücke den Daumen *Keep your fingers crossed*
das Beerdigungsinstitut *funeral parlor*
Ich... verbunden *have the wrong number*
die Feuerwehr *fire department*
Ruhig! *Quiet!*
läuten *to ring*

peinlich *embarrassing*
das macht nichts *that doesn't matter*
Laß... gehen *Keep well*

die Ferien (*pl*) *vacation*

verwechseln *to mix up*

passieren *to happen*
zahlen *to pay*

hätten *would have*

geizig *stingy*

besser... als *better... than*

Aufsatzthemen

Write a few lines on one of the following topics. Use as many reflexive constructions as you can.

1. Eine unglückliche Liebe
2. Meine erste Liebe
3. Ein Konzert
4. Ein Arzt spricht mit Werther
5. Ein Gespräch zwischen Lotte und Werther
6. Ein Gespräch zwischen Albert und Werther
7. Das achtzehnte und das zwanzigste Jahrhundert

WIEDERHOLUNG

Kapitel 19. Preparation for tests. See *Programmed Assignment Book*, pp. 161–165.

PRÜFUNG 1 ODER 2

Kapitel 19. See Instructor.

Kapitel

20

Fragen

1. Wer hat einen großen Einfluß auf Ihr Leben (Ihr Studium, Ihre Arbeit, Ihre Lebensphilosophie)?
2. Was bewegt man, wenn man spricht (schreibt, läuft, etwas ansieht)?
3. Warum bindet man das Haar zurück?
4. Wohin geht man, wenn man wandern will?
5. Was muß man manchmal tun, um nicht spät zu kommen?
6. Was schickt man aus, wenn man Gäste haben will?
7. Warum sucht man eine Stellung?
8. Was ist ein Angsttraum?
9. In welchem Land findet man viele Jugendherbergen?
10. Was versucht man zu tun, wenn ein Kind ins Wasser fällt?
11. Wann klopft man an eine Tür?
12. Was entsteht, wenn zwei Menschen dasselbe haben wollen?
13. Wann rechnet ein Kellner (*waiter*) alles zusammen?
14. Wo bekommt man Auskunft über das Wetter?

15. Wo kann man viele Bilder ansehen?

16. Wann schreit ein Kind?

17. Wie lange dauert es meistens, „Grüß' Gott" zu sagen?

18. Wo bekommt man Unterricht in Wissenschaft, Kunst, Sprachen, Musik, Philosophie, usw.?

Wortschatz

ausgezeichnet	*excellent*	klug	*clever, intelligent*
billig	*cheap*	nächst	*next*
einander	*each other*, *one another*	nah(e)	*near*
fern	*far, distant*	nötig	*necessary*
fest	*firm, tight*	schrecklich	*terrible, frightful*
fremd	*strange, foreign*	teuer	*expensive, dear*
gesund	*healthy*	trotzdem	*nevertheless*
hart	*hard*	wertvoll	*valuable*

Useful Expressions and Idioms

Angst haben (vor + *dat.*)   *to be afraid* (*of*)
  Ich habe Angst vor dem Tier.   *I am afraid of the animal.*

entweder . . . oder   *either . . . or*
  Entweder du oder ich muß mit ihm reden.   *Either you or I must talk with him.*

im Gegenteil   *on the contrary*
  Die Sonne schien nicht. Im Gegenteil, es regnete.   *The sun wasn't shining. On the contrary, it rained.*

einen Monat lang   *for a month*
  Ich blieb einen Monat lang dort.   *I stayed there for a month.*

Reflexive Verbs

(sich) anziehen, zieht an, zog an, hat angezogen	*to dress, to put on* (*clothes*)
sich erinnern (an + *acc.*)	*to remember*
sich erkälten	*to catch cold*
sich freuen (über + *acc.*)	*to be glad* (*about*)
sich freuen auf (*acc.*)	*to look forward to*
sich fürchten (vor + *dat.*)	*to be afraid* (*of*)
sich interessieren (für + *acc.*)	*to be interested* (*in*)
sich setzen	*to sit down*
sich trennen	*to part*

Grammatik

A. REFLEXIVE VERBS

Some German verbs are *reflexive verbs*, that is, they *must* be used with a reflexive pronoun. This reflexive pronoun is not rendered in the English. The preposition which follows a reflexive verb is often different from the preposition used in English. Nearly all reflexive verbs require the accusative reflexive pronoun. Some common reflexive verbs in German are:

sich erinnern (an + *acc.*)   *to remember*
 Ich erinnere mich an ihn.   *I remember him.*

sich erkälten   *to catch cold*
 Er erkältete sich gestern.   *He caught cold yesterday.*

sich freuen (über + *acc.*)   *to be glad (about)*
 Sie freut sich über den Brief.   *She is glad about the letter.*

sich freuen auf (*acc.*)   *to look forward to*
 Wir freuten uns auf den Frühling.   *We were looking forward to the spring.*

sich fürchten (vor + *dat.*)   *to be afraid (of)*
 Kurt hat sich vor dem Hund gefürchtet.   *Kurt was afraid of the dog.*

sich interessieren (für + *acc.*)   *to be interested (in)*
 Sie hatte sich nie für den Jungen interessiert.   *She had never been interested in the boy.*

sich setzen   *to sit down*
 Setzen Sie sich neben mich!   *Sit down beside me.*

sich trennen   *to part*
 Willi und Helga haben sich endlich getrennt.   *Willi and Helga finally parted.*

(sich) an/ziehen   *to dress, put on (clothes)*
 Sie zog sich immer gut an.   *She always dressed well.*
but: Ich habe den Mantel angezogen.   *I have put on the coat.*

ÜBUNG 1

Supply the reflexive pronoun and translate.

1. Ich habe _____ erkältet.   2. Du hast _____ erinnert.   3. Er hat _____ gefürchtet.   4. Wir haben _____ interessiert.   5. Ihr habt _____ gesetzt. 6. Sie haben _____ gefreut.   7. Die Dame hat _____ erinnert.   8. Du und ich haben _____ für die Musik interessiert.   9. Ihr und sie habt _____ vor dem Tier gefürchtet.   10. Wer hat _____ dort gesetzt?   11. Wir haben _____ nachher getrennt.   12. Alle haben _____ schwer erkältet.

ÜBUNG 2

a. Repeat the German sentence, substituting the German equivalent for the English cues in parentheses.

1. Er fürchtete sich vor **dem Pferd.** (*the animal, our parents, his niece, her family, the enemy*)   2. Ich erinnere mich an **den Tag.** (*the meaning, the letters, the music,*

the name, the success)   3. Wir freuen uns über **die Besuche unserer Nachbarn.** (*the greetings of our guests, the letters of our friends, the wishes of our sons, the guests of our parents*)   4. Interessiert ihr euch für **jene Bücher?** (*such ideas, those pictures, his goal, her past*)   5. Dann setzte sich der Junge auf **das Sofa.** (*the roof, the bed, the horse, a chair*)

b. Express in German.

1. He remembered the moment well.   2. Where did you (**du**) catch cold?
3. Naturally we were very glad about the invitation.   4. Not often did they look forward to a week at the lake.   5. Why was she so afraid of the influence of her grandfather?   6. No one knew why she had never been interested in science.
7. Please sit down and drink a cup of coffee!   8. Moni and Philip had to separate in March.   9. Why aren't you dressing? It is getting late!   10. My family had remembered only the story of the old man.   11. I was really looking forward to the movies.   12. Why hadn't you (**ihr**) remembered the story about the wise man in the East?

ÜBUNG 3

Schriftliche Übungen: See *Programmed Assignment Book*, p. 167, **A.**

B. RECIPROCAL PRONOUNS

The reciprocal pronoun **einander** (*each other, one another*) shows that the action of the verb is mutual between two or more persons. The reflexive pronoun **sich** is often used for the reciprocal when no ambiguity can arise.

Sie treffen **sich.** *or* Sie treffen **einander.**	*They meet each other.*
Sie lieben **einander.**	*They love one another.*
but: Sie lieben **sich.**	*They love themselves.*

When **einander** is used after a preposition, it is attached to it.

Sie sprechen **voneinander.**   *They speak about each other.*

ÜBUNG 4

Supply the German equivalent for *each other*. Translate.

1. Sie begegnen _____.   2. Wir sprechen mit _____.   3. Jeder arbeitet für _____.   4. Die Studenten denken nicht an _____.   5. Nachher warten wir auf _____.   6. Die Brüder kämpften gegen _____.   7. Bald müssen wir uns von _____ trennen.   8. Warum fürchteten sie sich vor _____?

ÜBUNG 5

Express in German.

1. We hear often from one another.   2. They don't speak with one another.
3. Soon we'll be working for each other.   4. What shall we do without one
another?   5. Surely they don't disturb one another.   6. Have they fought against
each other?   7. They remembered one another.   8. We have been afraid of one
another.

ÜBUNG 6

Schriftliche Übungen: See *Programmed Assignment Book*, p. 167, **B.**

C. ADJECTIVES AS NOUNS

Adjectives used as nouns are capitalized but have adjective endings.

1.   When used in the masculine, feminine, and plural, the adjective refers to people;
when used in the neuter, the adjective refers to a thing or an idea.

der Fremde	*the stranger* (*man*)
die Fremde	*the stranger* (*woman*)
die Fremden	*the strangers* (*people*)
das Fremde	*the strange thing*
ein Deutscher	*a German man*
mit der Alten	*with the old woman*
das Gute	*the good thing*
über das Wichtige	*about the important thing*
von dem Lustigen	*from the funny thing*

ÜBUNG 7

Express in German by using adjectives as nouns.

1. the stranger (man, woman), the strangers   2. the poor one (man, woman), the
poor people   3. a lonely one (man, woman), those lonely people   4. a rich one
(man, woman), these rich people   5. of the sick one (man, woman), of the sick
people   6. of an old one (man, woman), of those old people   7. with the stupid
one (man, woman), from the stupid people   8. against those unhappy people

ÜBUNG 8

Express in German by using adjectives as nouns.

1. the old man   2. the good woman   3. the strange people   4. a quiet man
5. an unpleasant woman   6. the only (**einzig**) people   7. the jolly fellow   8. the

nearest woman   9. from the tired man   10. for the young lady   11. with the
famous people   12. without the stupid girl   13. for the old people   14. against
the well-known man   15. the traveling people   16. a returning man

ÜBUNG 9

Express in English.

1. mit der Fortgegangenen   2. von den zu Hause Gebliebenen   3. die nie
rechtzeitig Zurückkehrenden   4. der sich Fürchtende   5. viele nach Hause
Eilende   6. die lange dort Sitzenden

ÜBUNG 10

Schriftliche Übungen: See *Programmed Assignment Book*, p. 169, **C.a.**

2.   After **etwas, nichts, viel, wenig** the adjective is capitalized and used as a neuter
noun, taking the *strong* adjective ending.

etwas Unangenehm**es**	*something unpleasant*
viel Wichtig**es**	*much that is important*
mit wenig Wertvoll**em**	*with little that is valuable*

ÜBUNG 11

Supply the German equivalent for the English cue.

1. Er erzählte (*something serious*).   2. Sie hörte (*much that was new*).   3. (*Little
that is valuable*) ist mir geblieben.   4. Ich habe (*nothing good*) gegessen.
5. (*Something peculiar*) ist geschehen.   6. Sie kam mit (*nothing important*) zu mir.

3.   After **alles** and **manches** the adjective is capitalized and takes the weak adjective
ending.

alles Gute	*all the best*
Ich wünsche dir alles Gute!	*I wish you all the best!*

ÜBUNG 12

Supply the German equivalent for the English cue.

1. Ich wünsche dir (*all the best*).   2. Er schreibt (*many an unpleasant thing*).
3. Sie lachen über (*many a serious thing*).   4. Er hat (*many an interesting thing*)
gesehen.

ÜBUNG 13

Schriftliche Übungen: See *Programmed Assignment Book*, p. 169, **C.b.**

D. TIME EXPRESSIONS WITH THE ACCUSATIVE

In the absence of a preposition, the accusative is used to denote both *definite* time

Jeden Sommer fahren wir aufs Land.
Every summer we drive to the country.

and *duration* of time.

Wir haben **den ganzen Tag** gearbeitet.
We have worked all day.

Ich spielte **eine Stunde** Tennis.
I played tennis for an hour.

ÜBUNG 14

Translate into German.

1. every day, every morning, every evening, every summer, every moment
2. every week, every night, every hour   3. every year, every century, every time
(instance)   4. We remained all evening.   5. I played piano a whole day.   6. She
studied the entire winter there.   7. We slept only a moment.   8. I drove for an
hour.   9. They stayed one year at our house.   10. Every afternoon we went to
the movies.   11. The boy screamed for a whole hour.   12. They have stayed
alone all month.   13. Each moment one notices her influence.   14. Every
afternoon I had an invitation.   15. We have slept in that hostel every night.
16. Every day we have to translate an essay.

ÜBUNG 15

Schriftliche Übungen: See *Programmed Assignment Book*, p. 169, **D.**

Lesestück

Reisen, Studieren,
Arbeiten in deutschsprachigen Ländern

Wien, den 15. Dezember 19____

Lieber Fred!

Da ich versprochen habe, bald wieder zu schreiben und
Deine drei Fragen ausführlich zu beantworten, kann ich   ausführlich *in detail*
5 Dir zur selben Zeit Weihnachtsgrüße senden. Hoffentlich
hast Du schöne Feiertage. Ich habe etwas Heimweh trotz   Heimweh haben *to be*
der freundlichen Einladung meiner „deutschen Familie"   *homesick*
in Passau. Es ist doch besser, wenn ich hier in Wien bleibe,
denn ich habe viel Arbeit. Da vergeht die Zeit auch schnell,
10 und bald kommt sicher viel Post von zuhause.

Wandern in der Schweiz

Bevor ich Deine Fragen zu beantworten versuche, schreibe ich Dir eine Liste von amtlichen Stellen auf, von denen Du Auskunft und Rat bekommen kannst. Ich lege sie diesem Brief bei.*

15 Erstens fragtest Du: Wie kann man billig nach und in Europa reisen? Du wirst zu Hause schon erfahren können, wie Du so billig wie möglich nach Europa kommst. Mit einem Eurailpaß, den man aber nur zu Hause in irgendeinem Reisebüro kaufen kann, kannst Du sehr preiswert hier mit
20 der Bahn fahren. Dieser Paß ist dann für einen Monat, zwei Monate oder auch drei Monate gültig. Die deutsche Bundespost hat auch viele gute Touren per Bus.

Du kannst Radtouren machen oder zu Fuß wandern. Camping ist auch sehr beliebt. Es gibt viele Möglichkeiten.
25 Es gibt über 750 Jugendherbergen in Deutschland allein aber Du mußt einen Ausweis haben, um dort übernachten zu dürfen. Den Ausweis bekommst Du auch zu Hause. Die Jugendherbergen haben meistens eine wunderbare Lage. Damit Du die richtige Lust bekommst, im Sommer
30 herzukommen, so schreibe ich Dir einige Paragraphen aus einem Zeitungsartikel über Jugendherbergen ab.

„. . . Viele Herbergen findet man in alten Burgen und Schlössern, weil man diese privat nicht mehr hat erhalten können. So kommt es, daß Romantik, Geschichte und
35 Geschichten zusammentreffen. Auf Bergeshöhen haben die Wanderer herrliche Ausblicke. Von der Burg Ludwigstein in Hessen blickt man über die weiten Wälder, in denen die deutschen Märchen von Rotkäppchen und von Hänsel und Gretel entstanden sind. Von der Burg Rothenburg blickt
40 man ins liebliche Maintal hinunter, von der Burg Hessenstein ins Edertal. Ehrenbreitstein am Rhein war nicht nur eine große Festung, sondern auch Residenz der Kurfürsten von Trier. Der Blick auf Koblenz und auf den Zusammenfluß von Rhein und Mosel ist unbeschreiblich schön.

45 „Romantik! Geschichte und Geschichten! Mancher junge Wanderer hat wirklich wissen wollen: was ist hier auf dieser Burg geschehen? Wer hat vor Jahren hier in diesem Schloß gelebt? Etwas geschichtliches Wissen steigert die Freude an der Landschaft und bringt sie dem Wanderer
50 nahe. So geht es, wenn man auf der Jugendburg Stahleck, hoch über Bacharach übernachtet. Da kann man die Liebesgeschichte von Heinrich, dem Sohn des Herzogs

bei/legen to enclose

irgendein any
preiswert cheap
gültig valid

die Bundespost Federal
    Post Office

beliebt popular

der Ausweis identification

die Lust desire
ab/schreiben to copy

die Höhe height
herrlich magnificent
der Ausblick view
Rotkäppchen Red Riding
    Hood

das Tal valley
die Festung fortress
der Kurfürst elector
der Zusammenfluß
    confluence

das Wissen knowledge
steigern to heighten
die Landschaft landscape

der Herzog duke

* See p. 252.

Heinrich des Löwen und Agnes, der schönen Nichte Kaiser
Friedrich Barbarossas, hören.

55 „Heinrich und Barbarossa hatten viele Jahre als bittere
Feinde gelebt, aber der junge Heinrich und die schöne
Agnes liebten einander. Da Agnes den König von
Frankreich hatte heiraten sollen, entführte sie Heinrich
und brachte sie auf die Burg Stahleck. Hier traute sie
60 ein Priester. Sie warteten voll Angst, ob ihre Väter mit
kriegerischer Macht gegen Bacharach marschieren würden.
Die Väter tobten, wie man es von Vätern erwartet, aber
sie haben nichts gegen die jungen Leute unternehmen
wollen. Der junge Heinrich zog später mit seiner Braut auf
65 das Heidelberger Schloß am Neckar.

„Die Saldenburg ist heute auch eine Jugendherberge.
Sie liegt hoch über den dunklen Wäldern des Bayrischen
Waldes. Das Volk hat sie die „Waldlaterne" genannt.
Ritter Heinrich Tuschl hat diese Burg im vierzehnten
70 Jahrhundert gebaut, und weil der Name *Saelde* auf
Althochdeutsch Glück heißt, hat sie eine Glücksburg sein
sollen. Der Ritter schien aber wenig Glück mit seiner Frau
gehabt zu haben—und sie noch weniger mit ihm. Er hat
sie lebendig einmauern lassen; doch ein Knappe hat sie
75 befreit und geheiratet. Auf einer Fahrt ins Heilige Land
sah der Ritter seine frühere Frau noch einmal im Kreis
ihrer vielen Kinder. Er blieb unerkannt, zog nach Hause
und lebte als einsamer Mensch auf seiner Burg. Bald hat
er den Namen „Ritter Allein" vom Volk erhalten.

80 „Meistens haben die Jugendherbergen 8-Bett Zimmer.
Der Herbergsvater gibt jedem Gast einen weißen
Schlafsack, wenn dieser noch keinen besitzt. Eigentlich
gehört eine leichte Decke, Schlafsack, Kochgeschirr, Gabel,
Messer, Löffel und Landkarte zu der Ausrüstung jedes
85 Wanderers. In jeder Jugendherberge gibt es große, helle
Waschräume, denn das Wandern macht nicht nur hungrig,
durstig und müde, sondern auch schmutzig. Sauberkeit ist
die Hauptsache in der JH.

„Im Tagesraum findet das gesellige Leben der JH statt.
90 Hier lernt man junge Menschen aus anderen Gegenden
und Ländern kennen. Man erzählt, singt und erhält manch
guten Rat. Um zehn Uhr geht das Licht aus!

„Abseits der großen Landstraße geht der Weg des
Wanderers. Er will nicht den Asphalt; er will Erde, er
95 will sauerstoffreiche, nicht benzinschwere Luft; er will
keinen Motorenlärm, er will Ruhe. Der scharfe Beobachter

Glossary (margin):

entführen *to kidnap*
trauen *to marry*

würde *would*
toben *to rage*

die Laterne *lantern*

lebendig ein/mauern
lassen *to have walled up
alive*
der Knappe *esquire*
früher *former*
der Kreis *circle*

eigentlich *actually*
das Kochgeschirr *cooking
utensils*
die Ausrüstung *equipment*

schmutzig *dirty*
die Sauberkeit *cleanliness*
die Hauptsache *main
thing*
gesellig *social*
statt/finden *to take place*
die Gegend *region*
abseits *away from*
die Landstraße *highway*
die Erde *earth*
der Sauerstoff *oxygen*
das Benzin *gasoline*
der Lärm *noise*

bringt geographische, geologische, botanische, zoologische, astronomische, geschichtliche, technische und wirtschaftliche Erkenntnisse mit nach Hause, die er nie vergißt. Mit
100 Goethe kann er sagen: ‚Was ich nicht erlernt habe, habe ich mir erwandert.'"

Deine zweite Frage war: Wie kann ich Arbeit in Deutschland bekommen? Ich hoffe, daß ich nach dem Sommersemester einige Monate in Deutschland arbeiten
105 kann, bevor ich nach Hause zurückfahre. Ich verdiene hier schon etwas Geld, da ich privat englischen Unterricht gebe. Nachdem ich meinen B.A. zu Hause gemacht habe, möchte ich ein Jahr Mathematik oder Englisch in einer Schule in Deutschland unterrichten. In letzter Zeit haben
110 viele amerikanische Lehrer in Deutschland Stellungen gefunden, aber man weiß nie, wie es in Zukunft wird. Die Arbeitsmöglichkeiten ändern sich mit der Wirtschaftslage, und Du sollst selber an die amtlichen Stellen schreiben, wenn Du so weit bist. Es gibt auch Stipendien, aber meistens
115 für „graduates".

Ich möchte gern meinen M.A. hier in Deutschland, Österreich oder in der Schweiz machen. Und das bringt mich zu Deiner dritten Frage: Was mache ich mit meinem Deutsch? Es gibt so viele Möglichkeiten. In vielen Berufen
120 muß man eine Fremdsprache können. Viele amerikanische Firmen haben Zweigstellen in Europa und umgekehrt. Auch die amerikanische Regierung braucht immer zweisprachig ausgebildete Leute, nicht nur im Ausland, sondern auch zu Hause. Du kannst von dem „Bureau of
125 Labor Statistics" ein Taschenbüchlein bekommen, das eine Liste Stellungen für Sprachkundige aufführt.

Ich persönlich möchte zuerst in einem Reisebüro oder für eine Fluglinie arbeiten. Meine Eltern wollen, daß ich Lehrerin werde. Aber ich glaube, ich habe nicht die Geduld
130 zu diesem Beruf. Mit Deutsch als Haupt- oder Nebenfach habe ich eine große Auswahl: Lehrerin, Reiseführerin, Auslandskorrespondentin, Auslandsdienst für die Regierung, Sekretärin für amerikanische oder deutsche Firmen, Angestellte bei einer Fluglinie, usw. Es gibt auch
135 Stellungen im Hotelfach, am Radio oder Fernsehen. Es ist aber sicher, daß ich so viel Deutsch wie möglich lernen muß, und daß ich so fließend wie möglich lesen und schreiben lernen soll. Ich bin begeistert und finde das Leben hier sehr interessant.

---

wirtschaftlich *economic*
die Erkenntnis *knowledge*
erlernen *to acquire by learning*
erwandern *to acquire by wandering*

verdienen *to earn*

sich ändern *to change*
die Wirtschaftslage *economic situation*
amtlich *official*
das Stipendium *scholarship*

der Beruf *profession*

die Zweigstelle *branch*
umgekehrt *vice versa*
die Regierung *government*
zweisprachig *bilingual*
ausgebildet *educated*

kundig *proficient*
auf/führen *to list*
die Fluglinie *airline*
die Geduld *patience*
das Fach *subject*
die Auswahl *choice*

der Angestellte *employee*

begeistert *enthusiastic*

140   Wieder ist der Brief zu lang geworden. Hoffentlich
hat er Dir wenigstens einige Neuigkeiten und halbwegs   wenigstens *at least*
verständliche Antworten auf Deine Fragen gebracht. Alles   die Neuigkeit *news*
Gute zu Weihnachten und die allerherzlichsten Grüße
Dir und Deiner Familie zum Neuen Jahr! Schreibe bald
145   wieder!

Sehr herzlichst
Deine
Susan

P.S. Verliere nicht die beigelegte Liste der amtlichen   beigelegt *enclosed*
150   Stellen! Es kann sein, daß Du bald um Auskunft schreiben
willst.

LIST OF OFFICIAL AGENCIES FOR INFORMATION

Travel

American Youth Hostels, Inc. National Headquarters, 20 W. 17th St., New York, N.Y. 10011

Council on International Education Exchange, 777 United Nations Plaza, New York, N.Y. 10017

Council on Student Travel, 777 United Nations Plaza, New York, N.Y. 10017

German Federal Railroad Agency, 11 W. 42nd St., New York, N.Y. 10036

German National Tourist Office, 630 Fifth Ave., Suite 2406, New York, N.Y. 10020

German Student Travel Service, Hotel Empire, 1st Floor, 44 W. 63 rd St., New York, N.Y. 10023

Study

American Field Service, 313 East 43rd St., New York N.Y. 10017

Germany, *A Directory for Teachers and Students*—available from nearest German Consulate or Embassy.

Institute of International Education, 809 United Nations Plaza, New York, N.Y. 10017

Overseas Study Branch, U.S. Office of Education, Washington, D.C. 20202

Pädagogischer Austauschdienst, 53 Bonn, Nassestr. 8, German Federal Republic

Youth for Understanding, 1930 Washtenaw Ave., Ann Arbor, Michigan 48106

Work

Bureau of Labor Statistics, U.S. Department of Labor, Washington, D.C. 20212

Lufthansa German Airlines, 1640 Hempstead Turnpike, East Meadow, L.I., N.Y. 11554

Zentralstelle für Arbeitsvermittlung, 6 Frankfurt/Main, Feuerbachstr. 42, German Federal Republic

WIEDERHOLUNG

Kapitel 20. Preparation for tests. See *Programmed Assignment Book*, pp. 171–175.

PRÜFUNG 1 ODER 2

Kapitel 20. See Instructor.

Kapitel

21

Fragen

1. Um wieviel Uhr ziehen Sie sich am Morgen an (am Abend aus)?
2. Wann fürchtet man sich vor einem Hund (einer Prüfung, der Polizei, dem Wasser)?
3. Wer interessiert sich für die Musik (die Physik, kranke Menschen, die Politik, die Mathematik, Tiere, Kinder)?
4. Wie erkältet man sich?
5. Wer freut sich auf das Wochenende (das Ende der Schule, das Abendessen)?
6. Warum trennen sich manche Eltern?
7. Wann setzt man sich gern?
8. Warum freut man sich nicht über eine Prüfung?
9. Was soll man tun, wenn man sich erkältet hat?
10. Wann legt man sich ins Bett?
11. Wie nennt man einen Menschen, der fremd ist (der seltsam ist; der groß ist; der zufrieden ist)?
12. Wie nennt man eine Frau, die dichtet (die arbeitet; die ruhig ist; die krank ist; die hungrig ist)?

13. Wie nennt man etwas, was neu ist (was fern ist; was nötig ist; was gewöhnlich ist; was sicher ist)?
14. Was tut man mit einem Fahrrad (mit einem Bild, mit einem Pferd, mit einem Bericht, mit einem Kleid, mit einem Kuchen)?
15. Welches deutsche Wort ist ein Synonym für: zurückkehren, stürzen, begegnen, eilen, laut rufen, weit weg, die Furcht, der Kopf, der Moment, auseinandergehen, festmachen?
16. Was machen Sie, wenn Sie morgens aufstehen (abends zu Bett gehen)?
17. Was machen Sie, wenn jemand an die Tür klopft?
18. Was trinken Sie morgens zum Frühstück (mittags zum Mittagessen, abends zum Abendessen)?
19. Was ist das Gegenteil von: vergessen, aufstehen, gern, höflich, fern, immer, sich anziehen, ankommen, jemand, der Freund, heiß, billig, gesund?
20. Wo gibt es viele Menschen (viele Tiere, viele Bücher, viele Studenten, viele Autos, viele Blumen) zu sehen?

Wortschatz

der Boden, ⸚ or -	*ground; floor*	die Bank, ⸚e	*bench*
der Brunnen, -	*fountain, well*	die Heimat, -en	*native home(land)*
der Gegenstand, ⸚e	*object*	die Katze, -n	*cat*
der Hund, -e	*dog*	die Lust, ⸚e	*desire*
der Ort, -e	*place, town*	die Mauer, -n	*wall (outside)*
der Sieg, -e	*victory*	die Rechnung, -en	*bill, account*
der Spaß, ⸚e	*joke, fun*	die Reihe, -n	*row*
der Wirt, -e	*innkeeper*	die Sache, -n	*matter, thing*
der Zug, ⸚e	*train*	die Spitze, -n	*point, peak*
		die Treppe, -n	*stair(s)*

das Dorf, ⸚er	*village*
das Essen, -	*meal, dinner*
das Feld, -er	*field*
das Gebäude, -	*building*
das Geheimnis, -ses, -se	*secret*
das Haar, -e	*hair*
das Meer, -e	*ocean, sea*
das Tal, ⸚er	*valley*
das Wirtshaus, ⸚er	*inn*

bezahlen	*to pay (for)*	loben	*to praise*
drücken	*to press, to push*	meinen	*to think, to say, to mean*
entschuldigen	*to excuse*	verkaufen	*to sell*
glänzen	*to glisten, to gleam*	verlangen	*to demand*
(sich) kämmen	*to comb (one's hair)*	wechseln	*to change*

Rothenburg

auf/stehen, steht auf, stand auf, **ist** aufgestanden	*to get up*
gefallen, gefällt, gefiel, hat gefallen (*dat.*)	*to please*
genießen, genießt, genoß, hat genossen	*to enjoy*
graben, gräbt, grub, hat gegraben	*to dig*
schließen, schließt, schloß, hat geschlossen	*to close, to shut*
schneiden, schneidet, schnitt, hat geschnitten	*to cut*
wachsen, wächst, wuchs, **ist** gewachsen	*to grow*
waschen, wäscht, wusch, hat gewaschen	*to wash*

Grammatik

A. COMPARISON OF ADJECTIVES AND ADVERBS

Adjectives and adverbs have three degrees of comparison: positive, comparative, and superlative.

	Positive	**Comparative**	**Superlative**
ADJECTIVE	small	smaller	smallest
ADVERB	fast	faster	fastest

In German, the comparative and superlative degrees are formed by adding **-er** in the comparative, **-(e)st*** in the superlative, to the basic adjective: **klein, kleiner, kleinst; weit, weiter, weitest.**

1. Adjectives before nouns (attributive adjectives) take the same strong or weak endings in the comparative and the superlative as in the positive. These endings are added to the comparative and superlative forms, following the same rules as for adjectives in the positive degree.

Positive	**Comparative**	**Superlative**
adj. + adj. ending	adj. + **er** + adj. ending	adj. + **(e)st** + adj. ending
the small dog	*the smaller dog*	*the smallest dog*

SINGULAR

NOM.	der kleine Hund	der kleinere Hund	der kleinste Hund
ACC.	den kleinen Hund	den kleineren Hund	den kleinsten Hund
DAT.	dem kleinen Hund(e)	dem kleineren Hund(e)	dem kleinsten Hund(e)
GEN.	des kleinen Hundes	des kleineren Hundes	des kleinsten Hundes

PLURAL

NOM.	die kleinen Hunde	die kleineren Hunde	die kleinsten Hunde
ACC.	die kleinen Hunde	die kleineren Hunde	die kleinsten Hunde
DAT.	den kleinen Hunden	den kleineren Hunden	den kleinsten Hunden
GEN.	der kleinen Hunde	der kleineren Hunde	der kleinsten Hunde

Note: The superlative form of the adjective rarely exists without a declensional ending. **Mehr** is never used to form the comparative.

My report is more interesting.   Mein Bericht ist interessant**er.**

---

* Most adjectives ending in **-t, -s, -ß, -sch, -z** add **-est** to form the superlative. The superlative is not used alone. It is usually preceded by a qualifying word: **Es ist ihr schönstes Kleid.** (*It is her most beautiful dress*).

ÜBUNG 1

Express in German according to the example.

a. Comparative degree, nominative case

Masculine Singular

the cheaper hat
  der billigere Hut
this richer man
that hotter coffee
every more intelligent judge

Feminine Singular

the smaller form
  die kleinere Gestalt
this more simple woman
that farther trip
which harder question

Neuter Singular

the prettier girl
  das schönere Mädchen
this brighter light
that smaller store
which darker room

Plural

the richer people
  die reicheren Leute
these more interesting words
those more distant lands
which brighter flowers

b. Comparative degree, accusative case

Masculine Singular

against my richer uncle
  gegen meinen reicheren Onkel
for our later report
through the deeper snow

Feminine Singular

for his cheaper watch
  für seine billigere Uhr
through their earlier development
without my more interesting story

Neuter Singular

through our darker room
  durch unser dunkleres Zimmer
against his more serious book
around her more simple life

Plural

without her funnier stories
  ohne ihre lustigeren Geschichten
against his more honest sisters
for our more pleasant neighbors

c. Comparative degree, dative case

Masculine Singular

after the heavier storm
  nach dem schwereren Sturm
from the smaller lake
with the more honest doctor

Feminine Singular

from the farther corner
  von der weiteren Ecke
to the wider side
except the deeper color

Neuter Singular

to the more beautiful country
  zu dem schöneren Land

Plural

with the more intelligent parents
  mit den intelligenteren Eltern

with the newer knife
from the happier child

since the more quiet hours
to the broader streets

d. Comparative degree, genitive case

Masculine Singular

of this smaller stone
   dieses kleineren Steines
of this more diligent pupil
of this more difficult essay

Feminine Singular

of that more peculiar flower
   jener seltsameren Blume
of that brighter color
of that more polite girl friend

Neuter Singular

of which more beautiful picture
   welches schöneren Bildes
of which smaller country
of which faster auto

Plural

of my more valuable rings
   meiner wertvolleren Ringe
of our happier times
of our wealthier friends

e. Superlative degree, nominative case

Masculine Singular

the smallest boy
   der kleinste Junge
that cheapest hat
the most peculiar name

Feminine Singular

the most beautiful form
   die schönste Gestalt
his simplest question
the fastest development

Neuter Singular

the most beautiful weather
   das schönste Wetter
this newest book
the most expensive bicycle

Plural

the brightest lights
   die hellsten Lichter
our deepest feelings
her most interesting ideas

f. Superlative degree, accusative case

Masculine Singular

for the strictest teacher
   für den strengsten Lehrer
for the most grateful student
through the newest railroad station

Feminine Singular

without the softest answer
   ohne die leiseste Antwort
without the loudest voice
through that most difficult time

Neuter Singular

through the most well-known castle
   durch das bekannteste Schloß
through the smallest room
for the most important office

Plural

against the most serious conversations
   gegen die ernstesten Gespräche
against the most difficult dangers
through the thickest walls

g. Superlative degree, dative case

Masculine Singular

with the firmest belief
  mit dem festesten Glauben
with the most earnest wish
from the most intelligent boy

Feminine Singular

after the saddest story
  nach der traurigsten Geschichte
to (**nach**) the broadest street
out of the farthest corner

Neuter Singular

out of the darkest room
  aus dem dunkelsten Zimmer
out of the smallest house
with the most serious face

Plural

to the most terrible people
  zu den schrecklichsten Menschen
except the simplest answers
with the most cordial greetings

h. Superlative degree, genitive case

Masculine Singular

in spite of the most unhappy man
  trotz des unglücklichsten Mannes
in spite of the most important citizen
because of the newest report

Feminine Singular

instead of the richest woman
  statt der reichsten Frau
instead of the brightest flower
in spite of that most peculiar music

Neuter Singular

because of the smallest child
  wegen des kleinsten Kindes
because of the most intelligent girl
in spite of his deepest sorrow

Plural

during the hottest days
  während der heißesten Tage
in spite of the latest developments
because of the darkest nights

ÜBUNG 2

Give the comparative and superlative forms for each adjective. Say the complete phrase.

Beispiel: der traurige Mann

      der **traurigere** Mann
      der **traurigste** Mann

1. der schnelle Zug   2. der helle Tag   3. der weite Weg   4. sein früher Sieg
5. die kleine Mauer   6. die einsame Frau   7. die breite Treppe   8. dein ruhiger Freund   9. der intelligente Arzt   10. ihr seltsamer Traum   11. das kleine Dorf
12. euer ehrliches Kind   13. die fernen Länder   14. diese schweren Steine
15. unsere schönen Blumen   16. durch seine berühmten Bücher   17. mit dem einfachen Kleid   18. während der heißen Tage   19. die billige Theaterkarte
20. die engen Straßen

ÜBUNG 3

Schriftliche Übungen: See *Programmed Assignment Book*, p. 177, **A.1.**

2. Most predicate adjectives form their comparative and superlative degrees by adding **-er** and **am -(e)sten.** Like all predicate adjectives, they use no additional adjective endings.

Positive	Comparative	Superlative
adj. with no ending	adj. + **er**	**am** adj. + **(e)sten**
Mein Bruder ist reich.	Mein Vater ist reich**er.**	Mein Onkel ist **am** reich**sten.**
My brother is rich.	*My father is richer.*	*My uncle is the richest.*

ÜBUNG 4

Complete the comparative and superlative forms.

1. einfach, einfach_____, am einfach_____ 2. ehrlich, ehrlich_____, am ehrlich_____
3. schön, schön_____, am schön_____ 4. intelligent, intelligent_____, am
intelligent_____ 5. langsam, langsam_____, am langsam_____ 6. fleißig,
fleißig_____, am fleißig_____

ÜBUNG 5

Supply the positive, comparative, and superlative German equivalent for the English cue.

Beispiel: (*hot*) Das Wasser ist **heiß.**

Der Kaffee ist **heißer.**
Der Tee ist am **heißesten.**

1. (*interesting*) Der Brief ist _____. Die Geschichte ist _____. Der Bericht ist
_____. 2. (*famous*) Der Dichter ist _____. Der Künstler ist _____.
Der Staatsmann ist _____. 3. (*deep*) Der Fluß ist _____. Der See ist _____.
Die See ist _____. 4. (*polite*) Das Kind ist _____. Der Junge ist _____.
Das Mädchen ist _____.

When three or more persons or things are being compared, the predicate adjective in the superlative may be expressed in two ways:

	Seine Frau ist **am schönsten.**	*His wife is the most beautiful.*
or:	Seine Frau ist **die schönste.**	*His wife is the most beautiful (woman).*

As a relative pronoun, **was** must be used after the neuter superlative:

Das schönste, was ich habe, ist dieses Bild.
The most beautiful thing that I have is this picture.

ÜBUNG 6

Supply the positive, comparative, and two superlative forms of the German equivalent for the English cue.

1. (*necessary*) Dein Beispiel war _____. Ihr Beispiel war _____. Sein Beispiel war _____. 2. (*safe*) Welcher Weg ist _____? Welcher Weg ist _____? Welcher Weg ist _____? 3. (*valuable*) Mein Ring scheint _____ zu sein. Ihr Ring scheint _____ zu sein. Seiner scheint _____ zu sein.

ÜBUNG 7

Schriftliche Übungen: See *Programmed Assignment Book*, p. 177, **A.2.**

3. Adverbs form their comparative and superlative degrees as do predicate adjectives, thus never take endings.

spät	spät**er**	**am** spät**esten**
late	*later*	(*the*) *latest*

ÜBUNG 8

Supply the comparative and superlative forms.

1. Dieses Baby schreit laut. Jenes Kind schreit _____. Jener Junge schreit _____. 2. Das Auto fährt schnell. Der Zug fährt _____. Sein Wagen fährt _____. 3. Die Schule fängt früh an. Die Turnstunde fängt _____ an. Die Kirche fängt _____ an. 4. Die Gäste kamen spät. Seine Freunde kamen _____. Meine Eltern kamen _____.

ÜBUNG 9

Complete the sentence using the comparative or superlative form suggested by the English cue.

1. (*the fastest*) Diese Bäume wachsen _____. 2. (*more seriously*) Er schaute sie _____ an. 3. (*more freely*) Wir reden _____. 4. (*the loudest*) Sie klopfen _____. 5. (*faster*) Es bewegt sich schon _____. 6. (*the most softly*) Er spielt _____. 7. (*more quietly*) Wir schlafen jetzt _____. 8. (*tighter*) Ich band das Tuch _____. 9. (*the farthest*) Sie wohnt _____. 10. (*the slowest*) Er fährt heute _____.

ÜBUNG 10

Schriftliche Übungen: See *Programmed Assignment Book*, p. 179, **A.3.**

4. Some one syllable adjectives add an umlaut in the comparative and superlative.

alt   **älter**   **ältest- (am ältesten)**

Adjectives and adverbs in this text that take an umlaut in the comparative and superlative are:

alt	groß*	kalt	lang	schwach
arm	hart	klug	nah*	schwarz
dumm	hoch*	krank	oft	stark
gesund	jung	kurz	rot	warm

ÜBUNG 11

Give all three forms of comparison, as in the examples after each number.

1. der junge Bruder, der jüngere Bruder, der jüngste Bruder

the old man
the smart dog
the long day
the strong wind

2. die kluge Frau, die klügere Frau, die klügste Frau

the weak voice
the cold church
the long side

3. das alte Dorf, das ältere Dorf, das älteste Dorf

the short dress
the poor child
the strong feeling

4. die kalten Tage, die kälteren Tage, die kältesten Tage

the weak children
the stupid parents
the sick people
the hardest chairs

ÜBUNG 12

Supply the comparative and superlative of the adjective in boldface.

1. Ich bin **klug.** Du bist _____. Er ist _____. 2. Sie ist **gesund.** Ich bin _____. Er ist _____. 3. Erich ist **dumm.** Gerda ist _____. Helmut ist _____. 4. Der Morgen scheint **lang** zu sein. Der Nachmittag scheint _____ zu sein. Der Abend scheint _____ zu sein.

* See p. 264.

ÜBUNG 13

Schriftliche Übungen: See *Programmed Assignment Book*, p. 179, **A.4.**

5. A few adjectives and adverbs have irregular comparative and superlative forms.

Positive	Comparative	Superlative
gern (*adv. only*)	lieber	am liebsten
groß	größer	größt-, am größten
gut	besser	best-, am besten
hoch	höher	höchst-, am höchsten
lieb (*adj. only*)	lieber	liebst-
nah(e)	näher	nächst-, am nächsten
viel	mehr	meist-, am meisten

Ich lese **gern.**   *I like to read.*
Ich spiele Tennis **lieber.**   *I prefer to play tennis.*
                                     or: I'd rather play tennis.
Ich schwimme **am liebsten.**   *I like best to swim.*

Adjectives that end in **-el, -en,** or **-er** may drop the **-e** before the **-er** ending in the comparative.

edel → ein **edlerer** Mensch   *a nobler person*
teuer → ein **teureres** Kleid   *a more expensive dress*

ÜBUNG 14

Supply the comparative and superlative forms of the adjective or adverb in boldface.

1. Dieser Gegenstand ist **groß.** Jener ist _____. Welcher ist _____? 2. Dieser Berg ist **hoch.** Jener ist _____. Welcher ist _____? 3. Dieses Kind ist mir **lieb.** Jenes ist mir _____. Welches Kind ist dir _____? 4. Er bezahlt **viel.** Sie bezahlt _____. Ich bezahle _____. 5. Sie kauft einen **teuren** Hut. Ich kaufe einen _____. Du kaufst den _____. 6. Ich singe **gern.** Ich lerne Deutsch _____. Ich lese _____. 7. Sie rechnet **gut.** Ich rechne _____. Er rechnet _____. 8. Die Kirche liegt ganz **nah.** Die Schule liegt _____. Das Geschäft liegt _____.

ÜBUNG 15

Supply the positive, comparative, and superlative forms of the indicated adjective or adverb.

1. (groß) Hier steht ein _____ Glas. Dort steht ein _____ Glas. Auf dem Tisch steht das _____ Glas. 2. (nah) Ich wanderte zum _____ Ort. Er fuhr zum

———— Ort. Sie gingen zu Fuß zum ———— Ort.   3. (hoch) Er hat dort in dem ———— Gebäude gewohnt. Sie hat hier in dem ———— Gebäude gewohnt. Ich habe hier in dem ———— Gebäude gewohnt.   4. (viel) Wir haben ———— Glück. Ihr habt ———— Glück. Sie haben das ———— Glück.   5. (gern) Er arbeitet ———— im Garten. Sein Sohn arbeitet ———— auf dem Feld. Seine Frau arbeitet ———— im Hause.   6. (dunkel) Sie trägt einen ———— Pullover. Ich trage einen ———— Pullover. Du trägst den ———— Pullover.   7. (edel) Wir denken, daß unser Pferd ein ———— Tier ist. Er denkt, daß sein Pferd ein ———— Tier ist. Sie denken, daß ihr Pferd das ———— Tier ist.   8. (teuer) Wir kauften den ———— Ring. Sie kaufte den ———— Ring. Er kaufte den ———— Ring.   9. (lieb) Er ist mir ein ———— Freund. Du bist mir ein ———— Freund. Hugo ist mir der ———— Freund.   10. (gern) Ich werde ———— das Essen machen. Ich werde ———— ins Wirtshaus gehen. Ich werde ———— in die Stadt gehen.

ÜBUNG 16

Schriftliche Übungen: See *Programmed Assignment Book*, p. 179, **A.5.**

B. EXPRESSIONS OF COMPARISON

For comparisons that express equality use:

$$\textbf{so} \ldots \textbf{wie} \quad = \quad \textit{as} \ldots \textit{as}$$

Ich spiele Karten **so gut wie** er.   *I play cards as well as he.*

For comparisons expressing inequality use **als** (*than*) with the comparative adjective.

$$\text{comparative} + \textbf{als} \quad = \quad \text{comparative} + \textit{than}$$

Sie ist **größer als** ihre Schwester.   *She is taller than her sister.*
Er ist **kleiner als** ich.   *He is shorter than I.*

The double comparative (better and better) is formed with **immer** and the comparative adjective.

$$\textbf{immer} + \text{comparative} \quad = \quad \text{double comparative}$$

Sie tanzt **immer besser.**   *She dances better and better.*
Gerda wird **immer schöner.**   *Gerda is getting more and more beautiful.*

ÜBUNG 17

Supply the German expression of comparison equivalent to the English cue.

1. (*as well as I*) Sie schrieb _____. 2. (*as fast as*) Er fuhr _____ sein Bruder. 3. (*as loudly as possible*) Ich rief _____. 4. (*as early as the parents*) Die Kinder kehren _____ zurück. 5. (*as much as*) Der Wirt tut _____ gewöhnlich. 6. (*as pleasant as yesterday*) Das Wetter ist nicht _____. 7. (*more serious than that one*) Diese Krankheit ist _____. 8. (*more people than we*) Du begegnetest _____. 9. (*longer than*) Meine Reise dauerte _____ deine. 10. (*higher than*) Die Burg ist _____ die Kirche. 11. (*more often than I*) Er erkältet sich _____. 12. (*more valuable than*) Dieser Gegenstand ist _____ jener. 13. (*merrier and merrier*) Der Abend wurde _____. 14. (*louder and louder*) Wir haben _____ gelacht. 15. (*tighter and tighter*) Er hat das Kopftuch _____ gebunden. 16. (*higher and higher*) Warum bist du _____ gestiegen? 17. (*brighter and brighter*) Das Feuer brannte _____. 18. (*thinner and thinner*) Das Mädchen wurde _____.

ÜBUNG 18

Using the cue word, give two comparisons with **so . . . wie** and **als.**

Beispiel: (Marta) Gertrud verlangt viel.

> Gertrud verlangt **so viel wie Marta.**
> Gertrud verlangt **mehr als Marta.**

1. (der Himmel) Das Meer ist blau. 2. (Otto) Gustav klopfte laut. 3. (seiner) Dein Einfluß war groß. 4. (Tante Emma) Tante Rosl berichtet alles gern. 5. (die Sterne) Ihre Augen glänzen hell. 6. (Kaspar) Fritz erzählt gut. 7. (dort) Bei uns lebt man gewiß frei. 8. (jener Baum) Dieser Busch wächst nicht hoch. 9. (der Bach) Der Fluß fließt langsam. 10. (unser Onkel) Unser Nachbar grüßt uns freundlich.

ÜBUNG 19

Recast the sentence using a double comparative.

Beispiel: Er steht früh auf.

> Er steht **immer früher** auf.

1. Die Uhr geht langsam. 2. Diese Gegenstände werden wertvoll. 3. Der Zug fährt schnell. 4. Das Haupt der Familie muß schwer arbeiten. 5. Diese Zeitung wird interessant. 6. Das Wetter wurde kalt. 7. Seid ihr hoch gestiegen? 8. Sein Glaube ist fest geworden.

ÜBUNG 20

Schriftliche Übungen: See *Programmed Assignment Book*, p. 181, **B.**

Alltägliches

Im Kino

Ralf	Wir müssen leider Schlange stehen.	Schlange stehen *to stand in line*
Ilse	Das macht nichts. Es ist ein schöner Abend.	
Ralf	Siehst du die Plakate dort? Der Film soll sehr gut sein. Sehr realistisch.	das macht nichts *that's all right* das Plakat *poster*
5 **Ilse**	Ich habe viel über den Film gehört. Er hat kein *happy end.*	
Ralf	Hast du Taschentücher mit? So wie ich dich kenne, wirst du sicher weinen.	das Taschentuch *handkerchief*
Ilse	Wahrscheinlich! Hugo Faber ist mein Lieblings- 10 filmstar.	wahrscheinlich *probably*
Ralf	Und ich finde Ingrid Seefeld fabelhaft. Sie ist nicht schön, aber sie spielt ausgezeichnet.	fabelhaft *fabulous*
Ilse	Ja. Gott sei Dank ist das Spielen heute wichtiger als das Aussehen! Mit der Schönheit allein kann eine 15 Schauspielerin nicht sehr weit kommen.	das Spielen *acting* die Schauspielerin *actress*
Ralf	Ich habe gehört, die Ingrid Seefeld hat zwei Kinder und einen Mann, der sie nicht versteht. Diesselbe alte Geschichte! Sie läßt sich scheiden.	sich scheiden lassen *to get a divorce*
Ilse	Ich habe das auch gehört. Hugo Faber ist auch 20 geschieden. Er und Ingrid sind oft zusammen.	
Ralf	Es gibt Kinder in diesen beiden Ehen. Nur darum ist das traurig.	die Ehe *marriage*
Ilse	Hugo Faber hat einen Sohn. Es hat einen Skandal gegeben. Er wollte mit dem Jungen nach Mexiko, 25 und seine Frau erlaubte es nicht.	
Ralf	Du bist aber eine fleißige Leserin der Illustrierten!	die Illustrierte *illustrated magazine*
Ilse	Zu Hause nicht, aber beim Friseur oder im Warte- zimmer beim Zahnarzt macht es mir Spaß, diesen Klatsch zu lesen.	der Friseur *hairdresser* der Zahnarzt *dentist* Spaß/machen *to be fun* der Klatsch *gossip*
30 **Ralf**	*(an der Kasse)* Zwei Karten im Parkett, bitte.	die Kasse *box office*
Stimme	Das macht acht Mark, bitte.	das Parkett *main floor*
Ilse	Dieses Kino gefällt mir.	
Ralf	Möchtest du etwas zum Knabbern?	knabbern *to nibble*
Ilse	Ja, bitte, Das gehört dazu.	das gehört dazu *that's part of the fun*
35 **Ralf**	In der Pause strecke ich die Beine und hole etwas. Nun komm'!	
Ilse	Die zehnte Reihe ist gerade richtig.	
Ralf	Unsere Plätze sind am Gang. Ist dir das recht?	der Gang *aisle*
Ilse	Sehr gut. Ach! Ich glaube, ich habe mich auf einen 40 Hut gesetzt!	

Ralf Und unser Nachbar ist schon fort. Ich gebe ihn
nachher der Platzanweiserin. Nun sei still! Der Film   die Platzanweiserin
fängt gleich an.   *usherette*

Aufsatzthemen

Write a few lines on one of the following topics. Use as many expressions of
comparison as you can.

1. Mein Lebensziel
2. Unser Familienarzt
3. Ein Dorf
4. Zukunftspläne eines armen Studenten
5. Eine Nacht in einer Jugendherberge
6. Pläne für eine vierzehntägige Wanderung
7. Meine Heimat

WIEDERHOLUNG

Kapitel 21. Preparation for tests. See *Programmed Assignment Book*, pp. 183–
187.

PRÜFUNG 1 ODER 2

Kapitel 21. See Instructor.

Kapitel

22

Fragen

1. Wo liegt Ihre Heimat?
2. Was ist gewöhnlich größer: ein Dorf oder eine Stadt (ein Felsen oder ein Berg, eine Maus oder ein Elephant, ein Busch oder ein Baum, ein See oder ein Meer, ein Fluß oder ein Bach)?
3. Was ist gewöhnlich teurer: ein Fahrrad oder ein Auto (Brot oder Kuchen, Frühstück oder Abendessen, ein Hut oder ein Kleid)?
4. Vergleichen (*compare*) Sie Sommer und Winter (Tag und Nacht, Minute und Stunde, Mutter und Kind, Deutsch und Englisch)!
5. Was hat jedes Gebäude (jedes Dorf, jeder Brunnen, jedes Wirtshaus, jeder Hund)?
6. Was genießt man im Frühling (im Herbst, im Garten, nach einem Kampf, auf dem Lande, im Restaurant)?
7. Was schneidet (glänzt, wächst, stört, bleibt stehen, kostet viel)?
8. Was darf man nicht weitererzählen?

9. Wer lobt eine gutgemachte Aufgabe (ein braves Kind, einen guten Präsidenten, einen guten Wein)?

10. Was macht Ihnen Freude?

11. Wann haben Sie die längsten Prüfungen des Semesters?

12. Fahren Sie öfter mit dem Zug oder mit dem Auto (mit dem Schiff oder mit dem Flugzeug, mit dem Bus oder mit der Straßenbahn)?

13. Wie oft waschen Sie sich das Haar?

14. Wie oft lassen Sie sich das Haar schneiden (Ihren Wagen waschen, ein Kleid machen)?

15. Was bedeutet: das Mauerblümchen, die Ortsmitte, die Hauptsache, die Nasenspitze, die Feldblume, die Meeresluft, die Unterentwicklung eines Filmes, einladen, die Konzerteinladungen, der Haarschnitt, der Fingerabdruck, das Lieblingsessen, die Wagenwäsche, das Staatsgeheimnis, die geheime Staatspolizei, Reihenhäuser, der Spaßvogel, der Fernsehapparat?

16. Was bedeutet: zu verbilligten Preisen; die Schule ist nur ein Katzensprung von meinem Haus; Ende August gibt es meistens Ausverkauf?

17. Wann kämmt man sich das Haar?

18. Wer verlangt viel von Ihnen zu Hause (in der Deutschstunde, bei der Arbeit)?

19. Was ist ein anderes deutsches Wort für die See (das Gasthaus, das Ding, aufspringen, die Bahn)?

20. Wann entschuldigt man sich?

Wortschatz

besonder-	*special*	jedoch	*however*
besonders	*especially*	schlecht	*bad*
darum	*therefore*	selber, selbst	*myself, yourself, himself, etc.*
geheim	*secret*	sogar, selbst	*even*
herrlich	*splendid*	stolz	*proud*
je, jemals	*ever*	überhaupt	*at all, indeed*

Useful Expressions and Idioms

Es gefällt mir.   *I like it. (It pleases me.)*
   Das Buch gefiel ihnen.   *They liked the book.*
   Der Ort hatte ihm gefallen.   *He had liked the town.*

glauben an (*acc.*)   *to believe in*
   Wir glaubten nicht an ihn.   *We didn't believe in him.*

halten für (*acc.*)   *to consider*
   Wir hielten ihn für einen Künstler.   *We considered him an artist.*

stolz sein auf (*acc.*)   *to be proud of*
   Er war stolz auf seinen Sohn.   *He was proud of his son.*

Lust haben zu   *to feel like*
    Ich habe keine Lust zu schreiben.   *I don't feel like writing.*

Spaß machen   *to be fun*
    Das macht ihm keinen Spaß.   *That's no fun for him.*

Grammatik

A. PARTICIPIAL CONSTRUCTIONS

A present or past participle immediately preceding the noun it modifies may itself be preceded by an indefinite number of modifiers. The **der**-word, **ein**-word, or numeral is thus separated from the noun to which it belongs. This construction is usually expressed in English by the use of a relative clause. The numbers in the following examples indicate the order in which elements of these participial constructions can best be translated.

            1   2   3
Plötzlich sah ich ein schlafendes Kind.
Suddenly I saw a sleeping child.

            1   3   2
Plötzlich sah ich ein im Schatten eines Baumes schlafendes Kind.
Suddenly I saw a child sleeping in the shade of a tree.

 1   3   2
Der gesuchte Brief lag unter den Büchern.
The letter which I was looking for lay under the books.

 1   3   2
Der seit vielen Stunden gesuchte Brief lag unter den Büchern.
The letter which I have looked for many hours lay under the books.

 1   2   3
Vier zurückkehrende Soldaten traten in die Kirche ein.
Four returning soldiers stepped into the church.

1   2   4   3
Vier junge vom Kriege in die Heimat zurückkehrende Soldaten traten in die Kirche ein.
Four young soldiers (who were) returning from the war to their homeland stepped into the church.

ÜBUNG 1

Form a participial construction by inserting the words in parentheses between the first and second words of the following phrases. Then translate.

Beispiel: (im Gebäude) ein brennendes Licht

ein im Gebäude brennendes Licht *a light (that is) burning in the building*

1. (in einem fremden Land) das erhaltene Geld
2. (schnell durch das Dorf) der fahrende Zug
3. (im Garten des Nachbarn) jene wachsenden Blumen
4. (auf den Boden) ein gefallenes Stück Glas
5. (auf hoher See für den kranken Passagier) die verlangte Hilfe
6. (schon dreimal in der letzten Stunde) meine wiederholte Aufgabe
7. (erst ins Deutsche und dann ins Englische) sein übersetzter Aufsatz
8. (durch die Straßen der Stadt) der eilende Gast

ÜBUNG 2

Form a participial construction by inserting the German equivalent for the English cue.

1. (*after a heavy storm*) die _____ eingestürzte Mauer
2. (*already at six o'clock*) die _____ scheinende Sonne
3. (*yesterday in the church*) seine _____ verlorene Uhr
4. (*after the report of the student*) die _____ entstandene Pause
5. (*during the struggle*) sein _____ gebrochenes Bein
6. (*after the war to the city*) die _____ Zurückkehrenden
7. (*for her friend on the street corner*) das _____ wartende Mädchen
8. (*during the long trip*) die _____ vergessenen Aufgaben
9. (*into the water of the mountain brook*) ein _____ geworfener Stein
10. (*often in splendid weather in the summer*) dieser _____ durchwanderte Wald
11. (*with great fear*) der _____ gelesene Bericht
12. (*in spite of the late hour*) die _____ angesehenen Bilder

ÜBUNG 3

Schriftliche Übungen: See *Programmed Assignment Book*, p. 189, **A.**

B. **DA**-COMPOUNDS

When the object of a preposition is a personal or demonstrative pronoun denoting an *inanimate* object or an idea, the pronoun is not used but is replaced by a compound of **da-** (**dar-** before vowels) plus the preposition.

Damit ging er aus dem Zimmer. *With that he went out of the room.*
Ich freue mich sehr **darüber.** *I am very glad about it (that).*

Hier sind meine alten Sachen. Was soll ich **damit** tun?
Here are my old things. What should I do with them?

but: Die Kinder kommen heute. Ich gehe **mit ihnen** ins Kino.
The children are coming today. I'll go to the movies with them.

The following formula may be helpful:

English		**German**
preposition + *it*	=	**da(r)** + preposition
that		
them (not persons)		

ÜBUNG 4

Replace the words in boldface with a **da**-compound.

Beispiel: Er kämpft **gegen die Not.**

Er kämpft **dagegen.**

1. Er drückte den Finger **auf die Landkarte.** 2. Wir glauben alle **an die Freiheit.**
3. Was meinen Sie **mit dieser Kritik?** 4. Martha wird sich **über das Bild** sehr
freuen. 5. Wer hat **aus meinem Glas** getrunken? 6. Wir erinnerten uns kaum
an die Heimat. 7. Helmut wird sich **vor der Wirklichkeit** fürchten. 8. Vor vielen
Jahren waren die Menschen dieses Dorfes stolz **auf ihren Brunnen.** 9. Niemand
interessierte sich **für das Thema.** 10. Oft hat er **gegen den Krieg** gesprochen.
11. **Durch seine Kunst** wurde er bald berühmt. 12. Was steht **an der Mauer?**
13. Der Brief liegt **unter den Büchern.** 14. Die Kleine wird sehr **unter der Gewalt
des Vaters** gelitten haben. 15. **Vor dem Gebäude** sind alle Menschen
stehengeblieben. 16. Wir sprechen nicht mehr **von solchen Sachen.**

ÜBUNG 5

Translate into German, using **da**-compounds.

1. I am for it, against it, with (**bei**) it. 2. She stands on it, in front of it, behind it.
3. They walked through it, under it, around it. 4. Who is waiting for it? 5.
5. What are you doing with it? 6. Does he believe in it? 7. Are they afraid
of it? 8. I'm looking forward to it. 9. She is interested in it. 10. They
remember it.

ÜBUNG 6

Schriftliche Übungen: See *Programmed Assignment Book*, p. 189, **B.**

C. TIME EXPRESSIONS WITH THE GENITIVE

The genitive case may be used to denote indefinite time

Eines Tages wird er krank werden.
Someday he will become ill.

and habitual or customary action.

(Des) Abends spielt er immer Karten.
In the evenings he always plays cards.

ÜBUNG 7

Supply the German expression suggested by the English cue.

1. (*One evening*) _____ klopften wir an deine Tür.   2. (*Some day*) _____ wirst du dich erkälten.   3. (*Some Saturday*) _____ gehen wir tanzen.   4. (*In the mornings*) _____ stand er um sieben Uhr auf.   5. (*In the afternoons*) _____ tranken sie um vier Uhr Kaffee.   6. (*Sundays*) _____ rechnen wir meistens mit Besuch.   7. (*On Tuesdays*) _____ spielten wir immer Golf.

ÜBUNG 8

Translate into German.

1. Some day he will pay the bill.   2. Some morning you (ihr) will wash the car.
3. One Sunday they drove to the village.   4. In the mornings he digs in the garden.   5. On Saturdays they don't change money there.   6. Some afternoon we shall play cards.   7. In the evenings we like to stay home.   8. On Wednesdays I get up earlier than usual.

ÜBUNG 9

Schriftliche Übungen: See *Programmed Assignment Book*, p. 191, **C.**

D. INTENSIFYING PRONOUNS

Selbst and **selber** serve to emphasize the subject. They are interchangeable and take no endings.

Er tat es **selber** (**selbst**).   *He did it himself.*
Das müssen Sie **selbst** (**selber**) machen.   *You have to do that yourself.*

When **selbst** (not **selber**) *precedes* the phrase or word it modifies, it means *even.*

Selbst im Winter trägt er keinen Hut.
Even in winter he doesn't wear a hat.

ÜBUNG 10

Give the German equivalent for the English cue.

1. (*himself*) Er brachte es _____.   2. (*itself*) Das Kind zog sich _____ an.
3. (*myself*) Ich mache mir _____ eine Tasse Tee.   4. (*even*) _____ der Arzt hat keinen Rat gewußt.   5. (*herself*) Sie konnte es _____ nicht glauben.
6. (*themselves*) Sie wollten alles _____ wissen.   7. (*yourselves*) Ihr scheint

———— müde zu sein.   8. (*itself*) Der Gedanke ———— war ungewöhnlich.
9. (*even*) ———— der Hund ist krank geworden.   10. (*even*) ———— der Gedanke
daran ist mir unangenehm.   11. (*even*) Ich konnte es ———— meiner Mutter
nicht klar machen.

ÜBUNG 11

Schriftliche Übungen: See *Programmed Assignment Book*, p. 191, **D.**

Lesestück

PHANTASIE UND WIRKLICHKEIT
E. T. A. Hoffmann (1776–1822)

Ein romantisch-phantastischer Dichter, dessen grotesk-
seltsame Erzählungen man im Ausland viel gelesen hat,
war Ernst Theodor Amadeus Hoffmann. Aus Liebe zu
Mozart gab er sich den Namen Amadeus, obgleich er auch

5 einer der ersten Beethoven-Enthusiasten war. Wer über
das Leben des Dichters liest, wird erkennen, daß es sich
hier um eine vielseitige Persönlichkeit handelt.

    Früh zeigte sich bei E. T. A. Hoffmann ein großes Talent
für Musik und Zeichnen. Zu schreiben begann er erst, als

10 er über dreißig Jahre alt war. Dieser Großmeister der
Erzählkunst war auch ein sehr guter Jurist. Bei all seinen
Talenten kann man aber von einer Doppelexistenz im
Leben Hoffmanns sprechen.

    Zwei Seelen wohnten in der Brust Hoffmanns. Auf der

15 einen Seite war er ein Mensch tiefen Gefühls und wilder
Phantasie, auf der anderen Seite ein Mensch mit klarem,
scharfem Verstand. Wenn er schöne Musik hörte, wurde er
bleich vor Erregung, konnte nicht sprechen und weinte
stille Tränen. Trotzdem band ihn ein scharfer Verstand an

20 die Wirklichkeit, über die er manchmal mit Ironie und
Bitterkeit schrieb.

    Am Tage führte Hoffmann das Leben des normalen
Bürgers. Am Abend war er mit lustigen Freunden in der
Weinstube. Er trank sehr gerne und war dort überhaupt

25 in seinem Element. Wenn er spät aus der Weinstube nach
Hause gekommen war, begann er, in seiner Traumwelt zu
leben, in einem Reich, in dem die Schattenseiten der Natur
und Spukgestalten zur Wirklichkeit wurden.

    In seinem Studierzimmer arbeitete er sich beim Schreiben

30 manchmal in solche Erregung hinein, daß er Spukgestalten
vor sich zu sehen glaubte. Oft rief er seine schon schlafende

---

sich handeln um *to deal with*

zeichnen *to draw*

die Erzählkunst *art of storytelling*

der Verstand *intellect*
bleich *pale*
die Erregung *agitation*

die Weinstube *tavern*

das Reich *realm*
die Spukgestalt *spook, apparition*

E. T. A. Hoffmann

Frau zum Schutz herbei. Diese stand aus dem Bett auf, zog sich an und setzte sich zu ihm, bis er mit dem Schreiben fertig war. So entstanden groteske Spukgeschichten, bei

35 denen man oft nicht weiß, wo die Wirklichkeit aufhört und der Wahnsinn beginnt. In den Nächten, in denen er „trank um zu schreiben und schrieb um zu trinken", begann auch sein körperlicher Verfall, meinte sein Biograph.

In der bekannten Oper „Hoffmanns Erzählungen" hat

40 Jacques Offenbach den Text einiger Erzählungen von Hoffmann in Musik gesetzt und ·die Gestalt E. T. A. Hoffmanns darin eine Hauptrolle spielen lassen.

der Schutz protection

auf/hören to stop
der Wahnsinn insanity

der Verfall ruin

spielen lassen to have play

Die Bergwerke zu Falun
nach E. T. A. Hoffmann

Elis, ein junger, schwedischer Seemann, der nach dem Tode seiner Mutter das wilde Leben auf See aufgegeben

das Bergwerk mine
Falun mining town in Sweden

der Tod death

hatte, war nach Falun gewandert, um Arbeit in einem Bergwerk zu suchen. Dort versuchten die Bergleute, ihm
5 von seinem Vorhaben abzuraten. Es war ein alter Glaube, daß die mächtigen Elemente, unter denen jeder Bergmann arbeitete, ihn vernichten konnten, wenn er nicht mit ganzem Herzen bei der Arbeit war. Obgleich Elis sich fürchtete, vergaß er alle Warnungen, sobald er die schöne Ulla, die
10 Tochter eines Bergmannes erblickte. In der schrecklichen Tiefe des Bergwerkes sah Elis immer Ullas Gestalt wie einen leuchtenden Engel über sich schweben, und er dachte nicht mehr an die Schrecken des Abgrundes. Mit der Zeit begann Ulla, auch Elis zu lieben, denn sie sahen einander
15 jeden Tag. Als sie fühlten, daß sie einander innig liebten, beschlossen sie zu heiraten.

Der Hochzeitstag kam heran. Schon einige Tage vorher war Elis stiller und ernster geworden. Er mochte sich keinen Augenblick von Ulla trennen, darum ging er
20 auch nicht in die Grube. Er schien an sein unruhiges Bergmannsleben gar nicht zu denken, denn kein Wort von dem unterirdischen Reich kam über seine Lippen. Ulla war voll Freude. Sie fürchtete sich nicht mehr vor der Macht des Berggeistes, von dem die alten Bergleute geredet hatten.
25 Am frühen Morgen des Hochzeitstages klopfte Elis an die Tür seiner Braut. Sie öffnete und trat erschrocken zurück, als sie Elis, todbleich, Feuer in den Augen, schon in dem Hochzeitsanzug erblickte. „Ich will", sprach er mit leiser Stimme, „dir nur sagen, herzgeliebte Ulla, daß wir
30 an der Spitze des großen Glückes stehen. In der Nacht träumte ich, daß unten in der Tiefe in Chlorit und Glimmer ein Edelstein liegt. Du wirst ihn von mir als Hochzeits- geschenk erhalten. Es ist nur nötig, daß ich den Stein hole. Bald werde ich wieder hier sein."
35 Ulla bat den Geliebten mit heißen Tränen, von dem träumerischen Unternehmen abzulassen, aber es half alles nichts. Elis meinte, daß er ohne den Edelstein niemals eine ruhige Stunde haben würde. Er drückte die Braut an sein Herz und eilte fort.
40 Die Gäste waren schon versammelt, um mit dem Brautpaar zur Kirche zu gehen. Die Musikanten spielten einen Marsch. Da stürzten plötzlich Bergleute herbei, Angst und Entsetzen in den bleichen Gesichtern, und riefen: „Eben hat ein schrecklicher Bergrutsch die ganze Grube
45 verschüttet!" „Elis—mein Elis, du bist hin—hin!" So schrie Ulla laut auf und fiel wie tot nieder. Alle Bergleute eilten

---

das Vorhaben *intention*
ab/raten *to dissuade*
vernichten *to destroy*

leuchten *to shine*
schweben *to hover*
der Abgrund *abyss*

innig *devotedly*
beschließen *to decide*
die Hochzeit *wedding*

die Grube *mine*

unterirdisch *underground*
das Reich *realm*

erschrocken *startled*
bleich *pale*
der Anzug *suit*

unten *below*
Chlorit *chloride*
der Glimmer *mica*
der Edelstein *precious stone*
das Geschenk *gift*
ab/lassen von *to desist from*

versammeln *to gather*
herbei *in*
das Entsetzen *horror*
eben *just now*
der Bergrutsch *landslide*
verschütten *to fill up*
hin *gone*
nieder *down*

hinaus, aber alles Suchen blieb vergebens. Gewiß war nur, daß der Bergrutsch den Unglücklichen, der sich nicht mehr hatte retten können, im Gestein begraben hatte.

50   Fünfzig Jahre vergingen. Der Siebenjährige Krieg ging vorbei, Amerika wurde unabhängig, König Gustav von Schweden eroberte Finnland, die französische Revolution fing an, Napoleon eroberte Preußen und die Engländer bombardierten Kopenhagen. Ulla war verschwunden,

55   niemand in Falun wußte etwas von ihr. Niemand erinnerte sich an den Bergrutsch. Da geschah es, daß die Bergleute den Leichnam eines jungen Bergmannes in Vitriolwasser fanden, als sie zwischen zwei Schächten eine Öffnung durchgraben wollten. Er war nicht verändert; er sah wie

60   in tiefem Schlaf aus. Selbst die Blumen an der Brust waren noch frisch.

Alle sammelten sich um den jungen Mann, aber niemand erkannte ihn. Man wollte den Leichnam nach Falun fortbringen, als aus der Ferne ein steinaltes, eisgraues

65   Mütterchen auf Krücken herankam. Kaum hatte die Alte den Jüngling erblickt, als sie beide Krücken fallen ließ, die Arme hoch zum Himmel emporstreckte und mit einem herzzerreißenden Ton rief: „O Elis, O mein Elis!" Damit kniete sie neben dem Leichnam nieder und faßte die kalten

70   Hände und drückte sie an ihre Brust, in der noch ein Herz voll Liebe schlug. „Ach", sprach sie dann, sich umschauend, „ach, niemand, niemand von euch kennt mehr die arme Ulla, vor fünfzig Jahren die glückliche Braut dieses Jünglings." Alle Umstehenden waren tief bewegt. Leiser

75   und leiser wurden die Seufzer, wurde das Schluchzen der Alten. Die Bergleute traten heran, aber die arme Ulla lebte nicht mehr. Man bemerkte, daß der Körper des Unglücklichen, den sie für versteinert gehalten hatten, in Staub zu zerfallen begann.

80   In der Kirche, dort, wo vor fünfzig Jahren das Paar hatte heiraten sollen, setzte man die Asche des Jünglings bei und mit ihr die Leiche der treuen Braut.

vergebens *in vain*

das Gestein *rocks*
begraben *to bury*

unabhängig *independent*
erobern *to conquer*

der Leichnam *corpse*
Vitriolwasser (*a chemical*)
der Schacht *shaft*
verändert *changed*

sammeln *to gather*

die Krücke *crutch*
der Jüngling *youth*
empor *upwards*
zerreißen *to rend*
knien *to kneel*
fassen *to grasp*

der Seufzer *sigh*
das Schluchzen *sobbing*

versteinert *turned to stone*
der Staub *dust*

bei/setzen *to bury*
die Leiche *corpse*
treu *faithful*

WIEDERHOLUNG

Kapitel 22. Preparation for tests. See *Programmed Assignment Book*, pp. 193–197.

PRÜFUNG 1 ODER 2

Kapitel 22. See Instructor.

Kapitel

23

Fragen

1. Was fährt so schnell wie ein Zug (fließt oft so schnell wie ein Fluß; geht so oft unter wie der Mond; gebraucht man so oft wie eine Gabel; sagt man so oft wie „Guten Tag")?
2. Wer ist oft stolz auf seine Kinder (seine Gedichte, seine Arbeit, seine Studenten, seine Eltern)?
3. Wo kann man gut graben (reiten, fernsehen, singen, essen, lernen)?
4. Wo sieht man viele Gebäude (Gegenstände, Felder, Seen, Berge)?
5. Was wechselt man, wenn man in ein fremdes Land geht (zum Abendessen ausgeht; unerkannt bleiben will)?
6. Was halten Sie für besonders interessant (nötig, teuer, schlecht, billig, gesund)?
7. Was machen Sie, wenn die Tür offen steht (wenn Sie jemandem auf den Fuß treten; wenn jemand Ihnen ein Geheimnis erzählt; wenn Sie eine Rechnung bekommen)?
8. Um wieviel Uhr stehen Sie meistens auf?

Die Autobahn

9. Haben Sie einen Hund? Beschreiben Sie ihn!
10. Was ist ein Dorf (ein Fluß, eine Katze, eine Burg, ein Lied, eine Bibliothek, ein Märchen, ein Wirtshaus, eine Bank, ein Nachbar)?
11. Wann haben Sie Lust ins Kino zu gehen (zum Essen auszugehen, ins Konzert zu gehen, eine Reise zu machen)?
12. Wen halten Sie für einen guten Sänger (einen ausgezeichneten Dichter, eine schöne Frau, einen klugen Menschen)?
13. Was gefällt Ihnen auf dem Land (in einem Wirtshaus, in einem Museum, am Strand)?
14. Warum macht es Spaß, einen Freund zu besuchen (eine Freundin anzurufen, in die Berge zu fahren)?

Wortschatz

der Blick, -e	*glance, view*	die Abfahrt, -en	*departure*
der Fall, ⸚e	*case*	die Achtung	*attention; respect*
der Flughafen, ⸚	*airport*	die Ankunft, ⸚e	*arrival*
der Grund, ⸚e	*reason; ground*	die Ausfahrt, -en	*exit, driveway*
der Hafen, ⸚	*harbor*	die Einfahrt, -en	*entrance, driveway*

der Meister, -	master, champion	die Fahrt, -en	drive, ride, trip
der Raum, ⸚e	room, space	die Menge, -n	crowd
der Schluß,		die Richtung, -en	direction
-sses, ⸚sse	conclusion, end	die Strafe, -n	penalty, punishment
der Teil, -e	part	die Umleitung, -en	detour
der Tod, -e	death	die Vorsicht	caution
der Unfall, ⸚e	accident		
der Verkehr	traffic		

das Flugzeug, -e	airplane
das Tor, -e	gate
das Zeichen, -	sign

ab/holen	to call for, to pick up	reichen	to reach, to hand
begleiten	to accompany	sammeln	to collect, to gather
bewundern	to admire	strecken	to stretch
entwickeln	to develop	wagen	to dare
füllen	to fill	sich wundern	to wonder, to be surprised
prüfen	to examine, to test		

aus/steigen, steigt aus, stieg aus, **ist** ausgestiegen — to get out, off (of a vehicle)

ein/steigen, steigt ein, stieg ein, **ist** eingestiegen — to get in, on; to board (a vehicle)

befehlen, befiehlt, befahl, hat befohlen (dat.) — to command, to order
ein/laden, lädt ein, lud ein, hat eingeladen — to invite
ein/schlafen, schläft ein, schlief ein, **ist** eingeschlafen — to fall asleep
(sich) entscheiden, entscheidet, entschied, hat entschieden — to decide
gelingen, gelingt, gelang, **ist** gelungen (dat.) — to succeed (See Idioms, p. 291.)

schieben, schiebt, schob, hat geschoben — to shove, to push
vor/kommen, kommt vor, kam vor, **ist** vorgekommen — to occur; to seem

Grammatik

A. IMPERATIVE MOOD*

There are three imperative (command) forms in German, corresponding to the pronouns **du, ihr,** and **Sie.** Commands always take the verb-first word order. The **du** and **ihr** pronouns are not expressed.

---

* Mood is, briefly stated, an aspect of the verb which indicates whether the action or state described is regarded as a fact (indicative), as a possibility (subjunctive), or as a command (imperative).

a. du   **ihr**   **Sie**

verb stem + **e**	*verb stem* + **(e)t**	**Sie** *form of present tense, inverted**

(*the* **-e** *is often dropped in everyday speech, replaced by an apostrophe*)

Komme bald! *Come soon.*	**Kommt** bald!	**Kommen Sie** bald!
Warte nicht! *Don't wait.*	**Wartet** nicht!	**Warten Sie** nicht!
Geh' nach Hause! *Go home.*	**Geht** nach Hause!	**Gehen Sie** nach Hause!

Exception: In the **du** form the ending **-e** is dropped if the present-tense **du** form has the **e** > **i** or **e** > **ie** vowel change. In this case no apostrophe is used.

Gib ihm die Zeitung!	*Give him the newspaper.*
Wirf das Papier in den Papierkorb!	*Throw the paper into the basket.*
Lies den Bericht selber!	*Read the report yourself.*

b. The reflexive pronoun must be used with reflexive verbs.

Setze dich hierher! *Sit down here.*	**Setzt euch** hierher!	**Setzen Sie sich** hierher!
Erkälte dich nicht! *Don't catch cold.*	**Erkältet euch** nicht!	**Erkälten Sie sich** nicht!

c. In separable prefix verbs the prefix comes at the end of the command.

Kehre gleich **zurück!** *Return immediately.*	**Kehrt** gleich **zurück!**	**Kehren** Sie gleich **zurück!**
Sieh das Bild **an!** *Look at the picture.*	**Seht** das Bild **an!**	**Sehen Sie** das Bild **an!**

d. Command in first person plural (English: Let's . . .)

wir form of present tense, inverted

Gehen wir ins Kino!	*Let's go to the movies.*
Stehen wir früh **auf!**	*Let's get up early.*

*This formal imperative form was introduced in Chapter 4.

e. In the imperative the only irregular verbs are **sein** and **werden.**

Sei lieb!	*Be nice.*	**Werde** nicht unglücklich!	*Don't become unhappy.*
Seid brav!	*Be good.*	**Werdet** glücklich!	*Be happy.*
Seien Sie froh!	*Be glad.*	**Werden Sie** gesund!	*Get well.*

ÜBUNG 1

You are speaking to Hans, then to Hans and Fritz, then to Professor Eitel. Give the three imperative forms of the indicated infinitive.

Beispiel: (bezahlen) ———— alles!

    Bezahle alles! **Bezahlt** alles! **Bezahlen Sie** alles!

1. (loben) ———— das Kind nicht! 2. (verlangen) ———— nicht so viel!
3. (wechseln) ———— mir das Geld, bitte! 4. (schließen) ———— die Tür!
5. (lassen) ———— uns allein! 6. (schlafen) ———— gut! 7. (fallen) ————
nicht! 8. (sich freuen) ———— darauf! 9. (sich erkälten) ———— nicht!
10. (sich fürchten) ———— nicht vor dem Hund! 11. (geben) ———— mir
einen Rat! 12. (sprechen) ———— so laut wie ich! 13. (lesen) ———— das
noch einmal! 14. (ansehen) ———— die Mauer ————! 15. (aufstehen)
———— gleich ————! 16. (haben) ———— keine Angst! 17. (vergessen)
———— das Geheimnis nicht! 18. (anrufen) ———— ihn heute abend ————!
19. (sein) ———— freundlich zu ihnen! 20. (werden) ———— nicht krank!

ÜBUNG 2

Express in German.

1. Let's hurry. 2. Let's translate the story. 3. Let's begin with a song. 4. Let's not arrive too late. 5. Let's return before six o'clock. 6. Let's sit down here.

ÜBUNG 3

Express the following commands in German.

a. Sie sagen einem Kind:

1. Change your dress. 2. Shut the door. 3. Wash your (the) hands. 4. Don't sit on the floor. 5. Don't walk through the fields. 6. Look at the dog. 7. Give me the newspaper. 8. Help your brother. 9. Read the story. 10. Get dressed. 11. Don't be afraid. 12. Don't fall.

b. Sie sagen zwei Freunden:

1. Get into the car. 2. Give me a book. 3. Return soon. 4. Sit down. 5. Don't forget it. 6. Take this cat. 7. Don't scream. 8. Be quiet. 9. Get up. 10. Don't sleep too long.

Berlin

c. Sie sagen Ihrem Professor:

1. Explain it to me. 2. Give me an example. 3. Don't pay this bill. 4. Don't demand too much. 5. Forget the test. 6. Don't expect me. 7. Sit down. 8. Advise me. 9. Believe in me. 10. Remember that. 11. Be certain. 12. Don't get tired.

ÜBUNG 4

Schriftliche Übungen: See *Programmed Assignment Book*, p. 199, **A.**

B. INTERROGATIVE PRONOUN **WER**

NOM.	wer	*who*	**Wer** hat es gemacht?	*Who did it?*
ACC.	wen	*whom*	**Wen** besuchen Sie?	*Whom are you visiting?*
DAT.	wem	*to whom,*	**Wem** gehört die Uhr?	*To whom does the watch*
		for whom		*belong?*
GEN.	wessen	*whose*	**Wessen** Katze ist das?	*Whose cat is that?*

The interrogative pronouns **wer** (*who*) and **was** (*what*) are used in direct and indirect questions. Do not confuse **wer** with the relative pronoun.

RELATIVE PRONOUN: Der Meister, **der** den Preis gewann, ist hier.
The champion who won the prize is here.

INTERROGATIVE PRONOUN: **Wer** gewann den Preis?
Who won the prize?

Ich weiß, **wer** den Preis gewann.
I know who won the prize.

ÜBUNG 5

Supply the German interrogative pronoun suggested by the English cue.

1. (*who*) _____ bezahlte das Essen?   2. (*who*) _____ kam zu spät an?
3. (*whom*) _____ stelltest du ihr vor?   4. (*to whom*) _____ gehört der Wagen?
5. (*who*) _____ verlangte am meisten?   6. (*whom*) _____ haben Sie hier
gesucht?   7. (*whose*) _____ Kind ist das?   8. (*whom*) Für _____ habt ihr
eingekauft?   9. (*whom*) Von _____ hatte sie es verlangt?   10. (*who*) Ich frage
nur, _____ alles gewaschen hat.   11. (*whose*) Vor _____ Hund fürchtet ihr
euch?   12. (*who*) Weißt du, _____ das Fenster geschlossen hat?   13. (*whom*)
Gegen _____ sprichst du jetzt?   14. (*whom*) _____ rätst du, es zu lesen?
15. (*whose*) In _____ Geschäft kauften Sie diesen Gegenstand?   16. (*whose*)
_____ Rock trägst du?   17. (*whom*) _____ habt ihr das erzählt?   18. (*whose*)
_____ Wohnung gefällt Ihnen am besten?   19. (*whose*) Mit _____ Messer
schneidet sie?   20. (*whom*) Ich wußte nicht, mit _____ er reisen wollte.

ÜBUNG 6

Express in German.

1. Whose dinner is getting cold?   2. Who got up late this morning?   3. To whom
did you give the test?   4. Whom did the teacher praise the most?   5. Who has
been digging out the flowers?   6. Whose mail arrived on Tuesday?   7. Whose
influence disturbs you so?   8. From whom did you receive those things?
9. Against whom has she been talking?   10. Whom has he excused?   11. To

whom did the inn belong?　12. To whom did she sell the cat?　13. She asks whom we are visiting in France.　14. They want to know whose report was the best. 15. I found out whom they advised against it.

ÜBUNG 7

Schriftliche Übungen: See *Programmed Assignment Book*, p. 201, **B.**

C. **WO**-COMPOUNDS

1.　When the object of a preposition is the interrogative pronoun **was,** a compound of **wo-** (**wor-** before vowels) with the preposition is used instead of the pronoun.

Womit schreiben Sie?
With what are you writing? (What are you writing with?)

Worüber sprachen sie?
About what did they speak? (What did they speak about?)

ÜBUNG 8

Replace the English phrase with a **wo-**compound.

1. (*About what*) lachen Sie?　2. (*For what*) arbeitest du?　3. (*Against what*) kämpft er?　4. (*On what*) sitzt die Kleine?　5. (*Under what*) liegt mein Buch? 6. (*With what*) hast du die Tür geöffnet?　7. (*Out of what*) habt ihr getrunken? 8. (*Through what*) hat er die Wahrheit erfahren?　9. (*For what*) haben sie gewartet?　10. (*Of what*) hast du gedacht?　11. (*In what*) interessieren Sie sich? 12. (*Of what*) fürchten sich die Kinder?　13. (*To what*) freuen sich die Nachbarn? 14. (*About what*) freut sich die Familie?

ÜBUNG 9

Express in German.

1. On what did the newspaper lie?　2. With what have you written that letter, Erich?　3. For what did they have to pay?　4. Under what did he find those papers?　5. Out of what did your aunt make your skirt?　6. For what have they asked?　7. For what has Ingrid waited so long?　8. Of what were you thinking, Mr. Kepler?　9. For what did the guests ask?　10. For what did they use the money?

2.　When the object of a preposition is a relative pronoun referring to a thing or an idea (not to a person), a compound of **wo-** (**wor-** before vowels) with the preposition *may* be used.

Die Wälder, **worin (in denen)** sie wanderten, waren unheimlich.
The woods through which they wandered were mysterious.

Das Bett, **worauf (auf dem)** er lag, war hart.
The bed on which he lay was hard.

The following formula may be helpful:

English		German
which	=	**wo(r)** + preposition

Preposition + { *which* / *what* / (not *who*) } = **wo(r)** + preposition

ÜBUNG 10

Supply either a prepositional phrase or a **wo**-compound suggested by the English cue.

Beispiel: (*through which*) Das Tor, _____ wir fahren, ist alt.

　　　　　Das Tor, **durch das** wir fahren, ist alt.
or: 　Das Tor, **wodurch** wir fahren, ist alt.

1. (*on which*) Der Stuhl, _____ ich saß, war kaputt.   2. (*in which*) Mir gefällt der Wagen, _____ sie fahren.   3. (*against which*) Die Mauer, _____ sie gerannt sind, stürzte ein.   4. (*with which*) Ich finde die Feder nicht, _____ ich geschrieben habe.   5. (*for which*) Die Stunde, _____ sie so lange gewartet hatte, ist schnell vergangen.   6. (*of which*) So schwer war das Examen nicht, _____ wir uns so gefürchtet hatten.   7. (*in which*) Es war ein großer Hof, _____ die Kinder Fußball spielten.   8. (*with which*) Ich hatte ihm das Messer gereicht, _____ er das Brot schnitt.   9. (*about what*) Wir fragten, _____ sie gesprochen hatten. 10. (*into which*) Das Geschäft, _____ er gehen wollte, war geschlossen.   (*Do not use the **wo**-compound in the following.*)   11. (*with whom*) Die Freunde, _____ ich reiste, sind Deutsche.   12. (*for whom*) Seine Tochter, _____ er so schwer gearbeitet hatte, ist gestern gestorben.

ÜBUNG 11

Schriftliche Übungen: See *Programmed Assignment Book*, p. 201, **C.**

Alltägliches

An der Tankstelle

Tankwart　Sie wünschen?
Fritz　Bitte, füllen Sie auf! Mit Normal.

die Tankstelle *gas station*
der Tankwart *gas station attendant*
Normal *regular (gas)*

Tankwart Normal haben wir nicht mehr, aber ich kann Ihnen Super geben.

5   **Fritz** Na ja, ist schon gut. Da wird der alte Käfer aber hopsen. Kleinchen, soll ich doch unser Auto gegen ein Motorrad eintauschen?

    der Käfer beetle

    ein/tauschen to trade in

Bärbel Ohne mich! Wenn der Käfer nicht mehr läuft, fahren wir mit der Bahn.

10   **Fritz** So weit ist es noch nicht. Können Sie bitte nach dem Öl sehen?

Tankwart Soll ich auch die Reifen prüfen?

    der Reifen tire

Fritz Ich glaube, das ist nicht nötig, danke.

Tankwart Der rechte Vorderreifen sieht aber nicht gut

15   aus. Ich glaube, er braucht etwas Luft.

Fritz Gut. Aber sicher liegt es nur an meiner Braut, die vorne rechts sitzt.

    liegt ... Braut it's only because of my fiancee

Bärbel Höre mal!

Fritz Ich mache nur Spaß. Du weißt doch: Wer sich liebt,

20   neckt sich.

    necken to tease

Bärbel Dann liebst du mich aber sehr.

Fritz Das weißt du doch.

Tankwart So ... ich wische nur noch die Windschutz-scheibe, dann ist alles in Ordnung.

    wischen to wipe
    die Windschutzscheibe windshield

25   **Fritz** Danke. Wie komme ich am schnellsten zum Flug-hafen?

Tankwart Am schnellsten fährt man auf der Autobahn, aber das rate ich Ihnen in Ihrem Fahrzeug nicht.

    das Fahrzeug vehicle

Fritz Wieso? Mein Käferchen hier fährt immerhin noch

    immerhin after all

30   achtzig. Überholen brauche ich ja nicht.

    überholen to pass

Tankwart Es ist aber auf der Autobahn in westlicher Richtung viel Verkehr. Gestern hat es einen schweren Unfall gegeben—zwei Autos mit Totalschaden, ein Toter und drei Schwerverletzte.

    der Totalschaden total loss
    der Schwerverletzte critically injured person

35   **Fritz** O je! Da fahren wir lieber eine Nebenstraße. Hier auf der Landkarte sehe ich eine kleine graue Straße mit grünem Rand. Das heißt doch Wald und schöne Aussicht, nicht wahr?

    der Rand border
    die Aussicht view

Tankwart Ja, die Straße ist gut. Am besten ist, Sie fahren

40   nach der Ausfahrt links auf die Hauptstraße, gerade-aus bis zum Stadttor, durchs Tor, dann rechts. Folgen Sie dem Zeichen: „Umleitung über **Vaterstetten.**"

    geradeaus straight ahead

Fritz Richtig. Dann ist es nicht mehr weit zum Flughafen und der lieben Schwiegermama!

    die Schwiegermama mother-in-law

45   **Bärbel** Meine Mutter kommt zur Hochzeit aus Kanada.

Tankwart Ich gratuliere! Aber nun kommt eine nicht so

    die Hochzeit wedding

angenehme Rechnung: Fünfundzwanzig Liter Super
macht vierundzwanzig Mark siebzig.

Fritz   Donnerwetter! Die Preise werden immer höher. Nur
50   gut, daß das Käferchen kein Benzinfresser ist. Hier
haben Sie einen Hundertmarkschein. Können Sie
herausgeben?

Tankwart   Ja, hier ist der Restbetrag. Stimmt's?

Fritz   Genau! Jetzt aber los!

55   **Tankwart**   Frohe Fahrt, heitere Hochzeit, und fröhliche
Flitterwochen!

der Benzinfresser *gasoline
  eater*
der Schein *bill*
heraus/geben *to make
  change*
der Restbetrag *change*
stimmen *to be correct*
los! *lets go!*
heiter *cheerful*
fröhlich *joyous*
die Flitterwochen
  honeymoon

Aufsatzthemen

Write a few lines on one of the following topics.

1. Brief an einen Freund in Deutschland
2. Eine Spukgeschichte
3. Ein interessantes Fernsehdrama
4. Ein Zeitungsbericht über einen Verkehrsunfall
5. Ein seltsamer Traum
6. E. T. A. Hoffmann

WIEDERHOLUNG

Kapitel 23. Preparation for tests. See *Programmed Assignment Book*, pp. 203–
205.

PRÜFUNG 1 ODER 2

Kapitel 23. See Instructor.

Kapitel

24

Fragen

1. Wann und wo ist der Verkehr besonders stark?
2. Was bekommt man, wenn man zu schnell fährt?
3. Was ist der Grund für eine Umleitung?
4. Wo kann man die Abfahrt- und Ankunftzeiten der Züge erfahren?
5. Was haben Sie als Kind gesammelt?
6. Wann fährt man zu einem Flughafen?
7. Wann reichen zwei Menschen sich die Hand?
8. Was machen Sie am Schluß des Semesters (am Schluß des Arbeitstages, am Schluß der Klassenstunde)?
9. Wen bewundern Sie besonders?
10. Wo entwickelt man einen Film?
11. Was wagen Sie nicht, hier zu machen?
12. Was bedeutet: der Befehlshaber, die Entscheidung, mit Klavierbegleitung, der Kunstsammler, mit Bewunderung, das Verkehrszeichen, todsicher, der Umblick, die Menschenmenge, die Hauptverkehrszeit, der Fahrplan der

Züge, die Strafkolonie, der Langstreckenläufer, das Schlußlicht eines Wagens, das Fragezeichen, das Ausrufungszeichen, das Raumschiff, eine Rundfahrt, ein Rundflug, der Todesfall, der Verkehrsunfall?

13. Womit endet das Leben?

14. Was streckt man nicht aus dem Fenster eines fahrenden Zuges?

15. Warum gelingt es Ihnen nicht immer, jeden deutschen Satz zu übersetzen (jede Prüfung mit „ausgezeichnet" zu machen; sofort einzuschlafen)?

16. Was machen Sie, wenn Sie Besuch haben wollen?

17. Wo streckt man sich aus, wenn man schlafen will?

18. Was füllt man mit Wein?

Wortschatz

bereit	*ready*	irgendwo	*somewhere, anywhere*
(so)eben	*just*	irgendwann	*any time*
ebenso	*just as*	irgendwie	*somehow*
faul	*lazy*	link-	*left*
froh	*glad*	links	*to the left, on the left*
gefährlich	*dangerous*	recht-	*right*
gerade	*straight; just*	rechts	*to the right, on the right*
geradeaus	*straight ahead*	sofort, sogleich	*immediately*
häßlich	*ugly*	teils	*partly*
		tot	*dead*
		treu	*faithful*
		zwar	*to be sure*

Useful Expressions and Idioms

es gelingt ihm   *he succeeds*
  Es gelang ihm, es zu tun.   *He succeeded in doing it.*
  Die Arbeit ist ihm gelungen.   *He has succeeded in his work.*

auf jeden Fall   *in any case, at any rate*
  Ich komme heute abend auf jeden Fall.   *I'll come tonight in any case.*

beim + *inf*.   *while . . .ing (simultaneous action)*
  Beim Fahren schlief ich fast ein.   *While driving I almost fell asleep.*

das heißt (d.h.)   *that is (i.e.)*

zum siebten Mal   *for the seventh time*

eine Prüfung machen   *to take a test (examination)*
  Darf ich jetzt die Prüfung machen?   *May I take the test now?*

eine Prüfung bestehen   *to pass a test*

Grammatik

A. ORDINAL NUMBERS

Ordinal numbers (first, second, third, etc.) up to twenty: number + **t** + adj. ending. *Note exceptions (marked with asterisk):*

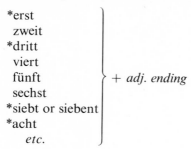

*erst
zweit
*dritt
viert
fünft
sechst
*siebt or siebent
*acht
    etc.

⎫
⎬ + *adj. ending*
⎭

der vierte Satz	*the fourth sentence*
ihre sechste Aufgabe	*her sixth lesson*
unser achtes Buch	*our eighth book,*
am dreizehnten Mai	*on the thirteenth of May*
nach dem ersten Mal	*after the first time*

Ordinal numbers after twenty: number + **st** + adj. ending:

zwanzigst	sein einundzwanzigster Geburtstag
fünfundsechzigst ⎫ + *adj. ending*	*his twenty-first birthday*
hundertst ⎬	zum hundertsten Mal
tausendst ⎭	*for the hundredth time*

ÜBUNG 1

Supply the German ordinal number suggested by the English cue.

1. (*third*) der _____ Tod   2. (*second*) die _____ Reihe   3. (*fifth*) das _____ Zeichen   4. (*first*) die _____ Teile   5. (*of the tenth*) das Ende _____ Berichts   6. (*of the twelfth*) der Anfang _____ Seite   7. (*of the fifteenth*) die Melodie _____ Liedes   8. (*of the first*) Fragen _____ Kapitels   9. (*eighth*) von dem _____ Monat   10. (*eleventh*) nach der _____ Stunde   11. (*third*) zu dem _____ Dorf   12. (*first*) aus den _____ Fenstern   13. (*twenty-third*) für diese _____ Aufgabe   14. (*fourth*) gegen jene _____ Strafe   15. (*seventh*) um mein _____ Jahr   16. (*first*) nach unserer _____ Reise

ÜBUNG 2

Translate into German following the pattern of the German example.

1. **sein zweiter Unfall**—her fourth report, my fifth reason, your (*formal*) tenth victory, your (*fam. sing.*) forty-first sentence

2. diese erste Reise—that third detour, which seventh penalty, the eighth hour, this fifteenth question, every twenty-fifth page

3. mein neuntes Buch—his sixth piece of bread, our fifty-first year, their eightieth song, your (*fam. pl.*) hundredth time

4. in dem elften Fall—from the twenty-first sentence, out of the third gate, after the tenth month, since the forty-eighth day

ÜBUNG 3

Schriftliche Übungen: See *Programmed Assignment Book*, p. 207, **A.**

B. DEFINITE ARTICLE INSTEAD OF POSSESSIVE ADJECTIVE

In German, the possessive adjective (**mein, dein,** etc.) is often omitted when referring to personal possessions or parts of the body when the identity of the possessor is clear. The definite article is used instead.

Er hat **den** Hut aufgesetzt.   *He put on his hat.*

A dative pronoun is often used to ensure clarity. This pronoun is reflexive if it refers back to the subject.

Etwas ist **ihm** ins Auge geflogen.   *Something flew into his eye.*
Mir klopfte das Herz.   *My heart was pounding.*
Er hat **sich** den Arm gebrochen.   *He broke his arm.*

ÜBUNG 4

Insert the correct German definite article.

Beispiel: Ich setze ———— Hut auf.

     Ich setze **den** Hut auf.

1. Sie zog ———— Mantel an.   2. Er hatte einen Ring an ———— Finger.
3. Dann reichte ich ihm ———— Hand.   4. Warum konnte er ———— Kopf nicht bewegen?   5. Wie hast du dir ———— Fuß gebrochen?   6. Die Sonne schien mir in ———— Gesicht.   7. Ich habe mir selbst ———— Haar gewaschen.
8. Hast du dir das Geld in ———— Tasche gesteckt?

ÜBUNG 5

Schriftliche Übungen: See *Programmed Assignment Book*, p. 207, **B.**

C. GERMAN PRESENT TENSE FOR ENGLISH PRESENT PERFECT

In German the present tense is often used where English uses the present perfect to express an action which started in the past and is still continuing in the present. **Seit** and **schon** are often used in this type of sentence.

Seit September **lerne** ich Deutsch.
I have been studying German since September.

Wir **wohnen** schon seit einem Jahr in Köln.
We have been living in Cologne for a year.

ÜBUNG 6

Supply the German present tense equivalent for the English present perfect cue.

Beispiel: (*have been learning*) Ich _____ Deutsch schon seit einem Jahr.

Ich **lerne** Deutsch schon seit einem Jahr.

1. (*have been working*) Wir _____ hier seit Sonntag.   2. (*have you been driving*) Wie lange _____ diesen Wagen?   3. (*has been digging*) Seit einer Stunde _____ er schon im Garten.   4. (*have known*) Sie _____ ihn schon fast ein Jahr.
5. (*have been going*) Seitdem ich mich erinnern kann, _____ ich jeden Sonntag in die Kirche.   6. (*has been teaching*) Seit zwei Monaten _____ sie an dieser Schule.   7. (*has been speaking*) Meine Schwester _____ schon fünfzehn Minuten am Telefon.   8. (*has been screaming*) Die Kleine _____ schon eine halbe Stunde lang.

ÜBUNG 7

Schriftliche Übungen: See *Programmed Assignment Book*, p. 209, **C.**

D. ADDITIONAL MEANINGS OF **MÖGEN, SOLLEN, WOLLEN**

Mögen (*to like*), **sollen** (*to be supposed, expected to*), and **wollen** (*to want to*) also have other meanings.

mögen   *may; might* (*possibility*)
Das **mag** sein.   *That may be.*

sollen   *to be said to; to be to; should, shall*
Er **soll** sehr reich sein.   *He is said to be very rich.*
Sie **soll** morgen abend singen.   *She is to sing tomorrow evening.*
Du **sollst** nicht stehlen.   *Thou shalt not steal*

wollen   *to claim; to be about to*
Er **will** berühmt sein.   *He claims to be famous.*
Als ich ankam, **wollte** er gerade fortfahren.   *When I arrived, he was just about to leave.*

ÜBUNG 8

Express in German.

a. 1. What may her secret be?   2. Who might the stranger be?   3. How might

the weather be tomorrow?   4. They may become dissatisfied.   5. Someone
may be at the door.

b. 1. They are said to travel often.   2. She is said to have many enemies.   3. He
is said to demand too much.   4. My neighbors are said to speak German well.
5. His influence is said to be bad.

c. 1. You are to help them.   2. They are to report everything.   3. Who was to
make the dinner?   4. She was never supposed to advise you.   5. Every day
you were to write a letter.

d. 1. My students claim to be tired.   2. Everyone claims to know him.   3. Why
do you claim to be wealthy?   4. She claims to be interested in art.   5. Helmut
claimed to have won the money.

e. 1. She is just about to close the door.   2. We are about to go away.   3. Were
you just about to knock?   4. I was just about to scream.   5. A struggle was
just about to begin.

ÜBUNG 9

Schriftliche Übungen: See *Programmed Assignment Book*, p. 209, **D.**

ÜBUNG 10

Idioms (p. 291). Supply the German equivalent for the English cue, then
express the completed sentences in idiomatic English.

1. (*at any rate*) Er hat es mir _____ befohlen.   2. (*in any case*) _____ wird er
sich bald entscheiden.   3. (*he is succeeding*) _____, die Filme zu entwickeln.
4. (*while working*) _____ hatte er sich in das Bein geschnitten.   5. (*for the eighth
time*) Ich bin _____ zum Flughafen gefahren.   6. (*while studying*) _____ an der
Uni wurde er besonders faul.   7. (*she finally has succeeded*) Sie freut sich, daß
_____.   8. (*that is*) Ich muß sofort hingehen, _____ wenn ich Zeit habe.
9. (*they had succeeded*) Ich hatte nicht gewußt, daß _____.   10. (*in any case*)
Der Raum wird _____ viel zu hell sein.   11. (*that is*) Nichts ist damals
vorgekommen, _____ nichts Wichtiges.   12. (*while playing cards*) Er verlor das
ganze Geld _____.   13. (*I haven't succeeded*) _____, einzuschlafen.
14. (*at any rate*) _____ sollen sie mich nächste Woche einladen.

ÜBUNG 11

Schriftliche Übungen: See *Programmed Assignment Book*, p. 211, **E.**

Lesestück

HEIMATLIEBE

Die Heimat ist eine der mächtigsten menschlichen Wirklich-   mächtig *powerful*
keiten. Was ist die Heimat, was kann sie sein? „Unsere

Marburg an der Lahn

Heimat ist da, wo unsere Liebe ist", schrieb ein deutscher
Dichter. „Die Freuden, die in der Heimat wohnen, die
5   suchst du vergebens in fernen Zonen", schrieb ein anderer.   vergebens *in vain*

Für jeden Menschen ist die Heimat etwas anderes: für
den einen ist sie das stille Bergtal mit dem Zusammenleben
der Nachbarn, für den anderen das breite Flußtal mit den
vielen Schiffen und den immer wechselnden Eindrücken;   der Eindruck *impression*
10   oder sie ist der Meeresstrand, das stille Fischerdorf und die
weite See. Noch anderen ist Heimat die alte Kleinstadt oder
die immer größer werdende Industriestadt. „Die ursprüng-   ursprünglich *original*
liche Heimat ist meine Mutter, die zweite eine Stiefmutter",   die Stiefmutter
heißt ein russisches Sprichwort, „Heimat mein, was kann   *stepmother*
15   besser sein?" ein deutsches.   das Sprichwort *proverb*

Der Ort, wo der Mensch seine Jugendzeit verbracht hat,
wird ihm vielleicht sein Leben lang als das schönste Stück
Erde erscheinen. Die folgende kleine Geschichte beschreibt
die dem Menschen mitgegebene Liebe zu seiner Heimat, wo
20   er geboren und aufgewachsen ist.

Gerdauen ist schöner*
von August Winnig

Eines Tages kam ein kleines, blondes Mädchen aus Ost-
preußen in unsere Stadt. Es hieß Marie und war aus
Gerdauen. Da Marie aus so weiter Ferne kam, war sie
sogleich der Gegenstand unserer besonderen Teilnahme,   die Teilnahme *sympathy*
25   und wir zogen sie in unsren Kreis. Wer von uns kannte   der Kreis *circle*
Gerdauen! Keiner hatte jemals auch nur den Namen gehört.
In unsrem Schulatlas fanden wir den Ort nicht. Aber an der
Wand hing eine große Landkarte von der „preußischen
Monarchie" aus dem Jahre 1858. Wenn der Lehrer nicht
30   da war, standen wir gerne vor dieser schönen Landkarte.
Da fanden wir nach langem Suchen den Namen Gerdauen.
Herr Gott, wie war das weit! Wir mußten uns auf die
Zehenspitzen stellen, wenn wir den kleinen Namen lesen   die Zehe *toe*
wollten, und drückten dann die Spitze des Zeigefingers   der Zeigefinger *index*
35   darauf: hier ist Gerdauen! Die Stelle wurde bald etwas   *finger*
dunkel, und so konnten wir sie sogar von unsren Plätzen
aus erkennen. Da, wo der dunkle Fleck auf der Landkarte
war, da lag Gerdauen, Maries Heimat, das ferne, berühmte
Gerdauen.

---

* Reprinted with slight changes by permission of Friedrich Wittig Verlag, Hamburg.

40 Was für eine wunderbare Stadt war doch Gerdauen!
Wenn Marie davon erzählte, dann glänzten ihre Augen.
Es gab dort unglaublich viel Hühner und Gänse, Schafe
und Schweine, Kühe und Pferde. Jeder Mensch besaß dort
großen Reichtum. Und dann war da ein See, so groß und
45 schön, daß man es sich gar nicht vorstellen konnte, und
Fische waren drin. Das war überhaupt nicht zu beschreiben.
Wie klein und armselig war dagegen unsere Stadt! Aber es
war doch unsere Stadt, auf die wir stolz sein wollten. Sie
war alt und hatte krumme Straßen. So ganz unter uns
50 schämten wir uns ein bißchen. Aber vor Fremden lobten
wir unsere Stadt. Da war unsere Kirche: sie lag auf stolzer
Höhe, und zu ihr hinauf führte eine breite Steintreppe mit
einem festen Holzgeländer, und auf diesem Geländer
konnten wir vom Kirchhof bis zum Markt hinunter-
55 rutschen. Dann gab es einen geheimen Gang, der vom
Schloß unter der Stadt hindurch zur alten Heimburg führte.
Kein Mensch hatte diesen Gang jemals gesehen, und darum
konnte man die schönsten Geschichten davon erzählen.
Das und noch viele andere Schönheiten lobten wir vor
60 Marie. Jedoch sie sagte nachher immer: „Gerdauen ist
schöner!"

Das machte uns unzufrieden, dann ein bißchen traurig
und verbittert, und wir sagten: „Wir müssen mit Marie in
die Umgebung gehen. Die hohen Berge, die großen Wälder,
65 die Felsen, das alles muß sie sehen, und wenn sie das
gesehen hat, dann kann sie nicht mehr sagen: ‚Gerdauen
ist schöner!' "

Und nun zogen wir sonntags, wenn Gott die Sonne
scheinen ließ, mit Marie hinaus. Wir bestiegen die
70 Teufelsmauer, diese lange, wilde Felsenreihe, von deren
Gipfel man zu beiden Seiten das herrliche Land sehen
kann. O ja! Marie freute sich und bewunderte alles. Aber
als wir auf dem Heimweg waren, strich sie die blonden
Haare aus dem erhitzten Gesicht und sagte: „Es war ganz
75 schön. Aber Gerdauen ist schöner!"

Da gingen wir mit ihr zum Regenstein. Es gibt da
Unerhörtes zu sehen: eine Burg, aber nicht eine gewöhnliche
Burg, wie man sie überall sieht. Nein, eine Burg, die ganz
in den Felsen hineingehauen ist. Diese Burg ist ein Wunder.
80 Marie machte große Augen. Marie mußte auch in das
dunkle Burgverlies, das wie ein Brunnen in den Felsen
eingegraben ist, und sie mußte im Schein der herab-
gelassenen Laterne die Schädel und Knochen da unten

---

das Huhn *chicken*
die Gans *goose*
das Schaf *sheep*
die Kuh *cow*
sich vor/stellen *to imagine*

armselig *wretched*
dagegen *in contrast*

krumm *crooked*
bißchen *bit*

das Holzgeländer *wooden railing*
rutschen *to slide*
der Gang *passage*

die Umgebung *surroundings*

der Gipfel *top*

streichen *to brush*
erhitzt *flushed*

hauen *to hew*
das Verlies *dungeon*
der Schein *light*
der Schädel *skull*
der Knochen *bone*

Die Lüneburger Heide

auf dem Boden sehen. Und nachher saßen wir auf einer
85 bemoosten Mauer und ließen die Beine über die Tiefe
schaukeln und sahen in die Ferne, bis zu den Kirchtürmen
von Halberstadt. Und gerade da nahm Marie das Wort
und sagte: „Oh, es ist sehr schön, ganz mächtig schön.
Aber Gerdauen ist doch schöner!"

90 Es war furchtbar. Da hatten wir eigentlich die Hoffnung
verloren und gaben uns keine Mühe mehr. Aber dann
meinte jemand: „Wir müssen einmal mit Marie nach
dem Bodetal gehen, denn überhaupt alles dort ist das
Allerschönste." Und so gingen wir dann eines Sonntags
95 sehr früh, denn der Weg war weit.

Es war das schönste Wetter. Der Wald hatte das erste
gelbe Laub, die Sonne schien, und die Luft war sehr kalt.
Wir freuten uns und sangen unsere Lieder. Manchmal
ruhten wir im weichen Moos unter den alten Bäumen und
100 aßen unser Brot. Endlich waren wir am Ziel.

O diese Pracht! Da ist das weite Land in seiner Frucht-
barkeit. Da liegen die Städte und Dörfer mit ihren roten
Dächern und weißen Kirchen, und alte Bäume stehen
darum herum. Und da zieht der Fluß—immer weiter,
105 endlos weit, bis er in der letzten Ferne wie ein Silberfaden
verschwindet. Und zur Rechten das mächtige Gebirge in
seiner Laubpracht, und hier und da ein weißer Birkenbaum
mitten in dem grün-goldenen Meer.

das Moos *moss*
schaukeln *to swing*
der Turm *tower*

eigentlich *actually*
sich Mühe geben *to make
an effort*

das Laub *foliage*

weich *soft*

die Pracht *splendor*

der Faden *thread*
das Gebirge *chain of
mountains*
die Birke *birch*

Und was war mit Marie? Ja, da stand sie nun, machte
110 wieder große Augen, blickte lächelnd zu uns und sagte:
„O wie ist das schön, wie wunderschön!"

Da jubelten wir alle: Jetzt ist der Sieg unser! Aber siehe
da: ihre Augen füllten sich mit Tränen, und ganz traurig
sagte sie mit tiefem Seufzer: „Ach, Gerdauen ist doch
115 schöner!"

Viele Jahre vergingen, ehe ich Gerdauen sah. Auf einer
Fahrt durch Ostpreußen während des Krieges trat ein
Soldat an den Zug und sagte: „Das ist doch Gerdauen!"
Da erinnerte ich mich, welche Bedeutung dieser Ort einst
120 für uns gehabt hatte, ich dachte an Marie und ging hinaus,
um zu schauen, was von Gerdauen zu sehen war.

Ich werde nie etwas gegen Gerdauen sagen. Zwar sah
ich keine weiße Kirche auf hohem Berg, sondern nur
einen roten Turm auf ganz ebenem Land, und statt der
125 Wälder erblickte ich nur die kahlen Kronen einiger Bäume
und eine Reihe niedriger Häuser. Aber ich sage nichts
gegen Gerdauen. Denn auch dort wohnen Menschen, die
dort geboren und aufgewachsen sind und sich im Herzen
mit diesem Boden und allem, was er trägt, verbunden
130 fühlen. Sie lieben ihre Heimat und können nicht anders,
und das ist gut. Ihnen allen mag es so gehen wie der kleinen,
blonden Marie: man kann ihnen alle Schönheit der Fremde
zeigen, so spricht ihr Herz doch immer wieder: Gerdauen
ist schöner!

lächeln to smile

jubeln to rejoice

der Seufzer sigh

eben flat
kahl bare
die Krone top
niedrig low

es mag ihnen gehen they
*   may feel*

WIEDERHOLUNG

Kapitel 24. Preparation for tests. See *Programmed Assignment Book*, pp. 211–
215.

PRÜFUNG 1 ODER 2

Kapitel 24. See Instructor.

Wiederholungskapitel

Gespräch

In der Bibliothek

Heinz Guten Tag, Jean!

Jean Guten Morgen, Heinz!

Heinz Du bist aber schwer zu finden. Ich habe dich zuerst im Lesesaal, dann im Zeitschriftensaal gesucht. Die
5 ganze Zeit steckst du hier bei den Nachschlagewerken.

Jean Ach ja, ich habe eine Semesterarbeit für meinen Geschichtskursus zu schreiben.

Heinz Findest du alle Bücher, die du brauchst?

Jean Leider nicht. Zwei wichtige Bücher hat jemand vor
10 mir schon mitgenommen.

Heinz Frage doch nach, wann sie zurück sind! Du kannst dir die Bücher zurücklegen lassen.

Jean Das ist eine gute Idee, denn ich kann ohne die zwei nicht fertig werden.

15 **Heinz** Komm! Man sieht uns schon an, denn man soll sich in der Bibliothek nicht unterhalten.

Jean Wir flüstern ja nur. Aber du hast recht. Nur einen Augenblick noch; ich muß im Zeitschriftensaal

der Saal *room*
die Zeitschrift
periodical
das Nachschlagewerk
reference work
die Semesterarbeit
term paper

nach/fragen *to inquire*

sich unterhalten *to converse*
flüstern *to whisper*

301

20 schauen, ob sie eine gewiße Nummer von der Tages-
zeitung „Die Welt" haben. Ein Artikel ist über mein
Thema, und es ist nötig, daß ich diesen Artikel lese.

Heinz   Inzwischen schaue ich etwas im Wörterbuch nach.
Ich warte am Ausgang auf dich.   der Ausgang *exit*

Jean   Gut. Ich muß mich dann nur noch von meiner
25 Freundin verabschieden. Sie sitzt im Lesesaal und   verabschieden *to take leave*
bereitet sich auf eine Prüfung vor.   sich vor/bereiten auf *to
prepare for*

Heinz   Im Lesesaal habe ich auch einige meiner Freunde
gesehen. Mach' schnell! Ich habe Lust, einen Stadt-   einen Bummel machen *to
bummel zu machen. Komm doch mit!   take a stroll*

30 **Jean**   Sehr gern. Ich habe einiges zu besorgen. Macht es   besorgen *to take care of*
dir etwas aus?   aus/machen *to matter*

Heinz   Nein.

Jean   In fünf Minuten also am Ausgang!

Heinz   In Ordnung! Bis nachher!

Ein Bummel

35 **Jean**   Die Geschäfte hier im Stadtzentrum gefallen mir
sehr gut. Ich sehe mir gern die Schaufenster an.   das Schaufenster *display
window*

Heinz   Hier ist das größte und beste Schuhgeschäft.

Jean   Ach ja! Schau' doch! Dort sind genau die Schuhe,   genau *exactly*
die ich haben muß. Aber sie sind so teuer! Kann man
40 hier nie zu verbilligten Preisen kaufen?   zu verbilligten Preisen *on
sale*

Heinz   Zum Winter- und Sommerende gibt es immer einen
Schlußverkauf, und man kann zu herabgesetzten Prei-   der Schlußverkauf *final
sen einkaufen.   sale*

Jean   Zu Hause haben wir es meistens am Monatsende.
45 Es macht Spaß zu sehen, wie viel man sparen kann.   sparen *to save*

Heinz   Ha! Da kauft man oft, was man nicht braucht, nur
weil es so billig ist! Aber schau! In diesem Fenster ist
schönes Porzellan.

Jean   Das Rosenthaler Kaffeeservice ist besonders schön.
50 Mir gefallen aber die Porzellanfiguren am besten.

Heinz   Hier ist ein Blumengeschäft. Welches ist deine
Lieblingsblume?

Jean   Rosen habe ich am liebsten, aber ich habe auch
Nelken sehr gern. Die Vergißmeinnicht und die Veil-   die Nelke *carnation*
55 chen dort sind entzückend.   das Veilchen *violet*
entzückend *lovely*

Heinz   In dieses Fotogeschäft muß ich hinein. Ich habe
hier Fotos zum Entwickeln gegeben, die wir vor einer
Woche gemacht haben. Ich gebe sie dir alle.

Jean Das ist aber nett von dir. Meine Familie möchte
60 gern wissen, wie du aussiehst.

Heinz Hoffentlich sind sie nicht enttäuscht! Nun aber
hinein! Guten Tag! Bitte, sind die Fotos für Lehmann
fertig? — *enttäuschen to disappoint*

Verkäufer Guten Tag, Herr Lehmann! Ich schaue mal
65 nach. Einen Augenblick, bitte.

Jean Hier gibt es aber viele Fotoapparate! Mein Vater — *der Fotoapparat camera*
will, daß ich ihm einen mitbringe.

Heinz Welchen Apparat will er denn haben?

Jean Er wird es mir noch schreiben. Ich glaube, er will
70 eine Rolleiflex mit automatischem Belichtungsmesser. — *der Belichtungsmesser light meter*

Heinz Sehr schön. Ich habe eine Contaflex; du wirst die
Fotos gleich sehen.

Verkäufer Herr Lehmann, hier bitte, Das macht 13,15
DM (dreizehn Mark fünfzehn).

75 **Heinz** Danke schön! Ich bin sehr gespannt. Wir gehen — *gespannt curious*
eine Tasse Kaffee trinken und schauen uns die Fotos
an.

Verkäufer Sonst noch etwas? — *sonst noch etwas anything else*

Heinz Ja, noch zwei Kodak 6 × 6 negativ Farbfilme,
80 bitte.

Verkäufer Das macht 16,00 DM.

Heinz Danke sehr! Auf Wiedersehen!

Im Café—Der Ausflug — *der Ausflug outing*

Heinz Hier ist das Foto von dir im Auto, kurz bevor wir
von München abfuhren. Der Wagen sieht hier ganz
85 gut aus.

Jean Das ist aber ein Kompliment!

Heinz Dieses Foto haben wir an der Tankstelle gemacht. — *die Tankstelle filling station*

Jean Und diese hast du auf der Autobahn aus dem Fenster
gemacht. Da war enorm viel Verkehr—wie bei uns zu
90 Hause.

Heinz Ja, sobald wir aber 30 km (Kilometer) von München entfernt waren, wurde es weniger. Hier ist ein
besonders schönes Foto.

Jean Das war unser Picknickplatz, direkt am Ammersee.

95 **Heinz** Auf diesem Bild beißt du gerade in einen großen
Apfel. Sehr niedlich! — *niedlich cute*

Jean Und hier gießt du gerade Kaffee aus der Thermos- — *gießen to pour*
flasche. Warum so ernst?

Heinz Hier siehst du aber komisch aus!

100 **Jean** Kein Wunder! Ich hatte die Sonnenbrille auf.

Heinz Schau´ doch! Ein feines Landschaftsfoto—das Gewitter zog gerade auf. Es ist ein schönes Stimmungsbild geworden.

Jean Ja. Erinnerst du dich noch, als es dann zu regnen
105 anfing, und wir die Panne hatten? Du mußtest im strömenden Regen den Reifen wechseln; ich sollte die Bremse anziehen, und habe mich auf die Hupe gelehnt und sie ist steckengeblieben . . . Das war aber ein Tag!

die Brille *glasses*
das Gewitter
  thunderstorm
auf/ziehen *to come up*
das Stimmungsbild
  picture with atmosphere
regnen *to rain*
die Panne *flat tire*
der Reifen *tire*
die Bremse *brake*
die Hupe *horn*
lehnen *to lean*

Übungen (Kapitel 17–24)

A. Change the following sentences to the present perfect tense.

Beispiel: Ich durfte es nicht tun.

    Ich **habe** es nicht **tun dürfen.**

1. In drei Stunden wollte er die Stadt erreichen. 2. Wir mußten an der Straßenecke halten. 3. Hörst du das Kind schreien? 4. Was wollen Sie von mir? 5. Nachher ließen uns die Eltern ins Kino gehen. 6. Schlief Fritzchen sofort ein? 7. Meine Tante konnte sich nicht mehr an die Telephonnummer erinnern. 8. Warum eilten Sie so? 9. Wie lange soll das Konzert dauern? 10. Besonders gefährlich kam mir die Strecke nicht vor. 11. Ich fragte, ob die Jungen mitfahren durften. 12. Warum zog sie das neue Kleid nicht an? 13. Wer befiehlt es dir? 14. Er wollte eben zur Tür hereintreten, als jemand ihn rief. 15. Der Zug kam zu spät am Abend an. 16. Ich kann Ihnen nicht sagen, wie leid es mir tut. 17. Einige Bekannte luden uns zum Mittagessen ein, aber wir konnten die Einladung nicht annehmen. 18. Sie freute sich sehr, daß er zu Besuch kommen sollte. 19. Du kannst wirklich nicht erwarten, daß es uns auch diesmal gelingt. 20. Wie geschah das Unglück?

B. Change the following sentences to the future tense.

Beispiel: Es gibt heute sehr viel Verkehr.

    Es **wird** heute sehr viel Verkehr **geben.**

1. Es geschieht Ihnen recht. 2. Mit Gewalt erzwingt er die Entscheidung. 3. Niemand prüft die Sache mit schärferem Blick als er. 4. Wogegen rieten dir die Nachbarn? 5. Ich kann mich nicht mehr darauf freuen. 6. Läßt die Mutter dich den Wagen fahren? 7. Sogar die Zeitung berichtete die Ankunft des ausländischen Schiffes. 8. Du erkältest dich sicher. 9. Wollen Sie mit der Straßenbahn fahren? 10. Der Junge schneidet sich in den Finger.

C. Change the following sentences to the future perfect tense.

Beispiel: Er holte den Meister vom Bahnhof ab.

Er **wird** den Meister vom Bahnhof **abgeholt haben.**

1. Ihr Mann brachte ihr Blumen mit.   2. Wem ist es gelungen, das Geheimnis zu erfahren?   3. Ein Fremder setzte sich neben mich.   4. Wodurch entstand ihre große Angst?   5. Der Vater befahl seinen Arbeitern, sofort nach Hause zu gehen. 6. Theodor sah sich die Burg lange an.   7. Dein Bericht erreichte mich erst am Sonnabend.   8. Hörte der Arzt den Kranken im Schlaf reden?   9. Beim Steigen hatte er das Bein gebrochen.   10. Wieso hatten die Eltern so viel Glück?

D. Add the correct adjective endings. Translate into English.

1. Der kleiner＿＿ Junge schlief auf dem hart＿＿ Boden ein.   2. Die mutig＿＿ Bergsteiger erreichten am früh＿＿ Nachmittag die Bergspitze.   3. Seine groß＿＿ Gestalt erschien zwischen den dunkl＿＿ Bäumen.   4. Wegen kälter＿＿ Tage zog das Paar nach dem wärmer＿＿ Süden.   5. Nachher wechselte sie das heller＿＿ Kleid und zog ein dunkler＿＿ an.   6. Drückend＿＿ Geldsorgen nahmen dem Eingeladen＿＿ jede Freude.   7. Der gefürchtet＿＿ Nachbar reichte dem um Hilfe Bittend＿＿ die Hand.   8. Während ruhig＿＿ Stunden erinnerten sich unsere Gäste an die vergangen＿＿ Jahre.   9. Trotz der billiger＿＿ Preise kauften die meist＿＿ Hausfrauen nicht im neueröffnet＿＿ Geschäft an der nächst＿＿ Ecke ein.   10. Auf angenehmst＿＿ Weise verbrachte er den erst＿＿ Abend zu Hause.   11. Am liebsten blieb der soeben aus dem Ausland Zurückgekehrt＿＿ bei uns.   12. Größer＿＿ Einfluß hatte der älter＿＿ Arzt.   13. Zum siebt＿＿ Male bat Felix um eine Tasse heiß＿＿ Kaffee.   14. Jeden zweit＿＿ Augenblick rief ihn sein arm＿＿, krank＿＿ Kind.   15. Eilend＿＿ Menschen durchschritten den dunkl＿＿ Burghof. 16. Sein gelungen＿＿ Versuch machte ihn zum bekannt＿＿ Mann.   17. Trotz dauernd＿＿ Gefahr setzten die mutig＿＿ Bergarbeiter ihre unterirdisch＿＿ Arbeiten fort.   18. Wir öffneten dem Klopfend＿＿ die Tür.   19. Es war das Seltsamst＿＿, was ich je gesehen hatte.   20. Wer bezahlte das Meist＿＿?

E. Give the German equivalent for the English cue.

1. (*about what*) Ich weiß nicht, ＿＿＿＿ sie sprechen.   2. (*some*) ＿＿＿＿ Tages wird er sich entscheiden müssen.   3. (*himself/time*) Der Vierjährige zog ＿＿＿＿ heute morgen zum ersten ＿＿＿＿ allein an.   4. (*this*) Ich erinnere mich nicht an ＿＿＿＿ Arzt.   5. (*straight ahead*) Der Herr blickte immer ＿＿＿＿.   6. (*one another*) Vater und Sohn lobten ＿＿＿＿.   7. (*with it*) Hier ist ein scharfes Messer. Sei vorsichtig ＿＿＿＿!   8. (*whom*) ＿＿＿＿ begegnetest du auf der Straße?   9. (*Tuesdays/the same*) ＿＿＿＿ begleitet Oskar die Eltern nach ＿＿＿＿ Ort.   10. (*for what*) ＿＿＿＿ wartet sie so lange?   11. (*claims to*) Er ＿＿＿＿ viel Geld verdient haben. (*with it*) Was machte er ＿＿＿＿?   12. (*myself*) Ich ＿＿＿＿

bin niemals geflogen.   13. (*there were*) _____ dort wenige schöne Mädchen zu sehen.   14. (*whose*) In _____ Wagen sind Sie eingestiegen?   15. (*whose*) Ist der Junge, _____ Bericht so ausgezeichnet war, Ihr Bruder?   16. (*of*) Niemand fürchtet sich _____ der gefährlichen Fahrt.   17. (*whom/is supposed to*) Sie fragt, _____ er nächstes Jahr heiraten _____ .   18. (*for the twenty-first time*) _____ stieg er auf den Berg hinauf.   19. (*some*) _____ Tages wird das Dach einstürzen.   20. (*with one another*) Wir haben nicht mehr _____ gesprochen. 21. (*whom*) _____ befiehlt der Vater, die Rechnung zu bezahlen?   22. (*cheaper and cheaper*) Diese Sachen wurden _____ .   23. (*What*) _____ Grund gabst du ihm?   24. (*every*) _____ Tag lädt er seine Freunde ein.   25. (*who*) _____ klopfte so laut?   26. (*who*) Der Fahrer, _____ so laut klopfte, war uns fremd.   27. (*which*) Ich verlor etwas, _____ er später fand.   28. (*which*) In _____ Richtung sind Sie gefahren?   29. (*which*) Ich habe den Zug, _____ gerade abfuhr, nicht gesehen.   30. (*which*) _____ Autobahnausfahrt sollen wir nehmen?

F. Translate the following commands into German.

1. Be more friendly to him, Inge.   2. Helmut, don't eat the biggest piece. 3. Mrs. Schiele, sit down beside me.   4. Ilse and Trudi, accompany them home. 5. Dress more quickly, Fritz.   6. Miss Hilleke, don't break your arm.   7. Mr. and Mrs. Schulze, don't expect too much.   8. Step in and pay for it, Mr. Banner. 9. Children, don't be afraid of the dog.   10. Mrs. Kurz, decide soon. 11. Professor Ulrich, command them to be quiet.   12. Wait for my arrival, Helga. 13. Translate this sentence, Miss Detzer.   14. Get up immediately, you lazy boys.

G. Give the English equivalent of the idiomatic sentences below.

1. Der Besitzer des alten Wirtshauses tat ihnen schrecklich leid, denn nach und nach hatte er alles verloren.   2. Der Verkehr auf dieser Autobahn war vor einem Jahr viel stärker als heute. Damals gab es nichts als Unfälle an dieser Stelle. 3. Ich habe nicht raten können, was für ein Flugzeug es war, mit dem ich flog. 4. Wie geht es Ihnen? Ganz gut, obgleich es mir kalt ist.   5. Haben Sie Angst vor seiner Ankunft? Im Gegenteil! Ich freue mich darauf.   6. Der Faule wohnt schon zwei Monate dort am Hafen, aber er denkt nicht daran zu arbeiten. 7. Entschuldigen Sie mich bitte, aber ich wollte nur etwas Spaß haben.   8. Der Käufer hat keine Lust, die Sachen selber abzuholen. Er meint, daß er wegen einer langen Umleitung viel zu spät ankommen wird.   9. Wofür hält sie ihn? Glaubt sie nicht an seinen zukünftigen Erfolg?   10. Der Schluß der Fahrt wird ihnen gar nicht gefallen, denn der Berg ist schrecklich hoch und die Straßen sind viel schlechter, als man denkt.   11. Achtung! Diese Ausfahrt ist gefährlich.   12. Auf jeden Fall wird es ihr nie gelingen, die gesammelten Sachen sofort zu verkaufen. 13. Nur beim Einschlafen kann es hier vorkommen, daß du gegen einen Baum fährst.   14. Ich werde die Prüfung zum dritten Mal machen, das heißt, ich werde es versuchen.   15. Weder an meine Kindheit noch an meine Heimat kann ich

mich erinnern.   16. Die immer wechselnden Farben der herbstlichen Wälder gefielen uns sehr, und wir freuten uns darauf, zu Fuß durch das Tal zu wandern.

H. Schriftliche Übungen: Kapitel 17–24. See *Programmed Assignment Book*, pp. 217–223.

Lesestück
DREI GROßE PHILOSOPHEN*

Die Darstellung früherer philosophischer Weltanschauungen ist eine geschichtliche Aufgabe. Gotthold Ephraim Lessing hat den Wert solcher Darstellungen gekennzeichnet: „Ohne die Geschichte bleibt man ein unerfahrenes
5 Kind. Und ohne die Geschichte der Weltweisheit . . . wird man die Stärke des menschlichen Verstandes nimmermehr schätzen lernen." Die Griechen der klassischen Zeit sprachen zuerst von „Philosophen", Freunden der Weisheit. Es zeigt sich jedoch immer wieder, daß in der Philosophie das
10 Wissen allein nicht die Hauptsache ist. Man will nicht nur Einzelnes verstehen, sondern ein Ganzes sehen. Es geht nicht nur um die Gesetze der Wirklichkeit, sondern um den Sinn der Welt und des Lebens überhaupt.

> die Darstellung
>   *presentation*
> die Weltanschauung
>   *philosophy of life*
> kennzeichnen *to*
>   *characterize*
>
> schätzen *to appreciate*
>
> einzeln *single*
> gehen um *to be a*
>   *matter of*
> das Gesetz *law*
> der Sinn *meaning*

Immanuel Kant (1724–1804)

Immanuel Kants Lebensgang zeigt uns das typische Bild
15 eines Gelehrten. Von Anfang bis zum Ende war sein Leben nur wissenschaftlicher Arbeit gewidmet. Er wurde am 22. April 1724 in Königsberg, Ostpreußen, als Sohn eines Sattlermeisters geboren. Seine Mutter starb, als er dreizehn Jahre alt war, und der Vater hatte es schwer, für die neun
20 Kinder zu sorgen. Es gelang ihm jedoch, den vierten von ihnen, Immanuel, nach achtjähriger Schulzeit auf die Königsberger Universität zu schicken. Als auch der Vater starb, mußte der junge Student sein Universitätsstudium abbrechen und eine Hauslehrerstelle annehmen. Diese
25 Stellung gefiel ihm nicht besonders, aber er war dadurch zu der Überzeugung gekommen, daß die akademische Lehr-

> der Gelehrte *scholar*
> widmen *to dedicate*
>
> der Sattlermeister
>   *harness maker*
>
> an/nehmen *to accept*
>
> die Überzeugung
>   *conviction*

---

* Much of the following reading selection was taken from *Philosophie* by Dr. Gerhard Kropp, by permission of the publisher, Lebendiges Wissen, Munich.

Immanuel Kant

tätigkeit das Richtige für ihn war. Sobald es ihm möglich
war, kehrte er zur Universität Königsberg zurück und
wurde 1754 Privatdozent für Logik, Metaphysik, Mathe-
30 matik und Physik. Im Jahre 1770 wurde er Professor.
    Kant blieb unverheiratet. Er liebte es, Gäste bei sich
zu sehen und war selbst ein angenehmer, geistreicher und
gerngesehener Gast. Sein Leben lang hatte er gegen
schwache Gesundheit zu kämpfen, und nur die außeror-
35 dentlichste Regelmäßigkeit des Lebens machte es ihm möglich, diese Schwäche zu überwinden. Er stand jeden Morgen
um ein Viertel vor fünf Uhr auf, trank eine Tasse schwachen
Kaffee, meditierte eine Stunde lang, hielt von sieben bis
neun Uhr seine Vorlesung und arbeitete an seinen wissen-
40 schaftlichen Schriften bis ein Uhr. Dann hatte er gewöhnlich

sobald *as soon as*

der Privatdozent *lecturer*

geistreich *witty*

die Regelmäßigkeit
  regularity
überwinden *to overcome*
das Viertel *quarter*

die Vorlesung *lecture*

Gäste zum Mittagessen. Die Nachbarn wußten genau, daß
es halb vier Uhr war, wenn Immanuel Kant aus seiner
Haustür trat und nach der kleinen Lindenallee spazierte,
die man seinetwegen den Philosophenweg nennt. Achtmal
45 spazierte er dort auf und ab, in jeder Jahreszeit und, wenn
das Wetter schlecht war, sah man seinen alten Diener
Lampe mit einem langen Regenschirm unter dem Arm
hinter ihm hergehen.

    Kants körperliche Schwäche erlaubte ihm keine weiten
50 Reisen; in seinem ganzen Leben war er nicht weiter als
hundert Kilometer von seinem Geburtsort entfernt gewesen. Sein Interesse an fremden Ländern war jedoch so
groß, daß er fesselnde geographische und ethnologische
Vorlesungen hielt. Ein junger Engländer, der einmal in
55 einer Vorlesung von Kant Einzelheiten über die West-
minster Brücke hörte, die er selbst nicht kannte, mußte zu
seinem Erstaunen erfahren, daß Kant nie in London gewesen war.

    Die vielen naturwissenschaftlichen und philosophischen
60 Schriften Kants hatten seinen Namen bekannt gemacht.
Man schätzte und bewunderte ihn als scharfsinnigen philosophischen Kritiker. Erst als er siebenundfünfzig Jahre alt
war, erschien nach zehnjähriger Arbeit die „Kritik der
reinen Vernunft". Kants Hauptwerke sind die drei großen
65 philosophischen Schriften: „Kritik der reinen Vernunft",
„Kritik der praktischen Vernunft" und „Kritik der Urteilskraft", sowie der Aufsatz „Zum ewigen Frieden". Die
„Kritik der reinen Vernunft" ist das Grundwerk der
neueren Philosophie, ein großes Werk von nahezu neun-
70 hundert Seiten, an dem kein Philosoph vorübergehen kann.

    Vor Kant drehte sich das philosophische Denken um
den Gegensatz: Innenwelt und Außenwelt, Seele und Leib,
Möglichkeit und Unmöglichkeit des Erkennens. Dem
Rationalisten war die Möglichkeit des Erkennens kein
75 Problem. Man kann alles durch den Verstand erkennen.
Der Skeptiker dagegen verneint die Möglichkeit des Er-
kennens. Kant fragt nicht ob, sondern nur wie Erkenntnis
möglich ist, denn, daß es Erkenntnis gibt, zeigt bereits die
Existenz der Wissenschaften. Die Fragen nach dem Dasein
80 Gottes, der Freiheit des Willens, der Unsterblichkeit der
Seele kann man nach Kant nicht auf wissenschaftlichem
Wege beantworten; doch ebensowenig kann man den
Glauben daran auf wissenschaftlichem Wege widerlegen.
Von ihm stammt der berühmte Satz: „Begriffe ohne

genau *exactly*

die Linde *linden tree*
seinetwegen *because
  of him*

der Regenschirm
  umbrella

fesselnd *captivating*

die Einzelheit *detail*
die Brücke *bridge*

scharfsinnig *sharp-witted*

rein *pure*
die Vernunft *reason*
die Urteilskraft *judgment*
ewig *perpetual*

sich drehen *to resolve*
der Gegensatz *antithesis*
der Leib *body*
das Erkennen
  *understanding,
  recognition*
dagegen *on the other hand*
verneinen *to negate*
die Erkenntnis *cognition*

das Dasein *existence*

nach Kant *according to
  Kant*

widerlegen *to refute*
der Begriff *concept*

85 Anschauungen sind leer, Anschauungen ohne Begriffe
sind blind.'' Und er schließt den Hauptteil seines Werkes
über die ,,Kritik der reinen Vernunft'': ,,So fängt alle
menschliche Erkenntnis mit Anschauungen an, geht von
da zu Begriffen und endigt mit Ideen.'' Unsere Gedanken
90 richten sich also nicht nach weltlichen Dingen, sondern
weltliche Dinge richten sich nach unseren Gedanken.

    Naturgesetze drücken ein Müssen aus, moralische
Gesetze ein Sollen. Gut an sich ist das, was Pflicht gebietet.
Nur hier, wenn man ohne alle Neigung, ja vielleicht gegen
95 sie, das Gute um des Guten willen tut, haben wir echte
Sittlichkeit. Nur ein freies Wesen kann sich selbst das
Gesetz geben: Ich kann, weil ich soll. Kant schrieb: ,,Wenn
die Gerechtigkeit untergeht, so hat es keinen Wert mehr,
daß Menschen auf der Erde leben.'' Kants Ethik mag
100 formal, rigoros und individualistisch sein, aber es liegt
etwas Großes in den Grundprinzipien der Autonomie der
freien Persönlichkeit und des Primats des guten Willens.
Geist ist der Inhalt der Welt, und Geist ist ihr Zweck. Zwei
Dinge erfüllen die Seele mit immer neuer Bewunderung, je
105 öfter der Mensch darüber nachdenkt: ,, . . . der Sternenhimmel über mir und das moralische Gesetz in mir.''

Arthur Schopenhauer (1788–1860)

Mit Kant war das Thema für die weitere Entwicklung der
deutschen Philosophie gegeben. Die Welt ist Erzeugnis des
Geistes und Ausdruck des Geistes: dies war der Kantische
110 Gedanke, auf dessen Grundlage die weiteren Philosophen
bauten. Schopenhauer nannte sich den wahren Vollender
der Kantischen Philosophie.

    Arthur Schopenhauer war der Sohn eines Danziger
Großkaufmanns und der Schriftstellerin Johanna Scho-
115 penhauer, die später im Goetheschen Kreis in Weimar
lebte. Die Eltern gaben dem Kinde den Namen Arthur,
weil er Kaufmann werden sollte, und ,,dieser Name in allen
Sprachen der Gleiche bleibt''. Schon in früher Jugend
machte er weite Reisen in fremde Länder, lernte Englisch
120 und Französisch fließend sprechen. Als in ihm der Haß
gegen den kaufmännischen Beruf immer stärker wurde, bat
er den Vater, ihn studieren zu lassen. Der Vater war so sehr
dagegen, daß er ihm die Wahl gab: eine zweijährige Reise
durch ganz Europa, oder zu Hause zu bleiben und Latein
125 zu lernen! Der Fünfzehnjährige wählte natürlich das

die Anschauung *percept,*
   point of view
leer *empty*

richten *to direct*
das Ding. *thing*
aus/drücken *to express*
an sich *in itself*
gebieten *to command*
die Neigung *inclination*
um . . . willen *for the*
   sake of
echt *genuine*
die Sittlichkeit *morality*
das Wesen *being*
die Gerechtigkeit *justice*

der Inhalt *content*
der Zweck *purpose*
je öfter *the more often*
der Stern *star*

das Erzeugnis *product*
der Ausdruck *expression*
die Grundlage *foundation*
der Vollender
   consummator

der Großkaufmann
   wholesale merchant
der Schriftsteller *writer*
der Kreis *circle*

gleich *same*

der Haß *hate*
der Beruf *profession*

Arthur Schopenhauer

Erstere. Diese Reise, die einen Grund von Lebenslust legen sollte, brachte dagegen den ersten „Pessimismus" zum Ausdruck. Sein Wagen rollte inmitten der herrlichsten Landschaften an elenden Hütten und verkümmerten
130 Menschen vorüber—und vorbei war es mit seiner Freude. „In meinem siebzehnten Jahre", schrieb er später, „wurde ich vom Jammer des Lebens ergriffen . . . und mein Resultat war, daß diese Welt kein Werk eines allgütigen Wesens sein konnte . . ."
135 Im Jahre 1805 trat Schopenhauer als Lehrling bei einem Großkaufmann ein. Kaum ein Vierteljahr später traf ihn der schwerste Schlag seiner Jugend: der Vater stürzte durch eine Speicherluke zu Tode. Man hatte den Verdacht, daß er sich in einem Anfall von Melancholie das Leben genommen
140 hatte. Der Sohn verlor an dem Vater den einzigen Menschen, der ihn richtig verstand. Weil er es dem Vater

die Lebenslust *love of life*

elend *miserable*
verkümmert *poverty-stricken*
der Jammer *misery*
wurde . . . ergriffen *was deeply moved*
das Wesen *being*
der Lehrling *apprentice*
die Speicherluke *storage hatch*
zu Tode stürzen *to fall to his death*
der Verdacht *suspicion*
der Anfall *onset*
einzig *only*

versprochen hatte, setzte Schopenhauer die verhaßte kaufmännische Laufbahn fort, bis er es nicht mehr aushalten
konnte. In kürzester Zeit holte er alle Fächer nach, um die
145 Universität besuchen zu können. 1813 erhielt er seinen
Doktor.

    Nach beendetem Studium besuchte er die Mutter in
Weimar und lernte Goethe kennen. Aber es war keine
glückliche Zeit. Die Mutter schrieb ihm später: „. . . ich
150 kann mit Dir in nichts, was die Außenwelt angeht, überein-
stimmen . . . Du bist nur auf Tage bei mir zu Besuch
gewesen, und jedesmal gab es heftige Szenen, um nichts
und wieder nichts . . . Deine Klagen . . . Deine finstern
Gesichter . . .'' Schopenhauers tief pessimistische Neigung
155 mußte Goethe auch bemerkt haben, denn dieser schrieb in
Schopenhauers Stammbuch:

    „Willst du dich deines Wertes freuen.
    So mußt der Welt du Wert verleihen.''

    Schopenhauer zog nach Dresden, aber sein Weg
160 entfernte sich immer mehr von der Gemeinschaft mit
Menschen. Im Jahre 1819 erschien sein Hauptwerk „Die
Welt als Wille und Vorstellung''. Aber niemand las das
Werk, und auch die spätere Lehrtätigkeit an der Universität
Berlin blieb ohne Erfolg. Er zog daher nach Frankfurt am
165 Main und verbrachte dort als Privatmann den Rest seines
Lebens. Er wurde immer einsamer. Man wußte zwar, daß
er der Sohn der berühmten Johanna Schopenhauer war,
man erkannte seinen Pudel und bemerkte die lauten Selbst-
gespräche bei seinen langen, einsamen Spaziergängen. Erst
170 spät kam der Ruhm. Als man ihn zum Mitglied der Berliner
Akademie für Wissenschaften machen wollte, konnte er nur
noch ausrufen: „Ich habe ohne sie gelebt, ich kann auch
ohne sie sterben!''
    Die Grundthese der Schopenhauerschen Philosophie ist,
175 daß die Welt für uns „Vorstellung'' ist, an und für sich aber
ist sie „Wille''. Dieser Wille stellt als „Wille zum Leben''
ein blindes Wollen dar. Lust ist für Schopenhauer nichts
Positives, sondern das bloße Aufhören von Unlust. Nur
im Genuß eines Kunstwerkes sind wir befriedigt. Die Musik
180 nimmt bei ihm die höchste Stelle ein; mit dem Auf und Ab
der Melodien und dem Wechsel der Harmonien ist die
Musik ein Abbild des Willens selbst. Schopenhauer machte
einen großen Eindruck auf Musiker, besonders auf Richard
Wagner.

---

die Laufbahn *career*
nach/holen *to make up*
das Fach *subject*

an/gehen *to concern*
überein/stimmen *to agree*
heftig *violent*
um *about*
die Klage *complaint*
finster *gloomy*
die Neigung *disposition*
das Stammbuch
  autograph album

verleihen *to impart*

die Gemeinschaft
  association

die Vorstellung *idea*

verbringen *to spend*
  (*time*)
der Ruhm *fame*

das Mitglied *member*

dar/stellen *to represent*
bloß *mere*
das Aufhören *cessation*
der Genuß *enjoyment*
befriedigen *to satisfy*

das Abbild *image*

185 Das höchste sittliche Gefühl ist bei Schopenhauer das
Mitleid. Gut ist, anderen Menschen aus der Not zu helfen.
Der Weltgrund ist aber irrational, und die Welt ist böse.
Sein Pessimismus führt bis zur Verneinung des Willens zum
Leben. Wenn jeder Wille aufhört oder ins Nichts eingeht,
190 dann ist der Mensch erlöst.

sittlich moral
das Mitleid compassion
böse evil

auf/hören to cease
erlösen release

Die Werke Schopenhauers gehören zu den verständ-
lichsten und populärsten der philosophischen Literatur.
Nietzsche schrieb, daß „Schopenhauer Feinde nötig hatte,
um guter Dinge zu bleiben, daß er die grimmigen, galligen,
195 schwarzgrünen Worte liebte, daß er krank geworden wäre
ohne seine Feinde. . . .‟

guter Dinge bleiben to
remain in good spirits
wäre would have

Schopenhauer kann man als den Begründer einer Philosophie ansehen, die sich vom theoretischen Wissen ab-
wendet. Sie steht auf der Seite des Gefühls und der Intuition
200 gegen den Intellekt, auf der Seite des Irrationalen gegen das
Rationale. Sie fragt nach Sinn, Ziel und Wert des Lebens.
Bei Nietzsche erreicht diese Art Lebensphilosophie einen
Höhepunkt.

der Begründer founder

der Sinn meaning
die Art kind

Friedrich Nietzsche (1844–1900)

Am 15. Oktober 1844 läuteten die Glocken der kleinen
205 Stadt Röcken bei Leipzig zum Geburtstage des Preußen-
königs, und Vater Nietzsche gab seinem Sohn, der während
des Glockenläutens geboren wurde, den Namen des Königs,
Friedrich Wilhelm. Selten hat jemand so viel Theologenblut
in den Adern gehabt wie er, denn der Vater und beide
210 Großväter waren Theologen. Es ist verständlich, wenn
Nietzsche öfters über die Wirkung dieses Erbes nachdachte.

läuten to ring
die Glocke bell

das Blut blood
die Ader vein

die Wirkung effect
das Erbe heritage

Nach dem frühen Tode des Vaters zog der fünfjährige
Knabe mit seiner Mutter und der etwas jüngeren Schwester
zu der Großmutter und zwei Tanten. Die rein weibliche
215 Erziehung hatte wohl einen großen Einfluß auf die Cha-
rakterentwicklung Nietzsches. Seine Schwester charakte-
risierte ihn: „Dieser kerngesunde Knabe . . . steht vor unserem geistigen Auge mit roten Wangen, bräunlicher Haut,
großen, blauen Augen und langen, dunkelblonden Haaren
220 . . . anziehend durch den Ausdruck von Intelligenz, Reinheit
und Unschuld.‟

der Knabe boy
weiblich feminine
die Erziehung upbringing

kerngesund thoroughly
healthy
die Wange cheek

anziehend attractive
die Reinheit purity
die Unschuld innocence

Da Nietzsche sehr begabt war, erhielt er in der Schule
eine Freistelle. In allen Fächern leistete er sehr Gutes, mit
Ausnahme der Mathematik, in der er beim Abitur ein leeres

begabt gifted
leisten to achieve
die Ausnahme exception

Friedrich Nietzsche

225 Blatt abgab. Er ging auf die Universität Bonn, wo er im ersten Semester Philologie und Theologie studierte. Die Studentenverbindung, in die er eintrat, gefiel ihm nicht. Von dieser Zeit an blieb er ein Feind des Rauchens und Biertrinkens.

230 Auf der Universität machte er die Bekanntschaft mit Schopenhauers Werken: „Eines Tages fand ich im Antiquariat dieses Buch, nahm es mir . . . in die Hand und blätterte. Ich weiß nicht, welcher Dämon mir zuflüsterte: Nimm dir dieses Buch mit nach Hause! . . . Zu Hause warf

235 ich mich . . . in die Sofaecke und begann jenen energischen düstern Genius auf mich wirken zu lassen. . . . Hier sah ich in einen Spiegel, in dem ich Welt, Leben und eigen Gemüt . . . blickte.''

Trotz Nietzsches Kurzsichtigkeit diente er beim Militär,

240 bis ein unglücklicher Sturz vom Pferde seiner Dienstzeit

das Abitur *final examination from secondary school*
leer *empty*
das Blatt *sheet of paper*
die Studentenverbindung *fraternity*

blättern *to leaf through*
zu/flüstern *to whisper to*

düster *dark*
der Spiegel *mirror*

das Gemüt *soul*
die Kurzsichtigkeit *near-sightedness*

ein Ende machte. Bevor er seine Doktorarbeit beginnen
konnte, berief ihn die Universität Basel zum außerordent-
lichen Professor der klassischen Philologie. Er war vierundzwanzig Jahre alt! Schon zu dieser Zeit begannen seine
245 engen Beziehungen zu Wagner und seiner Familie. „Wagner
ist der große Wohltäter meines Lebens . . ." Später trennten
sich jedoch ihre Wege. Die Musik aber war für Nietzsche
wie für Schopenhauer ein Abbild des ganzen Willens, also
der ganzen Welt.

250 1879 mußte Nietzsche seine Lehrstelle in Basel aus
gesundheitlichen Gründen aufgeben. Zwischen langen
Perioden von Geistesschwäche hatte er auch Tage und
Wochen, in denen er seine Gedanken in dichterischer Form
und poetischer Sprache niederschrieb. Er hat nie geheiratet,
255 denn er meinte: „Zuletzt hasse ich die Beschränkung und
die Einflechtung in die ganze zivilisierte Ordnung der Dinge
so sehr, daß schwerlich irgendein Weib freisinnig genug ist,
um mir zu folgen."

1888 brach Nietzsche auf der Straße zusammen; man
260 erklärte ihn für geisteskrank. Elf Jahre dauerte die geistige
Umnachtung. In Weimar pflegte ihn seine Schwester bis zu
seinem Tode.

Auf Grund einer Schenkung von dreihunderttausend
Mark von einem schwedischen Herrn gründete man das
265 Nietzsche Archiv in Weimar.

Nietzsches Hauptwerk ist das Buch „Also sprach Zara-
thustra". Darin entwickelt er den Gedanken des Über-
menschen. Der Mensch, sagt Nietzsche, steht zwischen
Tier und Übermensch. Diesen repräsentiert er als hoch-
270 gewachsen, kraftvoll, begabt, kunstliebend, aber auch
gewalttätig, treulos und grausam. Nietzsche ist ein Gegner
der Idee des Massenmenschentums: Kampf ist die Grundlage des Lebens, in dem das Kräftige und Gesunde immer
über das Schwache triumphiert. Er glaubt nicht an das
275 „größtmögliche Glück der größtmöglichen Zahl". Aus dem
Zarathustra-Kult der Perser hat Nietzsche die Lehre der
„ewigen Wiederkunft aller Dinge" übernommen. Alles
Gute, alles Schlechte kehrt wieder, und man soll so leben,
daß man wünschen kann, wieder zu leben. Nietzsche lehrt
280 die „Umwertung aller Werte". Für ihn ist das Leben selbst
der höchste Zweck. Der Wille zur Tat, zum Leben, ist
„Wille zur Macht". Nietzsche glaubt an die schöpferische
Persönlichkeit als Träger echter Kultur. Der Mensch soll
nicht so bequem sein; er soll seinem Gewissen folgen, das
285 ihm zuruft: „Sei du selbst!"

außerordentlicher
Professor *assistant
professor*
die Beziehung *connection*
der Wohltäter *benefactor*

das Abbild *image*

die Geistesschwäche
mental illness

zuletzt *after all*
hassen *to hate*
die Beschränkung
restriction
die Einflechtung
incorporation
das Weib *woman*
freisinnig *tolerant*
geisteskrank *insane*
die Umnachtung
derangement
pflegen *to care for*
auf Grund *as a result*
die Schenkung *gift*
gründen *to establish*

gewalttätig *brutal*
grausam *cruel*
der Gegner *opponent*

die Zahl *number*
der Perser *Persian*
die Lehre *doctrine*
ewig *eternal*
die Wiederkunft
recurrence
die Umwertung
revaluation
der Zweck *purpose*
schöpferisch *creative*
echt *genuine*
bequem *indolent*
das Gewissen *conscience*

Gedichte

Das trunkne Lied
von Friedrich Nietzsche (1844–1900)

O Mensch! Gib acht!
Was spricht die tiefe Mitternacht?
„Ich schlief, ich schlief—,
Aus tiefem Traum bin ich erwacht:—
5 Die Welt ist tief,
Und tiefer als der Tag gedacht.
Tief ist ihr Weh—,
Lust—tiefer noch als Herzeleid:
Weh spricht: Vergeh!
10 Doch alle Lust will Ewigkeit—,
—Will tiefe, tiefe Ewigkeit!"
        (Also sprach Zarathustra)

acht/geben *to take heed*

das Weh *woe*
die Lust *joy*
vergehen *to pass away*
die Ewigkeit *eternity*

Ecce Homo

Ja! Ich weiß, woher ich stamme!
Ungesättigt gleich der Flamme
15 Glühe und verzehr' ich mich.
Licht wird alles, was ich fasse,
Kohle alles, was ich lasse:
Flamme bin ich sicherlich!

stammen *to spring from*
ungesättigt *unsated*
gleich der Flamme *like the flame*
verzehren *to consume*
fassen *to take hold of*

Wählerischer Geschmack

Wenn man frei mich wählen ließe,
20 Wählt' ich gern ein Plätzchen mir
Mitten drin im Paradiese:
Lieber noch—vor seiner Tür!

der Geschmack *taste*

Vor meinem Fenster
von Arno Holz (1863–1929)

Vor meinem Fenster
singt ein Vogel.
25 Still hör ich zu; mein Herz vergeht.
Er singt
was ich als Kind . . . so ganz besaß
und dann—vergessen!

vergehen *to perish*

Das verlassene Mägdlein
von Eduard Mörike (1804–1875)

Früh, wann die Hähne krähn,
der Hahn *rooster*

30 Eh' die Sternlein verschwinden,

Muß ich am Herde stehn,
der Herd *hearth*

Muß Feuer zünden.
zünden *to light*

Schön ist der Flammen Schein,

Es springen die Funken;
der Funke *spark*

35 Ich schaue so drein,

In Leid versunken.

Plötzlich da kommt es mir,
vor/kommen *to seem*

Treuloser Knabe,
treulos *faithless*

Daß ich die Nacht von dir

40 Geträumet habe.

Träne auf Träne dann
die Träne *tear*

Stürzet hernieder:

So kommt der Tag heran—

O ging' er wieder!
O ging' er *if it would only go*

Harfenspieler
von Johann Wolfgang von Goethe (1749–1832)

45 Wer nie sein Brot mit Tränen aß,

Wer nie die kummervollen Nächte
kummervoll *miserable*

Auf seinem Bette weinend saß,

Der kennt euch nicht, ihr himmlischen Mächte.

Ihr führt ins Leben uns hinein,

50 Ihr laßt den Armen schuldig werden,
schuldig *guilty*

Dann überläßt ihr ihn der Pein:
die Pein *torment*

Denn alle Schuld rächt sich auf Erden.
rächen *to avenge*

Kapitel

25

Fragen

1. Wie nennt man einen Menschen, der lange schläft (der Briefmarken sammelt; der jemand begleitet; der am besten Tennis spielt; der Zeitungen verkauft; der etwas übersetzt)?
2. Wie nennt man einen Menschen, der eingeladen ist (der eingeschlafen ist; der soeben angekommen ist; der bereits abgereist ist)?
3. Was muß man zahlen, wenn man ein rotes Licht überfährt?
4. Wie muß man fahren, wenn Fußgänger über die Straße gehen wollen?
5. Welches Zeichen sieht man beim Einfahren auf die Autobahn (beim Ausfahren von der Autobahn)?
6. Wo steht ihr Wagen zu Hause, wenn er nicht in der Garage steht?
7. Wo bekommt man Auskunft über die Ankunft und Abfahrt der Flugzeuge?
8. In welchem Land fährt man links anstatt rechts?
9. Was bedeutet im Verkehr das grüne Licht (das rote Licht, das gelbe Licht)?
10. Wie alt muß man sein, bevor man zum ersten Mal Auto fahren darf?
11. In welche Richtung fährt man, wenn man nicht rückwärts fährt?

12. Wer sitzt links (rechts) von Ihnen?
13. Was darf man beim Autofahren nicht tun?
14. Was ist das Gegenteil von: der Anfang, die Abfahrt, der Eingang, gefährlich, wach bleiben, froh, rechts, seltsam, zum letzten Mal, ankommen, jemand, ernst, viele, das Leben, schön, fleißig, sich setzen, kaufen?
15. In welchem Land spricht man teils Französisch, teils Deutsch und teils Italienisch?
16. Wann gibt der Autofahrer ein Zeichen?
17. Womit kann man eine Tasse füllen?
18. Worüber wundern Sie sich von Zeit zu Zeit?

Wortschatz

der Apfel, ⁻	apple	die Art, -en	sort, kind; manner
der Eindruck, ⁻e	impression		
der Hals, ⁻e	throat, neck	die Bluse, -n	blouse
der Laden, ⁻	store, shop	die Brücke, -n	bridge
der Mantel, ⁻	coat	die Brust, ⁻e	breast, chest
der Mund, ⁻er	mouth	die Ehe, -n	marriage
der Rücken, -	back	die Erde, -n	earth
der Schatz, ⁻e	treasure; sweetheart	die Hälfte, -n	half
der Schuh, -e	shoe	die Hose, -n	trousers, pants
der Sinn, -e	meaning, sense	die Meinung, -en	opinion
der Spiegel, -	mirror	die Nase, -n	nose
der Strumpf, ⁻e	stocking	die Schulter, -n	shoulder
der Unterschied, -e	difference	die Tat, -en	deed
der Zahn, ⁻e	tooth	die Weise, -n	manner, way
der Zweck, -e	purpose	die Wolke, -n	cloud
		die Zahl, -en	number
das Band, ⁻er	band, ribbon	das Hemd, -en	shirt
das Blatt, ⁻er	leaf; newspaper	das Ohr, -en	ear
das Blut	blood	das Paar, -e	pair, couple
das Ding, -e	thing	das Problem, -e	problem
das Erlebnis, -ses, -se	experience	das Silber	silver
das Fach, ⁻er	subject; drawer	das Ufer, -	shore, bank
das Gold	gold		

dar/stellen	to represent, to play (a role)
decken	to cover, to set the table
fehlen (dat.)	to be lacking, missing; to be absent
sich gewöhnen (an + acc.)	to become accustomed (to)

Hamburg am Rathausplatz

lösen	*to solve, to loosen*
schenken	*to give, to present*
verdienen	*to earn; to deserve*

empfehlen, empfiehlt, empfahl, hat empfohlen	*to recommend*
frieren, friert, fror, hat gefroren	*to be cold, to freeze*
reißen, reißt, riß, hat gerissen	*to tear*
stoßen, stößt, stieß, hat gestoßen	*to push*
umgeben, umgibt, umgab, hat umgeben	*to surround*
verbergen, verbirgt, verbarg, hat verborgen	*to hide, to conceal*
verlassen, verläßt, verließ, hat verlassen	*to leave, to abandon*
zerreißen, zerreißt, zerriß, hat zerrissen	*to tear (to pieces)*

Grammatik

A. PASSIVE VOICE

In the active voice the subject performs the action of the verb. In the passive voice the subject receives the action of the verb.

Active: *My father writes* the letter.
Passive: The letter *is written by my father.*

    The object in the active thus becomes the subject in the passive; the subject in the active becomes the *agent* in the passive.

Active: *The child* throws the ball.
Passive: The ball is thrown *by the child. (by the child:* agent)

1.   Formation of the Passive

	German	**English**
	werden + past participle	***to be*** + past participle
PRES.	Er **wird** zweimal **gerufen.**	*He is (being) called twice.*
PAST.	Er **wurde** zweimal **gerufen.**	*He was (being) called twice.*
PRES. PERF.	Er **ist** zweimal **gerufen worden.**	*He has been called twice.*
PAST PERF.	Er **war** zweimal **gerufen worden.**	*He had been called twice.*
FUTURE	Er **wird** zweimal **gerufen werden.**	*He will be called twice.*
FUT. PERF.	Er **wird** zweimal **gerufen worden sein.**	*He will have been called twice.*

Note: In the perfect tenses **worden** is used instead of **geworden.**

When practicing the passive voice, it should be remembered that each verb form in the English sentence has its counterpart in the German translation with only one minor distinction between the two: a form of *to be* is rendered in German by a form of **werden.**

Tense	Auxiliary Verb	Past Participle		
PRESENT	werde, wirst, wird werden, werdet, werden (*am, are, is*)	gefragt (*asked*)		
PAST	wurde, wurdest, wurde wurden, wurdet, wurden (*was, were*)	geholt (*fetched*)		
PRES. PERF.	bin, bist, ist, sind, seid, sind (*have, has*)	geschlagen (*beaten*)	worden (*been*)	
PAST PERF.	war, warst, war, waren, wart, waren (*had*)	verkauft (*sold*)	worden (*been*)	
FUTURE	werde, wirst, wird, werden, werdet, werden (*shall, will*)	gesehen (*seen*)	werden (*be*)	
FUTURE PERF.	werde, wirst, wird, werden, werdet, werden (*shall, will*)	gefunden (*found*)	worden (*been*)	sein (*have*)

ÜBUNG 1

a. Express in German.

1. My friend is driven home this afternoon.   2. No hats are worn in the room.
3. You (**du**) are being asked for advice.   4. We are not greeted in her letter.
5. I am often invited in the evening.   6. She is being picked up (fetched) at the
airport.   7. Many reports are written in the class.   8. Seldom is a song sung here.
9. Only once are these stories read to the children.   10. It is sad that the house
is being sold in the fall.

b. Change to the past tense. Translate into English.

Beispiel: Er wird gar nicht geschlagen.

Er **wurde** gar nicht **geschlagen.**

1. Ich werde freundlich begrüßt.   2. Ich werde oft gefragt.   3. Ich werde um
zehn Uhr erwartet.   4. Ich werde für morgen abend eingeladen.   5. Du wirst
gewiß geprüft.   6. Dann wirst du gestört.   7. Nie wirst du erkannt.   8. Du
wirst vorgestellt.   9. Der Tisch wird gedeckt.   10. Das Bild wird oft bewundert.

ÜBUNG 2

Change to the past perfect tense. Translate both sentences.

Beispiel: Sie sind öfter gefragt worden.

Sie **waren** öfter **gefragt worden.**

1. Ich bin nicht genannt worden.   2. Du bist gestern gesehen worden.   3. Er ist lange gesucht worden.   4. Leni ist nicht verstanden worden.   5. Warum sind die Briefe noch nicht geschickt worden?   6. Wir sind durchs Dorf geführt worden.   7. Sind Sie gehört worden?   8. Er ist gar nicht erkannt worden.

ÜBUNG 3

Change to the future tense. Translate both sentences.

Beispiel: Der Meister wird nicht geschlagen worden sein.

Der Meister **wird** nicht **geschlagen werden.**

1. Das Geld wird nicht gefunden worden sein.   2. Deine Frage wird nicht beantwortet worden sein.   3. Warum werde ich nicht um Hilfe gebeten worden sein?   4. Das alte Haus wird nicht verkauft worden sein.   5. In einer Woche wird es bezahlt worden sein.   6. Die Geschichte wird den Kindern erzählt worden sein.

ÜBUNG 4

Express in German.

1. I am being tested.   2. You (**du**) are being admired.   3. She is being accompanied.   4. We are being shoved.   5. They are saved.   6. It was being tied.   7. Who was paid?   8. I was praised.   9. We were separated.   10. You (**ihr**) were asked.   11. They were expected.   12. I have often been disturbed.   13. Who has been forced?   14. It has been translated.   15. They have been noticed.   16. It had been used.   17. I had been taught.   18. She had been forgotten.   19. We had been prevented.   20. No one will be recognized.   21. Only she will be understood.   22. Then they will be led.   23. I will soon be called.   24. Who will have been seen?   25. They will have been observed.   26. No hats were worn during the day.   27. The children have been brought home early.   28. Tickets are being collected in front of the theater.   29. Which questions were repeated in the class?   30. How had the tennis champion been beaten?   31. When was the owner invited to dinner?   32. Has something been taken from your room?   33. The dress was sent back yesterday and she was very sorry.   34. My car hasn't been driven since I have been gone.   35. Will your address have been written down (**aufschreiben**)?   36. We have been sitting here a long time.   37. What have they been doing in the country?   38. This tablecloth had been used before.

ÜBUNG 5

Schriftliche Übungen: See *Programmed Assignment Book*, p. 225, **A.1.**

2. Modal in a Passive Construction

A modal may be used with a *passive infinitive* (past participle + **werden**):

be seen	gesehen werden	*be explained*	erklärt werden
be done	gemacht werden	*be introduced*	vorgestellt werden

Das **kann** nicht **gemacht werden.**   *That cannot be done.*
Ihr Kleid **mußte gewaschen werden.**   *Her dress had to be washed.*

ÜBUNG 6

Translate into English.

1. Was kann in diesem Geschäft gekauft werden?   2. Der Brief soll heute abgeschickt werden.   3. Dieses Messer darf nicht gebraucht werden.   4. Ein Arzt mußte sofort gerufen werden.   5. Mein Bruder wollte zum Bahnhof gefahren werden.   6. Ich wundere mich, warum die Studenten so oft geprüft werden müssen.   7. Wann soll der Fall vom Richter entschieden werden?   8. Monatelang hat das Haus nicht verkauft werden können.

ÜBUNG 7

Express in German.

1. A reason ought to be given.   2. He doesn't like to be invited so often.   3. The essay could not be easily translated.   4. She always wanted to be admired.
5. Naturally I didn't want to be seen in this old dress.   6. Why couldn't the doctor be reached?   7. The bill is supposed to be paid in March.   8. These things have to be washed soon.   9. Every child wanted to be praised.   10. The professor may not be disturbed during the afternoon.

ÜBUNG 8

Schriftliche Übungen: See *Programmed Assignment Book*, p. 227, **A.2.**

3. The Agent in the Passive

The English *by* preceding the agent is expressed in German by **von** denoting persons and at times by **durch** denoting an inanimate cause.

Er wurde **von dem Vater** gelobt.
He was praised by his father.

Der Baum wurde **durch den Blitz** getroffen.
The tree was struck by lightning.

ÜBUNG 9

Give the German equivalent for the English cue. Then translate the complete sentence.

1. (*by the teacher*) Ich wurde _____ aufgerufen.   2. (*by the son*) Das Auto ist _____ gefahren worden.   3. (*by the parents*) Die Kinder waren _____ geführt worden.   4. (*by the visitors*) Sicher wird alles _____ gehört werden.   5. (*by my friend*) Der Gast wird _____ abgeholt.   6. (*by us all*) Sein Bericht wird _____ gelesen worden sein.   7. (*by the storm*) Das Gebäude wurde _____ zerstört.   8. (*by the advice of the doctor*) Meine Schwester ist _____ beeinflußt worden.

ÜBUNG 10

Translate into German according to the example in boldface.

1. **Sein Bekannter wird von dem Lehrer getroffen.** His friend is beaten by the stranger. His worker is brought home by the doctor. His companion is called by the professor. His son is seen by the innkeeper.   2. **Alle Frauen wurden von ihnen gefragt.** All the flowers were sent by the neighbor. All the pictures were admired by her father. All the schools were visited by her teacher. All the tickets were sold by the boy.   3. **Diese Prüfung ist von allen angefangen worden.** This newspaper has been looked at by everyone. This blouse has been put on by her. This garden wall has been built up by him. This student (*fem.*) has been invited by me.   4. **Wir werden durch seine Tat gerettet werden.** We shall be reached by the newspaper. We shall be separated by the emergency (die Not). We shall be tested by the danger. We shall be taught by the experience (die Erfahrung).   5. **Jene Menschen werden von niemand verstanden.** Those dresses are worn by everyone. Those reports are examined by someone. Those penalities are paid by many. Those moments are forgotten by no one.

ÜBUNG 11

Schriftliche Übungen: See *Programmed Assignment Book*, p. 227, **A.3.**

4. Apparent Passive

Sein may be used with a past participle (as in English) to describe the state of the subject resulting from a previous action. The past participle in this case is used as a predicate adjective describing the subject.

Active: Das Gemälde **war** schon **verkauft.**
            The painting was already sold.

Passive: Das Gemälde **wurde** gestern **verkauft.**
            The painting was (being) sold yesterday.

ÜBUNG 12

Translate into German according to the example in boldface.

1. **Die Fenster sind geöffnet.** The letters are written. The doors are closed. The friends are saved. The glasses are filled. The children are lost.   2. **Das Haus war**

schon gebaut. The gate was already closed. The report was already made. The money was already paid. The harbor was already reached.

ÜBUNG 13

Translate into German.

1. Our house is (being) built well. Their house is well built. 2. That report was translated by me. That report was already translated.

ÜBUNG 14

Schriftliche Übungen: See *Programmed Assignment Book*, p. 229, **A.4.**

5. Impersonal Passive

a. Es is sometimes used as the subject of a passive in German and is best translated actively in English.

Es wird hier nicht geraucht.   *There is no smoking here.*

b. Verbs taking a dative object in the active require **es** as subject in the passive. The **es** is omitted unless it is the first element.

Active: Man glaubte ihm nicht.   *They didn't believe him.*
Passive: Es wurde ihm nicht geglaubt.   *He was not believed.*
                      or   *or*
             Ihm wurde nicht geglaubt.   *They didn't believe him.*

ÜBUNG 15

Translate into German according to the example in boldface.

1. **Es wird hier viel gesungen.** There is a lot of laughing here. There is a lot of dancing here. There is a lot of talking here.
2. **Dem Vater ist nie gedankt worden.** The child has never been helped. The girl has never been believed. The boy has never been advised.

ÜBUNG 16

Translate into German.

1. On Sundays there is no dancing. 2. German is spoken here. 3. Little is done on Saturdays. 4. Nothing was described. 5. There was much singing. 6. She is never thanked. 7. The children were followed. 8. We had been advised.
9. My friend will be served first. 10. They were often helped.

ÜBUNG 17

Schriftliche Übungen: See *Programmed Assignment Book*, p. 229, **A.5.**

6. Substitutes for Passive

In German the passive voice is not as frequently used as in English. There are various ways of substituting the German active for the English passive voice:

a. the active with **man**
  Man spricht hier viel Deutsch.   *Much German is spoken here.*

ÜBUNG 18

Change the sentence to the active by using **man.** Do not change the tense.

Beispiel: Viel wird hier gelernt.

  Man lernt hier viel.

1. Eine Frage wurde gestellt.   2. Seine Haare sind nie geschnitten worden.
3. Die Gegenstände waren damals verkauft worden.   4. Nichts wird dem Armen genommen werden.   5. Die Burg wird oft besucht worden sein.   6. Der Tisch wird um fünf Uhr gedeckt.   7. Der Apfel ist gegessen worden.   8. Der Zahn wurde gezogen.

b. the reflexive

  Das versteht **sich.**   *That is understood.*

c. **sich lassen** (translate: *can be*)

  Das **läßt sich** leicht **machen.**   *That can easily be done.*

d. **sein** + **zu** + *infinitive* (Translate: *to be* + *past participle*)

  Hier **ist** nicht viel **zu sehen.**   *There is nothing much to be seen here.*

ÜBUNG 19

Express in English.

a. 1. Man hat nichts vergessen.   2. Gestern schon hat man den Wagen verkauft.
  3. Man hatte die Zeitung ins Haus gebracht.   4. Man liest diese Berichte sehr schnell durch.   5. Hier spricht man nur Deutsch.
b. 1. Das verstand sich leicht.   2. Es fragt sich, wer recht hat.   3. Die Arbeit macht sich schnell.   4. Vieles erklärt sich von selber.   5. Die Erzählung liest sich schnell.
c. 1. Diese Menschen lassen sich nicht gern stören.   2. Jedes Wort läßt sich leicht wiederholen.   3. Kriege lassen sich nicht vergessen.   4. Manches ließ sich nicht übersetzen.   5. Das läßt sich erst morgen machen.

d. 1. Es war dort wenig zu sehen. 2. Die Schönheit war nicht zu beschreiben.
3. Das ist einfach nicht zu glauben. 4. Die Sprache war nicht leicht zu lernen.
5. Der Arzt war zwischen zwei und vier Uhr nicht zu sprechen. 6. Die
Menschen waren nicht zu erkennen.

ÜBUNG 20

Schriftliche Übungen: See *Programmed Assignment Book*, p. 229, **A.6.**

B. **ES, ES IST, ES SIND, ES GIBT** AS INTRODUCTORY WORD(S)

Es is often an introductory word which may be rendered by *there*, or not translated
at all.

Es bleibt immer viel Arbeit.	*There always remains much work to be done.*
Es spielen viele Kinder dort.	*Many children play there.*

Es in conjunction with **ist** or **sind** (*there is*, *there are*) is still an introductory word,
followed by the nominative subject and denoting definite, limited space or numbers.

Es ist ein Amerikaner hier.	*There is an American here.*
	An American is here.
Es sind zwei Blumen in der Vase.	*There are two flowers in the vase.*
	Two flowers are in the vase.

Es gibt (*there is*, *there are*) as an introductory phrase is followed by the accusative
object and expresses a general statement.

Es gibt viele Menschen, die hungern.	*There are many people who go hungry.*
Es gab nur einen Grund dafür.	*There was only one reason for it.*

ÜBUNG 21

Supply the German equivalent for the English cue in the correct tense.

a. Use **es ist, es sind:** 1. (*There is*) nur ein Stück Brot im Brotkasten.
2. (*There are*) zwölf Eier in einem Dutzend. 3. (*There was*) nur ein Licht im
ganzen Haus. 4. (*There were*) sieben Kinder in der Familie. 5. (*Are there*)
wirklich nur fünf Paar Schuhe, die dort stehen?
b. Use **es gibt:** 1. (*There has been*) viel zu schreiben. 2. Wo (*were there*)
billigere Gegenstände zu kaufen? 3. (*Had there been*) immer viel Industrie
hier? 4. Nach dem Essen (*there is*) viel abzuwaschen. 5. Was (*was there*) im
Museum zu sehen? 6. (*There will be*) always enough to report.

ÜBUNG 22

Express in German according to the example in boldface.

1. **Es gibt viel zu tun.** There is something to see. There is nothing to ask. There is little to eat. There is not enough to report. 2. **Es gibt viele arme Leute.** There are many high mountains. There are few big rivers. There are many heavy stones. There are several green trees. 3. **Es gibt keinen Hof zu kaufen.** There is no sentence to translate. There is no pencil to use. There is no car to drive. There is no coffee to drink. 4. **Es sind zehn Schüler in der Klasse.** There are fifty people on the street. There are twenty boys on the field. There are three soldiers on the bench. There are four maps on the wall.

ÜBUNG 23

Schriftliche Übungen: See *Programmed Assignment Book*, p. 229, **B.**

Alltägliches

Ein Krankenbesuch

(*Es klopft.*)
Gabi Herein!
Monika Gabi, grüß Gott! Du liegst im Bett. Was fehlt dir denn?
5 **Gabi** Nicht allzuviel. Ich war gestern beim Arzt. Er meint, ich habe eine leichte Grippe . . . die Sorte, die jetzt herumgeht. Wie nett, dich zu sehen, Moni!   die Grippe *flu* / die Sorte *kind*
Monika Du armes Hühnchen! Hast du Fieber?   das Huhn *chicken*
Gabi Nicht mehr. Der Arzt hat mir Aspirin und andere
10   Pillen verschrieben, aber ich habe noch etwas Kopfweh.   verschreiben *to prescribe*
Monika Soll ich dir etwas zu essen oder zu trinken holen?
Gabi Danke nein. Ich habe keinen Appetit.
Monika Aber du sollst viel trinken, nicht wahr?
15 **Gabi** Na ja—meine Wirtin hat mir schon Apfelsinensaft gebracht.   der Apfelsinensaft *orange juice*
Monika Laß mich ein wenig Krankenschwester spielen! Wo ist das Thermometer?   die Krankenschwester *nurse*
Gabi Ich habe vor zehn Minuten meine Temperatur
20   gemessen. Nur noch 38.5.   messen *to measure*
Monika Dann wirst du nicht gleich sterben. Tut dir der Hals weh? Der Rücken? Mußt du viel husten?   weh tun *to hurt* / husten *to cough*
Gabi Das Halsweh ist besser, und ich huste nur noch nachts.
25 **Monika** Ich bringe dir heute nachmittag Hustenbonbons.
Gabi Kommst du am Nachmittag wieder? Hoffentlich stecke ich dich nicht an!   an/stecken *to infect*

Monika Ach was! Ich habe schon eine Erkältung hinter
mir. Meine Großmutter machte mir heißes Zitronen-
30 wasser mit Honig, und ich fühlte mich gleich besser.
Aber ich hatte auch gar kein Fieber.

die Zitrone *lemon*
der Honig *honey*

Gabi Meine Tante ist Krankenschwester, und sie tele-
foniert zweimal am Tag.

Monika Dann bist du gut versorgt. Von wem sind die
35 schönen Blumen auf dem Schreibtisch?

versorgen *to take care of*

Gabi Sie sind von Axel. Er darf mich besuchen, sobald ich
aufstehen kann. Jetzt sehe ich zu häßlich aus. Wenn
ich in den Spiegel schaue, habe ich Angst vor mir
selber. Es war aber lieb von ihm, die Blumen zu
40 schicken.

Monika Für einen verliebten jungen Mann ist das eine
Selbstverständlichkeit! Du sollst aber nicht zu früh
aufstehen. Ein Rückfall kann gefährlich werden.

verliebt *in love*

der Rückfall *relapse*

Gabi Die Medikamente machen mich so schläfrig. Ich
45 glaube, ich schlafe gleich ein, obgleich ich lieber lesen
möchte.

Monika Ja ja, ich geh' schon. Auf Wiedersehen! . . . Ach,
ich erinnere mich jetzt . . . ich muß heute nachmittag
zum Zahnarzt. Also werde ich erst morgen wieder-
50 kommen können. Na, Unkraut vergeht nicht! Vielleicht bist du morgen schon wieder auf den Beinen.
Schlaf' gut! Und gute Besserung!

Unkraut vergeht nicht!
weeds don't die!

Aufsatzthemen

1. Eine Reise mit der Bahn
2. Meine Heimat
3. Meine frühsten Erinnerungen
4. Ein Tagebuchblatt
5. Besuch aus der Heimat
6. Meine erste Fahrprüfung

WIEDERHOLUNG

Kapitel 25. Preparation for tests. See *Programmed Assignment Book*, pp. 231–237.

PRÜFUNG 1 ODER 2

Kapitel 25. See Instructor.

Kapitel

26

Fragen

1. Was ziehen Sie morgens an?
2. Was ziehen Sie abends aus?
3. Mit welchem Körperteil spricht man (ißt man; beißt man; hört man; läuft man; denkt man; sieht man)?
4. Was trägt man, wenn es kalt ist?
5. Wo kauft man Schuhe (Blumen, Schreibwaren, Fotoapparate)?
6. Was will man finden, wenn man nach einem Schatz gräbt?
7. Was will man gewöhnlich erreichen, wenn man auf einer Brücke über einen Fluß fährt?
8. Welches Fach haben Sie am liebsten?
9. Wie heißt unser Planet?
10. Wann haben Sie Lust, tanzen zu gehen (Karten zu spielen; früh zu Bett zu gehen; einen Film zu sehen; eine Oper zu hören)?
11. Wie nennt man ein Tuch, das man auf den Tisch legt (um den Kopf bindet; in die Tasche steckt; um den Hals trägt; das man gebraucht, wenn man sich badet)?

12. Was ist der Unterschied zwischen einer Hose und einem Kleid (zwischen einem Schuh und einem Hut, zwischen einem Bach und einem Fluß, zwischen einem Glas Whisky und einem Glas Milch, zwischen Bluse und Rock)?
13. Was bedeutet: der Haupteindruck, die Hosenträger, der Schatzgräber, der Totengräber, der Zahnlose, die Schuhsohle, der Empfehlungsbrief, das Schulterblatt, die Strumpfhose, das Unterhemd, das Armband, das Seeufer, das Kindheitserlebnis?
14. Wo ist die Sonne am Tag, wenn sie nicht scheint?
15. Wie viel ist fünfzig Prozent?
16. Was fällt im Herbst von den Bäumen?
17. Was kauft man in Paaren?
18. Wer deckt bei Ihnen zu Hause den Tisch?
19. Um wieviel Uhr verlassen Sie morgens das Haus (nachmittags die Schule, das Klassenzimmer)?
20. Wo ist ein guter Platz, Geld zu verbergen?

Wortschatz

außerordentlich	*extraordinary*	komisch	*funny*
auswendig	*by heart, by memory*	-los	*-less*
bestimmt	*definite*	machtlos	*powerless*
böse	*evil; angry*	paar (*indecl. adj.*)	*some,* (a) *few*
einzig (*adj.*)	*only*	sauber	*clean*
eng	*narrow*	schmutzig	*dirty*
genau	*exact*	üblich	*customary, usual*
gleich	*immediately; like, same*		

Useful Expressions and Idioms

zum Abendessen   *for supper*

zum Frühstück   *for breakfast*
　　Darf ich Sie zum Abendessen einladen?   *May I invite you for supper?*

in der Goethestraße   *on Goethe Street*
　　Ich wohne nicht mehr in der Goethestraße.   *I no longer live on Goethe Street.*

je . . . desto   *the . . . the* (note word order)
　　Je mehr er arbeitet, desto mehr lernt er.   *The more he works, the more he learns.*
　　Je älter sie wird, desto schöner wird sie.   *The older she gets, the more beautiful she becomes.*

auf diese Art (und Weise)   *in this way* (*and manner*)
　　Man soll es auf diese Art (und Weise) machen.   *One should do it this way.*
　　Er hat viel auf diese Weise verdient.   *He earned a lot in this manner.*

ein Paar (*indecl.*) *a pair of*
  Ein Paar Schuhe wurde hier gelassen. *A pair of shoes was left here.*

sich gewöhnen an (*acc.*)* *to become accustomed to*
  Ich gewöhne mich an den Verkehr. *I am becoming accustomed to the traffic.*

Was fehlt dir? *What's the matter with you?*

böse sein auf (*acc.*) *to be angry at*
  Sei nicht böse auf mich! *Don't be angry at (with) me. Don't be mad at me.*

weh tun (*dat.*) *to hurt*
  Der Rücken tut mir weh. *My back hurts.*

Grammatik

A. USES OF DEFINITE AND INDEFINITE ARTICLE

1. The definite article **der, die, das** is used in German as *the* is used in English. It is also used in German:

a. before a proper name preceded by an adjective

  der dicke Heinrich   *fat Henry*

b. instead of a possessive adjective when referring to parts of the body or articles of clothing when the identity of the owner is obvious

  Iß nicht mit **den** Fingern!   *Don't eat with your fingers!*

c. instead of a possessive adjective when referring to members of the family if the relationship is clear

  Der Vater hat ihn geschlagen. *His father beat him.*

d. with names of meals and streets

  zum Abendessen   *for supper*
  in der Parkstraße   *on Park Street*

e. with seasons, months, days of week, times of day

  im Frühling   *in spring*
  im Dezember   *in December*
  am Mittwoch   *on Wednesday*
  am Abend   *in the evening*

However, when the noun is the object of **haben** or used as a predicate noun and not preceded by an adjective, the definite article is omitted.

---

*Also listed on p. 319 with weak verbs.

Endlich haben wir Sommer.	*At last we have summer.*
Es ist heute Sonnabend.	*Today is Saturday.*

f. frequently before abstract nouns

Die Liebe macht blind.	*Love is blind.*
Das Leben ist kurz.	*Life is short.*

g. in a distributive sense

Ich gehe zweimal **den** Monat (im Monat).	*I go twice a month.*

ÜBUNG 1

Translate into German, making correct use of the definite article.

a. 1. Beautiful Ingrid is not at all friendly.   2. Did you know little Susi?
3. Clever Thomas was collecting old letters of famous people.

b. 1. Take your hat off.   2. He puts on his shoes.   3. She carries it under her arm.   4. I have my purse here.   5. Take off your jacket, Heinz. **(ausziehen)**

c. 1. His mother permitted it.   2. My aunt never visits me.   3. Her uncle died four months ago.   4. How is your sister?

d. 1. For breakfast we drink coffee.   2. We have nothing in the house for dinner.
3. I lived on Kant Street for three years.

e. 1. In March we are traveling to Europe.   2. On Tuesday he is meeting a friend.   3. I get up very early in the morning.   4. Tomorrow is Wednesday.
5. Tomorrow is Thursday.   6. Although it is winter now, it is still quite warm.

f. 1. Youth is often the most beautiful time of life.   2. Love is stronger than one thinks.   3. Marriage can bring problems.   4. Success does not always bring happiness.

g. 1. She goes shopping twice a week.   2. We go only once a month to the movies.   3. I visit her four times a year.

2. The indefinite article **ein, eine, ein** is used in German as *a* and *an* are used in English, except that it is omitted before a predicate noun denoting occupation, race, or nationality if not preceded by an adjective.

Er ist Arzt.	*He is a physician.*
Er ist **ein guter** Arzt.	*He is a good physician.*
Sie ist Amerikanerin.	*She is an American.*

ÜBUNG 2

Translate into German, either using or omitting the indefinite article.

1. He wants to become a judge.   2. I am a student.   3. She became a happy housewife.   4. They say he is not a bad doctor.   5. She was a German.   6. His wife is a good doctor.

ÜBUNG 3

Schriftliche Übungen: See *Programmed Assignment Book*, p. 239, **A.**

B. REVIEW OF RELATIVE CLAUSES
(Introduced in Chapter 16, p. 180)

Relative clauses are dependent clauses introduced by relative pronouns. As in all dependent clauses verb-last word order must be used in these clauses. In German the relative pronouns meaning *who, which, that* are identical to the definite article **der, die, das,** and the plural **die** except in the genitive forms and the dative plural.

	Masc.	Fem.	Neut.	Pl.	
NOM.	der	die	das	die	*who, which, that*
ACC.	den	die	das	die	*whom, which, that*
DAT.	dem	der	dem	**denen**	*to (for) whom, which*
GEN.	**dessen**	**deren**	**dessen**	**deren**	*whose, of which*

The gender and *number* of the relative pronoun are determined by its antecedent (the noun to which it refers). The *case* of the relative pronoun is determined by its use in the relative (its own) clause. (For examples see **A.1.**, p. 181.)

ÜBUNG 4

Complete in German.

1. Dort sitzt der Zahnarzt, *who pulled my tooth.*
who deserves much thanks.
who always has made a good impression.

2. Leute umgaben den Lehrer, *whom we had recommended so highly.*
whom the students admired so much.
whom we will be accompanying home.

3. Meine Eltern luden den Soldaten ein, *whom they wanted to help.*
whom they wanted to get to thank.
to whom a farm had belonged before the war.

4. Ich begrüße den Dichter, *whose opinion means so much to us.*
whose coat was missing after the movie.
whose poems are read by many.

5. Die Dame, *who has demanded a translation,* spielt sehr gut Klavier.
who had collected many folksongs,
who has taught here for many years,

6. Die Meinung, *which he gave about the essay,* machte uns glücklich.
which he wrote in the newspaper,
which he had about the work,

7. Die Menge, *to whom they had given advice*, ging nach Hause.
   whom everyone had thanked,
   whom the judge had helped,

8. Die Familie, *whose children are often invited*, freut sich.
   whose story is often told,
   whose case is never forgotten,

9. Das Erlebnis, *that meant so much to them*, wurde oft erzählt.
   that tested his courage during the game,
   that was very dangerous,

10. Das Zeichen, *that he quickly made*, warnte uns.
    that my friend quickly saw,
    that her children suddenly noticed,

11. Das Dorf, *in which our parents had lived*, lag im Süden.
    from which his uncle had come,
    to which we always liked to drive,

12. Das Mädchen, *whose departure wasn't noticed*, kehrte nie zurück.
    whose punishment had been too great,
    whose work has been much praised,

C. DEMONSTRATIVE PRONOUNS FOR EMPHASIS

The demonstrative pronouns, **der, die, das,** are declined like the relative pronouns (see p. 181) and are used for emphasis. In this case they are expressed in English by the personal or possessive pronouns. They may also be expressed by *that, this, that one, this one, these, those.*

Frau Schmidt besuchte ihn oft. **Die** wußte alles, was dort geschah. **Deren** Kinder hörten auch davon; **die** hatten aber Angst und wollten nicht hingehen.

Mrs. Schmidt visited him often. She knew everything that happened there. Her children heard about it too; they, however, were afraid and didn't want to go there.

Since demonstrative and relative pronouns are identical in form, the relative clause can only be recognized by the position of its verb at the end of the clause.

Ich kenne ihren Sohn, **der** lebte lange in Deutschland.
I know her son. He lived in Germany for a long time. (demonstrative)

Ich kenne ihren Sohn, **der** lange in Deutschland lebte.
I know her son, who lived in Germany for a long time. (relative)

Wir halfen den Leuten, **deren** Häuser waren abgebrannt.
We helped the people. Their houses were burned down. (demonstrative)

Wir halfen den Leuten, **deren** Häuser abgebrannt waren.
We helped the people whose houses were burned down. (*relative*)

    Schriftliche Übungen: See *Programmed Assignment Book*, p. 239, **B.**

    ÜBUNG 5

    Translate the following sentences into English, noting especially the pronoun in boldface.
1. Ich bin böse auf deinen Bruder. **Der** hat mein Hemd zerrissen.   2. Wir trafen die Nachbarin auf dem Markt. **Die** hat uns nicht gegrüßt.   3. Kennst du jene jungen Leute? **Die** sehen aber lustig aus.   4. Der Arzt kam endlich an. **Dem** gab ich dann das Geld.   5. Die Eltern fuhren mit der Bahn. **Denen** war das Fliegen unangenehm.   6. Der Schuhmacher verließ die Stadt. **Dessen** Frau war vor einigen Monaten gestorben.   7. Dieser Mensch gefällt mir überhaupt nicht. **Den** werde ich nie einladen.

    ÜBUNG 6

    Schriftliche Übungen: See *Programmed Assignment Book*, p. 241, **C.a.**

    ÜBUNG 7

    Supply the relative or demonstrative pronoun and translate the complete sentence.

1. (*who*) Ich kannte den Arzt nicht, _____ zu uns in den Wagen einstieg.
2. (*his*) Sie lud den seltsamen Nachbarn ein. _____ Tochter arbeitet im Flughafen.   3. (*whom*) Wir fahren mit dem Professor, mit _____ sie auch gefahren sind.   4. (*its*) Sie trug ein neues Kleid. _____ Farbe gefiel mir gar nicht.   5. (*which*) Wir traten in das Gebäude ein, in _____ nur ein einziges Licht brannte.   6. (*him*) Der berühmte Skispringer sah auch sehr gut aus. _____ bewunderten alle jungen Mädchen.

    ÜBUNG 8

    Schriftliche Übungen: See *Programmed Assignment Book*, p. 243, **C.b.**

    D. EXPRESSIONS OF IDENTITY WITH **DAS, DIES, ES**

To identify persons or objects, **das, dies,** and **es** are used with **sein,** and may refer to masc., fem., neut. or plural nouns.

Das ist ein alter Hut.   *That is an old hat.*
Das sind meine Bücher.   *Those are my books.*
Dies ist ihre Tochter.   *This is her daughter.*
Es sind Freunde meines Mannes. *Those are friends of my husband.*

Note: Ich bin es. (*It is I.*)   Sind Sie es? (*Is it you?*)

However, when the demonstrative refers to a previously mentioned person or object, it must agree in gender.

Wo ist ihr Mantel? Der liegt dort.
Where is your coat? It is lying over there.

Gehört ihm die Uhr? Nein, die gehört mir.
Does the watch belong to him? No, it belongs to me.

ÜBUNG 9

Supply the German equivalent for the English cue.

1. (*that*) _____ verstehe ich nicht.   2. (*this*) _____ ist unglaublich.   3. (*that*) _____ sollst du entscheiden.   4. (*those*) _____ sind Teile der Sonntagszeitung.   5. (*these*) _____ sind nur gute Bücher.   6. *Is it she?*   7. *Was it they?*

ÜBUNG 10

Schriftliche Übungen: See *Programmed Assignment Book*, p. 243, **D.**

ÜBUNG 11

Idioms (p. 332). Change the English to German according to the example in boldface. Watch the tenses!

1. **Je länger er fehlt, desto trauriger wird die Familie.**
   The longer she works, the more she earns.
   The higher you climb, the thinner the air becomes.
   The later he stays, the less he smokes.
   The farther I drive, the more dangerous it is.
   The more the boy slept, the more tired he seemed to me.
   The more often she called up, the more she had to pay.
   The louder they sang, the more windows were closed.
   The hotter the weather became, the less we wanted to eat.

2. **Auf diese Art und Weise erkannten wir das Problem.**
   In this way he paid for his coat.
   In this way they learned the difference.
   In this manner I took the examination.
   In this way she learns the vocabulary.
   In this way we practise the language.
   In this way they set the table.
   In this way he instructs his students.
   In this way I find out the truth.

3. **Ich habe mich an seinen Unterricht gewöhnt.**
   We have become accustomed to his dog.
   They have become accustomed to his influence.
   She has become accustomed to his success.
   You have become accustomed to his advice.
   You will soon get used to the weather here.
   He will soon get used to the food here.
   We will soon get used to the country here.
   She will soon get used to the language here.

4. **Mir tut der Rücken weh.**
   His tooth hurts.
   Her foot hurts.
   Your throat hurts.
   My arm hurts.
   His head hurts.
   Their advice hurt her.
   Your joke hurt them.
   Her distress hurt us.
   His answer hurt his parents.

5. **Es gibt nichts zum Frühstück.**
   There is not much for supper.
   There is a lot for breakfast.
   There are guests for supper.
   There is cake for coffee.

6. **Er arbeitete in der Kaiserstraße.**
   We played tennis on Fifth Street.
   The theater was on Maximilian Street.
   The flower store was on Ludwig Street.
   We found the post office on Main Street.

7. **Wir waren nie böse auf den Lehrer.**
   She was never angry at her mother.
   They were never angry at the neighbors.
   Have you ever been angry at your sister?
   I will never be angry at my brother.

8. **Was fehlt dem Fremden?**
   What's wrong with the worker?
   What was the matter with the mountain climber?
   What's the matter with the piano player?
   What was wrong with the narrator?
   What had been the matter with his family?
   What has been wrong with the poor doctor?

ÜBUNG 12

Schriftliche Übungen: See *Programmed Assignment Book*, p. 243, **E.**

Lesestück

PSYCHOLOGISCHER REALISMUS
Georg Büchner (1813–1837)

Der Dichter Georg Büchner hat wenig geschrieben, aber
seine Dichtungen gehören zu den wichtigsten Werken der
Weltliteratur. In seinem kurzen Leben—er war dreiund-
zwanzig als er starb—schrieb er zwei Dramen, ein Lustspiel,   das Lustspiel *comedy*
5 eine Erzählung und ein Pamphlet nach dem Motto „Krieg
den Palästen, Friede den Hütten". Das war alles; er hat ja
wenig Zeit gehabt.

Georg Büchner, Sohn eines Arztes, wurde 1813 bei
Darmstadt geboren. Er studierte Medizin, Naturwissen-
10 schaften, besonders Zoologie und vergleichende Anatomie   vergleichende
und Philosophie. Daneben interessierte er sich für die   *comparative*
Französische Revolution und studierte die Geschichte der
epochemachenden Revolte in Frankreich.

In seinen Dichtungen, besonders im Drama, ging er
15 neue Wege. An das Ideal eines edlen Helden glaubte er   der Held *hero*
nicht; von Anti-Helden kann man bei Büchner sprechen,
von Helden nicht. „Wenn man mir übrigens noch sagen   übrigens *incidentally*
wollte" meinte Büchner, „der Dichter müsse die Welt nicht
zeigen, wie sie ist, sondern wie sie sein solle, so antworte
20 ich, daß ich es nicht besser machen will als der liebe Gott,
der die Welt gewiß gemacht hat, wie sie sein soll."

Büchner idealisierte die Wirklichkeit nicht, sondern
beschrieb sie realistisch, wie er sie sah. Er wurde ein
revolutionärer Demokrat und gründete die „Gesellschaft   die Gesellschaft *society*
25 für Menschenrechte". Da er an politischen Kämpfen teil-
nahm, mußte er aus Deutschland mit dessen monarchisch-
aristokratischer Gesellschaftsstruktur fliehen. In Zürich
fand er eine zweite Heimat, wurde sogar Dozent für   der Dozent *instructor*
Vergleichende Anatomie an der Universität, starb aber
30 schon vier Monate später.

Kurz vor seinem Tod begann Büchner die Arbeit an
dem Drama „Woyzeck", erst vierzig Jahre später fand
man vier Handschriften-Fragmente des Werkes; erst im   die Handschrift
hundertsten Geburtsjahr des Dichters führte man es in   *manuscript*
35 München auf.   auf/führen *to perform*

Büchner hatte eine neue Konzeption des Dramas; sein „Woyzeck" bedeutete einen radikalen Bruch mit der literarischen Tradition. Der Anti-Held Woyzeck ist ein armer Soldat, den ein Arzt für „revolutionäre", eigentlich
40 brutale wissenschaftliche Experimente verwendet. Zum ersten Mal sieht man in der Geschichte des Dramas einen Menschen der untersten Klassen als zentrale Figur.

der Bruch *break*

verwenden *to use*

unterst *lowest*

Vor uns erscheint in einer Reihe von Kurzszenen das traurige Leben und Lieben und Sterben des Ärmsten der
45 Armen. Er hat nur ein Glück auf der Welt: er liebt das Mädchen Marie und das Kind, das sie ihm „ohne Segen der Kirche" geboren hat. „Ich bin ein armer Teufel. Hab' sonst nichts auf der Welt", sagt Woyzeck. Es ist alles, was er besitzt. Und das wird ihm genommen; er verliert alles,
50 was er verlieren kann. Da ist kein Ausweg, kein Licht am Ende, nur eisige Einsamkeit. Die arme Kreatur Woyzeck weiß nicht, warum das alles ist, warum es so sein muß. So ist aber das Leben; das hat er erfahren.

der Segen *blessing*

Woyzeck

In einer schnellen Szenenfolge wird die Geschichte des
55 armen Soldaten Woyzecks und seiner Liebe zu der einfachen, dummen, sinnlichen Marie erzählt. Sie steht am Fenster mit ihrem Kind und einer Nachbarin, als Soldaten vorbeigehen, der Tambourmajor voran: „Was ein Mann, wie ein Baum!" Die erotische Vitalität des Majors macht
60 auf Marie einen tiefen Eindruck. „Was ein Weibsbild," meint er, wenn er sie später sieht. Und er schenkt ihr ein Paar Ohrringe.

die Szenenfolge *sequence of scenes*

sinnlich *sensuous*

der Tambourmajor *drum major*

was ein = was für ein das Weibsbild *woman*

Marie sitzt mit ihrem Kind, hat ein Stückchen Spiegel in der Hand und bewundert die Ohrringe.

65 *__Marie.__ (*Bespiegelt sich.*) Was die Steine glänzen! Was sind's für . . . S' ist gewiß Gold! Unsereins hat nur ein Eckchen in der Welt und ein Stückchen Spiegel und doch hab ich ein' so roten Mund als die großen Madamen mit ihren Spiegeln von oben bis unten
70 und ihren schönen Herrn, die ihnen die Händ küssen. Ich bin nur ein arm Weibsbild! (*Das Kind richtet sich auf.*) Still, Bub, die Auge zu! Das Schlafengelchen!

sich bespiegeln *to look at oneself in a mirror*
Was sind's für? = Was für welche sind es?
unsereins *such as we*

auf/richten *to sit up*
der Bube = der Junge

* The direct quotes from this drama may be somewhat difficult, since the language is the collo-
quial speech of the early nineteenth century. With the help of the instructor, reading it will be
a rewarding experience.

Aus der Oper „Woyzeck" von Alban Berg

Wie's an der Wand läuft. (*Sie blinkt mit dem Glas.*)
Die Augen zu, oder es sieht dir hinein, daß du blind
75   wirst!
(*Woyzeck tritt herein, hinter sie. Sie fährt auf, mit den*
Händen nach den Ohren.)
Woyzeck   Was hast du?
Marie   Nix.
80 **Woyzeck**   Unter deinen Fingern glänzt's ja.
Marie   Ein Ohrringlein; hab's gefunden.
Woyzeck   Ich hab so noch nix gefunden, zwei auf einmal!
Marie   Bin ich ein Mensch?
Woyzeck   's ist gut, Marie.—Was der Bub schläft! Greif
85   ihm unters Ärmchen, der Stuhl drück ihn. Die hellen
Tropfen stehn ihm auf der Stirn; alles Arbeit unter
der Sonn, sogar Schweiß im Schlaf. Wir arme Leut!—
Da ist wieder Geld, Marie; die Löhnung und was
von meinem Hauptmann.

auf/fahren *to jump up*

Bin ... Mensch? *What*
do you take me for, a
slut?
greifen *to take hold of*
der Tropfen *drop*
die Stirn *forehead*
der Schweiß *sweat*
die Löhnung *wages*
der Hauptmann *captain*

90 **Marie** Gott vergelt's, Franz.

Woyzeck Ich muß fort. Heut abend, Marie! Adies!

Marie (*allein, nach einer Pause.*) Ich bin doch ein schlecht
Mensch! Ich könnt mich erstechen.—Ach! was Welt?
Geht doch alles zum Teufel, Mann und Weib!

95 In einer Szene rasiert Woyzeck den Hauptmann und redet
mit ihm über die Moral der Armen:

Hauptmann . . . Ha! Ha! Ha! Oh, Er ist dumm, ganz
abscheulich dumm!—(*Gerührt.*) Woyzeck, Er ist ein
guter Mensch, ein guter Mensch—aber . . . Woyzeck,
100 Er hat keine Moral! Moral, das ist, wenn man
moralisch ist, versteht Er. Es ist ein gutes Wort. Er
hat ein Kind ohne den Segen der Kirche, wie unser
hochehrwürdiger Herr Garnisonsprediger sagt,
—ohne den Segen der Kirche, es ist nicht von mir.

105 **Woyzeck** Herr Hauptmann, der liebe Gott wird den
armen Wurm nicht drum ansehen, ob das Amen
drüber gesagt ist, eh' er gemacht wurde. Der Herr
sprach: Lasset die Kindlein zu mir kommen.

Hauptmann . . . Was ist das für eine kuriose Antwort? . . .

110 **Woyzeck** Wir arme Leut. —Sehn Sie, Herr Hauptmann:
Geld, Geld! Wer kein Geld hat— . . . Man hat auch
sein Fleisch und Blut. Unsereins ist doch einmal
unselig in der und der andern Welt. Ich glaub, wenn
wir in Himmel kämen, so müßten wir donnern helfen.

115 **Hauptmann** Woyzeck, Er hat keine Tugend! Er ist kein
tugendhafter Mensch! . .

Woyzeck Ja, Herr Hauptmann, die Tugend! Ich hab's
noch nit so raus. Sehn Sie, wir gemeine Leut, das
hat keine Tugend, es kommt einem nur so die Natur;
120 aber wenn ich ein Herr wär und hätt ein' Hut und
eine Uhr und eine Anglaise und könnt vornehm reden,
ich wollt schon tugendhaft sein. Es muß was Schönes
sein um die Tugend, Herr Hauptmann. Aber ich bin
ein armer Kerl.

125 **Hauptmann** Gut, Woyzeck. Du bist ein guter Mensch,
ein guter Mensch. Aber du denkst zuviel, das zehrt;
du siehst immer so verhetzt aus. —Der Diskurs hat
mich ganz angegriffen. Geh' jetzt und renn nicht so;
langsam, hübsch langsam die Straße hinunter!

130 Es folgen nun Szenen auf der Straße, beim Doktor, dann

Gott vergelt's (*coll.*) *God bless you!*
Adies! = Adieu!

erstechen *to stab to death*

rasieren *to shave*
die Moral *morality*

Er (*obsolete form of address to subordinates*)
abscheulich *dreadful*
gerührt *touched*

der Segen *blessing*
hochehrwürdig *honorable*
der Garnisonsprediger *garrison preacher*

der Wurm *worm*

unselig *wretched*
müßten *would have to*
donnern *to make it thunder*
die Tugend *virtue*

raus/haben = verstehen
gemein *common*

wär = wäre *were*
die Anglaise *frock coat*
vornehm *refined*
wollt = wollte *would want*

der Kerl *fellow*

zehren *to consume*
verhetzt *stirred up*
an/greifen *to exhaust*
hübsch *nice*

wieder auf der Straße. Woyzeck hat von Maries Untreue
erfahren und ruft die charakteristischen Worte: „Ich bin
ein arm Teufel, —und hab' sonst nichts auf der Welt . . ."
Er sieht Marie mit dem Major im Wirtshaus tanzen und
135 erstickt fast: „Immer zu! —immer zu!" Etwas später
begegnet Woyzeck dem Major im Wirtshaus:

Tambour-Major. Ich bin ein Mann! (*Schlägt sich auf die
Brust.*) Ein Mann, sag' ich. Wer will was? . . . Ich
will—(*Zu Woyzeck.*) Du Kerl, sauf! der Mann muß
140 saufen! ich wollt die Welt wär Schnaps, Schnaps.
Woyzeck. (*pfeift.*)
Tambour-Major Kerl, soll ich dir die Zung aus dem Hals
ziehen und sie um den Leib herumwickeln? (*Sie
ringen, Woyzeck verliert.*)

145 Woyzeck kauft ein Messer, während Marie in ihrer Kammer
aus der Bibel liest:

Marie Herrgott! Herrgott! Sieh mich nicht an! . . . „Aber
die Pharisäer brachten ein Weib zu ihm, im Ehebruch
begriffen und stellten sie ins Mittel dar . . . Jesus aber
150 sprach: So verdamme ich dich auch nicht. Geh hin
und sündige hinfort nicht mehr!" (*Schlägt die Hände
zusammen.*) Herrgott! Herrgott! Ich kann nicht!
Herrgott, gib mir nur so viel, daß ich beten kann.

Woyzeck fühlt sich elend und geht zum Doktor, der ihn
155 brutal und gefühllos behandelt. Unterdessen sitzt die
Großmutter vor der Haustür und erzählt den Kindern
ein bitter-trauriges Anti-Märchen, das tiefe fatalistische
Weltverzweiflung zum Ausdruck bringt:

Großmutter Es war einmal ein arm Kind und hatt kein
160 Vater und keine Mutter, war alles tot und war niemand
mehr auf der Welt. Alles tot, und es ist hingegangen und
hat gesucht Tag und Nacht. Und weil auf der Erde
niemand mehr war, wollt's in Himmel gehn, und der
Mond guckt so freundlich an; und wie es endlich
165 zum Mond kam, war's ein Stück faul Holz. Und da
ist es zur Sonn gangen, und wie es zur Sonn kam,
war's ein verreckt Sonneblum. Und wie's zu den
Sternen kam, waren's kleine goldne Mücken, die
waren angesteckt, wie der Neuntöter sie auf die
170 Schlehen steckt. Und wie's wieder auf die Erde wollt,

die Untreue *unfaithfulness*

ersticken *to suffocate*
Immer zu! *Keep it up!*

saufen *to drink*
pfeifen *to whistle*
die Zunge *tongue*
der Leib *belly*
herum/wickeln *to wrap
around*
ringen *to wrestle*

im Ehebruch begriffen
caught in adultery

sündigen *to sin*
hinfort *from now on*

beten *to pray*

elend *miserable*
behandeln *to treat*
unterdessen *in the
meantime*

die Verzweiflung *despair*

gucken (*coll.*) = schauen
das Holz *wood*
verreckt (*vulg.*) = tot
die Mücke *gnat*
angesteckt *impaled*
der Neuntöter *praying
mantis*
die Schlehe *thorny bush*

war die Erde ein umgestürzter Hafen. Und es war
ganz allein. Und da hat sich's hingesetzt und geweint,
und da sitzt es noch und ist ganz allein.

umgestürzt overturned
der Hafen (dial.) dish

Am Abend, die Stadt in der Ferne, gehen Marie und
175 Woyzeck spazieren:

Marie   Also dort hinaus ist die Stadt. S' ist finster.
Woyzeck   Du sollst noch bleiben. Komm, setz dich!
Marie   Aber ich muß fort.
Woyzeck   Du wirst dir die Füß nicht wund laufen.
180 **Marie**   Wie bist du nur auch!
Woyzeck   Weißt du auch wie lang es jetzt ist, Marie?
Marie   Am Pfingsten zwei Jahr.
Woyzeck   Weißt du auch, wie lang es noch sein wird?
Marie   Ich muß fort, das Nachtessen richten.
185 **Woyzeck**   Friert's dich, Marie? und doch bist du warm.
Was du heiße Lippen hast! Heiß, heißen Hurenatem!
Und doch möcht' ich den Himmel geben, sie noch
einmal zu küssen. Friert's dich? Wenn man kalt ist,
so friert man nicht mehr. Du wirst vom Morgentau
190 nicht frieren.
Marie   Was sagst du?
Woyzeck   Nix. (*Schweigen.*)
Marie   Was der Mond rot aufgeht!
Woyzeck   Wie ein blutig Eisen.
195 **Marie**   Was hast du vor? Franz, du bist so blaß. (*Er zieht
das Messer.*) Franz, halt ein! Um des Himmels willen,
Hilfe, Hilfe!
Woyzeck   (*sticht drauflos.*) Nimm das und das! Kannst du
nicht sterben? So! So! Ha, sie zuckt noch; noch nicht?
200 noch nicht? Immer noch. (*stößt nochmals zu*). —Bist
du tot? Tot! Tot! (*Er läßt das Messer fallen und
läuft weg.*)

finster = dunkel

die Füße wund/laufen
   to get sore feet
Wie . . auch! What's
   wrong with you?
Pfingsten Whitsuntide

richten to prepare

der Hurenatem whore's
   breath

der Morgentau morning
   dew

das Schweigen silence

das Eisen horseshoe

vor/haben to intend to do
blaß pale
ein/halten to stop
um . . . willen for heaven's
   sake
drauflos/stechen to stab
   repeatedly
zucken to quiver

Es mußte kommen, wie es gekommen ist. Als Woyzeck
seine Marie erstach, war es Ausdruck eines letzten Lebens-
205 pessimismus und mehr als Eifersucht. Es bleibt noch die
Frage, die Büchner selber einmal in einem Brief gestellt hat:
„Was ist das, was in uns lügt, mordet, stiehlt?"

erstechen to stab to death
die Eifersucht jealousy

lügen to lie
stehlen to steal

Das ist etwas, was in uns allen liegt, meinte Büchner,
ein bedeutender Vorläufer des Expressionismus und
210 Existentialismus. Und der eine Mensch ist nicht viel besser,

der Vorläufer forerunner

oder schlechter, als der nächste: „Die Unterschiede sind so groß nicht, wir alle sind Schurken und Engel, Dummköpfe und Genies, und zwar das alles in einem; die vier Dinge finden Platz genug in dem nämlichen Körper, sie 215 sind nicht so breit, als man sich einbildet."

der Schurke *scoundrel*

nämliche = derselbe
sich ein/bilden *to imagine*

WIEDERHOLUNG

Kapitel 26. Preparation for tests. See *Programmed Assignment Book*, pp. 245–251.

PRÜFUNG 1 ODER 2

Kapitel 26. See Instructor.

Kapitel

27

Fragen

1. Was fehlt Ihnen manchmal?
2. Was muß man tun, wenn man eine Krankheit hat?
3. Was macht man, bevor man sich zum Essen an den Tisch setzt?
4. Auf wen sind Sie manchmal böse? Warum?
5. Was ist Eis?
6. Was kann einem weh tun?
7. Wie lernen Sie etwas, wenn Sie es Wort für Wort lernen?
8. Was verdient man, wenn man arbeitet?
9. Was für ein Erlebnis hatten Sie am Wochenende?
10. Wie viel Paar Schuhe (wie viele Mäntel, Hemden, Hüte) besitzen Sie?
11. Welches ist Ihr Hauptfach (Nebenfach, Lieblingsfach, schwerstes Fach, leichtestes Fach)?
12. Was ist das Gegenteil von: aufmachen, verlassen, böse, der Sinn, kaufen, ziehen, die Ankunft, lebend, klug, immer mehr, krank, sich anziehen, fern, aufstehen, dick, sauber?

Die Tankstelle

13. Erklären Sie folgende Sprüche: Aller Anfang ist schwer. Der Apfel fällt nicht weit vom Stamm. Wie man sich bettet, so schläft man. Ohne Fleiß kein Preis. Übung macht den Meister. Morgenstunde hat Gold im Munde. Keine Antwort ist auch eine Antwort. Vorsicht ist die Mutter der Weisheit.
14. Was sieht man am Himmel, wenn die Sonne nicht scheint?
15. Was kann man auf- und zumachen?
16. Was macht man, wenn ein Hemd schmutzig ist?
17. Wie soll man fahren, wenn eine Straße besonders eng ist?
18. Wie weiß man genau, wie spät es ist?
19. Warum findet man einen Clown komisch?
20. Was ist in der Deutschstunde üblich?

Der Flughafen

Wortschatz

der Bekannte, -n, -n	*acquaintance*	die Ehre, -n	*honor*
der Beruf, -e	*profession*	die Garderobe, -n	*cloak room*
der Darsteller, -	*actor*	die Gesellschaft, -en	*society; company*
der Held, -en, -en	*hero*	die Grenze, -n	*border*
der Künstler, -	*artist*	die Kasse, -n	*ticket-office;*
der Nebel, -	*fog*		*cash register*
der Regen	*rain*	die Novelle, -n	*short story*
der Roman, -e	*novel*	die Regel, -n	*rule*
der Schauspieler, -	*actor*	die Schuld, -en	*fault, blame;*
der Schirm, -e	*umbrella*		*(pl.) debts*
der Schriftsteller, -	*author, writer*	Weihnachten	*Christmas*
der Vogel, ⸚	*bird*	die Wirtin, -nen	*landlady*
der Zweifel, -	*doubt*		

das Drama, Dramen	*drama*
das Geschenk, -e	*present, gift*
das Rathaus, ⸚er	*city hall*
das Reich, -e	*empire, realm*
das Schauspiel, -e	*play, drama*
das Theater, -	*theater*
das Vergnügen	*pleasure, fun*
die Lebensmittel (*pl.*)	*food, groceries*

beten	*to pray*	schmecken	*to taste*
entdecken	*to discover*	schneien	*to snow*
sich irren	*to be mistaken*	sich verlieben (in + *acc.*)	*to fall in love* (*with*)
küssen	*to kiss*	sich (*dat.*) vor/stellen	*to imagine*
lächeln	*to smile*	zu/hören (*dat.*)	*to listen*
regnen	*to rain*		

(an)/bieten, bietet (an), bot (an), hat (an) geboten	*to offer*
an/nehmen, nimmt an, nahm an, hat angenommen	*to accept*
begreifen, begreift, begriff, hat begriffen	*to understand, to grasp*
behalten, behält, behielt, hat behalten	*to keep*
beweisen, beweist, bewies, hat bewiesen	*to prove*
biegen, biegt, bog, hat gebogen	*to bend*
biegen, biegt, bog, **ist** gebogen	*to turn*
empfangen, empfängt, empfing, hat empfangen	*to receive*
gießen, gießt, goß, hat gegossen	*to pour*
greifen, greift, griff, hat gegriffen	*to grasp, to seize*
schweigen, schweigt, schwieg, hat geschwiegen	*to be silent*
sich unterhalten, unterhält, unterhielt, hat unterhalten	*to converse*

Grammatik

The *subjunctive mood,* used more extensively in German than in English, expresses primarily imagined situations, uncertainty, or doubt. In German there are two sets of subjunctive forms: *general subjunctive* and *special subjunctive.* The formation and uses of the general subjunctive are explained in this and the following chapter. The special subjunctive is presented in Chapters 29 and 30.

The subjunctive may refer to times in the

Present	*If I only had a car!*
Past	*If I only had had a car!*
Future	*I would drive to the desert.*
Future perfect	*I would have driven to the desert.*

A. USES OF GENERAL SUBJUNCTIVE

1. Conditional Sentences Contrary to Fact

A conditional sentence consists of two clauses: a *would*-clause and an *if*-clause. These clauses may be reversed in order:

He would stay if he had time.
If he had time, he would stay.

A true-to-fact (real) conditional sentence is expressed in the indicative mood.

When I go to Germany, I'll visit him.
Wenn ich nach Deutschland **fahre, besuche** ich ihn.

A contrary-to-fact (unreal) conditional sentence is expressed in the general subjunctive. It represents either present or past time.

Present time: She would study abroad if she were wealthy.
Past time: She would have studied abroad if she had been wealthy.

2. Als ob and als wenn Clauses (See Chapter 28)

3. Polite Requests (See Chapter 28)

4. Indirect Discourse (See Chapters 29 and 30)

B. FORMATION OF GENERAL SUBJUNCTIVE; USE IN CONDITIONAL SENTENCES CONTRARY TO FACT

1. Present

In the present the general subjunctive is generally formed by adding subjunctive endings to the *past indicative stem* of the verb. The subjunctive endings are:

(ich)	**-e**	(wir)	**-en**
(du)	-est	(ihr)	**-et**
(er)	**-e**	(sie)	**-en**

a. Weak verbs in the *indicative past tense* carry the endings **-te, -test, -te, -ten, -tet, -ten**; thus, in the present the general subjunctive forms of the regular weak verbs are identical with the past indicative.

ich schick**te**	wir schick**ten**
du schick**test**	ihr schick**tet**
er schick**te**	sie schick**ten**

ich spielte	*(if) I played (or) would play*
er stellte vor	*(if) he introduced (or) would introduce*
du glaubtest	*(if) you believed (or) would believe*
ihr folgtet	*(if) you followed (or) would follow*

ÜBUNG 1*

a. Give the present general subjunctive forms in German.

if I learned	he would admire it
if he rested	she would fill the glass
if we expected	we would accompany him
if I dared	they would send it
if he caught cold	we would wait
if it meant	she would travel
if she tested	I would pay
if they collected	who would build
if you lived	it wouldn't last
if she were afraid	I would fetch

b. Express in German.

Beispiel: She would cry if he laughed.
Sie weinte, wenn er lachte.

If they loved one another, they would marry.
Wenn sie einander liebten, heirateten sie.

1. I would pay if he demanded it.   2. She would accompany us if we waited.
3. They would buy the house if it cost less.   4. Would you smoke if they permitted it?   5. She would thank him if he got her a cup of coffee.   6. If the mother didn't work such long hours, she would care better for the children. 7. If the student repeated the words more often, he would learn them more easily.
8. If I needed it, I would buy a notebook.   9. If the path led through the forest, the dog would follow his master (**der Herr**).   10. If we lived in the country, we would visit you often.

b. Irregular weak verbs (**bringen, denken, haben, wissen**) add an umlaut to the past stem.

bringen, brachte	er **brächte**	haben, hatte	er **hätte**
denken, dachte	er **dächte**	wissen, wußte	er **wüßte**

ÜBUNG 2

a. Give the present general subjunctive forms in German.

if he knew	I would think
if she thought	he would bring
if I brought	we would know
if you (**ihr**) had	you (**Sie**) would have
if we knew	she would have
if they brought	you (**du**) would know

*Some instructors may choose to use only part of the exercise material, since it is extensive.

if you (**du**) thought   they would bring
if it had   who would·think

    b. Express in German.

1. She would think of him if he sent her flowers.   2. He would know it if she sold her car.   3. If my brother brought a guest home, our parents would greet him cordially.   4. If the students knew it, they would not ask the teacher.   5. His wife would have more time if she didn't work.   6. I would buy something special for dinner if I had the money.   7. If my uncle knew how late it was, he would not talk so long.   8. Gerhard would bring her something if he thought of it.

    c. Modals (except **sollen** and **wollen**) add an umlaut.

dürfen, durfte	er **dürfte**	mögen, mochte	er **möchte**
können, konnte	er **könnte**	müssen, mußte	er **müßte**

Er **dürfte** Auto fahren, wenn er es **könnte**.
He would be permitted to drive a car if he knew how.

    ÜBUNG 3

    a. Give the present general subjunctive forms in German.

1. if I only could   if we were supposed to
   if she wanted to   if they liked to
   if he had to   if you (**du**) only wanted to
   if they were able to   if you (**ihr**) were permitted to

2. he would have to   you (**du**) would want to
   she would want to   it would have to
   they would like to   she would be supposed to
   who would be supposed to I would like to
   we would not be permitted to you (**ihr**) would have to

3. if she wanted to drive   he would want to marry
   if he had to stay   she would be permitted to sit
   if they weren't able to begin they would have to practise
   if I were permitted to work   we would be able to pay
   if we liked to swim   who would be supposed to report
   if you (**du**) were supposed to write you (**du**) would like to lead

    b. Express in German.

1. We could work for the merchant if we wanted to.   2. I would be able to swim across the river if I had to.   3. The boy would like to explain everything if he were permitted to.   4. If she wanted to, she could pay for the apartment.   5. If my

sister were supposed to call, she would be able to find the time. 6. If they had to speak with him, they would want to do it immediately. 7. Would you want to collect pictures if you had (a) place for them at home? 8. If their niece were permitted to, she would travel to Europe this summer. 9. If you really wanted to, you could invite someone tonight. 10. If the girl had to decide quickly, she would not be able to.

d. Kennen-type verbs retain the stem vowel of the infinitive.

brennen	es **brennte**	rennen	er **rennte**
kennen	er **kennte**	senden	er **sendete**
nennen	er **nennte**	wenden	er **wendete**

Wenn ich ihn besser **kennte, brächte** ich ihn mit.
If I knew him better, I would bring him along.

ÜBUNG 4

a. Give the present general subjunctive forms in German.

if it burned	they would know him
if he knew her	it would burn
if we ran (**rennen**)	we would call (**nennen**)
if they sent (**senden**)	who would turn
if she turned	you (**ihr**) would send (**senden**)
if you (**du**) called (**nennen**)	I would run (**rennen**)

b. Express in German.

1. If the house were burning, we would run quickly into the street. 2. My father would greet the man if he recognized him. 3. They would name the child Veronica if the grandparents liked the name. 4. If he turned the page, he would have a good reason to laugh. 5. They would send flowers if they thought your family would like them. 6. Everyone would recognize the name if I repeated it once more. 7. Would you run out of the house if you thought it was burning somewhere? 8. If her husband called her "Schatzi", we wouldn't wonder. 9. What would it mean if her friend burned her letters? 10. The children would all run away if they noticed their parents around the corner.

e. Strong verbs add the subjunctive endings to the past indicative stem, adding an umlaut if possible (**a, o, u, au**).

| gehen, ging | er **ginge** | sehen, sah | er **sähe** |
| fahren, fuhr | er **führe** | laufen, lief | er **liefe** |

Wenn ich nach Österreich **zöge, nähme** ich alles mit.
If I moved to Austria, I would take everything along.

Die Litfaßsäule

ÜBUNG 5

a. Give the present general subjunctive forms in German.

if he spoke	if you (**du**) grew
if she came	if she closed
if they went	if I screamed
if I called	if he dressed
if you (**du**) wore	if you ate
if it began	if they were
if we enjoyed	if she became

if he cut	if he arrived
I would find	they would advise
he would give	she would force
they would meet	I would begin
we would carry	he would look at
who would do	we would fly off
you (**du**) would lose	you (**ihr**) would climb
he would receive	she would invite
it would happen	who would command

b. Express in German.

1. If the child fell out of the bed, it would scream.   2. If you slept longer, you would not be so tired.   3. If the merchant recommended your son, he would surely get the job.   4. Her sister would give me the address if I asked for it.   5. My family would leave the city also if my aunt moved to the country.   6. It would please them very much if you called them up this evening.   7. Naturally the boy would close the windows if it became cold in the bedroom.   8. What would you do if the guests arrived an hour late?   9. If the doctor advised them not to smoke, they would follow his advice.   10. If she flew to Germany in the spring, her friends would meet her there.

f. Strong verbs which are irregular in the present general subjunctive are:

helfen—er hülfe (*or* hälfe)	stehen—er stünde
sterben—er stürbe	beginnen—er begönne
werfen—er würfe	schwimmen—er schwömme

Wenn du krank **wärest, hülfe** ich dir.
If you were sick, I would help you.

ÜBUNG 6

Express in German.

1. If he threw the newspaper in front of the door, we would soon find it.   2. If the piece began at eight o'clock, he would pick her up at seven.   3. We would almost die, if we had to take a test tomorrow.   4. The boy would get up early if there were much to do.   5. They would understand you better if you spoke more clearly.   6. Would she swim if one threw her into the water?

g. Haben, sein, werden

(ich)	hätte	wäre	würde
(du)	hättest	wärest	würdest
(er)	hätte	wäre	würde
(wir)	hätten	wären	würden
(ihr)	hättet	wäret	würdet
(sie)	hätten	wären	würden

Wenn ich reich **wäre, hätte** ich ein großes Haus.
If I were rich, I would have a big house.

ÜBUNG 7

Schriftliche Übungen: See *Programmed Assignment Book*, p. 253, **B.1.**

2. Past

The past of the general subjunctive is formed with the present general subjunctive of **haben** or **sein** and a past participle.

ich hätte gewartet (*I would have waited*)	ich wäre gekommen (*I would have come*)
du hättest gewartet	du wärest gekommen
er hätte gewartet	er wäre gekommen
wir hätten gewartet	wir wären gekommen
ihr hättet gewartet	ihr wäret gekommen
sie hätten gewartet	sie wären gekommen

Wenn ich ihm **gefolgt wäre, hätte** ich das Haus **gefunden.**
If I had followed him, I would have found the house.

ÜBUNG 8

a. Give the past general subjunctive forms in German.

1.

if she had served	if she had thrown	if she had fallen
if you (**du**) had reported	if they had closed	if they had stayed
if they had believed	if I had cut	if it had disappeared
if we had paid	if he had washed	if we had climbed
if you (**ihr**) had bought	if you (**ihr**) had received	if you (**du**) had been
if I had demanded	if we had advised	if he had walked
if he had known	if it had begun	if they had gone
if she had been able to	if they had pulled	if I had driven
if they had wanted to	if he had sat	if we had died
if we had brought	if I had spoken	if you had jumped up

2.

he would not have built	you (**ihr**) would not have taken it
we would not have smoked	he would not have forgotten
they would not have greeted	they would not have suffered
who would not have looked for	who would not have climbed
she would not have visited	she would not have become
I would not have liked to	we would not have fallen
we would not have been able to	they would not have fallen asleep
he would not have been afraid	I would not have dressed
you (**du**) would have remembered	you (**Sie**) would not have helped them

b. Express in German.

Beispiel: I would have waited if you had not come so late.

Ich hätte gewartet, wenn du nicht so spät gekommen wärest.

1. My sister would have set the table if she had had time. 2. It would have meant much to them if you had written more often. 3. We would have stayed longer if it had not been so late. 4. Would you have driven if we had accompanied you? 5. You would have cut yourself if you had used the sharp knife. 6. If she had torn her coat, it would have cost much. 7. If he had visited us, we would have spoken only German. 8. If your niece had become sick, her parents would have called a doctor. 9. If the weather had changed, the children would have gone swimming. 10. If our neighbors had moved to another city, we would have been glad.

ÜBUNG 9

Schriftliche Übungen: See *Programmed Assignment Book*, p. 255, **B.2.**

3. Future (Present Conditional, würde - form)

The future of the general subjunctive is formed thus:

present general subjunctive of **werden** + infinitive

Er **würde** länger **bleiben,** wenn sie ein gutes Essen machte.
He would stay longer, if she made a good dinner.

ÜBUNG 10

Express in German.

1. What would you do in this case? 2. We would really expect something special from them. 3. Often I would be home at five thirty. 4. Would you really not recognize your neighbor? 5. My uncle would never invite her to dinner. 6. The guest would never remember the way. 7. Surely the judge would give us advice. 8. Where would you hide your money? 9. Soon trees would surround the house, but that wouldn't please my grandfather. 10. Why wouldn't you open the door? 11. Money would soon be lacking if one didn't work. 12. Would you soon become accustomed to the weather here?

ÜBUNG 11

Schriftliche Übungen: See *Programmed Assignment Book*, p. 257, **B.3.**

4. Future Perfect (Past Conditional, würde - form)

The future perfect of the general subjunctive is formed thus:

present general subjunctive of **werden** + perfect infinitive

Er **würde** nicht **gelacht haben,** wenn du ins Wasser gefallen wärest.
He would not have laughed if you had fallen into the water.

Wir **würden** nach England **geflogen sein,** wenn wir Geld gehabt hätten.
We would have flown to England if we had had money.

ÜBUNG 12

Express in German.

1. Would you have answered immediately if you had received my letter on Tuesday?   2. The soldiers would have done everything in order to pay for the new car.   3. Would they have recognized him if he had had short hair?   4. Surely we would have lost everything if we had gambled (played).   5. If she had broken her leg, we would have called a doctor.   6. If your friend had hidden the treasure, no one would have found it. . 7. If my neighbor had moved to the country, we would have been very sorry.   8. If the children had sent a card, the parents would have been very glad.   9. The small village would have become famous if the poet had lived there longer.   10. Would your boss (**der Chef**) have sold the business if he had needed money?

ÜBUNG 13

Schriftliche Übungen: See *Programmed Assignment Book*, p. 253, **A;**|p. 257, **B.4.**

5. *Would*-Clause: Two Options

In German there are two ways of expressing the *would*-clause:

a. Er **ginge** gleich. *or*   *He would go immediately.*
    Er **würde** gleich **gehen.**   *He would go immediately.*
b. Ich **hätte** dich **eingeladen.** *or*   *I would have invited you.*
    Ich **würde** dich **eingeladen haben.**   *I would have invited you.*

Note: With the modals the **würde-**form is to be avoided.

ÜBUNG 14

Express in German in two ways.

Beispiel: That wouldn't be a good idea.

> **Das wäre keine gute Idee.**
> **Das würde keine gute Idee sein.**

1. Would you really go?   2. I wouldn't be interested.   3. Who would find out the truth?   4. With which plane would they arrive?   5. Would you believe him?
6. I would gladly pick you up tomorrow morning.   7. Our teacher would probably **(wohl)** test us every day.   8. Would you have recommended the boy?

9. My aunt would never have flown to Europe.   10. Why would he ever have done that?   11. We would also have gone along.   12. Would the boy have stayed alone all evening?

ÜBUNG 15

Express in German.

1. The apples would taste better if they weren't so green.   2. Would you find the hidden treasure if you looked for it?   3. To where would the dentist fly in his free time?   4. Would the doctor solve the problem if the patient told him everything? He would try.   5. If my opinion meant something, you would follow my advice.   6. If the poet earned more, he would build a house.   7. If the student knew the name of the girl beside him, it would make a big difference.   8. If you brought home half of the newspapers, we would fill the car with them.   9. If the driver collected auto parts, he would not have to buy so many.   10. If the boy could, he would show me the way to the airport.   11. What would you have sold if you had needed money?   12. My older sister would have been home at six thirty if she had not fallen asleep in the library.   13. If you had given your accompanist a signal, he would not have played so loudly.   14. If my friend had picked me up, I wouldn't have arrived so late.   15. If she had forgotten her watch, she wouldn't have known what time it was.

ÜBUNG 16

Schriftliche Übungen: See *Programmed Assignment Book*, p. 257, **B.5.**

Alltägliches

Ein Interview um eine Anstellung

die Anstellung *job*

Sekretärin	Guten Morgen, Herr Schwarzenberg!	
	Nehmen Sie bitte einen Moment Platz! Ich melde Sie an.	an/melden *to announce*
Peter	Danke sehr.	
5 **Sekretärin**	(*ins Sprechgerät*) Herr Schwarzenberg ist da.	das Sprechgerät *intercom*
Stimme	Führen Sie ihn bitte herein!	
Sekretärin	Der Personalchef, Herr Kolb, bittet Sie einzutreten.	der Personalchef *head of personnel*
Peter	Danke—Guten Morgen, Herr Kolb!	
10 **Herr Kolb**	Guten Morgen, Herr Schwarzenberg! Bitte, nehmen Sie Platz! Ich habe Ihre Papiere schon durchgesehen. Nun . . . lassen Sie mich mal sehen . . .	
	Sie sind zwanzig Jahre alt, Student der Jurisprudenz	die Jurisprudenz *law*

15 im zweiten Semester und wollen in den großen Ferien — die großen Ferien *long school vacation*
hier bei uns arbeiten. Richtig?

Peter Jawohl!

Herr Kolb Haben Sie überhaupt irgendwelche Arbeits-
erfahrungen? — die Erfahrung *experience*

Peter Eigentlich nicht. Aber man muß einmal anfangen. — eigentlich *actually*

20 **Kerr Kolb** Sie haben recht. Gerade in den Ferien haben
wir einige freie Plätze, um unsere Leute zu ersetzen, — ersetzen *to replace*
die in Urlaub gehen. Im Zeitungsbetrieb geht es im — der Urlaub *leave*
gleichen Tempo das ganze Jahr. — der Betrieb *business*

Peter Ob ich am Tage oder nachts arbeite, ist mir egal, — egal *all the same*

25 denn ich muß unbedingt Arbeit finden. — unbedingt *absolutely*

Herr Kolb Wieso?

Peter Das Leben wird immer teurer, und meine Eltern
haben schon genug für mich getan. Im August werde
ich einundzwanzig, und es ist höchste Zeit, daß ich

30 Arbeitserfahrung bekomme.

Herr Kolb Was haben Sie im vorigen Sommer getan? — Griechenland *Greece*

Peter Ich bin mit drei Freunden nach Griechenland
getippelt. Wir haben gezeltet und sehr viel gesehen. — tippeln *to tramp*
zelten *to tent*

Herr Kolb Haben Sie einen Wagen? — der Führerschein *driver's*

35 **Peter** Nein, aber ich habe einen Führerschein und fahre — *license*
das Familienauto von Zeit zu Zeit.

Herr Kolb Wir haben im Nachrichtenbüro etwas für — das Nachrichtenbüro
einen jungen Anfänger. Es ist zwei Wochen — *press room*
Tagesschicht, zwei Wochen Nachtschicht. Die Arbeit — die Schicht *shift*

40 ist nicht so uninteressant, und Sie bekommen circa — circa *approximately*
250 Mark die Woche.

Peter Das wäre mir schon recht. Ich stelle mir alles bei
der Zeitung sehr interessant vor und freue mich sehr,
wenn ich die Stellung bekommen könnte.

45 **Herr Kolb** Ich kann sie Ihnen nicht versprechen, denn es
sind noch sechs Bewerber da. Ich brauche noch einen — der Bewerber *applicant*
Lebenslauf und zwei Empfehlungsbriefe. — der Lebenslauf *resume*

Peter Den Lebenslauf habe ich bei mir, und ich kann — der Lauf *course*
Ihnen im Laufe der nächsten Tage die zwei — zu/kommen lassen *to*

50 Empfehlungsschreiben zukommen lassen. — *have sent*

Herr Kolb Den Antrag haben Sie richtig und deutlich — der Antrag *application*
ausgefüllt. Wie sind Sie auf die Idee gekommen, bei — deutlich *clear*
uns anzufragen? — an/fragen *to inquire*
die Studienkollegin *fellow*

Peter Ihr Fräulein Tochter Ilse ist eine Studienkollegin — *student*

55 von mir. Wir haben uns neulich darüber unterhalten. — neulich *recently*

Herr Kolb So . . . Sie kennen also meine Ilse. Na, da kann
ich mir Auskunft über Sie von ihr holen, nicht wahr?

Peter Hoffentlich berichtet sie nur Gutes.

Herr Kolb Sagen Sie meiner Sekretärin, wann Sie am
60 besten telefonisch zu erreichen sind. Ich lege den
Lebenslauf zu Ihren Akten.

die Akte *file*

Peter Ich danke Ihnen sehr für Ihr Entgegenkommen,
Herr Kolb.

das Entgegenkommen
kindness

Herr Kolb Auf Wiedersehen, Herr Schwarzenberg! Sie
65 werden bald von uns hören.

Peter Danke sehr. Auf Wiedersehen!

Aufsatzthemen

Write a paragraph or two on one of the following topics.

1. An der Tankstelle
2. Ein Erlebnis auf der Autobahn
3. Meine erste Verkehrsstrafe
4. Ein Zeitungsbericht über den Fall Woyzeck
5. Was wollen die Studenten heute?
6. Das größte Problem der Jugend von heute

WIEDERHOLUNG

Kapitel 27. Preparation for tests. See *Programmed Assignment Book*, pp.
261–263.

PRÜFUNG 1 ODER 2

Kapitel 27. See Instructor.

Kapitel

28

Fragen

1. Was für einen Roman lesen Sie am liebsten?
2. Bildet Kanada (Mexiko) die südliche oder nördliche Grenze der USA? Ist der Stille Ozean die östliche oder die westliche Grenze unseres Landes?
3. In welchem Land liegt Wien (Paris, Rom, Moskau)?
4. Wann trägt man einen Regenschirm (eine Sonnenbrille, einen dicken Mantel, einen Badeanzug, kurze Hosen)?
5. Welches Tier ist ein Katzenfeind (ein Vogelfeind, ein Menschenfeind, ein Kinderfreund, ein Arbeitstier)?
6. Was tun Sie, wenn Sie zum Essen eingeladen werden?
7. Was ist ein anderes Wort für: verstehen, mit einem Menschen reden, der Darsteller, stark regnen, still sein, einen Fehler machen, das Drama, akzeptieren, empfangen?
8. Was macht man, wenn man etwas nicht verschenken will?
9. Sie fahren Ihr Auto. Was machen Sie, wenn Sie anhalten oder um die Ecke biegen wollen?

10. Wie stellen Sie sich ein Leben ohne Musik (ohne Freunde, ohne Arbeit, ohne Geld, ohne Leid, ohne einen Ehepartner) vor?
11. Was für Musik hören Sie am liebsten: Tanzmusik, Rockmusik, klassische Musik, Operettenmusik, Opern, Lieder oder Kammermusik?
12. Was kann man annehmen (abnehmen, fortnehmen, zurücknehmen, mitnehmen, einnehmen)?
13. Was bedeutet: die Fahrkarte, der Regenschirm, der Gutenachtkuß, der Zuhörer, der Absender und der Empfänger eines Briefes, die Landesgrenze, der Ehrenplatz, ein Gesellschaftsspiel, fehlerlos, das Geburtstagsgeschenk, Spielschulden, das Schauspielhaus, der Hauptberuf, das Lebensmittelgeschäft, der Heldentenor, die Theaterkasse, die Rathauskantine, die Garderobenfrau, die Unterhaltung, die Fernsehsendung, der Fernsprecher?
14. Was kann man im Regen schlecht machen?
15. Wer soll Amerika entdeckt haben?
16. Was singt in einem Baum?
17. Wann lächelt ein Mensch?
18. Was macht Ihnen viel Vergnügen?
19. Was würden Sie machen, wenn Sie Zeit und Geld hätten?
20. Wohin würden Sie reisen, wenn Sie einen Wunsch hätten?

Wortschatz

als ob, als wenn	*as if, as though*	nieder (*adv.*)	*down*
äußerst	*extremely*	niedrig (*adj.*)	*low*
durchaus	*absolutely*	süß	*sweet*
eigen	*own*	trocken	*dry*
einst	*formerly, once*	übrigens	*by the way, moreover*
ewig	*eternal*	voll	*full*
gegenüber (*dat.*)	*opposite*	vollkommen	*complete*
(*usually follows obj.*)		wahrscheinlich	*probable, probably*
höchst	*highly*	wenigstens	*at least*
leer	*empty*		
naß	*wet*		

Useful Expressions and Idioms

Was ist los? *What's the matter?*
    Was ist los mit ihm (Ihnen)? *What's the matter with him (you)?*

Es ist schade. *It is too bad.*

in der Regel *as a rule*
    In der Regel gibt es hier viel Verkehr. *As a rule there's much traffic here.*

nach (*may follow obj.*) *according to*
    Der Zeitung nach wird es heute regnen. *According to the newspaper it will rain today.*

schuld sein an (*dat.*)   *to be to blame for*
>Nur er ist schuld an meinem Unglück.   *Only he is to blame for my misfortune.*

sich verlieben in (*acc.*)   *to fall in love with*
>Er verliebte sich in meine Schwester.   *He fell in love with my sister.*

zu Weihnachten   *for Christmas*
>Was bekommen Sie zu Weihnachten?   *What are you getting for Christmas?*

Grammatik

USES OF GENERAL SUBJUNCTIVE
(continued from preceding chapter)

1. Conditional Sentences Contrary to Fact

a. Omission of **wenn**

In the *if*-clause, **wenn** may be omitted, in which case the *if*-clause has verb-first word order.

Wenn er das Geld **erhielte,** würde er fortreisen. *or*
Erhielte er das Geld, würde er fortreisen.
If he received the money, he would go away.

Note: **So** is often used in conclusion.

Käme er vor Mitternacht an, **so** könnten wir ihn abholen.
If he arrived before midnight, we could pick him up.

ÜBUNG 1

a. Supply the German equivalent for the English cue.

1. (*I would answer*) Fragtest du mich, _____.   2. (*we would go away*) Dauerte es zu lange, _____.   3. (*she would be glad*) Käme er früher an, _____.   4. (*we would be sorry*) Zöge er in eine andere Stadt, _____.   5. (*I would have greeted you*) Hätte ich dich erkannt, _____.   6. (*they would have helped you*) Wärest du gefallen, _____.   7. (*it would have become angry*) Hätten sie das Pferd geschlagen, _____.   8. (*he would have given it to you*), Hätte der Schauspieler die Adresse gewußt, _____.   9. (*we would have invited him*) Hätte der Zahnarzt Deutsch sprechen können, _____.   10. (*I would have paid his debts*) Wäre ich reich gewesen, _____.

b. Omit **wenn** when expressing the following sentences in German.

1. If he kissed the girl, she would be happy.   2. If it rained, we would stay at home this evening.   3. If he could prove it, he would do it.   4. If you listened, you wouldn't always go wrong.   5. If the father bought the groceries, we wouldn't

have enough to eat.   6. Our landlady wouldn't greet them if they didn't pay their debts.   7. I would only play the hero, if I were an actor.   8. It would be an honor if you accepted my invitation.   9. If everyone recognized him in the company, the artist would smile.   10. If you had read the short story, you could talk about it with your acquaintance.   11. If the writer had offered me a ticket to his play, I would have taken it gladly.   12. If she had kept his letters, I would have understood it.   13. Would you have turned into our street if you had seen our light?   14. If the girl had accepted his ring, they would have married in June.   15. If you had forgotten your umbrella, it wouldn't have been our fault.

ÜBUNG 2

Schriftliche Übungen: See *Programmed Assignment Book*, p. 265, **A.1.a.**

b. *if*-clause as wish contrary to fact

When expressing a wish impossible of fulfillment, an *if*-clause may stand alone. Generally **nur** or **doch** is added, and an exclamation mark is used.

Wenn ich nur mehr Zeit **hätte!**	*If I only had more time.*
Dächte er doch öfter an mich!	*If he only thought of me more often.*

ÜBUNG 3

Supply the correct verb form in the general subjunctive to complete the sentences below. The complete English sentence is given.

1. (*If he only knew it.*) _____ er es nur!   2. (*If she only loved him.*) _____ sie ihn nur!   3. (*If she had only stayed.*) Wenn sie nur _____!   4. (*If you were only sorry.*) _____ es dir nur leid!   5. (*If you had only washed the car.*) Wenn du den Wagen nur _____!   6. (*If I had only read this novel.*) _____ ich diesen Roman nur _____!

ÜBUNG 4

Schriftliche Übungen: See *Programmed Assignment Book*, p. 267, **A.1.b.**

2. Als ob **and** als wenn **Clauses**

The present or past general subjunctive is used in clauses beginning with **als ob** and **als wenn,** since these clauses also express a condition contrary to fact.

Er tat, **als ob** er **schliefe.**
He acted as if he were sleeping.

Mir schien, **als wenn** ich ihn lange **gekannt hätte.**
It seemed to me as if I had known him for a long time.

Ob or **wenn** may be omitted, in which case the verb follows **als.**

Er ging, **als wäre** er müde.   *He walked as if he were tired.*
Er tat, **als hätte** er mich nicht **gesehen.**   *He acted as if he hadn't seen me.*

ÜBUNG 5

a. Supply the correct verb form in the general subjunctive to complete the sentences below. The English cue is given.

1. (*were working*) Er tat, als ob er _____.   2. (*knew*) Es war, als ob du ihn _____.   3. (*were calling*) Mir schien, als ob jemand _____.   4. (*were sleeping*) Es kam ihm vor, als ob alle _____.   5. (*had written*) Mir ist, als ob ich selbst _____.   6. (*were*) Sie sah aus, als ob sie hungrig _____.   7. (*had come*) Mir scheint, als _____ jemand _____.

b. Express in German.

1. The actor spoke as if he had known her all her life.   2. They worked as if it meant much to them.   3. It looked as if it had been snowing for days.   4. They received us as if they hadn't seen us for years.   5. It seemed to the artist as if he were earning less and less.   6. The driver drove as if the devil were behind him. 7. My aunt wrote as if she were dying.   8. The children ate as if they had eaten nothing for weeks.

ÜBUNG 6

Schriftliche Übungen: See *Programmed Assignment Book*, p. 267, **A.2.**

3. Polite Requests

The general subjunctive is used to express polite requests.

Könnten Sie mir bitte helfen?   *Could you help me please?*
Würden Sie so gut sein?   *Would you be so kind?*
Dürfte ich Ihre Feder gebrauchen?   *Might I use your pen?*
Hätten Sie vielleicht eine Minute Zeit?   *Would you perhaps have a moment's time?*
Sollten Sie ihn nicht besuchen?   *Ought you not visit him?*

4. Indirect Discourse

The general subjunctive may also be used in indirect discourse. This is explained in the next chapter. In summary, the general subjunctive is used in:

1. conditional sentences contrary to fact
2. als ob and **als wenn** clauses
3. polite requests
4. indirect discourse

ÜBUNG 7

Summary: Express in German.

1. How would you drive if it were raining?   2. If he had fallen in love, he would have asked the girl to marry him.   3. Why did it seem as if he weren't listening?   4. We would have understood if you had accepted another invitation.   5. What would you have paid if they had offered you the house?   6. If the writer had written about border problems, he would have sold many books.   7. The friends looked as if they had just won a big prize.   8. Only in your case would I have been able to prove your innocence (**die Unschuld**).   9. Even after the success of the play the actor would rather have left the theater alone.   10. In the city hall it seemed as if the citizens had all fallen asleep.   11. We would have left our coats in the cloak room if so many people had not been standing around.   12. Would you have accepted the tickets if the actor had offered them to you before the play?

Lesestück

EIN KINDERTRAUM WIRD WIRKLICHKEIT*
Heinrich Schliemann (1822–1890)

In einem mecklenburgischen Städtchen lebte in der ersten Hälfte des 19. Jahrhunderts ein protestantischer Pfarrer namens Schliemann. Eines seiner sieben Kinder war der am 6. Januar 1822 geborene Heinrich.

5   Nichts hörte der Knabe lieber, als wenn ihm der Vater vom schrecklichen Untergang der Stadt Pompeji und von der Ausgrabung des unglücklichen Ortes erzählte. Seine Augen glänzten, wenn er von den Homerischen Helden und vom Trojanischen Krieg hörte. In einer *Weltgeschichte*
10 *für Kinder* fand er ein Bild, das den Brand der von Mauern umgebenen Stadt Troja darstellte. Mit diesem Bild rannte der Knabe zum Vater. „Das ist nur ein erfundenes Bild", meinte dieser lächelnd. „Aber wenn solche Mauern wirklich einmal dagewesen sind", antwortete Heinrich, „so können
15 sie nicht ganz vom Erdboden verschwunden sein. Sicher liegen sie nur unter dem Staub der Jahrhunderte verborgen." Und schon jetzt faßte er den Plan und gelobte dem Vater, als Mann einmal Troja auszugraben!
    Als Heinrich neun Jahre alt war, starb seine Mutter. Die
20 Familie litt große Not. Heinrich durfte nicht mehr daran

Marginal glosses:
Mecklenburg (*province in Northern Germany*)
der Pfarrer *clergyman*

der Untergang *destruction*
die Ausgrabung *excavation*

der Brand *conflagration*

erfinden *to contrive*

der Staub *dust*
fassen *to hit upon*
geloben *to vow*

---

*Reprinted in part with slight changes by permission of Verlag Moritz Diesterweg, Frankfurt am Main, from *Heinrich Schliemann* by Franz Otte in *Lebensgut, Ein deutsches Lesebuch für höhere Schulen*, II.

Heinrich Schliemann

denken, später die Universität zu besuchen. Mit vierzehn Jahren wurde er schon in die Lehre gegeben, da er sich entschieden hatte, Kaufmann zu werden. Von früh um fünf bis abends elf Uhr mußte Heinrich im Laden stehen,

25 Lebensmittel verkaufen, Kaffee brennen, Heringe putzen oder den Laden fegen. Zum Lernen blieb ihm fast keine Minute. Fünfeinhalb Jahre arbeitete er täglich achtzehn Stunden hinter dem Ladentisch. Sein größtes Erlebnis war die Begegnung mit einem verbummelten Studenten, der

30 ihm gegen Bezahlung von drei Gläsern Schnaps Homer auf Griechisch zitierte.

    Als Schliemann—neunzehnjährig—krank wurde, wurde er von seinem Lehrmeister entlassen. Er wanderte zu Fuß nach Hamburg, wo er bald wieder eine Stellung fand; aber

35 schon nach kurzer Zeit wurde er wegen seiner Kränklichkeit wieder entlassen. So ging es ihm oftmals; nach langem Suchen war er der Verzweiflung nahe. Als letzte Hoffnung ließ er sich auf einem kleinen Segelschiff als Kajütenjunge anheuern. Bei einer holländischen Insel kam das Schiff in

40 einen Orkan und ging unter. Die Besatzung wurde nach neunstündigem Treiben gerettet. Heinrich Schliemann

die Lehre *apprenticeship*

Kaffee brennen *to roast coffee*
putzen *to clean*
fegen *to sweep*

verbummelt *ragged*
der Schnaps *brandy*
zitieren *to recite*

entlassen *to dismiss*

die Verzweiflung *desperation*
die Kajüte *cabin*
an/heuern *to sign up*
die Insel *island*
der Orkan *hurricane*
die Besatzung *crew*
treiben *to drift*

wurde, wie einst Odysseus an den Strand von Korfu, nackt
und arm, ans holländische Ufer gespült.

45   Zuerst lebte der junge Schliemann in größter Not in
Amsterdam, bis ihm durch den Empfehlungsbrief eines
väterlichen Freundes eine Stellung in einem Kontor
angeboten wurde. Die neue Stellung war ganz nach seinem
Wunsch. Er mußte Briefe zur Post tragen und hatte
daneben genug Zeit, endlich auch für seine weitere geistige
50 Ausbildung etwas zu tun. Er begann systematisch in jeder
freien Minute das Studium fremder Sprachen. Die Hälfte
seines Geldes wurde dafür ausgegeben, die andere Hälfte
reichte kaum für seinen Lebensunterhalt. Ein Dach-
zimmerchen, eng und ungeheizt, war seine Wohnung. Was
55 machte es ihm aus, daß er im Winter fast erfror, daß er im
Sommer fast erstickte, daß er täglich nicht mehr als dreißig
Pfennig für sein Essen ausgeben durfte?

    Mit unglaublicher Willenskraft begann er zunächst,
Englisch zu lernen. Bei seinen dienstlichen Gängen hatte
60 er immer ein Buch in der Hand; die Straße, der Vorraum
im Postamt, das Wartezimmer in den Geschäftshäusern
mußten ihm als Studierzimmer dienen. Um sich eine gute
englische Aussprache anzugewöhnen, besuchte er sonntags
die englische Kirche und sprach dem Pfarrer leise jedes
65 Wort nach. Im Auswendiglernen war sein Gedächtnis so
gestärkt, daß er zwanzig Seiten englischer Prosa aufsagen
konnte, wenn er sie nur dreimal durchgelesen hatte. Ganze
englische Werke lernte er auswendig, und er vergaß oft in
seinem Lerneifer den Schlaf, so daß er die ganze Nacht
70 hindurch lernte. Nach einem halben Jahr sprach er Englisch
genau so gut wie Deutsch.

    Jetzt ging Schliemann ans Französische mit gleichem
Eifer und gleichem Erfolg. Nach sechs Monaten las und
sprach er es ausgezeichnet. In je sechs weiteren Monaten
75 lernte er dann die holländische, italienische, spanische und
portugiesische Sprache, so daß er sie nicht nur fließend
sprechen, sondern gleich der englischen und französischen
auch richtig lesen und schreiben konnte. Trotz der
gewaltigen Anstrengungen verlor sich sein Brustleiden;
80 seine Kränklichkeit kehrte nicht wieder.

    Da seinem Geschäft ein russischer Briefschreiber fehlte,
wollte Schliemann auch noch Russisch lernen! In ganz
Amsterdam konnte aber niemand gefunden werden, der
Unterricht in der russischen Sprache geben konnte. „Es
85 muß auch ohne Lehrer gehen", meinte er. Und es ging

---

spülen *to wash up*

das Kontor *office*

die Ausbildung *education*

aus/geben *to spend*
der Unterhalt *support*

aus/machen *to matter*
ersticken *to suffocate*

die Willenskraft *will power*
der Gang *errand*
der Vorraum *entry*

die Aussprache *pronunciation*
nach/sprechen *to repeat after*
das Gedächtnis *memory*
auf/sagen *to recite*

der Eifer *zeal*

gewaltig *mighty*
die Anstrengung *exertion*

wirklich, wenn auch mit großer Mühe. Mit Hilfe eines   die Mühe *pains*
alten Lehrbuches und eines Wörterbuches kam er bald
soweit, daß er kleine Aufsätze schreiben konnte, die dann
auswendig gelernt wurden. Schon nach sechs Wochen
90 schrieb er einen russischen Brief an einen Geschäftsfreund
seiner Firma in Moskau. Als bald darauf zwei russische
Kaufleute nach Amsterdam kamen, konnte sich Schliemann
mit ihnen in ihrer Muttersprache unterhalten. Nun wurde
er von seinen Geschäftsherren als ihr Vertreter nach Peters-   der Vertreter
95 burg geschickt; da er mit solchem Erfolg tätig war, gaben   *representative*
sie ihm bald eine selbständige Stellung. Nun begann er   selbständig *independent*
auch, kaufmännische Geschäfte auf eigene Rechnung zu   auf eigene Rechnung *on*
machen, und er hatte dabei soviel Erfolg, daß er in kurzer   *his own*
Zeit ein reicher Mann wurde.
100   Im Jahre 1850 ist Heinrich Schliemann auf die Suche
nach seinem in Kalifornien verschollenen Bruder gegangen   verschollen *missing*
und ist dort durch die in diesem Jahre erfolgte Einverleibung   die Einverleibung
des Landes in die Vereinigten Staaten automatisch amerika-   *annexation*
nischer Bürger geworden. Als Achtundzwanzigjähriger
105 kehrte er nach Moskau zurück und gründete dort eine
Filiale seiner Firma für den Verkauf von Indigo. Einige   die Filiale *branch*
Jahre später war er Millionär.
    Zu dieser Zeit lernte Heinrich Schliemann Schwedisch
und Polnisch, aber für die griechische Sprache hatte er doch
110 immer die größte Begeisterung im Herzen getragen. Nun   die Begeisterung *enthusiasm*
begann er mit Hilfe guter Lehrer in unbeschreiblichem
Fleiße Neugriechisch zu lernen. Schon nach sechs Wochen
konnte er auch diese Sprache! Hierauf ging er sofort zur
Erlernung des Altgriechischen über. Nach drei Monaten
115 konnte er Homer lesen! Mit Begeisterung versenkte er sich   sich versenken *to become*
immer und immer wieder in diese unsterblichen Werke.   *absorbed*
Bald gab es keinen griechischen Schriftsteller mehr, den er
nicht gelesen und durchgearbeitet hatte. Bei all diesen
Arbeiten setzte er seine kaufmännischen Geschäfte mit
120 Erfolg fort. Sie sollten ihm zu den Mitteln verhelfen, durch   das Mittel *means*
die er sein eigentliches Lebensziel zu erreichen hoffte: die   eigentlich *actual*
Ausgrabung Trojas!

Die Ausgrabung Trojas

    Im Jahre 1863, als Einundvierzigjähriger, machte Heinrich
Schliemann so außerordentlich gute Geschäfte, daß er sich
125 entschied, seine Firmen aufzulösen und sich seinem Jugend-   auf/lösen *to dissolve*

traum, der Ausgrabung Trojas, zu widmen. Als Millionär machte er vorher eine Weltreise, um mehr von der Welt kennenzulernen. Zwei Jahre später ließ sich Schliemann zum Studium der Archäologie in Paris nieder.

130   Da Schliemanns Frau keine Lust gehabt hatte, dem archäologischen Traumweg ihres Mannes zu folgen, wollte er in Griechenland zum zweiten Mal heiraten. „Denn da ich für die griechische Sprache schwärme, so glaube ich, ich kann nur mit einer Griechin glücklich werden. Ich werde

135 sie aber nur dann nehmen, wenn sie Sinn für Wissenschaft hat . . . ein junges, schönes Mädchen kann nur in dem Falle einen alten Mann lieben, wenn sie für Wissenschaften schwärmt . . ." Und er fand wirklich ein schönes, kaum zwanzig Jahre altes, griechisches Mädchen, und er heiratete

140 sie. Seltsamerweise wurde diese Ehe äußerst glücklich, denn auch die junge Frau war von der Herrlichkeit des griechischen Geistes und dessen Vergangenheit überzeugt und begleitete ihren Mann überall hin, um an seinen Ausgrabungen teilzunehmen.

145   Zuerst reiste Schliemann nach Ithaka und Mykenä. Dann aber eilte der Rastlose nach Troja. Seinen Homer, der ihm bei den geplanten Ausgrabungen als Führer dienen sollte, trug er immer in der Tasche und nahm ihn in jeder freien Minute in die Hand. Von dem alten Troja war keine

150 Spur mehr zu sehen, ja man wußte nicht einmal genau die Stelle, wo es gestanden hatte. Wo die Gelehrten es festlegten, stimmte nicht mit Homers Angaben überein. Und so ruhte Schliemann nicht, bis er zur Überraschung der ganzen Welt herausgefunden hatte, daß das alte Troja viel weiter nach

155 dem Meere hin gelegen hatte. Er glaubte fest daran, daß die alte griechische Sage vom zehnjährigen Kampf um Troja auf Wahrheit beruhte, und daß Homer treu und ehrlich davon berichtet hatte.

    Elfeinhalb Monate mit hundert bis hundertfünfzig Ar-

160 beitern dauerten die Ausgrabungen in Hissarlik. Schliemann entdeckte, daß es vor der griechischen eine ägäische Kultur gegeben hatte, von der bis dahin die Wissenschaft nichts gewußt hatte. Eines Tages, als ein Graben sechzig Meter in einen Berg hineingeführt worden war, stieß man

165 auf eine sechs Meter hohe, mächtig dicke Mauer. Dann stieß man auf den Aufgang zum Burgtor und zum Palast! Alles zeugte dafür, daß die Burg, die hier gestanden hatte, von einem großen Feuer zerstört worden war. Man hatte das alte Troja gefunden! Beim weiteren Graben stießen die

---

widmen *to dedicate*

sich nieder/lassen *to settle down*

schwärmen für *to be enraptured with*

überzeugt *convinced*

der Führer *guide*

die Spur *trace*
der Gelehrte *scholar*
überein/stimmen *to agree*
die Angabe *account*
die Überraschung *surprise*
um Troja *for Troy*

beruhen auf *to be based upon*

ägäisch *Aegean*
bis dahin *until then*
der Graben *ditch*

der Aufgang *ascent*
zeugen *to bear witness*

170 Arbeiter auf einen großen Gegenstand aus Kupfer. Schliemann traute seinen Augen kaum, als es dahinter wie Gold glänzte. Sofort wußte er alle Arbeiter loszuwerden, um dann allein mit Hilfe seiner jungen Frau und nicht ohne Lebensgefahr mit einem großen Messer weiterzugraben.

175 Was er nun fand, war für die Wissenschaft von unschätzbarem Wert. Es waren eine große Zahl goldener Becher, Reifen, Armbänder und Halsketten, große silberne Kannen und tausende von Goldplättchen. „Das sind die Schätze des Priamus; das ist der Boden, wo des unglücklichen

180 Königs stolze Festung gestanden hat! Was Homer besungen, ist vollste Wahrheit!" jubelte Schliemann. „Jetzt ist der Traum meiner Jugend erfüllt!"

Das Marmorpalais, das er sich und seiner Frau in Athen baute, hat Heinrich Schliemann der Stadt Athen als

185 Gemäldegalerie geschenkt. All die Schätze, die er der Erde entrissen hatte und deren Wert heute unschätzbar ist, liegen in den Museen in Athen und Berlin. Dieser Schatzgräber wollte nichts für sich, sondern alles für die Sache. Und sein goldenes Königreich verschenkte er an die Welt.

190 Dies ist das Große an seinem Leben: er diente einer Sache, einer Idee. Mit einer Tatkraft, die durch Unglück und Widerstände nicht gebrochen werden konnte, baute Heinrich Schliemann sein Leben auf, den zerlesenen Homer in der Tasche.

das Kupfer *copper*
trauen *to trust*
los/werden *to get rid of*

unschätzbar *inestimable*
der Becher *goblet*
der Reif *hoop*
die Kette *chain*
die Kanne *pitcher*
Priamus *Priam (King of Troy)*
die Festung *fortress*
jubeln *to rejoice*

der Marmor *marble*

das Gemälde *painting*

die Tatkraft *energy*
der Widerstand *opposition*
zerlesen *well-thumbed*

WIEDERHOLUNG

Kapitel 28. Preparation for tests. See *Programmed Assignment Book*, pp. 269–273.

PRÜFUNG 1 ODER 2

Kapitel 28. See Instructor.

Kapitel

29

Fragen

1. Was für einen Beruf möchten Sie wählen?
2. Was ist man, wenn man nicht schuldig (nicht ehrlich, nicht glücklich, nicht bekannt, nicht beliebt, nicht sicher) ist?
3. Wie heißt einer, der in einem Schauspiel spielt (der etwas empfängt, der zuhört, der etwas darstellt, der viele Werke schreibt)?
4. Man nennt etwas, was zurückgebracht wurde, etwas Zurückgebrachtes. Wie nennt man etwas, was vorgestellt wurde (angenommen wurde, begriffen wurde, angeboten wurde)?
5. Was würden Sie machen, wenn Sie eine Million Dollar hätten?
6. Was würden Sie sich wünschen, wenn Sie nur einen Wunsch hätten?
7. Was wird an der Theatergarderobe abgegeben? Was wird an der Theaterkasse verkauft?
8. Was schmeckt Ihnen am besten?
9. Was nehmen Sie heraus, wenn Sie in die Tasche greifen?
10. In welcher Sprache unterhalten Sie sich am besten (am liebsten, am schnellsten)?

11. Was schmeckt süß (sauer, scharf, schrecklich)?
12. In welchem Land ist es äußerst heiß (naß, trocken, neblig, kalt)?
13. Wann muß man den Benzintank eines Wagens auffüllen?
14. Wer wohnt (sitzt, steht) Ihnen gegenüber?
15. Wann sind Sie vollkommen glücklich?
16. Wie wird das Wetter morgen wahrscheinlich werden?
17. Zu welcher Jahreszeit wird der Garten am meisten begossen?
18. Was bekommen Sie in der Regel zu Weihnachten?
19. Wer ist Ihr Lieblingsschriftsteller (Lieblingsschauspieler, Ihre Lieblings-sängerin)? Warum?
20. Wer hat sich in Romeo (Kleopatra, Hamlet, Lorelei, Lotte, Faust) verliebt?

Wortschatz

der Abschied	*leave-taking, farewell*	die Absicht, -en	*intention*
der Anzug, ¨e	*suit (of clothes)*	die Furcht	*fear*
der Beamte, -n, -n	*official; clerk*	die Langeweile	*boredom*
der Gipfel, -	*top, summit*	die Natur, -en	*nature*
der Hunger	*hunger*	die Nummer, -n	*number; size*
der Schlüssel, -	*key*	die Oper, -n	*opera*
der Schmerz, -en	*pain*	die Person, -en	*person*
der Stoff, -e	*material*	die Sitte, -n	*custom*
der Teller, -	*plate*	die Sünde, -n	*sin*
der Ursprung, ¨e	*origin*		
der Verein, -e	*club*		
der Zustand, ¨e	*condition*		

das Fest, -e	*festival, celebration*
das Urteil, -e	*judgment; sentence*
die Ferien (*pl.*)	*vacation(s)*

auf/passen	*to pay attention*	hassen	*to hate*
auf/wachen (**ist**)	*to wake up*	klagen	*to complain*
behaupten	*to maintain, to assert*	teilen	*to divide; to share*
feiern	*to celebrate*	sich verloben (**mit**)	*to become engaged (to)*

aus/geben, gibt aus, gab aus, hat ausgegeben   *to spend (money)*
beißen, beißt, biß, hat gebissen   *to bite*
erziehen, erzieht, erzog, hat erzogen   *to educate, to bring up*
fangen, fängt, fing, hat gefangen   *to catch*
heben, hebt, hob, hat gehoben   *to lift, to raise*
riechen, riecht, roch, hat gerochen   *to smell*
stehlen, stiehlt, stahl, hat gestohlen   *to steal*

Braunschweig

streiten, streitet, stritt, hat gestritten	*to quarrel*
vor/schlagen, schlägt vor, schlug vor, hat vorgeschlagen	*to suggest*
vor/ziehen, zieht vor, zog vor, hat vorgezogen	*to prefer*

Grammatik

In order to clarify the structure (formation) and function (use) of the two sets of subjunctive forms in German (*general subjunctive* and *special subjunctive*) the following chart may be helpful.

Formation

GENERAL	derived from past stem +
SUBJUNCTIVE	**-e** **-en**
(Chapters 27	**-est** **-et**
and 28)	**-e** **-en**

Uses

1. Conditional sentences contrary to fact (*if*-clause, *would*-clause)
2. **Als ob, als wenn** clauses
3. Polite requests
4. Indirect discourse (interchangeable with special subjunctive)

SPECIAL	infinitive stem +		1. Indirect discourse (interchangeable
SUBJUNCTIVE	-e	-en	with general subjunctive)*
(Chapters 29	-est	-et	2. Volition *"let"*
and 30)	-e	-en	3. Special expressions *"may"*

Note: The uses of the special subjunctive are explained in B. page 380. In general, the special subjunctive is used in an indirect statement following a verb of saying, thinking, telling, hoping, etc.

Example: He said, he understood he slept well
he had understood he had slept well
he would understand he would sleep well
he would have understood he would have slept well

A. FORMATION OF SPECIAL SUBJUNCTIVE (DERIVED FROM INFINITIVE STEM)

1. Present

Infinitive stem of verb (no stem-vowel change) +

	-e	-en
	-est	-et
	-e	-en

ich sehe	wir sehen	ich habe	wir haben	ich werde	wir werden
du sehest	ihr sehet	du habest	ihr habet	du werdest	ihr werdet
er sehe	sie sehen	er habe	sie haben	er werde	sie werden
I saw, etc.		*I had, etc.*		*I became, etc.*	

Only exception: **sein**

ich sei	wir seien
du seiest	ihr seiet
er sei	sie seien
I was, etc.	

ÜBUNG 1

Supply the present special subjunctive of the indicated infinitive.

1. (schenken) Er sagte, ich _____ ihm zu viel. (empfangen) Sie meinte, ich _____ den Studenten nie. (bleiben) Er behauptete, ich _____ zu lange in der Bibliothek. (lösen) Sie glaubte, ich _____ das Problem selber.
2. (nehmen) Sie meinte, du _____ zu wenig. (verdienen) Du schriebst, du _____ nicht genug. (zerreißen) Das Mädchen dachte, du _____ deine Briefe. (müssen) Er sagte, du _____ alles begreifen.

* In indirect discourse the subjunctive forms derived from the infinitive are preferred when such forms can be clearly distinguished from the indicative.

3. (hören) Du schriebst, er _____ sehr schlecht. (sich vorstellen) Sie meinte, er _____ sich alles anders _____. (schweigen) Der Meister behauptete, seine Frau _____ oft tagelang. (wissen) Der Bauer klagte, er _____ nichts davon. (können) Die Schauspielerin meinte, sie (*she*) _____ das gut verstehen.

4. (mögen) Der Schauspieler glaubte, wir _____ ihn nicht. (einladen) Erika dachte, wir _____ den Künstler _____. (schieben) Sie glaubten, wir _____ den Tisch zur Seite. (entscheiden) Das Publikum meinte, wir _____ gegen den Schriftsteller.

5. (begreifen) Der Lehrer dachte, ihr _____ das niemals. (haben) Sie glaubten, ihr _____ viel zu viel. (einschlafen) Der Großvater dachte, ihr _____ sofort _____. (sein) Die Kinder meinten, ihr _____ sehr unfreundlich.

6. (begleiten) Sie behaupteten, Sie _____ den Nachbarn. (wissen) Herr Hammel dachte, Sie _____ nichts von dem Fall. (werden) Die Tochter sagte, sie (*they*) _____ immer schwächer. (einsteigen) Sie behaupteten, sie (*they*) _____ in die Bahn nicht.

Note: In the above sentences **daß** has been omitted in order to use verb-second word order. See p. 391, **e.**

2. Past

Present special subjunctive of **haben** or **sein** + past participle of verb

Sie sagte, er **habe gelacht,** und er **sei geblieben.**
She said, he had laughed, and he had stayed.

Sie schrieben, du **habest** gut Tennis **gespielt,** aber du **seiest gefallen.**
They wrote, you had played tennis well, but you had fallen.

ÜBUNG 2

Supply the past special subjunctive of the indicated infinitive.

1. (schreiben) Die Lehrerin meinte, ich _____ den Bericht schon _____. (schieben) Der Junge schrie, ich _____ ihn in die Ecke _____. (wegnehmen) Das Kind erzählte, ich _____ ihm etwas _____.

2. (fahren) Die Polizei berichtete, du _____ in die falsche Richtung _____. (bezahlen) Der Wirt meinte, du _____ das Essen noch nicht _____. (stürzen) Er glaubte, du _____ aus dem Fenster _____.

3. (klopfen) Sie hat nicht bemerkt, er _____ lange an die Tür _____. (fallen) Mein Bruder behauptete sein Freund _____ aus dem Baum _____. (haben) Die arme Frau merkte, der Arzt _____ große Zweifel _____.

4. (genießen) Die Tante behauptete, wir _____ das Abendessen nicht _____. (einschlafen) Die anderen meinten, wir _____ sehr schnell _____. (lassen) Er rief, wir _____ die Fenster offen _____.

5. (warten) Du hast gesagt, ihr _____ lange auf uns _____. (ziehen) Der Bauer

erzählte mir, ihr _____ aufs Land _____ . (sein) Die Wirtin meinte, ihr _____
nicht zufrieden _____ .

6. (schlagen) Die Zeitung berichtete, sie (*they*) _____ den Feind schon _____ .
(umgeben) Die Leute haben gerufen, sie (*they*) _____ das Gebäude _____ .
(zurückkehren) Die Nachbarn glaubten, alle _____ nach Hause _____ .

3. Future

Present special subjunctive of **werden** + infinitive

Du meintest, er **werde** eine Reise **machen,** und er **werde** nach Stuttgart **fliegen.**
You said, he would take a trip, and he would fly to Stuttgart.

Sie hoffte, ihr Freund **werde anrufen,** oder er **werde** später **ankommen.**
She hoped, her friend would call up, or he would arrive later.

ÜBUNG 3

Supply the future special subjunctive of the indicated infinitive.

1. (vergessen) Du hast geschrieben, ich _____ das Erlebnis nie _____ . (sich
gewöhnen) Sie hat behauptet, ich _____ mich daran schon _____ . (begreifen)
Franz hoffte, ich _____ bald alles _____ .
2. (einladen) Mein Vater sagte mir, du _____ mich morgen _____ . (kennenlernen)
Sie haben gehofft, du _____ die schöne Nachbarin endlich _____ . (haben)
Der Schauspieler meinte, du _____ keinen Erfolg _____ .
3. (verdienen) Seine Nichte glaubte, er _____ mehr Geld _____ . (abholen)
Gerhard sagte, sein Onkel _____ mich von der Bahn _____ . (sein) Der
Richter dachte, die Strafe _____ nicht hoch _____ .
4. (besuchen) Mein Freund glaubte, ihr _____ ihn öfter _____ . (wollen)
Der Hausbesitzer behauptete, ihr _____ in der Wohnung bleiben _____ .
(entschuldigen) Der Gastgeber hoffte, ihr _____ ihn _____ .
5. (können) Der Schauspieler hat gesagt, die Studenten _____ nicht so viel
bezahlen _____ . (fliegen) Der Detektiv behauptete, die Leute _____ nach
Amerika _____ . (schließen) Der Fahrer hatte geglaubt, Sie _____ das
Geschäft eher _____ .

4. Future Perfect

Present special subjunctive of **werden** + perfect infinitive

Sie sagten, er **werde** einen Wagen **gekauft haben,** und **werde** glücklich **gewesen sein.**
They said, he would have bought a car, and he would have been happy.

Sie dachte, du **werdest gewußt haben,** und du **werdest** gestern **gekommen sein.**
She thought, you would have known, and you would have come yesterday.

ÜBUNG 4

Supply the future perfect special subjunctive of the indicated infinitive.

1. (verstehen) Meine Freunde sagten, ich _____ nicht _____ _____.
2. (einsteigen) Er glaubte, du _____ in den falschen Zug _____ _____.
3. (bitten) Sie sagten, Sie _____ um Rat _____ _____.

Special Subjunctive—Synopsis of schreiben and gehen

PRESENT	er schreibe	*he wrote*
PAST	er habe geschrieben	*he had written*
FUTURE	er werde schreiben	*he would write*
FUTURE PERF.	er werde geschrieben haben	*he would have written*

PRESENT	er gehe	*he went*
PAST	er sei gegangen	*he had gone*
FUTURE	er werde gehen	*he would go*
FUTURE PERF.	er werde gegangen sein	*he would have gone*

ÜBUNG 5

For the following sentences give a synopsis of all 4 forms of the special subjunctive, as given above for **schreiben** and **gehen.**

1. Ich verdiene kein Geld.   2. Du behältst das Geschenk.   3. Er weiß nichts davon.   4. Wir sind fertig.   5. Ihr laßt uns nicht zuhören.   6. Sie begreifen alles.

ÜBUNG 6

Schriftliche Übungen: See *Programmed Assignment Book*, p. 275, **A.**

B. USES OF SPECIAL SUBJUNCTIVE

1. Indirect Discourse

Indirect discourse is an indirect statement, question, or command, introduced by a verb of saying or thinking, such as **sagen, erzählen, denken, glauben, fragen, hoffen, schreiben, behaupten,** etc.

Direct Discourse	**Indirect Discourse**
Steven said: "I am not coming."	Steven said he was not coming. (*indirect statement*)
He reported: "She was ill yesterday."	He reported that she had been ill yesterday. (*indirect statement*)
He asked: "Will you meet me?"	He asked if I would meet him. (*indirect question*)
He said: "Stay here."	He said that I should stay here. (*indirect command*)

a. The *subjunctive mood,* general subjunctive or special subjunctive, is used in the dependent clause of indirect discourse in which the speaker assumes no responsibility for the correctness of the statement which he is reporting. The indicative tense used in the direct statement or question determines the subjunctive time used in the indirect statement or question.

DIRECT DISCOURSE INDICATIVE	INDIRECT DISCOURSE SUBJUNCTIVE (SPECIAL OR GENERAL)
Present Tense	**Present**
Er sagte: „Ich **habe** kein Geld."	Er sagte, daß er kein Geld **habe.** (S)* **hätte.** (G)
He said: "I have no money."	*He said that he had no money.*

(See **Übung 7** and **Übung 8**)

Past Tense **Present Perfect Tense** **Past Perfect Tense**	**Past**
Er glaubte: „Du **warst** krank."	Er glaubte, daß du krank **gewesen seiest.** (S) **wärest.** (G)
He believed: "You were ill."	*He believed that you had been ill.*

(See **Übung 9** and **Übung 10**)

Future Tense	**Future**
Er dachte: „Sie **wird** mich **rufen.**"	Er dachte, daß sie ihn **rufen werde.** (S) **würde.** (G)
He thought: "She will call me."	*He thought that she would call him.*

(See **Übung 11** and **Übung 12**)

Future Perfect Tense	**Future Perfect**
Er fragte: „**Werden** Sie schon **gegessen haben**?"	Er fragte, ob wir schon **gegessen haben werden.** (S) **würden.** (G)
He asked: "Will you already have eaten?"	*He asked if we would already have eaten.*

(See **Übung 13** and **Übung 14**)

If a subjunctive form is identical with an indicative form, the alternate subjunctive form is usually preferred. This, however, is not a definite rule.

* (S) special subjunctive; (G) general subjunctive.

Er behauptete, daß sie gut Klavier **spiele.** (S) *preferred*
spielte. (G)

Sie dachte, daß wir sie anrufen **werden.** (S)
würden. (G) *preferred*

ÜBUNG 7

a. Present. Change the direct statement to an indirect statement, using both special and general subjunctive.

Beispiel: Er sagte: ,,Ich verdiene nicht viel.''

Er sagte, **daß er nicht viel verdiene (verdiente).**

1. Er sagte: ,,Ich gehe spazieren.''   2. Er behauptete: ,,Ich verliere alles.''
3. Er meinte: ,,Die Dame lächelt.''   4. Er dachte: ,,Ein Unglück geschieht.''
5. Er glaubte: ,,Du irrst dich.''   6. Er sagte: ,,Sie redet zu viel.''   7. Er schrieb: ,,Ich kann es nicht begreifen.''   8. Er meinte: ,,Du darfst es mitschicken.''
9. Er behauptete: ,,Wir sind gute Freunde.''   10. Er sagte: ,,Ich weiß wenig davon.''   11. Sie schrieb: ,,Du willst im Sommer nach Spanien.''   12. Der Lehrer meinte: ,,Das Kind wird zu schnell müde.''   13. Der Arzt sagte: ,,Der Kranke muß mehr Wasser trinken.''   14. Mein Vater hat immer behauptet: ,,Wenn man ein gutes Gewissen hat, schläft man gut.''

b. Express in German.

1. She said she found her purse in her car.   2. My friends wrote they visited our family in Germany in July.   3. The artist said he knew nothing about it.   4. The actor called to say that it was a pleasure to invite her.   5. Why did you ask if you could speak with the writer?   6. My landlady wanted to know when your acquaintance was arriving.   7. They thought the cake tasted too sweet.
8. Someone asserted that the weather was changing suddenly.   9. We said he could use our car while he was in the city.   10. Naturally they meant that I was supposed to take the best room in the apartment.

ÜBUNG 8

Schriftliche Übungen: See *Programmed Assignment Book*, p. 275, **B.1.a.**

ÜBUNG 9

a. Past. Change the direct statement to an indirect statement, using both special and general subjunctive.

Beispiel: Sie meinte: ,,Das war eine gute Tat.''

Sie meinte, **daß das eine gute Tat gewesen sei (wäre).**

1. Sie berichtete: „Ich fiel auf der Treppe." 2. Sie erzählte: „Der Schauspieler lachte nur." 3. Sie glaubte: „Mein Bruder wiederholte die Frage." 4. Sie dachte: „Es geschah durch Zufall." 5. Sie erzählte: „Du hast uns eingeladen." 6. Sie hoffte: „Ihr hattet der Dame zugehört." 7. Sie sagte: „Er ist zu lange hiergeblieben." 8. Sie behauptete: „Ich habe ihn im Winter kennengelernt." 9. Sie meinte: „Das Wetter war schlechter geworden." 10. Sie glaubte: „Das war wirklich schade." 11. Die Geschwister schrieben: „Wir lasen es in der Zeitung und fuhren sofort zur Tante." 12. Mein Großvater rief: „Das Geld ist verschwunden!" 13. Der Nachbar schrie: „Diese Bäume wuchsen im letzten Jahr zweimal so schnell." 14. Wer sagte: „Die Vögel waren schon nach dem Süden geflogen"? 15. Nach dem Krieg schrieb man: „Die Zeiten konnten nicht schlechter werden."

    b. Express in German.

1. Did you write that he had found a job already? 2. She believed you had solved every problem. 3. Someone asserted the young lady had followed the wrong sign and it had led her in the wrong direction. 4. Why did your friend say that the money had disappeared? 5. Naturally we hoped that the children had arrived at home before the parents. 6. After the company I wrote that everyone had danced and sung and had gone home very happy. 7. Who wrote that your aunt had married a teacher and had moved out of the city? 8. Everyone believed you had worked too hard and had become sick.

    ÜBUNG 10

    Schriftliche Übungen: See *Programmed Assignment Book*, p. 277, **B.1.b.**

    ÜBUNG 11

    a. Future. Change the direct statement to an indirect statement, using both special and general subjunctive.

Beispiel: Du hast gesagt: „Es wird keinen Unterschied geben."

        Du hast gesagt, daß es keinen Unterschied geben werde (würde).

1. Du hast behauptet: „Ich werde heiraten." 2. Du hast gesagt: „Das Kind wird nachts schreien." 3. Du dachtest: „Der Freund wird mich schon treffen." 4. Du hattest geglaubt: „Sie wird sich die Stadt ansehen." 5. Du hast gehofft: „Es wird regnen." 6. Unsere Eltern sagten immer: „Der Kleinste wird ein großer Künstler!" 7. In der Zeitung stand: „Viele Fremde werden unsere Stadt besuchen." 8. Der Tennismeister meinte: „Dieser Tennisplatz wird man wenig im kommenden Jahr gebrauchen." 9. Warum behauptete die Verkäuferin immer: „Solche Kleider werden nie aus der Mode kommen"? 10. Alle versicherten: „Ihr werdet bald heiraten."

b. Express in German.

1. They thought she would discover her mistake soon.   2. He believed you would fall in love with an actress.   3. Our neighbor called up that the boy would get a penalty if he climbed into the trees.   4. They wrote that their children would fly to Italy in the fall.   5. You said you would never understand such an explanation.

ÜBUNG 12

Schriftliche Übungen: See *Programmed Assignment Book*, p. 277, **B.1.c.**

ÜBUNG 13

a. Future perfect. Change the direct question to an indirect question, using both special and general subjunctive.

Beispiel: Er fragte: „Wird die Brücke gefährlich gewesen sein?"

Er fragte, **ob die Brücke gefährlich gewesen sein werde (würde)**.

1. Er fragte: „Wirst du das Buch schon gelesen haben?"   2. Er fragte: „Wird er den Gipfel erreicht haben?"   3. Er fragte: „Wird sie sehr geeilt sein?"   4. Er fragte: „Wird der Junge sehr früh aufgestanden sein?"   5. Der Geograph wollte wissen: „Wird jeder alles richtig verstanden haben?"   6. Ihr Bekannter hat wie immer gefragt: „Wann werden die Gäste genug gehabt haben?"

b. Express in German.

1. Why did you think he would not have driven home in the rain?   2. She wrote you (**du**) would have known where he lived.   3. I had hoped that my parents would have built a new house in the country.   4. Our teacher had read that the four children would have found their way through the woods before the morning. 5. Did you hear that the tennis champion in this town would have beaten the other player six to four?

ÜBUNG 14

Schriftliche Übungen: See *Programmed Assignment Book*, p. 277, **B.1.d.**

b. The *indicative mood* is used in an indirect statement or question if the speaker is in the first person (*I* or *we*), or if the verb of the main clause is in the present tense.

Ich sagte, daß er nicht zu Hause **war.**	*I said that he wasn't home.*
Er **fragt,** ob er heute bleiben **darf.**	*He asks if he may stay today.*

ÜBUNG 15

Complete the sentences by replacing the English cue with the German equivalent. Use indicative in the first sentence, special or general subjunctive in the second sentence.

1. (*he is not coming*) Sie sagt, daß _____. (*he was not coming*) Sie sagte, daß
_____. 2. (*he can prove it*) Erich meint, daß _____. (*he could prove it*) Erich
meinte, daß _____. 3. (*has received*) Er schreibt, daß er den Brief _____.
(*had received*) Er schrieb, daß er den Brief _____. 4. (*understand*) Sie behaupten,
daß sie alles _____. (*had understood*) Sie behaupteten, daß sie alles _____.
5. (*was*) Ich sagte, daß ich sehr müde _____. Sie sagte, daß sie sehr müde
_____. 6. (*is bringing*) Meine Eltern glauben, der Gast _____ eine Flasche
Wein. (*was bringing*) Meine Eltern glaubten, der Gast _____ eine Flasche Wein.

c. The *indicative* is also used after verbs of certainty, such as **wissen, zeigen, sehen.**

Er **wußte,** daß ich dort **gewesen war.**
He knew that I had been there.

ÜBUNG 16

Complete the sentences by replacing the English cue with the German equivalent.

1. (*it was snowing there*) Ich wußte, daß _____. 2. (*the child was sick*) Er sah,
daß _____. 3. (*the city hall was situated*) Sie zeigten mir, wo _____.
4. (*she will arrive today*) Ich bin sicher, daß _____. 5. (*only one person had
fallen asleep*) Hast du nicht gesehen, daß _____ 6. (*the last train arrived*)
Natürlich wußte unser Onkel, wann _____. 7. (*no one had recognized me*) Jeder
war sicher, daß _____. 8. (*the valuable objects had disappeared*) Sie sahen, daß
_____.

ÜBUNG 17

Schriftliche Übungen: See *Programmed Assignment Book*, p. 279, **B.2.**

Alltägliches

Bewerbungsschreiben

> An die
> Zentralstelle für Arbeitsvermittlung
>   der Bundesanstalt für Arbeit
> 6 Frankfurt 1
> 5   Feuerbachstr. 42

das Bewerbungsschreiben
letter of application

die Vermittlung
procurement

Sehr geehrte Herren!
    Hoffentlich können Sie mir bei der Vermittlung eines
Ferienarbeitsplatzes in der Bundesrepublik Deutschland
behilflich sein. Ich bin Student an einem College in USA
10   und möchte meine drei Monate langen Sommerferien in

Deutschland verbringen, um meine Deutschkenntnisse zu erweitern, und um Land und Leute kennenzulernen. Meinen Lebenslauf lege ich bei.

Die Art der Arbeit, die ich suche, ist mir ganz egal, solange ich mit deutschsprechenden Menschen zusammenkomme. Arbeit in einem Geschäft, in einer Gastwirtschaft, oder in einem Hotelbetrieb wäre sehr nach meinen Wünschen, denn ich habe im Lebensmittelgeschäft meiner Eltern gearbeitet und Gelegenheit gehabt, mit vielerlei Menschen in Kontakt zu kommen. Ich habe drei Jahre Deutschunterricht gehabt und dadurch großes Interesse für Deutschland bekommen. Meine Eltern erlauben es mir, den Sommer in Deutschland zu verbringen, wenn ich eine achtwöchentliche Anstellung erhalten kann. Ich bin jung, gesund, arbeitsfreudig und anpaßungsfähig. Meine Lehrer sind jederzeit gern bereit, Auskunft über mich zu erteilen.

Ihrer Antwort sehe ich mit großem Interesse und Dank entgegen.

Hochachtungsvoll
Paul Burkhardt

verbringen *spend (time)*
erweitern *to widen*
der Lebenslauf *resume*
bei/legen *to enclose*
egal *all the same*

die Gelegenheit *opportunity*

anpaßungsfähig *adaptable*
erteilen *to give*

entgegen *toward*
hochachtungsvoll *respectfully*

Lebenslauf

Am 28. Februar 19.. bin ich als Sohn des Inhabers eines Lebensmittelgeschäfts John Burkhardt und seiner Ehefrau Nancy Burkhardt, geb. Lane, in Newton, Massachusetts, USA, geboren. In meinem fünften Lebensjahr zog meine Familie nach Kalifornien. Bis 19.. besuchte ich die Wilson Volksschule und anschließend die Taft Oberschule in Los Angeles. In der Oberschule haben mich meine Mitschüler zum Präsidenten der oberen Klasse gewählt. Außerdem war ich Kapitän der Tennismannschaft und Mitglied des deutschen Vereins Germania. In diesem Jahr besuche ich das Los Angeles City College mit voraussichtlich guten Zeugnissen.

Ich habe einen älteren Bruder, der im zahnärztlichen Institut arbeitet, und zwei jüngere Schwestern, die noch in der Schule sind. Ein Onkel von mir wohnt mit seiner Familie in Bingen am Rhein. Alle vier Großeltern leben in Massachusetts. Mein Studienziel ist Deutsch- und Musiklehrer zu werden, denn Musik ist mein Nebenfach. Ich spiele Klavier und Gitarre.

Paul Burkhardt

der Inhaber *owner*
geb. = geborene *née (maiden name)*
anschließend *thereafter*

das Mitglied *member*

voraussichtlich *prospective*
das Zeugnis *school report*

Aufsatzthemen

Write a paragraph or two on one of the following topics.

1. Mein größter Wunsch
2. Eine Kritik über die Klassenarbeit
3. Das Lesestück in diesem Buch, daß mir am besten gefallen hat, ist . . .
4. Eine Traumreise
5. Mein Beruf

WIEDERHOLUNG

Kapitel 29. Preparation for tests. See *Programmed Assignment Book*, pp. 279–283.

PRÜFUNG 1 ODER 2

Kapitel 29. See Instructor.

Kapitel

30

Fragen

1. Zu welchem Verein gehören Sie?
2. Welches Fach (Fernsehprogramm) finden Sie am interessantesten (am langweiligsten)?
3. Worüber klagen Sie manchmal?
4. Was machen Sie, wenn Sie in der Klassenstunde aufgerufen werden wollen?
5. Wer sieht Ihnen ähnlich?
6. Um wieviel Uhr sind Sie heute aufgewacht?
7. Wie verdienen Sie Ihr Geld?
8. Welcher ist der schönste Feiertag im Jahr? Warum?
9. Warum darf man nicht stehlen?
10. Mit wem teilen Sie Ihre Wohnung (Ihr Zimmer, Ihr Geld, Ihr Leben)?
11. Wohin möchten Sie in den Ferien reisen?
12. Von wem haben Sie eine gute (schlechte) Meinung?
13. Wo muß man besonders aufpassen? Warum?

14. Waren Sie schon einmal in der Oper? Welche Oper hörten Sie?
15. Welcher Lesestoff gefällt Ihnen am besten?
16. Was machen Sie, wenn Sie Langeweile haben?
17. Was riecht gut (schlecht)?
18. Schlagen Sie etwas Interessantes für die Ferien vor!
19. Was ist notwendig zum Leben?
20. Wo sind Sie geboren?
21. Wann hat man Vergnügen daran, draußen zu schlafen?
22. Was bedeutet: haßerfüllt, eine Todsünde, die Fallbrücke, der Schlüsselbund, der Gesundheitszustand, das Klagelied, die Verdienstmöglichkeiten, der Vorschlag, der Gefangene, das Bißchen, das Gottesurteil, die Festlichkeiten, der Vorzug, dieserlei, keinerlei, mancherlei Absichten?

Wortschatz

ähnlich	*similar*	geboren	*born*
allerdings	*to be sure*	gemütlich	*comfortable, cozy*
draußen	*outside (out of doors)*	langweilig	*boring, tedious*
drinnen	*inside*	notwendig	*necessary*
eigentlich	*actual*	schließlich	*finally*
einzeln	*single*	selten	*rare, unusual;*
entlang	*along*		*seldom*
(*acc., follows obj.*)		sonst	*otherwise*
er geht die Straße	*He goes along the*	verschieden	*different*
entlang	*street.*	weich	*soft*

Subordinating Conjunctions

sobald   *as soon as*
    Sobald er nach Hause kommt, gehen wir.   *As soon as he comes home, we'll go.*

solange   *as long as*
    Ich bleibe zu Hause, solange sie krank ist.   *I'll stay home as long as she is ill.*

indem   *while, by*
    Indem er zurücklief, wurde er überfahren.   *While (he was) running back, he was run over.*

Useful Expressions and Idioms

auch wenn, wenn auch   *even if*
Er wird kommen, auch wenn es stark regnet.   *He'll come even if it is raining hard.*

auf/passen auf (*acc.*)   *to pay attention to, to watch out for*
    Paßt gut auf, Kinder!   *Pay attention, children!.*
    Er paßte auf das Kind auf.   *He watched out for the child.*

Hunger (Durst) haben   *to be hungry* (*thirsty*)
Ich habe Hunger. Er hat keinen Hunger.   *I am hungry. He isn't hungry.*

los/werden (**ist**)   *to get rid of*
Ich kann ihn nie loswerden.   *I can never get rid of him.*

Das macht nichts (aus).   *That's all right. That doesn't matter.*

sonst noch etwas   *anything else*
Wünschen Sie bitte sonst noch etwas?   *Do you wish anything else, please?*

sich verloben mit   *to become engaged to*
Ich habe mich mit ihm verlobt.   *I have become engaged to him.*

zum Teil (z.T.)   *in part, partly*
Dieses Buch ist zum Teil schwer zu verstehen.   *This book is partly difficult to understand.*

Grammatik

USES OF SPECIAL SUBJUNCTIVE
(continued from preceding chapter)

1. Indirect Discourse

d. Indirect commands are expressed in German in two ways:

1. Special or general subjunctive of **sollen**

Direct command: Er rief: ,,Treten Sie ein!''
He called: "Come in!"

Indirect command: Er rief, daß ich eintreten **solle.** (S)
sollte. (G)
He called that I should come in.

2. Infinitive preceded by **zu**

Direct command: Er befahl: ,,Öffnen Sie die Tür!''
He commanded: "Open the door!"

Indirect command: Er befahl mir, die Tür **zu öffnen.**
He commanded me to open the door.

ÜBUNG 1

Change the direct command to an indirect command using **sollen** as in the above example.

1. Er befahl: ,,Schweigen Sie!''   2. Er sagte: ,,Setzen Sie sich!''   3. Er hat nur gesagt: ,,Seien Sie vorsichtig!''   4. Er sagte mir: ,, Schlafe nicht ein!''   5. Er

schrie: „Hilf mir!"   6. Er antwortete: „Tretet ein!"   7. Mein Vater schrieb: „Fahre immer vorsichtig!"   8. Niemand kann uns sagen: „Streitet nicht so viel über Kleinigkeiten!"   9. Wer hat dir gesagt: „Gib nicht so viel Geld aus!"?   10. Der General schlug vor: „Paßt auf jedes Wort gut auf!"

ÜBUNG 2

Change the direct command to an indirect command using the infinitive with **zu** as in the above example.

1. Sie hat uns befohlen: „Hören Sie gut zu!"   2. Sie hat uns gesagt: „Schreiben Sie alles auf!"   3. Sie sagte: „Iß nicht so viel!"   4. Sie befahl uns: „Kauft nichts in jenem Geschäft!"   5. Der Schriftsteller schrieb: „Verbrennt nach meinem Tod alle Schriften!"   6. Wer rief: „Begleiten Sie die Besucher nach Hause!"   7. Der Direktor befahl: „Bleibt nicht zu lange!"   8. Die Sängerin bat: „Hole mir eine Tasse Tee!"

ÜBUNG 3

Schriftliche Übungen: See *Programmed Assignment Book*, p. 285, **B.1.c.**

e. Omission of **daß**

In an indirect statement or command **daß** may be omitted, in which case verb-second word order is used.

> Er sagte, **daß** er uns besuchen **wolle.**
> *or:* Er sagte, er **wolle** uns besuchen.
> *He said* (*that*) *he wanted to visit us.*

> Er rief, ich **sollte** die Tür schließen.
> *He called* (*that*) *I should close the door.*

ÜBUNG 4

Reconstruct the sentence omitting **daß** in the dependent clause.

1. Er sagte, daß er keinen Hunger habe.   2. Sie hat geglaubt, daß seine Absichten nicht ehrlich wären.   3. Sie hofften, daß wir das Geld teilen würden.   4. Er behauptete, daß er nichts riechen könne.   5. Sie befahlen, daß ich den Schlüssel zurückbringen solle.   6. Mein Freund versicherte, daß du die verlorenen Sachen wieder gefunden habest.   7. Gestern schrieb sie, daß sie eine lange Reise habe unternehmen wollen.   8. Natürlich hat er gehört, daß wir in eine neue Wohnung gezogen seien.

ÜBUNG 5

Schriftliche Übungen: See *Programmed Assignment Book*, p. 285, **B.1.d.**

2. Volition (*Let's . . .; Let him . . .*)

Imperative forms in the first person plural are expressed in German by the special subjunctive. You have already been using these forms. (See p. 283, **Kapitel 23, Übung 2.**)

Fürchten wir uns nicht!	*Let's not be afraid.*
Laden wir ihn **ein!**	*Let's invite him.*

Third person imperatives are also expressed in German by the special subjunctive. These forms, however, are seldom used today.

Er **verlasse** sofort das Haus!	*Let him leave the house immediately.*
Man **nehme** eine Tasse Zucker.	*Take one cup of sugar.* (*recipe*)

ÜBUNG 6

Schriftliche Übungen: See *Programmed Assignment Book*, p. 285, **B.2.**

3. Special Expressions (*May . . .*)

The special subjunctive is used in certain special expressions that state a wish possible of fulfillment.

Gott **sei** mit uns!	*May God be with us.*
Es **lebe** der König!	*Long live the King!*
Er **ruhe** in Frieden!	*May he rest in peace.*
Gott **sei** Dank!	*Thank goodness!*

Lesestück

Ein Blick auf Wien

Wien ist eine der ältesten deutschen Städte und war einst die bedeutendste deutsche Stadt Europas. Vom dreizehnten bis zum frühen zwanzigsten Jahrhundert war es die Haupt- und Residenzstadt der Habsburger Monarchie.

5   Vor fast zweitausend Jahren hieß es „Vindobona" und war eine römische Grenzfestung gegen die Germanen. Karl der Große besuchte im achten Jahrhundert die Stadt an der Donau, und später wirkten die Kreuzzüge mächtig auf ihre Entwicklung ein. Als Hauptstadt des „Heiligen Römischen

10   Reiches Deutscher Nation" war Wien im Mittelalter ein Kulturzentrum, und mit König Rudolf von Habsburg (1273–1291) wurde sie Sitz der habsburgischen Dynastie und eine Hochburg des Christentums. Zweimal, 1529 und

bedeutend *significant*

die Festung *fortress*

ein/wirken *to have an effect on*
der Kreuzzug *crusade*

die Hochburg *stronghold*

Wien

1683, mußte sich Wien gegen die Türken verteidigen, und   verteidigen *to defend*
15 im Dreißigjährigen Kriege (1618–1648) standen die
Schweden vor seinen Mauern. Unter der glanzvollen   glanzvoll *brilliant*
Regierung Karls des Sechsten (1712–1740) und der Kaiserin   die Regierung *reign*
Maria Theresia (1740–1780) entwickelte sich die Stadt
zum gesellschaftlichen und politischen Mittelpunkt der
20 Monarchie.

Als Napoleons Armeen siegreich durch Europa mar-
schierten, wurde Wien von den Franzosen besetzt; 1814–   besetzen *to occupy*
1815 tagte hier der „Wiener Kongreß", der nach dem Sturze   tagen *to assemble*
Napoleons die Neugestaltung Europas bestimmte. Die   bestimmen *to determine*
25 folgende Zeit der politischen Reaktion unter Metternich
hinderte die weitere Entwicklung der Stadt, und die Revolution im Jahre 1848 führte auch nicht die erhoffte
Vereinigung mit Deutschland herbei. Deutschland selbst   die Vereinigung
wurde erst 1871 ein einheitliches Reich, und Österreich   *unification*
30 blieb bis zum Ende des ersten Weltkrieges 1918 die Dop-
pelmonarchie Österreich-Ungarn. Am 13. März 1938 kam   (das) Ungarn *Hungary*
der Anschluß an Deutschland durch ein Ultimatum Adolf   der Anschluß *union*
Hitlers. Der zweite Weltkrieg endete auch für Österreich
mit Zerstörung, Hunger und Leid. Wien wurde in vier
35 Sektoren geteilt und von Engländern, Russen, Franzosen
und Amerikanern besetzt. Diese Besetzung ging 1955 zu

Schloß Schönbrunn

Ende, und Wien wurde wieder eine Stadt, wo man leben, lachen und lieben konnte.

„Wien, Wien, nur du allein
40   Sollst stets die Stadt meiner Träume sein!"   stets *always*

So fängt ein wohlbekanntes Wiener Lied an, und für viele ist Wien wirklich eine Traumstadt. „Sie ist das Paradies der ewigen Lustigkeit, alles ist von dem Element der Heiterkeit   die Heiterkeit *cheerfulness*
durchdrungen, niemand langweilt sich." So schrieb um   durch/dringen *to*
45   die Jahrhundertwende einer, der sich in Wien verliebt hatte,   *permeate*
in Wien, wo man das Leben nicht so ernst nimmt.   sich langweilen *to be*
     Wien ist heute die Hauptstadt Österreichs und liegt am   *bored*
Ufer der „schönen, blauen Donau", die übrigens fast immer gelblich-braun aussieht. Die Muttersprache der Öster-
50   reicher ist Deutsch, aber sie hat eine Weichheit, die man

Johann Strauß Denkmal

,,typisch Wienerisch'' nennen könnte. Statt ,,Guten Tag''
sagt man ,,Küß die Hand'' zu einer Dame und ,,Hab die
Ehre'' zu einem Herrn; oft sagt man ,,Servus'' anstatt
,,Guten Tag'' und ,,Auf Wiedersehen''.

55   In der Hauptstraße Wiens, der Ringstraße, sind die
meisten Sehenswürdigkeiten. Im Mittelpunkt der Stadt
steht der Stephansdom, das bedeutendste gotische Gebäude
in den österreichischen Ländern. Im südwestlichen Teil der
Altstadt steht die Hofburg, und ihr gegenüber liegen die
60   beiden großen Hofmuseen. Weiter nördlich stehen das
Parlament, das Burgtheater, das Rathaus und die Universität. Östlich von diesen befindet sich die Staatsoper.

Die fast leidenschaftliche Liebe der Wiener für Musik
und Theater hatte zur Folge, daß Wien zur Hauptstadt der
65   musikalischen Welt wurde. Hier lebten Gluck, Mozart,

die Sehenswürdigkeiten
  sights
der Dom *cathedral*

die Hofburg *imperial
  palace*

leidenschaftlich *passionate*
die Folge *result*

Haydn, Beethoven, Schubert, Richard Strauß, Bruckner, Mahler, Schönberg und Alban Berg. Hier wurde 1489 der berühmte Wiener Sängerknaben Chor gegründet. Operetten- und Walzerkomponisten wie Franz Lehar und
70 Johann Strauß waren hier zu Hause. Das Burgtheater wurde eine deutsche Meisterbühne, und auch heute noch geht das allgemeine Interesse für das Theater weit über das Interesse für Sport und Politik hinaus.

    Wien ist auch eine Stadt schöner Parks und historischer
75 Schlösser. Der größte Park, der Prater, gehörte seit 1570 dem kaiserlichen Hof und wurde lange Zeit als Tierpark benutzt. 1776 wurde er von Kaiser Joseph dem Zweiten dem Publikum geöffnet. Hier erfreut sich Sonn- und Feiertags der Wiener Bürger an Volkssängern, Karussells
80 und Puppentheatern. Die „große Welt" besucht die mit vier Reihen schöner Bäume bepflanzte Hauptallee, die ein Schauplatz lebhaftesten Treibens ist, denn hier befinden sich Vergnügungslokale, Restaurants und Kaffeehäuser.

    Das Kaffeehaus, von dem man in jeder Straße von Wien
85 wenigstens eines findet, ist fast zu einer nationalen Erscheinung geworden. Hier kann man für den Preis einer Tasse Kaffee stundenlang sitzen, diskutieren, schreiben, Karten spielen oder Zeitungen lesen. Der Wiener liebt das Kaffeehaus, er liebt seinen Kaffee, er liebt die Unterhaltung
90 mit Bekannten und Kollegen. Hier trifft sich die „große" und die „kleine" Welt. Hier spielt sich manche intime, kleine Geschichte ab. Hier kann man Menschen beobachten, kennenlernen, analysieren.

gründen to establish

die Bühne stage
allgemein general

benutzen to use

die Allee boulevard
das Treiben activity

die Erscheinung phenomenon

ab/spielen to unfold

Lesestück

ANGST UND SCHULD
Franz Kafka (1883–1924)

Franz Kafka, dessen Schriften eine große internationale Wirkung haben, wurde 1883 in Prag geboren. Er starb im Alter von vierzig Jahren an Tuberkulose. Man nennt ihn heute oft den genialen dichterischen Repräsentanten der
5 modernen Existentialphilosophie. In seinen Werken gibt Kafka dem Gedanken Ausdruck, daß die Individualität des Menschen unter der Macht eines höheren Gesetzes stehe, und daß der Mensch, der nicht frei werden könne, ewig einsam leben müsse. Ferner sei er rettungslos dem Gefühl

die Wirkung influence

das Gesetz law

Franz Kafka

10   der Angst und Schuld ausgesetzt. Da Kafka versuchte, die
verschiedenen Möglichkeiten der Rettung aus diesem
Verhängnis zu suchen, konnten seinem Werk die ver-
schiedensten Interpretationen gegeben werden. Die Werke,
von denen Kafka in seinem Testament schrieb, daß sie nach
15   seinem Tode ungelesen verbrannt werden sollten, gab sein
Freund Max Brod heraus.

      Kafka hatte versucht, die Realität der Welt zu begreifen;
da er das Gefühl der Angst und Schuld nicht loswerden
konnte, flüchtete er in eine neue Welt. Die Verwandlung von
20   der wirklichen zur unwirklichen Welt geschah ohne
Übergang; der Kontakt mit der Welt verschwand unter dem
Druck der Unsicherheit. Kafkas Bekannte haben auch
berichtet, daß man nur selten die Mauer von Kafkas
Einsamkeit habe durchdringen können. Er sei immer
25   demütig und gütig gewesen, an allem interessiert, aber
immer sei er entfernt und fremd geblieben, sei lächelnd
einfach nicht da gewesen. Er sei ein Mensch, den man um
seine Jugend betrogen habe.

      Ohne Zweifel hatten Schule und Familienleben den
30   größten Einfluß auf die Entwicklung Franz Kafkas

aus/setzen *to expose*

das Verhängnis *fate*

heraus/geben *to publish*

die Verwandlung *transformation*
der Übergang *transition*

durch/dringen *to penetrate*
demütig *humble*

betrügen *to cheat out of*

ausgeübt. Von der Schule schrieb er, daß man hier
keineswegs zum praktischen Leben und zum realen
Verstehen der Dinge in der Welt erzogen würde. Wie könnte
dann das in einer Anstalt geschehen, in der man von der
35 Macht des Geldes nie etwas erfahre; in der Mathematik und
Griechisch gelehrt würden, aber nicht die Kunst, mit
Menschen zu sprechen?

Um Kafka recht zu verstehen, muß man den Brief an den
Vater nicht ungelesen liegen lassen. Der Vater dachte ans
40 Geldverdienen und an den sozialen Erfolg im Leben; der
Sohn hatte ganz andere Interessen—und nicht die Anlage
zu Erfolgen im Sinne seines Vaters. Auszüge aus diesem
Brief mögen Licht auf manches Dunkle im Werke Kafkas
werfen.

aus/üben to exert

die Anstalt institution

die Anlage natural tendency
der Auszug excerpt

Brief an den Vater (1919)*

5 Liebster Vater,

Du hast letzthin einmal gefragt, warum ich behaupte,
ich hätte Furcht vor Dir. Ich wußte Dir, wie gewöhnlich,
nichts zu antworten, zum Teil eben aus der Furcht, die ich
vor Dir habe, zum Teil deshalb, weil zur Begründung dieser
10 Furcht zu viele Einzelheiten gehören . . . Und wenn ich hier
versuche, Dir schriftlich zu antworten, so wird es nur sehr
unvollständig sein, weil auch im Schreiben, die Furcht und
ihre Folgen mich . . . behindern . . .

Die Sache schien Dir etwa so zu sein: Dein ganzes Leben
15 lang schwer gearbeitet, alles für Deine Kinder, vor allem
für mich geopfert, ich habe infolgedessen „in Saus und
Braus" gelebt, habe vollständige Freiheit gehabt zu lernen,
was ich wollte, habe keinen Anlaß zu . . . Sorgen überhaupt
gehabt; Du hast dafür keine Dankbarkeit verlangt, Du
20 kennst „die Dankbarkeit der Kinder", aber doch wenigstens
irgendein Entgegenkommen, Zeichen eines Mitgefühls;
statt dessen habe ich mich seit jeher vor Dir verkrochen, in
mein Zimmer, zu Büchern, zu verrückten Freunden, zu
überspannten Ideen; . . . um das Geschäft und Deine son-
25 stigen Angelegenheiten habe ich mich nicht gekümmert, . . .
und während ich für Dich keinen Finger rühre, tue ich für
Freunde alles. Faßt Du Dein Urteil über mich zusammen,

letzthin recently
deshalb for the reason
die Begründung foundation
die Einzelheit detail
unvollständig incomplete
die Folge consequence
etwa approximately
vor allem above all
opfern to sacrifice
infolgedessen accordingly
in Saus und Braus leben to live riotously
der Anlaß occasion
das Entgegenkommen meeting halfway
seit jeher from the beginning
sich verkriechen to sneak off
verrückt crazy
überspannt eccentric
die Angelegenheit affair
sich kümmern um to bother about
den Finger rühren to lift a finger
zusammen/fassen to summarize

so ergibt sich, daß Du mir . . . Kälte, Fremdheit, Undank-
barkeit vorwirfst. Und zwar wirfst Du es mir so vor, als
30 wäre es meine Schuld, als hätte ich . . . das Ganze anders
einrichten können, während Du nicht die geringste Schuld
daran hast, es wäre denn die, daß Du zu gut zu mir gewesen
bist.

    Ich sage ja natürlich nicht, daß ich das, was ich bin, nur
35 durch Deine Einwirkung geworden bin. Das wäre sehr
übertrieben . . . Es ist sehr leicht möglich, daß ich, selbst
wenn ich ganz frei von Deinem Einfluß aufgewachsen wäre,
doch kein Mensch nach Deinem Herzen hätte werden
können. Ich wäre wahrscheinlich doch ein schwächlicher,
40 ängstlicher, zögernder, unruhiger Mensch geworden . . .
ganz anders als ich wirklich bin, und wir hätten uns ausgezeichnet miteinander vertragen können. Ich wäre glücklich
gewesen, Dich als Freund, als Chef, als Onkel, als
Großvater, ja selbst als Schwiegervater zu haben. Nur eben
45 als Vater warst Du zu stark für mich, besonders da meine
Brüder klein starben, die Schwestern erst lange nachher
kamen, ich also den ersten Stoß ganz allein aushalten mußte,
dazu war ich viel zu schwach.

    Ich war ein ängstliches Kind; trotzdem war ich gewiß
50 auch störrisch, wie Kinder sind; gewiß verwöhnte mich die
Mutter auch, aber ich kann nicht glauben, daß ich besonders schwer lenkbar war, ich kann nicht glauben, daß ein
freundliches Wort, ein stilles Bei-der-Hand-Nehmen, ein
guter Blick mir nicht alles hätten abfordern können, was
55 man wollte. Nun bist Du ja im Grunde ein gütiger und
weicher Mensch . . . aber nicht jedes Kind hat die Ausdauer
und die Unerschrockenheit, so lange zu suchen, bis es zu der
Güte kommt. Du kannst ein Kind nur so behandeln, wie
Du eben selbst geschaffen bist, mit Kraft, Lärm, Jähzorn,
60 und in diesem Falle schien Dir das auch noch überdies
deshalb sehr gut geeignet, weil Du einen kräftigen, mutigen
Jungen in mir aufziehen wolltest.

    Damals und damals überall hätte ich die Aufmunterung
gebraucht. Ich war ja schon niedergedrückt durch Deine
65 bloße Körperlichkeit. Ich erinnere mich zum Beispiel daran,
wie wir uns öfters zusammen in einer Kabine auszogen. Ich
mager, schwach, schmal, Du stark, groß, breit. Schon in
der Kabine kam ich mir jämmerlich vor, und zwar nicht nur
vor Dir, sondern vor der ganzen Welt, denn Du warst für
70 mich das Maß aller Dinge. Traten wir dann aber aus der
Kabine vor die Leute hinaus, ich an Deiner Hand, ein

sich ergeben *to result*
vor/werfen *to reproach*
ein/richten *to arrange*

die Einwirkung *influence*
übertrieben *exaggerated*

zögern *to hesitate*

sich vertragen *to get
  along*
der Chef *employer*
der Schwiegervater
  father-in-law

der Stoß *encounter*
aus/halten *to endure*
störrisch *stubborn*
verwöhnen *to spoil*
schwer lenkbar
  intractable
ab/fordern *to get*
im Grunde *basically*
die Ausdauer
  perseverance
die Unerschrockenheit
  courage
behandeln *to treat*
schaffen *to create*
der Lärm *noise*
der Jähzorn *sudden anger*

eignen *to suit*
auf/ziehen *to bring up*
die Aufmunterung
  encouragement
bloß *mere*
die Kabine *dressing room*
mager *skinny*
schmal *slender*
sich vor/kommen *to feel*
jämmerlich *wretched*
das Maß *measure*

kleines Geripppe, unsicher, bloßfüßig auf den Planken, in Angst vor dem Wasser, unfähig, Deine Schwimmbewegungen nachzumachen, die Du mir in guter Absicht, aber
75 tatsächlich zu meiner tiefen Beschämung immerfort vormachtest, dann war ich sehr verzweifelt.

In Deinem Lehnstuhl regiertest Du die Welt. Deine Meinung war richtig, jede andere war verrückt, überspannt, nicht normal. Dabei war Dein Selbstvertrauen so groß, daß
80 Du gar nicht konsequent sein mußtest und doch nicht aufhörtest, recht zu haben . . . Du konntest zum Beispiel auf die Tschechen schimpfen, dann auf die Deutschen, dann auf die Juden . . . und schließlich blieb niemand mehr übrig außer Dir . . .
85 Das bezog sich auf Gedanken so gut wie auf Menschen. Es genügte, daß ich an einem Menschen ein wenig Interesse hatte—es geschah ja infolge meines Wesens nicht sehr oft—, daß Du ohne jede Rücksicht auf mein Gefühl und ohne Achtung vor meinem Urteil mit Beschimpfung, Verleum-
90 dung, Entwürdigung dreinfuhrst . . . Unschuldige, kindliche Menschen wie zum Beispiel der jiddische Schauspieler Löwy mußten das büßen. Ohne ihn zu kennen, verglichst Du ihn in einer schrecklichen Weise, die ich schon vergessen habe, mit Ungeziefer, . . . Deine Aussprüche . . . habe ich mir mit
95 der Bemerkung notiert: „So spricht mein Vater über meinen Freund (den er gar nicht kennt) nur deshalb, weil er mein Freund ist. Das werde ich ihm immer entgegenhalten können, wenn er mir Mangel an kindlicher Liebe und Dankbarkeit vorwerfen wird." Unverständlich war mir
100 immer Deine vollständige Empfindungslosigkeit dafür, was für Leid und Schande Du mit Deinen Worten und Urteilen mir zufügen konntest, es war, als hättest Du keine Ahnung von Deiner Macht. Auch ich habe Dich sicher oft mit Worten gekränkt, aber dann wußte ich es immer, es
105 schmerzte mich, aber ich konnte mich nicht beherrschen, das Wort nicht zurückhalten, ich bereute es schon, während ich es sagte, Du aber schlugst mit Deinen Worten ohne weiteres los, niemand tat Dir leid, nicht währenddessen, nicht nachher, man war gegen Dich vollständig wehrlos.
110 Aber so war Deine ganze Erziehung. Du hast, glaube ich, ein Erziehungstalent; einem Menschen Deiner Art hättest Du durch Erziehung gewiß nutzen können . . . Für mich als Kind war aber alles, was Du mir zuriefst, geradezu Himmelsgebot, ich vergaß es nie, es blieb mir das wichtigste
115 Mittel zu Beurteilung der Welt . . . Da ich als Kind haupt-

---

das Geripppe *skeleton*
bloß *bare*
unfähig *incapable*

tatsächlich *actually*
immerfort *constantly*
vor/machen *to demonstrate*
verzweifeln *to despair*
das Vertrauen *confidence*
konsequent *consistent*
auf/hören *to cease*
schimpfen *to insult*
übrig *left over*

sich beziehen auf *to apply to*
das Wesen *nature*
die Rücksicht *consideration*

die Verleumdung *slander*
die Entwürdigung *degradation*
drein/fahren *to light into*
büßen *to suffer for*
vergleichen *to compare*
das Ungeziefer *vermin*
der Ausspruch *remark*
deshalb *for that reason*

der Mangel *lack*
vor/werfen *to reproach*
die Empfindungslosigkeit *lack of feeling*
die Schande *disgrace*
zu/fügen *to cause*
die Ahnung *idea*
kränken *to hurt*
sich beherrschen *to control oneself*
bereuen *to regret*
los/schlagen *to attack*
währenddessen *at the time*
wehrlos *defenseless*

nutzen *to be of service*

das Gebot *command*
das Mittel *means*

sächlich beim Essen mit Dir beisammen war, war Dein
Unterricht zum großen Teil Unterricht im richtigen Benehmen bei Tisch. Was auf den Tisch kam, mußte aufgegessen, über die Güte des Essens durfte nicht gesprochen
120 werden—Du aber fandest das Essen oft ungenießbar;
nanntest es „das Fressen"; das „Vieh" (die Köchin) hatte
es verdorben. Weil Du entsprechend Deinem kräftigen
Hunger und Deiner besonderen Vorliebe alles schnell, heiß
und in großen Bissen gegessen hast, mußte sich das Kind
125 beeilen, düstere Stille war bei Tisch, unterbrochen von
Ermahnungen: „zuerst iß, dann sprich" oder „schneller,
schneller, schneller" oder „siehst Du, ich habe schon längst
aufgegessen". Knochen durfte man nicht zerbeißen, Du ja,
Essig durfte man nicht schlürfen, Du ja . . . Man mußte
130 achtgeben, daß keine Speisereste auf den Boden fielen,
unter Dir lag schließlich am meisten. Bei Tisch durfte man
sich nur mit Essen beschäftigen, Du aber putztest und
schnittest Dir die Nägel, spitztest Bleistifte . . . Bitte, Vater,
verstehe mich recht, das wären an sich vollständig unbedeu-
135 tende Einzelheiten gewesen, niederdrückend wurden sie für
mich erst dadurch, daß Du, der für mich so ungeheuer
maßgebende Mensch, Dich selbst an die Gebote nicht
hieltest, die Du mir auferlegtest. Dadurch wurde die Welt
für mich in drei Teile geteilt, in einen, wo ich, der Sklave,
140 lebte, unter Gesetzen, die nur für mich erfunden waren . . .
dann in eine zweite Welt, die unendlich von meiner entfernt
war, in der Du lebtest . . . und schließlich in eine dritte
Welt, wo die übrigen Leute glücklich und frei von Befehlen
und Gehorchen lebten. Ich war immerfort in Schande,
145 entweder befolgte ich Deine Befehle, das war Schande,
denn sie galten nur für mich; oder ich war trotzig, das war
auch Schande, denn wie durfte ich Dir gegenüber trotzig
sein, oder ich konnte nicht folgen, weil ich zum Beispiel
nicht Deine Kraft, nicht Deinen Appetit, nicht Deine
150 Geschicklichkeit hatte, trotzdem Du es als etwas Selbst-
verständliches von mir verlangtest; das war allerdings die
größte Schande . . .

    Die Unmöglichkeit des ruhigen Verkehrs hatte noch eine
weitere eigentlich sehr natürliche Folge: ich verlernte das
155 Reden. Ich wäre ja wohl auch sonst kein großer Redner
geworden, aber die gewöhnlich fließende menschliche
Sprache hätte ich doch beherrscht. Du hast mir aber schon
früh das Wort verboten. Deine Drohung: „Kein Wort der
Widerrede!" und die dazu erhobene Hand begleiten mich

---

hauptsächlich *mainly*

das Benehmen *behavior*

ungenießbar *inedible*
das Fressen *food for animals*
das Vieh *beast*
verderben *to ruin*
entsprechend *corresponding*
die Vorliebe *preference*
düster *gloomy*
die Ermahnung *admonition*
der Knochen *bone*
der Essig *vinegar*
acht/geben *to watch out*
der Speiserest *particle of food*
sich beschäftigen *to occupy oneself*
putzen *to clean*
ungeheuer *extremely*
maßgebend *authoritative*

das Gesetz *law*
erfinden *to invent*

übrig *rest of*
gehorchen *to obey*
die Schande *disgrace*
gelten *to be valid*
trotzig *stubborn*

folgen *to obey*

die Geschicklichkeit *dexterity*

der Verkehr *association*
die Folge *result*
verlernen *to unlearn*

beherrschen *to master*
die Drohung *threat*
die Widerrede *contradiction*

160 schon seit jeher. Ich bekam vor Dir eine stockende,   stocken *to halt*
stotternde Art des Sprechens, auch das war Dir noch zu
viel, schließlich schwieg ich, zuerst vielleicht aus Trotz,
dann, weil ich vor Dir weder denken noch reden konnte.
Und weil Du mein eigentlicher Erzieher warst, wirkte das   nach/wirken *to have an*
165 überall in meinem Leben nach. Es ist überhaupt ein merk-   *after effect*
würdiger Irrtum, wenn Du glaubst, ich hätte mich Dir nie   merkwürdig *peculiar*
gefügt . . . Hätte ich Dir weniger gefolgt, Du wärest sicher   der Irrtum *error*
viel zufriedener mit mir . . . so wie ich bin, bin ich das   sich fügen *to submit*
Ergebnis Deiner Erziehung und meiner Folgsamkeit . . .   das Ergebnis *result*
    die Folgsamkeit
170   Es ist wahr, daß Du mich kaum einmal wirklich ge-   *obedience*
schlagen hast. Aber das Schreien, das Rotwerden Deines
Gesichts, das eilige Losmachen der Hosenträger, ihr Bereit-
liegen auf der Stuhllehne, war für mich fast ärger. Es ist,   ärger *worse*
wie einer gehängt werden soll. Wird er wirklich gehängt,
175 dann ist er tot und es ist alles vorüber. Wenn er aber alle
Vorbereitungen zum Gehenktwerden miterleben muß und   die Vorbereitung
erst wenn ihm die Schlinge vor dem Gesicht hängt, von   *preparation*
seiner Begnadigung erfährt, so kann er sein Leben lang   erleben *to experience*
daran zu leiden haben . . .   die Schlinge *noose*
    die Begnadigung *pardon*
180   Franz

WIEDERHOLUNG

Kapitel 30. Preparation for tests. See *Programmed Assignment Book*, pp.
287–291.

PRÜFUNG 1 ODER 2

Kapitel 30. See Instructor.

Wiederholungskapitel

Gespräch

In der Vorlesung

    die Vorlesung *lecture*

    Jean Guten Morgen, Heinz!

    Heinz Guten Morgen. Du siehst heute so verschlafen aus. Warst du denn so lange auf?

    Jean Das solltest du doch wissen! Warum fehlen heute so
5 viele Studenten?

    Heinz Sie waren, wie du, wohl alle gestern abend auf einem Faschingsball. Es ist aber erst zehn Uhr. Du kennst doch das akademische Viertel.* Es werden wohl noch mehrere in letzter Minute erscheinen.

    der Fasching *carnival*
    das Viertel *quarter hour*

10 **Jean** Mir macht es immer Spaß, wenn die Studenten auf die Bänke klopfen, weil sie begeistert sind. Und das Trampeln!

    begeistert *enthusiastic*

    Heinz Professor Mühlstein ist zwar sehr beliebt; ich habe aber eine Vorlesung, in der die Studenten öfters
15 zischen, weil ihnen etwas mißfällt. Starkes Mißfallen ruft Scharren hervor!

    beliebt *popular*

    zischen *to kiss*
    das Scharren *scraping*

---

* Vorlesungen beginnen an den deutschen Universitäten fünfzehn Minuten nach der Stunde.

403

Jean Der Professor tut mir leid. Besuchen viele Studenten diese Vorlesung?

Heinz Es ist eine Pflichtvorlesung. Viele erscheinen aber
20 nicht zur Vorlesung, obwohl sie sie belegt haben; aber bei der Abschlußprüfung werden Fragen über das Thema der Vorlesung gestellt.

belegen *to enroll*
die Abschlußprüfung *final examination*

Jean Es ist schlecht für mich, daß ich so wenige Prüfungen habe. Zu Hause hatten wir fast jede Woche eine
25 Prüfung, und man wurde gezwungen, immer auf dem Laufenden zu bleiben.

auf dem Laufenden bleiben *to keep up*

Heinz Es gibt wenig Zwang hier auf den deutschen Hochschulen. Man nennt dies akademische Freiheit.

die Hochschule *university*

Jean Die Studenten wissen schon, was auf dem Spiel steht.
30 Nach der Abschlußprüfung machen viele Studenten ihren Doktor.

auf dem Spiel stehen *to be involved*

Heinz Und keiner darf die Universität besuchen, ohne vorher das Abitur gemacht zu haben. Das ist die Abschlußprüfung, die man hier an den Oberschulen
35 machen muß. Sie soll eine der schwersten Prüfungen sein.

das Abitur *final examination from secondary school*

Jean Man hat mir gesagt, daß einer, der das Abitur gemacht hat, schon als „Junior" auf einer amerikanischen Universität zugelassen wird.

zu/lassen *to admit*

40 **Heinz** Das ist aber interessant.

Jean Still! Hier kommt der gute Alte!

Studentenbude

die Bude *room*

Heinz Du siehst nach der Vorlesung wieder munter aus.

munter *lively*

Jean Bin ich auch. Dieser Professor regt mich immer sehr an. Er spricht ein solch gepflegtes Deutsch.

an/regen *to stimulate*
gepflegt *cultivated*

45 **Heinz** Darf ich dich ein Stückchen begleiten?

Jean Selbstverständlich. Ich gehe die Ludwigstraße bis zur Schellingstraße und hole dort einen Rock und einen Pullover von der Reinigung ab.

selbstverständlich *of course*
die Reinigung *cleaners*

Heinz Gut. Ich komme bis zur Türkenstraße mit.

50 **Jean** Wo hast du deinen Wagen?

Heinz Ich ließ ihn zum Abschmieren und Ölwechsel in der Garage in der Georgenstraße. Es ist auch nicht weit von hier.

das Abschmieren *grease job*

Jean Meine Wirtin hat mich heute zum Mittagessen ein-
55 geladen. Sie tut das ab und zu.

ab und zu *now and then*

	Heinz Du kommst gut mit ihr aus, nicht wahr?	aus/kommen *to get along*
	Jean Ja, sie ist liebenswürdig und zuvorkommend. Ich hatte großes Glück.	zuvorkommend *obliging*
60	**Heinz** Bestimmt! Es sind nicht alle Wirtinnen so angenehm. Und dein Zimmer gefällt dir auch?	
	Jean O ja! Es ist zwar klein, und ich habe in dem Kleiderschrank nicht viel Platz für meine Sachen, aber es ist gemütlich und sauber. Vor allen Dingen ist es im Winter gut geheizt.	der Kleiderschrank *closet*
65	**Heinz** Du zahlst aber im Winter extra für die Heizung und hast nicht jeden Tag heißes Wasser.	
	Jean Das war am Anfang unangenehm. Man gewöhnt sich aber an alles! Es fiel mir am schwersten, mich an die Betten zu gewöhnen: diese dicken Federbetten.	
70	**Heinz** Ich dachte, du hast nur ein Sofa im Zimmer.	
	Jean Habe ich auch. Es ist aber eine Schlafcouch. Ich habe auch einen Nachttisch, eine Nachttischlampe, einen Bücherschrank, einen Tisch und zwei Sessel.	der Sessel *armchair*
	Heinz Vermißt du Radio und Fernsehapparat?	
75	**Jean** Radio habe ich, und zum Fernsehen habe ich keine Zeit. Mein Plattenspieler macht mir viel Freude.	die Platte *record*
	Heinz Jetzt weiß ich auch, was man dir zum Geburtstag schenken kann.	
	Jean Nicht doch! Ich darf nach 10 Uhr abends keine Musik mehr spielen.	
80	**Heinz** Hier sind wir ja. Auf Wiedersehen, Jean! Ich rufe später noch an.	
	Jean Auf Wiedersehen, Heinz!	

Reisepläne

	Heinz Es ist sehr traurig, daß du bald nach Hause fahren mußt.
85	**Jean** Ja, die Zeit vergeht so schnell. Ich kann es kaum glauben, daß das Semester schon zu Ende ist.
	Heinz Wie fährst du eigentlich?
90	**Jean** Ich fahre mit dem Schiff nach New York, fliege von New York nach Chicago und fahre dann mit dem Zug nach Peoria. Meine Großeltern leben dort und feiern goldene Hochzeit. Es gibt ein großes Familienfest. Meine Eltern kommen auch hin, und wir fliegen dann zusammen nach Hause. Ich freue mich schon darauf,

95	viele von meinen Vettern und Kusinen wiederzusehen.	der Vetter (*male*) *cousin*

95   viele von meinen Vettern und Kusinen wiederzusehen.   der Vetter (*male*) *cousin*
Ich habe sie nicht mehr gesehen, seit wir Kinder waren.

Heinz   Hast du deine Schiffskarte schon bestellt?

Jean   Ich muß jetzt zum Reisebüro. Kommst du mit?

Heinz   Sehr gerne.

100   **Jean**   Ich hoffe mit einem Passagierdampfer von Bremer-   der Dampfer *steamer*
haven reisen zu können; dann bin ich in sechs Tagen
in New York.

Heinz   Ich wünschte, ich könnte mitfahren!

Jean   Ich habe schon angefragt, und es gibt noch freie

105   Plätze. Ich fahre Touristenklasse, A-Deck. Das soll
sehr schön sein.

Heinz   Ist auf dem Dampfer ein Schwimmbad?

Jean   Ja, und drei Tanzkapellen, Kinos, Deckspiele, und   die Kapelle *band*
so weiter. Man kann sich gut amüsieren.

110   **Heinz**   Ich fürchte, du wirst dich zu gut amüsieren und
mich ganz und gar vergessen!

Jean   Nein, das werde ich nicht. Du mußt mich einmal
besuchen. Meine Eltern haben dich doch eingeladen.

Heinz   Wenn es geht, komme ich bestimmt! Vielleicht wird

115   es möglich sein, nachdem ich meine Examen hinter
mir habe. Holt dich jemand in New York ab?

Jean   Ja, ich habe eine Tante dort. Sie besorgt mir den
Flugschein und wird mich nach Peoria begleiten.   der Flugschein *flight ticket*

Heinz   Ist die Strecke von Chicago nach Peoria weit?

120   **Jean**   Ungefähr drei Stunden. Von München nach Bremen   ungefähr *about*
fahre ich acht Stunden mit dem Schnell- oder D-Zug.   der Schnellzug, der D-Zug
Ich könnte Schlafwagen nehmen. Das wäre 'was!   *express*

Heinz   Du mußt im Kursbuch nachschauen und den besten   das Kursbuch *timetable*
Zug aussuchen.

125   **Jean**   Du kannst mir guten Rat geben; mit deutschen
Zügen habe ich wenig Erfahrung.   die Erfahrung *experience*

Heinz   Ich würde mich sehr freuen, dich hier in München
zum Bahnhof zu bringen. Darf ich das?

Jean   Das wäre sehr lieb von dir. Dann kannst du gleich

130   am Schalter für mich die Karte lösen. Auch kannst du   der Schalter *ticket window*
mir mit meinem Gepäck helfen.   das Gepäck *luggage*

Heinz   Der Abschied wird mir schwer fallen. Aber ich bin
sicher, wir sehen uns wieder.

Jean   Darauf freue ich mich schon. Und schreiben mußt

135   du oft.

Heinz   Das verspreche ich dir. Hier sind wir ja am Reisebüro. Hinein!

Übungen (Kapitel 25–30)

A. Change the following sentences to the past tense, then to the present perfect.

1. Er wird um Rat gebeten.   2. Warum wird dieser Mantel nie getragen?   3. Das Paar Schuhe wird unter dem Bett gefunden.   4. Nachher wird unser Erlebnis als etwas Außerordentliches dargestellt.   5. Das Gold muß schnell verborgen werden. 6. Er will als Einziger den Gipfel bestiegen haben.   7. Dieses Problem kann von niemandem gelöst werden.   8. Läßt es sich leicht machen?   9. Hier gibt es wenig, was verstanden werden kann.   10. Ich werde oft gefragt, wie es mir geht.

B. Change the following sentences from the active to the passive. Watch the tenses.

Beispiel: Wir feiern ein Fest.

   Ein Fest wird von uns gefeiert.

1. Der Junge stiehlt einen Anzug.   2. Wir vergaßen den unfreundlichen Empfang äußerst schnell.   3. Der Kaufmann hat uns diesen Stoff sehr empfohlen.   4. Der Student hatte in der letzten Prüfung keine Fehler gemacht.   5. Jeder wird den ernsten Zustand des Nachbarn bald erkennen.   6. Wir werden ähnliche Hemden gekauft haben.   7. Wahrscheinlich nimmt sie die Einladung an.   8. Wir erwarteten den Tag der Abreise.   9. Was hat der Streit erreicht?   10. Die Kleine hat viele Aufgaben geschrieben.   11. Du wirst allerlei vorschlagen.   12. Während des Sturmes werden wir alle Fenster zumachen.   13. Der Schauspieler hat den Tag angegeben, an dem er seine neue Rolle darstellen wird.   14. Sobald wir den Zweck der Übung erkannt hatten, begriffen wir seine Absichten.

C. Change the following sentences to the active using **man.**

1. Hier wird nicht geraucht.   2. Dem armen Kind wurde geholfen.   3. Was ist als Geschenk überreicht worden?   4. Diese Tücher waren abgeschnitten worden. 5. Die nahe Grenze wird bald erreicht werden.   6. Vielleicht muß die Aufgabe noch einmal gemacht werden.   7. So etwas Unhöfliches kann nie entschuldigt werden.   8. Wegen des Regens wurde drinnen Kaffee getrunken.   9. Hier sind vor Jahren viele Schätze ausgegraben worden.

D. Express in German.

1. The children are well educated.   2. Why was the key stolen by the stranger? 3. A new date has been suggested by the salesman.   4. This color will surely be preferred to that one.   5. His good intentions had been described by his wife. 6. A big prize will have been divided among (**unter**) the three workers.   7. When had it been asserted that our neighbor was complaining about our dog?   8. Have you ever been bitten by an animal?   9. Were these pictures as much admired as those?   10. Soon we will also be invited to go to the country.   11. Mondays the

young girl was always picked up at seven-thirty.   12. How had it happened that
you were not believed?   13. I had been commanded to pay attention.
14. Unfortunately she will never know how the truth had been found out.
15. This question has had to be clearly explained or it will be understood by no
one.

   E. Translate into English.

1. Von unseren Fenstern aus konnten wir die Berge sehen, deren Gipfel mit Schnee
bedeckt waren.   2. Von unseren Fenstern aus konnten wir die Berge sehen, deren
Gipfel waren mit Schnee bedeckt.   3. Wir luden die junge Dame ein, die sich mit
uns so nett unterhalten hatte.   4. Wir luden die junge Dame ein, die hatte sich
mit uns so nett unterhalten.   5. Dort vor dem Schaufenster steht der Fremde, auf
den du gut aufpassen sollst.   6. Dort vor dem Schaufenster steht der Fremde, auf
den sollst du gut aufpassen.   7. Die Leute tun uns sehr leid, deren Haus vor einigen
Wochen niederbrannte.   8. Die Leute tun uns sehr leid, deren Haus brannte vor
einigen Wochen nieder.

   F. Form conditional contrary-to-fact sentences using general subjunctive:
a. present   **b.** past   **c. würde-**form in first clause.

Beispiel: Er schreibt mir. Er hat Zeit.

   Er schriebe mir, wenn er Zeit hätte.
   Er hätte mir geschrieben, wenn er Zeit gehabt hätte.
   Er würde mir schreiben, wenn er Zeit hätte.

1. Mein Bruder macht keine Fehler. Er paßt auf.   2. Wir werden den Wagen los.
Wir verlangen weniger dafür.   3. Es tut mir wirklich leid. Du kannst mich nicht
bald besuchen.   4. Vielleicht empfehlen wir das Werk. Es ist nicht so lang.
5. Ohne Zweifel verliebt sich der Gast in das Mädchen. Sie hat mehr Interesse für
seine Arbeit.   6. Ich begreife das nie. Er erklärt es mir nicht immer wieder.
7. Fast jeden Tag geht sie am Ufer spazieren. Der Arzt erlaubt es ihr.   8. Kann der
Reisende uns einige seiner Erlebnisse erzählen? Er darf länger hier bei uns bleiben.
9. Ich muß für die Kinder sorgen. Ihre Eltern sterben.   10. Der Schriftsteller soll
um Hilfe bitten. Er leidet Not.

   G. Form conditional contrary-to-fact sentences using general subjunctive:
a. present   **b.** past   **c.** present, omitting **wenn**   **d.** past, omitting **wenn.**

Beispiel: Wenn er fragt, gebe ich ihm eine Antwort.

   Wenn er fragte, gäbe ich ihm eine Antwort.
   Wenn er gefragt hätte, hätte ich ihm eine Antwort gegeben.
   Fragte er, gäbe ich ihm eine Antwort.
   Hätte er gefragt, hätte ich ihm eine Antwort gegeben.

1. Wenn sie ihm eine Tasse Kaffee anbietet, nimmt er sie an.   2. Wenn wir uns
besser unterhalten, bleiben wir länger zusammen.   3. Wenn mein Freund das

Fenster aufmacht, regnet es herein. 4. Wenn der Polizist ein Zeichen gibt, muß man halten. 5. Wenn du schuld daran bist, sollst du dich entschuldigen.
6. Wenn ich mich schnell entscheide, dann bekomme ich bestimmt einen besseren Wagen. 7. Wenn die schöne Dame zum Fest erscheint, so stelle ich sie allen vor.
8. Wenn wir erst nach Weihnachten in die Berge fahren, können wir nur kurze Zeit bleiben. 9. Wenn der Hund dich beißt, rufe ich einen Arzt. 10. Wenn jemand meinen neuen Mantel stiehlt, trage ich den alten.

H. Express in German.

1. If you became engaged, we would all celebrate. 2. I would suggest something better if I knew more about the matter. 3. Would you prefer this suit if money played no role (**die Rolle**)? 4. If my aunt didn't complain so much, we would visit her more often. 5. Manfred would invite me to the opera if the tickets were not sold out. 6. If everyone had paid attention, no one would have made a mistake.
7. Actually, she would have hated it if her parents had quarreled with her.
8. Why wouldn't the brothers have been able to share a room for two days?
9. His grandfather would not have wanted to spend more even if he had had the money. 10. That person would surely have been caught if he had stolen the keys to your car.

I. Give the correct form of the general subjunctive indicated by the English infinitive in:

a. present **b.** past **c.** present, omitting **ob.**

Beispiel: (*to pay attention*) Es schien, als ob niemand ————.

> Es schien, als ob niemand aufpaßte.
> Es schien, als ob niemand aufgepaßt hätte.
> Es schien, als paßte niemand auf.

1. (*to push*) Es war, als ob jemand mich ————. 2. (*to be*) Sie tat, als ob es schwer zu begreifen ————. 3. (*to quarrel*) Ihm kam es vor, als ob die Nachbarn oft miteinander ————. 4. (*to dream*) Mir war es, als ob ich alles ————. 5. (*to converse*) Sie taten, als ob sie ————. 6. (*to recognize*) Es sah aus, als ob er die Frau nicht ————.

J. Express in German.

1. It seemed as if they were quarreling. 2. He acted as if he preferred the darker suit. 3. It was as if many people were listening to the music. 4. She spoke as if she knew everything. 5. The actor smiled as if he had received a love letter.
6. The lady walked as if she were afraid. 7. My landlady cried as if her heart were breaking. 8. She thanked them as if they had given her something special.
9. On the street they greeted us as if we hadn't seen one another for years.
10. The artist kissed the girl as if he had really fallen in love with her. 11. The boys played as if they had to win. 12. The writer talked about his novel as if it

would become a great success. 13. Suddenly the child screamed as if it had been hit. 14. Our neighbor drove into the garage as if he had been drinking. 15. It sounded (**klang**) as if it would be a great pleasure (*joy*) to go out together.

K. Change direct statements or commands to indirect discourse with **daß** and without **daß**. (special and general subjunctive)

Beispiel: Die Leute sagten: „Eine Mauer umgab den Garten."

Die Leute sagten, **daß eine Mauer den Garten umgeben habe (hätte).**
Die Leute sagten, **eine Mauer habe (hätte) den Garten umgeben.**

1. Wir wiederholten: „Man verbarg das Silber." 2. Wer behauptete: „Die Ferien sind viel zu kurz." 3. Jemand schrie: „Laßt den Hund los!" 4. Sie antwortete: „Ich weiß nicht." 5. Du berichtetest: „Der Alte behielt das Geld." 6. Die Kleine sagte: „Ich werde mich bald entscheiden." 7. Der Vater rief: „Mache doch die Tür auf!" 8. Sie sagte: „Die Katze reißt das Tuch vom Tisch." 9. Der Bauer hat gemeint: „Ich kann es mir kaum vorstellen." 10. Die Gute sprach: „Man mußte für die Armen sorgen." 11. Wir schlugen vor: „Die Sachen werden angenommen." 12. Der Arbeiter klagte: „Nichts wurde hier richtig begriffen." 13. Meine Mutter befahl: „Biete dem Gast doch etwas an!" 14. Leise antwortete jener: „Ich habe Hunger und werde mir ein Stück Brot holen." 15. Er versprach: „Heute wird das Gedicht auswendig gelernt."

L. Express in German.

1. The driver asserted that he had not received a penalty. 2. The student said he had fallen asleep during the lesson. 3. You didn't say you were sorry. 4. Our friends wrote they would arrive early on Tuesday morning. 5. My son explained that it had happened only once before. 6. Someone answered that they were invited but had stayed only three days. 7. Someone asked if you would accompany me home. 8. They thought that one couldn't drive farther in that direction. 9. The actress wondered who would be collecting tickets for the play. 10. Our father said you would have solved the problem already and would have driven home before us. 11. Didn't your friend write that he was leaving the city and would probably not return before the spring? 12. The German family believed that the boy would become accustomed to everything earlier than the girl. 13. Leni has explained that the judge recommended her and considered her an excellent saleslady. 14. Didn't you say you (**du**) wanted to return home in March? 15. Who reported that the windows had been broken and that the money had been taken? 16. Everyone advised that you should and must try harder.

SCHRIFTLICHE ÜBUNGEN

Kapitel 25–30. See *Programmed Assignment Book*, pp. 293–297.

Lesestück

GROßE MÄNNER DER WISSENSCHAFT
Robert Koch (1843–1910)*

Der kleine, kurzsichtige Landarzt in Wollstein im Osten
Deutschlands hatte sich ein Mikroskop gekauft! Das hatte
viel Geld gekostet und einen richtigen Streit mit seiner
Frau verursacht. Es hatte ihn schon lange geärgert, an
5   kranken Menschen herumzudoktern, ohne auch nur im
geringsten die Ursachen der Krankheiten zu kennen. Zwei
französische Ärzte hatten behauptet, daß es Bazillen gäbe,
die an Krankheiten schuld wären, aber niemand hatte das
richtig klar bewiesen. So vertiefte sich Robert Koch in
10   seine Beobachtungen und Untersuchungen unter seinem
Mikroskop. Seine Frau weinte und meinte, daß ihr Mann
auf der Universität doch genug für einen Arzt gelernt hätte!
Und nun liefen sogar gräßliche, weiße Mäuse in der
Wohnung herum! Bald war die eine, bald die andere aus
15   dem Käfig entwischt, so daß es fast täglich Mäusejagden
durch die drei Doktorenzimmer gab.

    Robert Koch züchtete auf künstlichem Nährboden
Milzbrandbazillen. Damit infizierte er gesunde Mäuse;
aber weil er noch keine richtige Spritze hatte, stach er mit
20   einem angespitzten Holzstäbchen. Die Tiere starben. Bald
gab er die Hälfte seiner Praxis ab, um Zeit für seinen
Mikrobenkampf zu gewinnen. Robert Koch mußte wissen,
wieso scheinbar tote Bakterien nach langer, langer Zeit in
bisher ganz gesunden Tieren plötzlich wieder erschienen.
25   Eines Tages hatte er die Antwort: durch Sporen. Er hatte die
Dauerform entdeckt! So vergingen Wochen, Monate und
Jahre. Aber an einem Aprilmorgen des Jahres 1875 packte
er Mikroskop und Mäuschen ordentlich zusammen, zog
den besten Anzug an und fuhr nach Breslau.
30   Alle bekannten und unbekannten Gelehrten aus Breslau
und Umgegend, ja sogar aus Berlin, waren zu einem
Demonstrationsabend eingeladen worden. Aber drei Tage
lang ließen sie sich von dem zweiunddreißigjährigen
einfachen Landarzt das schauerliche Mikrobendrama
35   vorführen. Alle waren erstaunt und tief beeindruckt, nur
der berühmteste Pathologe seiner Zeit, Doktor Rudolf
Virchow aus Berlin, blieb kühl und unfreundlich. Doch

---

kurzsichtig *nearsighted*

verursachen *to cause*
ärgern *to irritate*
die Ursache *cause*

sich vertiefen *to become
   engrossed*

gräßlich *horrible*
die Maus *mouse*
bald...bald *now...then*
der Käfig *cage*
entwischen *to escape*
die Jagd *chase*
züchten *to cultivate*
künstlich *artificial*
der Nährboden *culture*
der Milzbrand *anthrax*
die Spritze *hypodermic
   needle*
das Holzstäbchen *little
   wooden stick*
scheinbar *apparently*
bisher *until now*
die Dauerform *durable
   form*

der Gelehrte *scholar*
die Umgegend *vicinity*

schauerlich *awesome*
vor/führen *to demonstrate*

---

*Reprinted in part with slight changes from *Was die Welt den Deutschen verdankt* by Fritz
Zingel (c) 1931. Hase und Koehler Verlag, Leipzig.

Robert Koch

      eines Tages kam die Berufung Robert Kochs zum
Regierungsrat des Reichsgesundheitsamtes in Berlin.
40   Es gab hier herrliche Laboratorien, viele moderne
Apparate, genügend Staatsmittel und zwei ausgezeichnete
Assistenten. Bei sechzehn bis achtzehn Arbeitsstunden am
Tage waren Essen, Schlafen und Erholung für Robert Koch
die überflüssigsten Dinge. In Gedanken an seine Bazillen

die Berufung *appointment*
der Regierungsrat
  councilor
die Mittel *financial means*

die Erholung *recreation*
überflüssig *superfluous*

45 ging er an der eigenen Haustür vorbei! Von Tag zu Tag
wurde er berühmter, denn was er über Desinfektion schrieb,
war auf hygienischem Gebiet genau so bahnbrechend
wie seine Milzbrandentdeckungen auf bakteriologischem
Gebiet.

50 Ganz systematisch löste Robert Koch ein Problem nach
dem anderen. Vor allem stand es für ihn fest, daß jede Art
von Keimen nur eine bestimmte Krankheit erzeugen
konnte. Während er seinen beiden Mitarbeitern den Kampf
mit den Typhus-und Diphtheriebazillen überließ, nahm er

55 selbst den Tuberkelbazillus vor, der jeden siebenten
Menschen unter fürchterlichem Leiden tötete. An Lungenschwindsucht starben mehr Menschen als in allen Kriegen,
Erdbeben und Naturkatastrophen zusammen. Robert Koch
wußte, daß es eine Sache von Leben und Tod war, denn die

60 Tuberkelbazillen waren äußerst gefährlich. In nicht weniger
als zweihunderteinundsiebzig verschiedenen Versuchen
entdeckte Koch endlich die zarten, gekrümmten, gelblich-
grauen Bazillen in der Lunge einer Leiche. Nun bettelte er
in den Berliner Krankenhäusern alle Leichen schwind-

65 süchtiger Menschen zusammen, spionierte im Zoo nach
kranken Tieren und kontrollierte alle Toten Berlins. Wie
ein Besessener saß er Tag und Nacht hinter seiner Tuberkel-
reinkultur, einem Gewebe, das gefährlicher geworden war
als ganze Höhlen voll Klapperschlangen. Am 24. März

70 1882 gab er das Resultat seiner jahrelangen Arbeit bekannt.
Noch in derselben Nacht schrieen Telefon und Telegraf
den Sieg Robert Kochs in die Welt hinaus. Jeder wollte
von ihm hören, von ihm wissen, von ihm gerettet werden.
Sein Heilmittel „Tuberkulin" wurde von den Millionen

75 Lungenkranken verlangt. Menschenfreunde schenkten ihm
Millionen für seine Arbeit.

Eine neue Seuche schlich durch die Lande, die Cholera.
Robert Koch hielt es für so weit, Reise und Untersuchungen
an Ort und Stelle selbst zu machen, und reiste daher nach

80 Ägypten. In den menschenleeren Straßen Alexandriens war
afrikanische Glut. Todeshauch lag schwer um die Häuser.
Wilde Hunde liefen durch die Straßen. Robert Koch
entnahm den verwesenden Leichen Bazillenstoff und
spritzte ihn Hunden ein. Dann bat er, nach Indien geschickt

85 zu werden, dem Ursprungsland der Cholera. In Kalkutta
ging er wie ein Feld-Marschall ans Land. Täglich wurden
fünfzig bis sechzig Leichen auf brennende Scheiterhaufen
geworfen, in der Luft lag der ekelhafte Gestank verbrannter

das Gebiet *field*
bahnbrechend *epoch making*

der Keim *germ*
erzeugen *to produce*

die Lungenschwindsucht *tuberculosis*
das Erdbeben *earthquake*

der Versuch *experiment*
zart *delicate*
gekrümmt *crooked*
die Leiche *corpse*
betteln *to beg*
spionieren *to spy*

der Besessene *one possessed*
die Reinkultur *bacilli culture*
das Gewebe *tissue*
die Höhle *cave*
die Klapperschlange *rattlesnake*

das Heilmittel *remedy*

die Seuche *epidemic*
schleichen *to creep*
weit *advanced*

die Glut *heat*
der Hauch *breath*
verwesen *to decay*
ein/spritzen *to inject*

der Scheiterhaufen *funeral pyre*
ekelhaft *nauseating*
der Gestank *stench*

90
Pestleichen. Nach neun Monaten hatte Koch das Problem
des Cholerabazillus gelöst, und er ging wieder zurück in
die deutsche Heimat. Unterwegs mußte er lachen, daß er
vor lauter Arbeit ganz und gar vergessen hatte, sich Indien
anzusehen!

95
In Berlin erhielt Robert Koch vom Deutschen Reich
eine Schenkung von hunderttausend Mark. Außerdem
wurde er Direktor des nach seinem Wunsch neu
gegründeten Instituts für Infektionskrankheiten. Dann
reiste er im Auftrag der englischen Regierung nach
Südafrika, um dort der Rinderpest ein Ende zu machen.

100
Dann ging es nach Ostafrika, Italien und Indonesien, um
gegen die Malaria zu kämpfen. In Ägypten fand er den
Erreger der „ägyptischen Augenkrankheit". Wieder
schickte ihn die englische Regierung nach Afrika, diesmal
zur Bekämpfung des Küsten- und des Texasfiebers. Auch

105
forschte er nach der Ursache der Schlafkrankheit und
ruhte nicht ehe, bis auch dieses Problem gelöst war.

Robert Koch war ein seltsamer Mensch. Er schien
Müdigkeit überhaupt nicht zu kennen; Entfernungen
machten ihm nichts aus, auch wenn er auf Reisen in

110
afrikanischen Zelten oder Grashütten unter Eingeborenen
bei schlechtestem Essen hausen mußte. 1905 erhielt er,
„der hervorragendste Forscher der Gegenwart", den
Nobelpreis. Doch auch der kräftigste Mensch hält ein
solches Leben nicht ewig aus, und Robert Koch war

115
siebenundsechzig Jahre alt geworden. So mußte auch er,
der Ritter des Ordens „Pour le mérite", der Geheimrat mit
dem Titel Exzellenz, der Empfänger aller nur erdenklichen
Ehrungen dieser Welt, sich dem Schicksal beugen. Am 27.
Mai 1910 starb er in Baden-Baden, in einem Sessel sitzend.

vor lauter Arbeit *because of sheer work*

gründen *to found*
im Auftrag *by order*
die Regierung *government*
die Rinderpest *cattle plague*
der Erreger *inciter*

forschen *to investigate*
die Ursache *cause*

die Entfernung *distance*

das Zelt *tent*
der Eingeborene *native*
hervorragend *outstanding*

der Geheimrat *privy councilor*
das Schicksal *fate*
sich beugen *to bow*

Sigmund Freud (1856–1939)*

120
Die Psychoanalyse ist aus einem Zufallsfund herausge-
wachsen, den der Wiener Arzt Dr. Josef Breuer machte.
Er hatte eine junge Dame als Patientin, die äußerst
hysterisch war. Ihre Glieder schienen gelähmt zu sein, sie
konnte Kopf und Augen kaum bewegen und fast nichts

125
sehen; sie litt an nervösem Hustenzwang, an einem Ekel

der Zufallsfund *chance discovery*

das Glied *limb*
der Hustenzwang *coughing fits*
der Ekel *loathing*

---

* Reprinted in part with slight changes from *Generation ohne Männer* by Rudolf Thiel, Paul Neff Verlag, Wien.

Sigmund Freud

vor dem Essen, sprach immer schlechter und verstand
schließlich nicht einmal mehr ihre Muttersprache. Der
Arzt versetzte sie in eine Art Hypnose und sprach ihr
Worte vor: die Hysterische begann zu reden. Nach dem
130 Erwachen war sie wie befreit und fühlte sich für ein paar
Stunden seelisch ganz gesund.

    Josef Breuer erzählte den Fall einem jungen Kollegen
namens Sigmund Freud. Dieser stürzte sich mit Eifer auf
die Entdeckung Josef Breuers, und die beiden brachten in
135 verhältnismäßig kurzer Zeit noch ein paar Fälle gleicher
Art zusammen und konnten 1895 ihre gemeinsamen Studien
über Hysterie veröffentlichen. Die Zusammenarbeit dauerte
jedoch nicht lange, denn Sigmund Freud gefielen die
hypnoseartigen Zustände nicht recht. Er hatte eine
140 Abneigung gegen alles spekulative Theoretisieren. Er wollte

vor/sprechen *to
  pronounce*
seelisch *emotionally*

der Eifer *zeal*

verhältnismäßig *relatively*
gemeinsam *combined*
veröffentlichen *to publish*

die Abneigung *aversion*

sich einzig und allein an die Beobachtung halten und versuchen, sie wissenschaftlich auszuwerten.

Zu dem überraschenden Erfolg der Psychoanalyse gehörte natürlich eine Theorie. Wie war es möglich, daß
145 Menschen einzelne Eindrücke, Erlebnisse und Aufregungen noch nach vielen Jahren nicht überwunden haben, wenn sie sich nicht einmal an sie erinnern können? Die Theorie war folgende: Was manche Menschen in besonderen, hypnoseartigen Zuständen erleben, bleibt auf dem Grund
150 des Unbewußten liegen, wuchert fort wie eine Art von seelischer Geschwulst und erzeugt schließlich die hysterischen Symptome. Diese im Unterbewußtsein liegenden Erlebnisse nannte Freud verdrängte Triebe. Durch diese Theorie konnte man natürlich das Wesentliche
155 nicht erklären, nämlich wie, wann und warum nun wirklich eine Hysterie aus einem verdrängten Trieb in Erscheinung tritt. Freud erklärte, seelische Konflikte seien oft ein Bestreben des Ich, sich peinlicher Erinnerungen zu erwehren, daß es jedoch noch anderer Bedingungen bedürfe, wenn
160 der Konflikt eine Spaltung zur Folge haben sollte. Diese Spaltung sei es, die zur Hysterie führe.

„Es war eine schöne, heroische Zeit", als Freud seine weitere Theorie vortrug, daß die Hysterie verdrängte Sexualität sei. Allmählich bildete sich ein leerer Raum um
165 seine Person, es wurde einsam um ihn. Er opferte seine Karriere und seine Beliebtheit bei den Patienten um der Wahrheit willen. Doch diese Zeit wandte Sigmund Freud gut an. Er bildete eine systematische Seelenlehre aus und schuf eine eigene Methode, hysterisch Kranke zu behandeln.
170 Er verzichtete ganz auf das geheimnisvolle Mittel der Hypnose. Er glaubte durch Suggestion dieselben Wirkungen wie durch Hypnose erreichen zu können. Da er aber die grobe, zudringliche Suggestion haßte, und weil er das Gefühl hatte, daß jeder das Recht zur Gegensuggestion
175 besäße, so hielt er sich selbst soweit wie möglich zurück. Er ließ seine Kranken reden, was ihnen einfiel, warf nur hin und wieder ein Wort in ihre Monologe. Er fand, daß die Kur sich sehr in die Länge zog und kam zu der Überzeugung, daß eine Seelenanalyse Monate und Jahre
180 dauert. Der Kranke erhält keine andere Vorschrift als alles auszusprechen, was ihm in den Sinn kommt: seinen Ärger, seine Vermutungen, seine Erinnerungen, seine Gefühle, seine Kritik an Gott und Welt, an sich selbst und am Arzt. Er soll nur nichts unterdrücken, soll auch Nebensächliches
185 erzählen, Unpassendes, Beschämendes und Verwirrendes.

---

aus/werten *to evaluate*
überraschen *to surprise*

die Aufregung *excitement*
überwinden *to get over*

unbewußt *subconscious*
wuchern *to grow luxuriantly*
die Geschwulst *tumor*
erzeugen *to produce*
verdrängen *to suppress*
der Trieb *drive*
wesentlich *essential*

das Bestreben *attempt*
peinlich *painful*
erwehren *to defend from*
die Bedingung *condition*
bedürfen *to be necessary*
die Spaltung *split*
vor/tragen *to expound*
verdrängt *repressed*
allmählich *gradually*
opfern *to sacrifice*
die Beliebtheit *popularity*
um . . . willen *for the sake of*
an/wenden *to use*
die Lehre *doctrine*
schaffen *to create*
verzichten *to renounce*
das Mittel *remedy*
die Wirkung *effect*
grob *rude*
zudringlich *obtrusive*

ein/fallen *to occur*

die Überzeugung *conviction*
die Vorschrift *prescription*
der Ärger *vexation*
die Vermutung *conjecture*
unterdrücken *to suppress*
nebensächlich *unimportant*
unpassend *improper*
verwirrend *confusing*

Er soll sich so verhalten wie bei einer Beichte. Wie ein
Beichtvater soll sich der Arzt so setzen, daß er vom Kranken
nicht gesehen werden kann, um ihn in seinen Seelen-
bekenntnissen nicht zu stören.

190   Kommt so die Wahrheit an den Tag? Nein, so einfach
darf man sich die Sache nicht vorstellen. Die psycho-
analytische Kur ist ein ewiges Forschen und Kombinieren,
eine alle Phantasie des Arztes verlangende Konstruktion.
Was der Kranke sagt, darf nicht für authentisch gehalten
195 werden, es dient immer nur als Material, das erst gedeutet
werden muß.

    Jeder Patient, der Zeit, Geld und Mühe opfert, um von
seinen Symptomen befreit zu werden, kämpft gegen den
Versuch eines anderen, Erlebnisse zu rekonstruieren. Jeder
200 Widerstand ist ein neuer Beweis für die Richtigkeit, denn
gerade der Widerstand hat die Verdrängung der Triebe und
dabei die hysterischen Symptome herbeigeführt. Sobald
der Patient gegen eine Deutung kämpft, darf der Arzt
gewiß sein, daß er der Wahrheit nahe ist.

205   Bei Freud kommt es darauf an, die Stimme des
Unbewußten zu vernehmen. Das ist ihm zuerst mit der
Methode sogenannter Fehlleistungen gelungen. Eine solche
kommt. z.B. vor, wenn jemand sich verspricht, verliest,
verschreibt, verhört, wenn jemand etwas vergißt, verlegt
210 oder verliert. Nehmen wir ein paar Beispiele: Ein Gelehrter
verspricht sich: „Ich bin nicht geneigt . . . Verzeihung . . .
geeignet . . . die Verdienste meines Vorgängers zu würdigen."

    Sigmund Freud hält das für ein Bekenntnis. Oder: ein
215 Mann verlegt ein Buch, das ihm seine Frau geschenkt hat.
Er gesteht, keine besonders zärtlichen Gefühle für sie zu
haben, lernt sie jedoch nach Monaten von ihrer guten
Seite kennen. Eines Tages, ganz erfüllt von Zuneigung,
öffnet er in Gedanken ein Schreibtischfach: das Buch liegt
220 obenauf. „Man verliert einen Gegenstand", sagt Freud,
„wenn man sich mit dem Geber verfeindet hat, oder wenn
man ihn nicht mehr mag."

    In der Kunst, Träume zu deuten, fand Sigmund Freud
eine originelle Methode, in das Unbewußte eines Menschen
225 einzudringen. Im Traum drückt sich das Unbewußte aus.
Im Traum verraten sich verdrängte Wünsche, jeder Traum
ist ein Wunschtraum.

    Man darf Freud nicht zum Vorwurf machen, daß er
die gefährlichen Untergründe des Menschen aufgrabe, und
230 daß er die schlechtesten Triebe loslasse. Im Gegenteil, da

---

sich verhalten *to behave*
die Beichte *confession*
das Bekenntnis *confession*

forschen *to investigate*

deuten *to interpret*

die Mühe *trouble*

der Widerstand *resistance*
die Verdrängung
  repression
herbei/führen *to produce*
die Deutung
  interpretation

darauf an/kommen *to be*
  a matter of
vernehmen *to hear*
die Fehlleistung
  (*psychological*) *slip*
versprechen *to make a*
  slip of the tongue
der Gelehrte *scholar*
geneigt *inclined*
Verzeihung *excuse me*
geeignet *worthy*
der Verdienst *merit*
der Vorgänger
  predecessor
würdigen *to evaluate*
gestehen *to confess*
zärtlich *tender*
die Zuneigung *affection*

sich verfeinden *to become*
  hostile

ein/dringen *to penetrate*
aus/drücken *to express*
verraten *to divulge*

der Vorwurf *reproach*
der Untergrund *depths*

Freud so unermüdlich versuchte, das Unbewußte ans Licht
zu bringen, gab er die beste Hoffnung dafür, daß jene
Triebe in höhere Bestrebungen umgesetzt werden; nur was
bewußt geworden ist, kann auch bewußt beeinflußt werden.

die Bestrebung *effort*
um/setzen *to transpose*

Max Planck (1858–1947)*

235 Noch im Alter erinnerte sich Max Planck, wie er 1864
preußische und österreichische Truppen in Kiel, seine
Vaterstadt, einziehen sah. Der Aufstieg des Deutschen
Reiches fiel in die Zeitspanne seines Lebens ebenso wie
der Verfall des Reiches und seine furchtbaren Folgen.
240 Auch persönlich haben diese Ereignisse Planck auf das
schwerste getroffen: vor Verdun fiel 1916 sein ältester
Sohn, im zweiten Weltkrieg ging sein Haus unter den
Bombenangriffen in Flammen auf. Seine ein ganzes Leben
hindurch gesammelte Bibliothek ging verloren; sein zweiter
245 Sohn fiel noch im Januar 1945. Er selbst erlebte auf einer
Vortragsreise die Vernichtung von Kassel und war für viele
Stunden in einem Luftschutzraum verschüttet. Mitte
Mai 1945 holten ihn die Amerikaner aus einem zum
Kampfgebiet gewordenen Städtchen an der Elbe nach
250 Göttingen.
Auch in der Wissenschaft war Plancks Leben voll von
tiefgreifenden Umwälzungen: vor einigen Jahrzehnten
besaß die Physik ein geschlossenes Weltbild, heute besteht
dieses Weltbild nicht mehr. Planck hat an der größten
255 dieser Veränderungen des Weltbildes den ersten, ent-
scheidenden Anteil. Man muß bedenken: da entscheidet
sich ein Siebzehnjähriger zu einer Wissenschaft, die als
wenig aussichtsreich dargestellt wird. Er entscheidet sich
während seines Studiums für einen Zweig dieser
260 Wissenschaft, der durchaus nicht im Ansehen steht, und
innerhalb dieses Zweiges auch noch für ein Spezialgebiet,
für das niemand Interesse hat. Seine ersten Arbeiten lesen
nicht einmal Helmholtz, Kirchhoff oder Clausius, denen
dies am nächsten gelegen hätte; und doch bleibt er einer
265 inneren Stimme folgend auf seinem Wege, bis dann ein
Problem an ihn herankommt, das schon viele andere
vergeblich zu lösen versucht haben. Aus Strahlungs-
messungen kann er das Strahlungsgesetz ablesen, das

das Alter *old age*

das Ereignis *event*

der Vortrag *lecture*
die Vernichtung
destruction
der Luftschutzraum *air raid shelter*
verschüttet *buried*
das Gebiet *territory*
tiefgreifend *profound*
die Umwälzung *upheaval*
bestehen *to exist*

die Veränderung *change*
bedenken *to consider*

aussichtsreich *promising*
der Zweig *branch* .
das Ansehen *esteem*

vergeblich *in vain*
der Strahl *ray*
die Messung
measurement
das Gesetz *law*

* Source materials from *Max Planck, wissenschaftliche Selbstbiographie*, © 1948 Johann
Ambrosius Verlag, Leipzig.

Max Planck

270 seinen Namen für alle Zeiten trägt. Er muß auf Methoden
der Atomtheorie zurückgreifen, und er muß eine Hypothese
wagen, deren Kühnheit zuerst niemandem, wohl nicht
einmal ihm selbst, in vollem Umfange klar war. Dann aber
konnte er am 14. Dezember 1900 die theoretische Ableitung
des Strahlungsgesetzes vortragen. Dies war die Geburts-
275 stunde der Quantentheorie. Diese Leistung verewigt seinen
Namen für alle Zeiten.

die Kühnheit *audacity*
der Umfang *extent*
die Ableitung *deduction*
vor/tragen *to expound upon*
die Leistung *accomplishment*
verewigen *to immortalize*

Albert Einstein (1879–1955)*

Einsteins Lebensgeschichte beginnt in Ulm. Sein Vater
zeigte ihm einmal, als er in seinem Bettchen lag, einen

*Source materials used with permission of Hoffman und Campe Verlag from *Einstein* by
Moszkowski, Hamburg, 1921.

Albert Einstein

280 Kompaß, und zum ersten Mal erwachte in dem fünf-
jährigen Kinde das große Erstaunen über unbekannte
Zusammenhänge. Dieses Instrument redete zu ihm in einer
stummen Orakelsprache, wies ihn auf ein elektro-
magnetisches Feld, das er Jahrzehnte später zu frucht-
baren Studien erschließen sollte.

285 In der Schule war Einstein geistesabwesend und ver-
träumt. Erst als er die erste Bekanntschaft mit der ele-
mentaren Mathematik machte, war er freudig erregt. Er
fragte einen in München lebenden Oheim nach dem Worte
Algebra, das er gehört hatte. „Algebra", so erklärte der
290 Onkel, „ist die Kunst der Faulheitsrechnung. Was man
nicht kennt, das nennt man x, behandelt es so, als ob es
bekannt wäre, schreibt den Zusammenhang hin und
bestimmt dieses x dann hinterher." Der Knabe erhielt ein
Buch mit algebraischen Aufgaben und löste sie ganz allein.

das Erstaunen
astonishment
der Zusammenhang
connection
stumm *mute*
weisen *to direct*
erschließen *to open*
geistesabwesend
absent-minded
erregt *excited*
der Oheim *uncle*

behandeln *to treat*

bestimmen *to determine*
hinterher *afterwards*

295 Zuerst blieb Einsteins Ideal, ein ganz bescheidenes
Dasein zu führen. Er besuchte das Züricher Polytechnikum
und heiratete eine südslawische Studentin. Diese Ehe
wurde jedoch nach einer Reihe von Jahren geschieden. Er
fand später an der Seite seiner Kusine, Else Einstein, das
300 Ideal häuslichen Glücks. In den ersten Jahren arbeitete er
am Schweizer Patentamt als Vorprüfer für Patentgesuche.
Diese Stellung ermöglichte es ihm, im weitesten Maße auf
dem Gebiet der Technik zu forschen. Hier war es, wo er
die Geschwindigkeit des Lichtes studierte und zu seiner
305 Relativitätstheorie kam. Es gelang ihm zu beweisen, daß
Zeit eine relative Größe ist, und daß man den Weltraum
nur verstehen kann, wenn man mit vier Dimensionen
rechnet. Die vierte Dimension ist die Zeit.

Auf Grund seiner vielen Abhandlungen während dieser
310 Zeit—u.a. „Über die Trägheit der Energie", „Das Gesetz
der Brownschen Bewegung", „Zur Elektrodynamik
bewegter Körper"—erhielt er von dem berühmten Physiker
Max Planck einen außerordentlich herzlichen Brief. Später
kam Planck persönlich nach Zürich, um Einstein nach
315 Berlin einzuladen. Er nannte Einstein „den Kopernikus des
20. Jahrhunderts". Hier in Berlin vollendete Einstein seine
Relativitätsarbeiten mit dem großartigen Ausbau der
Gravitationslehre. Acht Jahre schwierigster Denkarbeit
hatte er daran gesetzt, um sie zu vollenden; Jahrhunderte
320 werden vielleicht erforderlich sein, um die Welt alle Folgen
dieser Theorie in vollem Ausmaß überschauen zu lassen.

Der moderne Physiker spricht nicht mehr von Anziehungskraft, sondern von einem „Zustand des Raumes". Ein
Gravitationsfeld ist solch ein „Zustand des Raumes", der
325 genau berechnet und mathematisch bewiesen werden kann.
Einstein wollte seine Theorie durch Lichtstrahlen beweisen.
Da der Raum, durch den sich das Licht bewegt, gekrümmt
ist, muß der Lichtstrahl auch gekrümmt sein. Man könnte
die Theorie beweisen, indem man einen Stern photo-
330 graphiert, dessen Licht sich durch das Gravitationsfeld
der Sonne bewegt. Das könnte man natürlich nur während
einer Sonnenfinsternis tun. Wenn das Bild der Sterne ver-
schoben wäre, dann wäre Einsteins Theorie richtig. Im
Jahre 1919 wurde der Versuch gemacht, bei einer Sonnen-
335 finsternis die Sterne in dem Gravitationsfeld der Sonne zu
photographieren. Einstein hatte recht, seine Theorie war
richtig. Zum ersten Mal wurde der Name Einstein in der
ganzen Welt gelesen!

---

bescheiden *modest*
das Dasein *existence*

geschieden *ended*

häuslich *domestic*
das Gesuch *application*
das Maß *degree*
das Gebiet *field*
forschen *to carry on research*
die Geschwindigkeit *velocity*
die Größe *quantity*

die Abhandlung *treatise*
die Trägheit *inertia*
das Gesetz *law*

vollenden *to complete*
großartig *magnificent*

erforderlich *necessary*
die Folge *consequence*
der Ausmaß *extent*

die Anziehungskraft *power of attraction*

gekrümmt *curved*

der Stern *star*

die Sonnenfinsternis *eclipse*
verschieben *to shift*

340 Einstein wurde eingeladen, überall im Ausland Vorträge
zu halten. Er fuhr nach Paris, London, China, Japan und
Amerika. 1921 erhielt er den Nobelpreis für Physik, und
1925 machte er eine Vortragsreise nach Südamerika. 1932   der Vortrag *lecture*
verließ er für immer seine deutsche Heimat, vertrieben   vertreiben *to drive away*
durch den Antisemitismus der Nationalsozialisten. Max
345 Planck, kein Freund der Nazis, ging persönlich zu Adolf
Hitler, um gegen die Entlassung der jüdischen Professoren   die Entlassung *dismissal*
zu protestieren. Es half alles nichts. Einsteins Haus und
alles, was er besaß, wurde vom Staate konfisziert. Er nahm
an Princeton University, New Jersey, eine neue Stellung an.
350 Er liebte seine neue Heimat und wurde amerikanischer
Staatsbürger. Hier lebte er ruhig bis ans Ende seines Lebens
1955.

„Einstein", so schrieb der große Physiker Henri Poin-
caré, „ist einer der originalsten Geister, die ich jemals ge-
355 kannt habe. Was wir besonders an ihm zu bewundern haben,
ist die Leichtigkeit, mit der er sich auf neue Konzeptionen
einstellt. In seinem Geist übersetzen sich Phänomene, die
eines Tages durch die experimentelle Erfahrung bewahr-   die Erfahrung *experience*
heitet werden."   bewahrheiten *to verify*

Gedichte

von Joseph von Eichendorff (1788–1857)

Mondnacht

Es war, als hätt' der Himmel
Die Erde still geküßt,
Daß sie im Blütenschimmer
Von ihm nun träumen müßt'.

5 Die Luft ging durch die Felder,   die Ähren *corn*
Die Ähren wogten sacht,   wogen *to wave*
Es rauschten leis die Wälder,   sacht *gently*
So sternklar war die Nacht.   rauschen *to rustle*

Und meine Seele spannte
10 Weit ihre Flügel aus,   aus/spannen *to spread*
Flog durch die stillen Lande,
Als flöge sie nach Haus.

Das zerbrochene Ringlein

In einem kühlen Grunde
Da geht ein Mühlenrad,   das Mühlenrad *mill wheel*

15 Mein' Liebste ist verschwunden,
   Die dort gewohnet hat.

   Sie hat mir Treu' versprochen,
   Gab mir ein'n Ring dabei,
   Sie hat die Treu' gebrochen,
20 Mein Ringlein sprang entzwei.

   Ich möcht' als Spielmann reisen,   der Spielmann *minstrel*
   Weit in die Welt hinaus
   Und singen meine Weisen   die Weise *tune*
   Und gehn von Haus zu Haus.

25 Ich möcht als Reiter fliegen
   Wohl in die blut'ge Schlacht,   die Schlacht *battle*
   Um stille Feuer liegen
   Im Feld bei dunkler Nacht.

   Hör' ich das Mühlrad gehen:
30 Ich weiß nicht, was ich will—
   Ich möcht' am liebsten sterben,
   Dann wär's auf einmal still!

Appendix

I. Principal Parts of Verbs: Strong, Irregular Weak, and Modals

A. STRONG VERBS ACCORDING TO VOWEL CHANGE CLASSES

INFINITIVE	PRESENT	PAST	PAST PARTICIPLE	MEANING
Class I (ei-ie-ie)				
beweisen	beweist	bewies	hat bewiesen	*to prove*
bleiben	bleibt	blieb	ist geblieben	*to remain, stay*
entscheiden	entscheidet	entschied	hat entschieden	*to decide*
scheinen	scheint	schien	hat geschienen	*to shine; seem*
schreiben	schreibt	schrieb	hat geschrieben	*to write*
schreien	schreit	schrie	hat geschrieen	*to cry, shout*
schweigen	schweigt	schwieg	hat geschwiegen	*to be silent*
steigen	steigt	stieg	ist gestiegen	*to climb*
treiben	treibt	trieb	hat getrieben	*to drive*
(ei-i-i)				
beißen	beißt	biß	hat gebissen	*to bite*
greifen	greift	griff	hat gegriffen	*to grasp*
leiden	leidet	litt	hat gelitten	*to suffer*
reißen	reißt	riß	hat gerissen	*to tear*
reiten	reitet	ritt	ist geritten	*to ride*
schneiden	schneidet	schnitt	hat geschnitten	*to cut*
streiten	streitet	stritt	hat gestritten	*to quarrel*
Class II (ie-o-o)				
fließen	fließt	floß	ist geflossen	*to flow*
genießen	genießt	genoß	hat genossen	*to enjoy*

gießen	gießt	goß	hat gegossen	*to pour*
riechen	riecht	roch	hat gerochen	*to smell*
schießen	schießt	schoß	hat geschossen	*to shoot*
schließen	schließt	schloß	hat geschlossen	*to close*
bieten	bietet	bot	hat geboten	*to offer*
biegen	biegt	bog	hat gebogen	*to bend*
biegen	biegt	bog	ist gebogen	*to turn*
fliegen	fliegt	flog	ist geflogen	*to fly*
frieren	friert	fror	hat gefroren	*to be cold, freeze*
schieben	schiebt	schob	hat geschoben	*to shove*
verlieren	verliert	verlor	hat verloren	*to lose*
ziehen	zieht	zog	hat gezogen	*to pull*
ziehen	zieht	zog	ist gezogen	*to move*

Class III (i-a-u)

binden	bindet	band	hat gebunden	*to tie, bind*
finden	findet	fand	hat gefunden	*to find*
gelingen	gelingt	gelang	ist gelungen	*to succeed*
singen	singt	sang	hat gesungen	*to sing*
springen	springt	sprang	ist gesprungen	*to jump*
trinken	trinkt	trank	hat getrunken	*to drink*
verschwinden	verschwindet	verschwand	ist verschwunden	*to disappear*
zwingen	zwingt	zwang	hat gezwungen	*to force, compel*

(i-a-o)

beginnen	beginnt	begann	hat begonnen	*to begin*
gewinnen	gewinnt	gewann	hat gewonnen	*to win*
schwimmen	schwimmt	schwamm	ist geschwommen	*to swim*

Class IV (e(ie or i)-a-o)

befehlen	befiehlt	befahl	hat befohlen	*to command*
brechen	bricht	brach	hat gebrochen	*to break*
empfehlen	empfiehlt	empfahl	hat empfohlen	*to recommend*
helfen	hilft	half	hat geholfen	*to help*
nehmen	nimmt	nahm	hat genommen	*to take*
sprechen	spricht	sprach	hat gesprochen	*to speak*
stehlen	stiehlt	stahl	hat gestohlen	*to steal*
sterben	stirbt	starb	ist gestorben	*to die*
treffen	trifft	traf	hat getroffen	*to meet, hit*
verbergen	verbirgt	verbarg	hat verborgen	*to hide*
werfen	wirft	warf	hat geworfen	*to throw*

Class V (e(i)-a-e)

essen	ißt	aß	hat gegessen	*to eat*
geben	gibt	gab	hat gegeben	*to give*

geschehen	geschieht	geschah	ist geschehen	*to happen*
lesen	liest	las	hat gelesen	*to read*
sehen	sieht	sah	hat gesehen	*to see*
treten	tritt	trat	ist getreten	*to step*
vergessen	vergißt	vergaß	hat vergessen	*to forget*
bitten	bittet	bat	hat gebeten	*to ask, request*
liegen	liegt	lag	hat gelegen	*to lie*
sitzen	sitzt	saß	hat gesessen	*to sit*

Class VI (a(ä)-u-a)

fahren	fährt	fuhr	ist gefahren	*to drive, ride*
graben	gräbt	grub	hat gegraben	*to dig*
laden	lädt	lud	hat geladen	*to load*
schlagen	schlägt	schlug	hat geschlagen	*to beat, strike*
tragen	trägt	trug	hat getragen	*to carry, wear*
wachsen	wächst	wuchs	ist gewachsen	*to grow*
waschen	wäscht	wusch	hat gewaschen	*to wash*

Class VII (Other Regular Strong Verbs)

fallen	fällt	fiel	ist gefallen	*to fall*
fangen	fängt	fing	hat gefangen	*to catch*
gefallen	gefällt	gefiel	hat gefallen	*to please*
halten	hält	hielt	hat gehalten	*to hold*
hängen	hängt	hing	hat gehangen	*to hang*
heißen	heißt	hieß	hat geheißen	*to be called*
lassen	läßt	ließ	hat gelassen	*to let, leave*
laufen	läuft	lief	ist gelaufen	*to walk, run*
raten	rät	riet	hat geraten	*advise*
rufen	ruft	rief	hat gerufen	*to call*
schlafen	schläft	schlief	hat geschlafen	*to sleep*
stoßen	stößt	stieß	hat gestoßen	*to push*

Irregular Strong Verbs

gehen	geht	ging	ist gegangen	*to go*
kommen	kommt	kam	ist gekommen	*to come*
sein	ist	war	ist gewesen	*to be*
stehen	steht	stand	hat gestanden	*to stand*
tun	tut	tat	hat getan	*to do*
werden	wird	wurde	ist geworden	*to become*

B. IRREGULAR WEAK VERBS

brennen	brennt	brannte	hat gebrannt	*to burn*
kennen	kennt	kannte	hat gekannt	*to know, be acquainted*

nennen	nennt	nannte	hat genannt	*to name*
rennen	rennt	rannte	ist gerannt	*to run*
senden	sendet	sandte	hat gesandt	*to send*
		(sendete)	(gesendet)	
wenden	wendet	wandte	hat gewandt	*to turn*
		(wendete)	(gewendet)	
bringen	bringt	brachte	hat gebracht	*to bring*
denken	denkt	dachte	hat gedacht	*to think*
haben	hat	hatte	hat gehabt	*to have*
wissen	weiß	wußte	hat gewußt	*to know*

C. MODAL AUXILIARY VERBS

dürfen	darf	durfte	hat gedurft	*to be permitted to*
können	kann	konnte	hat gekonnt	*to be able to*
mögen	mag	mochte	hat gemocht	*to like, like to*
müssen	muß	mußte	hat gemußt	*to have to*
sollen	soll	sollte	hat gesollt	*to be supposed to*
wollen	will	wollte	hat gewollt	*to want, want to*

II. Sample Conjugations

A. INDICATIVE MOOD, ACTIVE VOICE

WEAK: fragen, er fragt, er fragte, er hat gefragt

Present Tense

ich frage	*I ask, am asking, do ask*
du fragst	*you ask, are asking, do ask*
er sie } fragt es	*he, she, it asks, is asking, does ask*
wir fragen	*we ask, are asking, do ask*
ihr fragt	*you ask, are asking, do ask*
sie fragen	*they ask, are asking, do ask*
Sie fragen	*you ask, are asking, do ask*

Past Tense

ich fragte	*I asked, was asking, did ask*
du fragtest	*you asked, were asking, did ask*
er sie } fragte es	*he, she, it asked, was asking, did ask*
wir fragten	*we asked, were asking, did ask*
ihr fragtet	*you asked, were asking, did ask*
sie fragten	*they asked, were asking, did ask*
Sie fragten	*you asked, were asking, did ask*

Present Perfect Tense

ich habe gefragt
du hast gefragt

Past Perfect Tense

ich hatte gefragt
du hattest gefragt

er
sie } hat gefragt   *(has asked, has been*
es   *asking, asked)*
wir haben gefragt
ihr habt gefragt
sie } haben gefragt
Sie

er
sie } hatte gefragt   *(had asked, had*
es   *been asking)*
wir hatten gefragt
ihr hattet gefragt
sie } hatten gefragt
Sie

Future Tense

ich werde fragen
du wirst fragen
er
sie } wird fragen   *(will ask, will be*
es   *asking)*

wir werden fragen
ihr werdet fragen
sie } werden fragen
Sie

Future Perfect Tense

ich werde gefragt haben
du wirst gefragt haben
er   *(will have*
sie } wird gefragt haben   *asked, will*
es   *have been*
                            asking)

wir werden gefragt haben
ihr werdet gefragt haben
sie } werden gefragt haben
Sie

STRONG: sehen, er sieht, er sah, er hat gesehen

Present Tense

ich sehe
du siehst
er
sie } sieht   *(sees, is seeing, does see)*
es
wir sehen
ihr seht
sie } sehen
Sie

Past Tense

ich sah
du sahst
er
sie } sah   *(saw, was seeing, did see)*
es
wir sahen
ihr saht
sie } sahen
Sie

Present Perfect Tense

ich habe gesehen
du hast gesehen
er
sie } hat gesehen   *(has seen, has been*
es   *seeing, saw)*
wir haben gesehen
ihr habt gesehen
sie } haben gesehen
Sie

Past Perfect Tense

ich hatte gesehen
du hattest gesehen
er
sie } hatte gesehen   *(had seen, had*
es   *been seeing)*
wir hatten gesehen
ihr hattet gesehen
sie } hatten gesehen
Sie

Future Tense

ich werde sehen
du wirst sehen
er ⎫
sie ⎬ wird sehen   (*will see, will be*
es ⎭   *seeing*)

wir werden sehen
ihr werdet sehen
sie ⎱ werden sehen
Sie ⎰

Future Perfect Tense

ich werde gesehen haben
du wirst gesehen haben
er ⎫   (*will have*
sie ⎬ wird gesehen haben   *seen, will*
es ⎭   *have been*)
                                    seeing)

wir werden gesehen haben
ihr werdet gesehen haben
sie ⎱ werden gesehen haben
Sie ⎰

STRONG: bleiben, er bleibt, er blieb, er ist geblieben

Present Tense

ich bleibe
du bleibst
er ⎫
sie ⎬ bleibt   (*stays, is staying, does*
es ⎭   *stay*)
wir bleiben
ihr bleibt
sie ⎱ bleiben
Sie ⎰

Past Tense

ich blieb
du bliebst
er ⎫
sie ⎬ blieb   (*stayed, was staying, did*
es ⎭   *stay*)
wir blieben
ihr bliebt
sie ⎱ blieben
Sie ⎰

Present Perfect Tense

ich bin geblieben
du bist geblieben
er ⎫
sie ⎬ ist geblieben   (*has stayed, has been*
es ⎭   *staying, stayed*)
wir sind geblieben
ihr seid geblieben
sie ⎱ sind geblieben
Sie ⎰

Past Perfect Tense

ich war geblieben
du warst geblieben
er ⎫
sie ⎬ war geblieben   (*had stayed, had*
es ⎭   *been staying*)
wir waren geblieben
ihr wart geblieben
sie ⎱ waren geblieben
Sie ⎰

Future Tense

ich werde bleiben
du wirst bleiben
er ⎫
sie ⎬ wird bleiben   (*will stay, will be*
es ⎭   *staying*)

Future Perfect Tense

ich werde geblieben sein
du wirst geblieben sein
er ⎫   (*will have*
sie ⎬ wird geblieben sein   *stayed, will*
es ⎭   *have been*
                                    staying)

wir werden bleiben
ihr werdet bleiben
sie ⎱ werden bleiben
Sie ⎰

wir werden geblieben sein
ihr werdet geblieben sein
sie ⎱ werden geblieben sein
Sie ⎰

IRREGULAR WEAK: kennen, er kennt, er kannte, er hat gekannt

Present Tense

ich kenne
du kennst
er ⎫
sie ⎬ kennt   (*knows, does know*)
es ⎭
wir kennen
ihr kennt
sie ⎱ kennen
Sie ⎰

Past Tense

ich kannte
du kanntest
er ⎫
sie ⎬ kannte   (*knew, did know*)
es ⎭
wir kannten
ihr kanntet
sie ⎱ kannten
Sie ⎰

Present Perfect Tense

ich habe gekannt
du hast gekannt
er ⎫
sie ⎬ hat gekannt   (*has known, knew*)
es ⎭
wir haben gekannt
ihr habt gekannt
sie ⎱ haben gekannt
Sie ⎰

Past Perfect Tense

ich hatte gekannt
du hattest gekannt
er ⎫
sie ⎬ hatte gekannt   (*had known*)
es ⎭
wir hatten gekannt
ihr hattet gekannt
sie ⎱ hatten gekannt
Sie ⎰

Future Tense

ich werde kennen
du wirst kennen
er ⎫
sie ⎬ wird kennen   ·(*will know*)
es ⎭
wir werden kennen
ihr werdet kennen
sie ⎱ werden kennen
Sie ⎰

Future Perfect Tense

ich werde gekannt haben
du wirst gekannt haben
er ⎫
sie ⎬ wird gekannt haben   (*will have
es ⎭   known*)
wir werden gekannt haben
ihr werdet gekannt haben
sie ⎱ werden gekannt haben
Sie ⎰

MODAL: dürfen, er darf, er durfte, er hat gedurft

Present Tense

ich darf
du darfst

Past Tense

ich durfte
du durftest

er
sie⎬ darf (*may, is permitted to*)
es

wir dürfen
ihr dürft
sie⎱ dürfen
Sie⎰

er
sie⎬ durfte (*was permitted to*)
es

wir durften
ihr durftet
sie⎱ durften
Sie⎰

Present Perfect Tense

ich habe gedurft (gehen dürfen)
du hast gedurft
er
sie⎬ hat gedurft (*has been permitted
es   to, was permitted to*)
wir haben gedurft
ihr habt gedurft
sie⎱ haben gedurft
Sie⎰

Past Perfect Tense

ich hatte gedurft (gehen dürfen)
du hattest gedurft
er
sie⎬ hatte gedurft (*had been permitted
es   to*)
wir hatten gedurft
ihr hattet gedurft
sie⎱ hatten gedurft
Sie⎰

Future Tense

ich werde dürfen

du wirst dürfen
er
sie⎬ wird dürfen (*will be permitted to*)
es

wir werden dürfen
ihr werdet dürfen
sie⎱ werden dürfen
Sie⎰

Future Perfect Tense

ich werde gedurft haben (haben gehen
      dürfen)
du wirst gedurft haben
er   (*will have
sie⎬ wird gedurft haben   been per-
es   mitted to*)
wir werden gedurft haben
ihr werdet gedurft haben
sie⎱ werden gedurft haben
Sie⎰

B. INDICATIVE MOOD, PASSIVE VOICE: **LOBEN**

Present Tense

ich werde gelobt
du wirst gelobt
er
sie⎬ wird gelobt (*is praised,
es   is being praised*)
wir werden gelobt
ihr werdet gelobt
sie⎱ werden gelobt
Sie⎰

Past Tense

ich wurde gelobt
du wurdest gelobt
er   (*was praised,
sie⎬ wurde gelobt   was being
es   praised*)
wir wurden gelobt
ihr wurdet gelobt
sie⎱ wurden gelobt
Sie⎰

Present Perfect Tense

ich bin gelobt worden
du bist gelobt worden
er ⎫
sie ⎬ ist gelobt worden   (*has been*
es ⎭   *praised, was*
                            praised)
wir sind gelobt worden
ihr seid gelobt worden
sie ⎱ sind gelobt worden
Sie ⎰

Past Perfect Tense

ich war gelobt worden
du warst gelobt worden
er ⎫
sie ⎬ war gelobt worden   (*had been*
es ⎭   *praised*)
wir waren gelobt worden
ihr wart gelobt worden
sie ⎱ waren gelobt worden
Sie ⎰

Future Tense

ich werde gelobt werden
du wirst gelobt werden
er ⎫
sie ⎬ wird gelobt werden   (*will be*
es ⎭   *praised*)
wir werden gelobt werden
ihr werdet gelobt werden
sie ⎱ werden gelobt werden
Sie ⎰

Future Perfect Tense

ich werde gelobt worden sein
du wirst gelobt worden sein
er ⎫
sie ⎬ wird gelobt   (*will have*
es ⎭ worden sein   *been praised*)
wir werden gelobt worden sein
ihr werdet gelobt worden sein
sie ⎱ werden gelobt worden sein
Sie ⎰

C. SUBJUNCTIVE MOOD, ACTIVE VOICE

GENERAL SUBJUNCTIVE: machen **AND** fliegen

Present

ich machte
du machtest
er ⎫
sie ⎬ machte   (*made, would make*)
es ⎭
wir machten
ihr machtet
sie ⎱ machten
Sie ⎰

flöge
flögest

flöge   (*flew, would fly*)

flögen
flöget
flögen

Past

ich hätte gemacht
du hättest gemacht
er ⎫
sie ⎬ hätte gemacht   (*had made, would*
es ⎭   *have made*)

wäre geflogen
wärest geflogen

wäre geflogen   (*had flown, would have*
                    flown)

wir hätten gemacht	wären geflogen
ihr hättet gemacht	wäret geflogen
sie ⎱ hätten gemacht	wären geflogen
Sie ⎰	

Future

ich würde machen	würde fliegen
du würdest machen	würdest fliegen
er ⎫	
sie ⎬ würde machen (*would make*)	würde fliegen (*would fly*)
es ⎭	
wir würden machen	würden fliegen
ihr würdet machen	würdet fliegen
sie ⎱ würden machen	würden fliegen
Sie ⎰	

Future Perfect

ich würde gemacht haben	würde geflogen sein
du würdest gemacht haben	würdest geflogen sein
er ⎫ (*would*	
sie ⎬ würde gemacht haben *have*	würde geflogen sein (*would have*
es ⎭ *made*)	*flown*)
wir würden gemacht haben	würden geflogen sein
ihr würdet gemacht haben	würdet geflogen sein
sie ⎱ würden gemacht haben	würden geflogen sein
Sie ⎰	

SPECIAL SUBJUNCTIVE: machen AND fliegen

Present

ich mache	fliege
du machest	fliegest
er ⎫	
sie ⎬ mache (*made, was making*)	fliege (*flew, was flying*)
es ⎭	
wir machen	fliegen
ihr machet	flieget
sie ⎱ machen	fliegen
Sie ⎰	

Past

ich habe gemacht	sei geflogen
du habest gemacht	seiest geflogen

er
sie } habe gemacht   (*had made*)   sei geflogen   (*had flown*)
es

wir haben gemacht   seien geflogen
ihr habet gemacht   seiet geflogen
sie } haben gemacht   seien geflogen
Sie

Future

ich werde machen   werde fliegen
du werdest machen   werdest fliegen

er
sie } werde machen   (*would make*)   werde fliegen   (*would fly*)
es

wir werden machen   werden fliegen
ihr werdet machen   werdet fliegen
sie } werden machen   werden fliegen
Sie

Future Perfect

ich werde gemacht haben   werde geflogen sein
du werdest gemacht haben   werdest geflogen sein

er   (*would*
sie } werde gemacht haben   *have*   werde geflogen sein   (*would have*
es   *made*)   *flown*)

wir werden gemacht haben   werden geflogen sein
ihr werdet gemacht haben   werdet geflogen sein
sie } werden gemacht haben   werden geflogen sein
Sie

III. Verb Prefixes

A. INSEPARABLE

These most common meanings may be helpful; however, in many verbs the exact meaning of the prefix cannot be defined.

be-   often makes transitive verbs out of intransitive verbs, adjectives and nouns
folgen/befolgen, treten/betreten, antworten/beantworten, steigen/besteigen

emp- has no special meaning

ent- often denotes separation, getting or taking away
entkommen   *to escape*   **entreißen**   *to snatch away*

entnehmen   *to take away*

er- often means
    a. to obtain by
        erarbeiten *to obtain by working*   **erkämpfen** *to obtain by struggling*
    b. to enter a state or condition
        erkranken *to get sick*   **erwärmen** *to get warm*   **erhellen** *to light up*

ge- basically lends a collective meaning to a word
    der Stein/das Gestein   **der Stern/das Gestirn**   **der Berg/das Gebirge**
    stone/rocks   *star/constellation*   *mountain/mountain range*

ver- often means
    a. using up, exhausting
        vertrinken *use up in drinking*   **(Er vertrinkt sein ganzes Geld.)**
        verspielen *use up by gambling*
    b. completion of an action; away
        verreisen *to go away on a trip*   **vergehen** *to pass away*
    c. making an error, doing it the wrong way; **sich** is often essential
        sich versprechen *to make a slip of the tongue*   **sich verraten** *to betray*
        versalzen *to oversalt*
    d. bring about a new state or condition
        vereinfachen *to simplify*   **verbessern** *to correct*
        verdunkeln *to darken*

zer- denotes destruction, breaking apart
    zerbrechen *to break to pieces*   **zerfallen** *to fall to pieces*
    zerstören *to destroy*

B. SEPARABLE

This list contains a majority of the separable prefixes and their most common meanings.

ab	*down, off*	entgegen	*across, toward*	nach	*after*
an	*at, on, to*	fort	*away*	nieder	*down*
auf	*on, upon, at*	her	*here (toward*	vor	*before*
aus	*out*		*speaker)*	weg	*away*
bei	*with*	hin	*there (away from*	weiter	*farther*
dar	*there*		*speaker)*	zu	*to*
ein	*in, into*	los	*from, loose, off*	zurück	*back*
empor	*up*	mit	*with, along*	zusammen	*together*

C. VARIABLE

These are the most common variable prefixes (i.e., may be separable or not separable) with their most common meanings.

durch	*through*	um	*around*	wider	*against*
miß-	*mis-, false, bad*	unter	*under, down*	wieder	*again, back*
über	*over, across*				

These prefixes tend to be separable (and stressed) when used in their *literal* sense; inseparable (unstressed and without **ge-** in past particle) when used *figuratively*.

Wir **holen** die Bücher **wieder.**	*We are bringing the books back.* (*literal sense*)
Wir **wiederholen** die Aufgabe.	*We are reviewing the lesson.* (*figurative*)
Er **hat** es dreimal **wiederholt.**	*He repeated it three times.*

IV. General Rules for Word Order

A. VERB

1.   Verb-first, i.e., verb precedes subject, in

a. direct questions

Hast du Geld?	*Do you have money?*
Wo **haben** Sie ihn gesehen?	*Where did you see him?*

b. commands

Tue das nicht!	*Don't do that.*

2.   Verb-second in simple statements

Ich **lerne** Deutsch gern.	*I like to study German.*
Er **hat** es niemals gesehen.	*He has never seen it.*
Heute **gehen** wir ins Kino.	*We are going to the movies today.*

3.   Verb-last in dependent clauses, i.e., clauses introduced by

a. subordinating conjunctions

Ich weiß, daß Sie ihn nicht gesehen **haben.**
I know that you haven't seen him.

b. relative pronouns

Der Mann, der dort **sitzt,** ist mein Onkel.
The man who is sitting there is my uncle.

c. interrogative adverbs

Er fragt, wieviel Geld das **kostet.**
He asks how much money that costs.

B. DIRECT AND INDIRECT OBJECT

The indirect object usually precedes the direct object, except when the direct object is a personal or reflexive pronoun.

Sie gibt dem Kind das Buch. *She gives the book to the child.*
Sie gibt ihm das Buch. *She gives him the book.*

but: Sie gibt es dem Kind. *She gives it to the child.*
Sie gibt es ihm. *She gives it to him.*

C. ADVERBIAL ELEMENTS

Adverbial elements are usually placed in this order: time, manner, place.

Er fuhr gestern in seinem neuen Auto nach Hause.
He drove home yesterday in his new car.

This order varies sometimes, however, depending upon emphasis, particularly adverbs of manner and place. The emphasized element comes last.

D. **NICHT**

1. If **nicht** modifies the entire statement, it stands at the end of the clause; in compound tenses, **nicht** directly precedes the infinitive or participle.

Ich habe das Buch nicht. *I don't have the book.*
Er hat das Schauspiel noch nicht gesehen. *He hasn't seen the play yet.*

Ich arbeitete, obgleich er es mir nicht befohlen hatte.
I worked, although he had not ordered me to.

2. If **nicht** modifies one particular element, it precedes that element.

Sie kann **nicht um acht Uhr** kommen, sondern erst um neun.
She cannot come at eight o'clock but only at nine.

Es wird heute **nicht kalt** werden. *It will not get cold today.*
Es wird **nicht heute** kalt werden. *It will not get cold today.*

Ich weiß, daß du **nicht krank** gewesen bist.
I know that you have not been ill.

E. PRONOUN OBJECT AND NOUN SUBJECT

In verb-first and verb-last word order a pronoun object often precedes a noun subject.

Hat **dir** die Mutter das Geld gegeben?
Did your mother give you the money?

Ich machte es, obgleich **es** der Vater verboten hatte.
I did it, although my father had forbidden it.

V. Particles

Certain short German words like **also, da, denn, doch, ja, noch, schon,** and **wohl,** in addition to having definite concrete meanings, are sometimes used as particles, particularly in conversational German. English contains similar expressions (*well, then, indeed, why, after all*) which merely connote certain variable shades of meaning. At this stage of first-year German, it is not necessary for the student to use these particles. However, they occur in some of the reading selections. If they cannot be translated with the definite literal meaning, it is best to leave them untranslated.

LITERAL MEANING:	Ja, das ist richtig.	*Yes, that is right.*
AS A PARTICLE:	Das ist ja richtig.	*That is (indeed) right.*
LITERAL MEANING:	Er schläft, denn er ist müde.	*He is sleeping, for he is tired.*
AS A PARTICLE:	Warum ist er denn müde?	*Why is he tired?*

Lieder

Du, du liegst mir im Herzen

Du du liegst mir im Herzen,
Du, du liegst mir im Sinn;   der Sinn *mind*
Du, du machst mir viel Schmerzen,   der Schmerz *pain*
Weißt nicht, wie gut ich dir bin.
Ja, ja, ja, ja, weißt nicht, wie gut ich dir bin.   gut sein *to love*

So, so wie ich dich liebe,
So, so liebe auch mich!
Die, die zärtlichsten Triebe   zärtlich *tender*
Fühl' ich allein nur für dich!   der Trieb *inclination*
Ja, ja, ja, ja, ...

Doch, doch darf ich dir trauen,   trauen *to trust*
Dir, dir mit leichtem Sinn?   leicht *(here) frivolous*
Du, du darfst auf mich bauen,
Weißt ja wie gut ich dir bin!
Ja, ja, ja, ja, ...

Und, und wenn in der Ferne   die Ferne *distance*
Dir, dir mein Bild erscheint,
Dann, dann wünscht' ich so gerne,
Daß uns die Liebe vereint.   vereinen *to unite*
Ja, ja, ja, ja, ...

Volkslied um 1800

Kommt ein Vogel geflogen

Kommt ein Vogel geflogen,
setzt sich nieder auf mein Fuß,   nieder *down*
hat ein'n Zettel im Schnabel,   der Zettel *note*
bringet freundlichen Gruß.   der Schnabel *beak*

Ach, so fern ist die Heimat,
und so fremd bin ich hier,
und es fragt hier kein Hündchen   fragen nach *to inquire*
und kein Kätzchen nach mir.   *about*

Lieber Vogel, flieg' weiter,
nimm ein'n Gruß mit, ein'n Kuß;
denn ich kann dich nicht begleiten,
weil ich hier bleiben muß.

         Österreichische Tanzweise

Des Handwerksburschen Abschied

Es, es, es und es, es ist ein harter Schluß,   der Schluß *decision*
Weil, weil, weil und weil, weil ich aus Frankfurt muß.
Drum schlag' ich Frankfurt aus dem Sinn und wende mich   aus dem Sinn schlagen *to*
    Gott weiß wohin.   *get off one's mind*
Ich will mein Glück probieren, marschieren.   probieren *to try*

Er, er, er und er, Herr Meister, leb' er wohl!
Ich sag's ihm grad frei ins Gesicht, seine Arbeit, die gefällt   grad = gerade *quite*
    mir nicht;
Ich will mein Glück probieren, marschieren.

Sie, sie, sie und sie, Frau Meist'rin leb' sie wohl!
Ich sag's ihr grad frei ins Gesicht, ihr Speck und Kraut,   der Speck *bacon*
    das schmeckt mir nicht:
Ich will mein Glück probieren, marschieren.

Ihr, ihr, ihr und ihr, ihr Jungfern lebet wohl!   die Jungfer *young lady*
Ich wünsch' euch jetzt zu guter Letzt, einen andern, der
    mein' Stell' ersetzt   ersetzen *to replace*
Ich will mein Glück probieren, marschieren.

         Volksweise

Wenn ich ein Vöglein wär

Wenn ich ein Vöglein wär und auch zwei Flüglein hätt',   der Flügel *wing*
Flög' ich zu dir. Weil's aber nicht kann sein,
Weil's aber nicht kann sein, bleib' ich allhier.

Bin ich gleich weit von dir, bin doch im Schlaf bei dir
Und red' mit dir. Wenn ich erwachen tu', bin ich allein.   erwachen *to awake*

Weiß ich doch keine Nacht, daß nicht mein Herz erwacht
Und an dich denkt, wie du mir tausendmal dein Herz
   geschenkt.

Volksweise

Abschied von der Heimat

Nun ade, du mein lieb' Heimatland, lieb' Heimatland ade!   ade *goodbye*
Es geht jetzt fort zum fremden Strand, lieb' Heimatland ade!
Und so sing' ich denn mit frohem Mut,
Wie man singet, wenn man wandern tut, lieb' Heimatland
   ade!

Begleitest mich, du lieber Fluß, lieb' Heimatland ade!
Bist traurig, daß ich wandern muß, lieb' Heimatland ade!
Vom moos'gen Stein am wald'gen Tal,   moosig *mossy*
Da grüß' ich dich zum letzten Mal, mein Heimatland ade!   das Tal *valley*

Volksweise

Muß i denn

Muß i denn, muß i denn zum Städtele 'naus,
Städtele 'naus und du, mein Schatz, bleibst hier!
Wenn i komm', wenn i komm', wenn i wiederum komm'
Wiederum komm', kehr' i ein, mein Schatz bei dir.   ein/kehren *to stop at*
Kann i glei net allweil bei dir sein,   allweil *always*
Han i doch mein' Freud' an dir;
Wenn i komm', wenn i komm', wenn i wiederum komm'
Wiederum komm', kehr' i ein, mein Schatz bei dir.

Wie du weinst, wie du weinst, daß i wanderen muß
Wanderen muß, wie wenn d' Lieb' jetzt wär' vorbei;
Sind au drauß, sind au drauß der Maidele viel, Maidele viel,
Lieber Schatz, i bleib' dir treu.
Denk' du nit, wenn i ein andre seh'
So sei mein Lieb' vorbei!
Sind au drauß, sind au drauß der Maidele viel,
Maidele viel, lieber Schatz, i bleib' dir treu.

Schwäbische Volksweise

Gott der Herr

Weißt du, wie viel Sterne stehen an dem blauen
    Himmelszelt?
Weißt du, wie viel Wolken gehen weithin über alle Welt?
Gott der Herr hat sie gezählet,
Daß ihm auch nicht eines fehlet
An der ganzen großen Zahl, an der ganzen großen Zahl.

Weißt du, wie viel Mücklein spielen in der heißen
    Sonnenglut?
Wie viel Fischlein auch sich kühlen in der hellen
    Wasserflut?
Gott der Herr rief sie bei Namen,
Daß sie all' ins Leben kamen,
Daß sie nun so fröhlich sind, daß sie nun so fröhlich sind.

Weißt du, wie viel Kinder frühe steh'n aus ihren Bettlein auf,
Daß sie ohne Sorg' und Mühe fröhlich sind im Tageslauf?
Gott im Himmel hat an allen
Seine Lust, sein Wohlgefallen,
Kennt dich auch und hat dich lieb, kennt dich auch und
    hat dich lieb.

Volksweise des 18. Jahrhunderts

das Zelt *tent*

die Mücke *mosquito*
die Glut *glow*

die Sorge *worry*
die Mühe *trouble*
der Lauf *course*
die Lust *joy*
das Wohlgefallen *pleasure*

Treue Liebe

Ach, wie ist's möglich dann,
Daß ich dich lassen kann!
Hab' dich von Herzen lieb,
Das glaube mir!
Du hast das Herze mein
So ganz genommen ein,
Daß ich kein' and're lieb',
Als dich allein.

Blau ist das Blümelein, das heißt Vergißnichtmein:
Dies Blümlein leg' ans Herz und denk' an mich!
Stirbt Blum' und Hoffnung gleich, wir sind an Liebe reich;
Denn die stirbt nie bei mir, das glaube mir!

Wär ich ein Vögelein, wollt' ich bald bei dir sein,
Scheut' Falk und Habicht nicht, flög' schnell zu dir.
Schöß' mich ein Jäger tot, fiel' ich in deinen Schoß:
Säh'st du mich traurig an, gern stürb' ich dann!

Friedrich Kücken

scheuen *to avoid*
der Falke *falcon*
der Habicht *hawk*
der Jäger *hunter*
der Schoß *lap*

Stille Nacht, heilige Nacht

Stille Nacht, heilige Nacht!
Alles schläft, einsam wacht
Nur das traute, hochheilige Paar.
Holder Knabe im lockigen Haar
Schlaf in himmlischer Ruh.

wachen *to keep watch*
traut *beloved*
lockig *curly*

Stille Nacht, heilige Nacht!
Hirten erst kund gemacht;
Durch der Engel Halleluja
Tönt es laut von fern und nah:
Christ, der Retter, ist da!

der Hirt *shepherd*
kund/machen *to announce*
tönen *to resound*

Stille Nacht, heilige Nacht!
Gottes Sohn, O wie lacht
Lieb aus deinem göttlichen Mund,
Da uns schlägt die rettende Stund,
Christ, in deiner Geburt.

Joseph Mohr
Franz Gruber

O Tannenbaum

O Tannenbaum, O Tannenbaum, wie treu sind deine
Blätter!
Du grünst nicht nur zur Sommerzeit, nein auch im Winter,
wenn es schneit.
O Tannenbaun, O Tannenbaum, wie treu sind deine
Blätter.

treu *faithful*
das Blatt *leaf*

Oh Tannenbaum, O Tannenbaum, du kannst mir sehr
gefallen!
Wie oft hat nicht zur Weihnachtszeit ein Baum von dir
mich hoch erfreut!
O Tannenbaum, O Tannenbaum, du kannst mir sehr
gefallen.

O Tannenbaum, O Tannenbaum, dein Kleid will mich
was lehren!
Die Hoffnung und Beständigkeit gibt Trost und Kraft zu
jeder Zeit.
O Tannenbaum, O Tannenbaum, dein Kleid will mich was
lehren!

die Beständigkeit
constancy
der Trost *consolation*

Ernst Anschütz

Vocabularies

Included in these vocabularies are all words listed in the vocabulary sections of each chapter. Since all other words are glossed in the margins of the reading selections and are not used in the exercises, they are not listed here.

Not included in these vocabularies are:

personal pronouns (pp. 12, 56)
possessive adjectives (**ein**-words) (pp. 73, 76)
numbers (pp. 21, 55)
days of the week (p. 21)
months of the year (p. 65)
adjectives with prefix **un-** (p. 94)

Abbreviations

acc.	accusative	*inf.*	infinitive
adj.	adjective	*irreg.*	irregular
adv.	adverb	*lit.*	literal
coll.	colloquial	*masc.*	masculine
conj.	conjunction	*neut.*	neuter
dat.	dative	*nom.*	nominative
def.	definite	*obj.*	object
dem.	demonstrative	*part.*	participle
dial.	dialect	*perf.*	perfect
fam.	familiar	*pl.*	plural
fem.	feminine	*pres.*	present
gen.	genitive	*prep.*	preposition
impers.	impersonal	*pron.*	pronoun
indecl.	indeclinable	*sing.*	singular
indef.	indefinite	*vulg.*	vulgar

German–English

ab off, away; down
der Abend, -e evening
das Abendessen evening meal
  zum Abendessen for supper
aber but, however
die Abfahrt, -en departure
ab/holen to call for, to pick up
der Abschied, -e leave-taking, farewell
die Absicht, -en intention
ach oh! ah!
die Achtung attention; respect
ähnlich similar
alle all, everyone
allein alone
allerdings to be sure
allerlei all kinds of
alles everything, all
als than; when, as; like
als ob, als wenn as if, as though
also so, therefore; well then
alt old
(das) Amerika America
der Amerikaner, - American
das Amt, ̈er office
an at; on; to; by
an/bieten, o, o to offer
ander- other, different
anders different
der Anfang, ̈e beginning
an/fangen, (ä), i, a to begin
angenehm pleasant, agreeable
die Angst, ̈e fear
Angst haben (vor + *dat*.) to be afraid (of)
an/kommen, a, o (ist) to arrive
die Ankunft, ̈e arrival
an/nehmen, (i), a, o to accept, to assume
an/rufen, ie, u to call up, to telephone
an/sehen, (ie), a, e to look at
anstatt (statt) (*gen*.) instead of

die Antwort, -en answer
antworten (*dat*.) to answer
an/ziehen, zog an, angezogen to put on (clothes)
sich an/ziehen to get dressed
der Anzug, ̈e suit (of clothes)
der Apfel, ̈ apple
die Arbeit, -en work
arbeiten to work
arm poor
der Arm, -e arm
die Art, -en sort, kind; manner
  auf diese Art in this way
der Arzt, ̈e physician, doctor
atmen to breathe
auch also, too
auch wenn, wenn auch even if
auf on, upon; up; to; open
  auf einmal suddenly
auf und ab back and forth
die Aufgabe, -n lesson, task
auf/machen to open
auf/passen (auf + *acc*.) to pay attention (to)
der Aufsatz, ̈e essay
auf/stehen, stand auf, aufgestanden (ist) to get up
auf/wachen (ist) to wake up
das Auge, -n eye
der Augenblick, -e moment, instant
aus (*dat*.) out, out of
die Ausfahrt, -en exit; driveway
aus/geben, (i), a, e to spend (money)
ausgezeichnet excellent
die Auskunft, ̈e information
das Ausland foreign countries
  im, ins Ausland abroad
aus/sehen, (ie), a, e to look, to appear
aus/steigen, ie, ie (ist) to get out, off
außen outside
außer (*dat*) besides, except; outside of
außerordentlich extraordinary
äußerst extremely

auswendig by heart, by memory
das Auto, -s car, automobile
die Autobahn, -en superhighway,
  freeway

der Bach, ⁻e brook
das Bad, ⁻er bath; spa
baden to bathe
die Bahn, -en railroad, train; lane
der Bahnhof, ⁻e station (train)
bald soon **bald . . . bald** now . . . now
das Band, ⁻er ribbon; tape
der Band, ⁻e volume
die Bank, ⁻e bench
die Bank, -en bank
bauen to build
der Bauer, -n, -n farmer, peasant
der Baum, ⁻e tree
(das) Bayern Bavaria
der Beamte, -n, -n official; clerk
bedecken to cover
bedeuten to mean, to signify
bedeutend significant
die Bedeutung, -en meaning,
  significance
befehlen, (ie), a, o (*dat.*) to command
begegnen (ist) (*dat.*) to meet, to
  encounter
beginnen, a, o to begin
begleiten to accompany
begreifen, i, i to comprehend, to
  understand
behalten, (ä), ie, a to keep, to retain
behaupten to maintain, to assert
bei (*dat.*) at; with; at the home of
  beim + *inf.* while . . . -ing
beide both; two
das Bein, -e leg
das Beispiel, -e example
  zum Beispiel for example
beißen, i, i to bite
bekannt known, well-known
der Bekannte, -n, -n acquaintance

bekommen, a, o to receive, to get
(das) Belgien Belgium
bemerken to notice, to note; to
  remark
beobachten to observe, to watch
bereit ready, prepared
bereits already
der Berg, -e mountain
der Bericht, -e report
berichten to report
der Beruf, -e profession
berühmt famous
beschreiben, ie, ie to describe
besitzen, besaß, besessen to possess, to
  own
besonder- special, particular
besonders especially
bestimmen to determine
bestimmt certain, definite
der Besuch, -e visit
besuchen to visit; to attend
beten to pray
das Bett, -en bed
bevor (*conj.*) before
bewegen to move
beweisen, ie, ie to prove
bewundern to admire
bezahlen to pay (for)
die Bibliothek, -en library
biegen, o, o to bend; (**ist**) to turn
das Bier, -e beer
bieten, o, o to offer
das Bild, -er picture
billig cheap
binden, a, u to bind, to tie
bis (*acc.*) until; up to, to
bitte please; you're welcome
bitten, bat, gebeten (um) to ask (for),
  to request
das Blatt, ⁻er leaf; sheet, newspaper
blau blue
bleiben, ie, ie (ist) to remain, to stay
der Bleistift, -e pencil

der Blick, -e glance; view
blicken to look, to glance
die Blume, -n flower
die Bluse, -n blouse
das Blut blood
der Boden, - *or* **∸** floor; ground
böse bad, evil; angry
brauchen to need
braun brown
die Braut, ∸e fiancee; bride
brechen, (i), a, o to break
breit broad, wide
brennen, brannte, gebrannt to burn
der Brief, -e letter
bringen, brachte, gebracht to bring
das Brot, -e bread, loaf (of bread)
die Brücke, -n bridge
der Bruder, ∸ brother
der Brunnen, - well; fountain
die Brust, ∸e breast, chest
das Buch, ∸er book
die Bühne, -n stage
die Burg, -en fortress, citadel
der Bürger, - citizen, townsman

da there; then; since, as, because
das Dach, ∸er roof
daher therefore, hence
damals at that time
die Dame, -n lady
damit in order that, so that; with it, with that
(das) Dänemark Denmark
danken (*dat.*) to thank;
  danke schön thank you
dann then
dar/stellen to represent
der Darsteller, - actor
darum therefore
das the; that; which
daß (*conj.*) that
dauern to last
decken to cover, to set (table)

denken, dachte, gedacht (an + *acc.***)** to think (of)
denn (*conj.*) for, because
der, die, das the; that; who, which
derselbe, dieselbe, dasselbe the same
(das) Deutsch German
(das) Deutschland Germany
der Dichter, - poet, writer
die Dichtung, -en poetry, literature
dick thick, fat
dienen (*dat.*) to serve
der Dienst, -e service; job
dieser this; this one; the latter
das Ding, -e thing
doch yet, however, but; nevertheless
der Dom, -e cathedral
das Dorf, ∸er village
dort there
das Drama, Dramen drama, play
draußen outside, out-of-doors
drinnen inside
drücken to press
dumm stupid
dunkel dark; obscure
dünn thin
durch (*acc.*) through, by
durchaus absolutely
dürfen, (darf), durfte, gedurft may, to be allowed, to be permitted;
  nicht dürfen must not
der Durst thirst
durstig thirsty
das Dutzend, -e dozen

eben just; even
ebenso (wie) just as
die Ecke, -n corner
edel noble
ehe (*conj.*) before
die Ehe, -n marriage
die Ehre, -n honor
ehren to honor
ehrlich honest

eigen own
eigentlich actual, real
eilen (ist) to hurry, to hasten
ein, eine, ein a, an; one
einander one another, each other
der Eindruck, ⁚e impression
einfach simple
die Einfahrt, -en entrance; driveway
der Einfluß, -sses, ⁚sse influence
einige a few, some, several
ein/kaufen to shop, to go shopping
ein/laden, (ä), u, a to invite
die Einladung, -en invitation
einmal once; **noch einmal** once more;
    auf einmal suddenly; **nicht einmal**
    not even
einsam lonely
ein/schlafen, (ä), ie, a (ist) to fall
    asleep, to go to sleep
einst once, formerly
ein/steigen, ie, ie (ist) to get in, to
    board (a train)
einzeln single
einzig sole, only
die Eltern (*pl.*) parents
empfangen, (ä), i, a to receive
empfehlen, (ie), a, o, to recommend
das Ende, -n end, close
    am Ende finally
endlich finally, at last
eng narrow; tight
(das) England England
entdecken to discover
entgegen (*dat*) toward; contrary to
enthalten, (ä), ie, a to contain
entlang (*acc.*) along
(sich) entscheiden, ie, ie to decide
entschuldigen to excuse
entstehen, entstand, entstanden (ist) to
    arise; to originate
entweder ... oder either ... or
(sich) entwickeln to develop
die Entwicklung, -en development

die Erde, -n earth, world; soil
erfahren, (ä), u, a to find out,
    experience
der Erfolg, -e success; result
erhalten, (ä), ie, a to receive
sich erinnern an (*acc.*) to remember
sich erkälten to catch cold
erkennen, erkannte, erkannt to
    recognize
erklären to explain, to declare
erlauben (*dat.*) to allow, to permit
das Erlebnis, -ses, -se experience
ernst serious, earnest
erreichen to reach, to attain
erscheinen, ie, ie (ist) to appear
erst first, at first; not until; only
erstaunt astonished
erwarten to expect, await
erzählen to tell, narrate
erziehen, erzog, erzogen to educate,
    to bring up, to raise
das Essen, - meal, dinner
essen, (ißt), aß, gegessen to eat
etwas something; somewhat; some
    noch etwas something else
(das) Europa Europe
ewig eternal
das Examen, - examination

das Fach, ⁚er subject; drawer
fahren, (ä), u, a (ist) to drive, to ride;
    go
das Fahrrad, ⁚er bicycle
die Fahrt, -en drive, ride; trip
der Fall, ⁚e case
    auf jeden Fall at any rate, in any
    case
fallen, (ä), ie, a (ist) to fall
falsch wrong, false
die Familie, -n family
fangen, (ä), i, a to catch, to capture
die Farbe, -n color, dye
fast almost

faul lazy

die Feder, -n pen; feather

fehlen (*dat.*) to be lacking, missing; to be absent

der Fehler, - mistake

feiern to celebrate

der Feiertag, -e holiday

der Feind, -e enemy

das Feld, -er field

der Felsen, - rock, boulder, cliff

das Fenster, - window

die Ferien (*pl.*) vacation(s)

fern distant, far

der Fernsehapparat, -e television set

fern/sehen, (ie), a, e to watch television

fertig ready, finished

fest firm, solid; tight

das Fest, -e festival, celebration

das Feuer, - fire

finden, a, u to find

flach flat

fleißig diligent

fliegen, o, o (ist) to fly

fliehen, o, o (ist) to flee, to escape

fließen, o, o (ist) to flow

der Flughafen, ⸚ airport

das Flugzeug, -e airplane

der Fluß, -sses, ⸚sse river

folgen (ist) (*dat.*) to follow; to obey

fort away, off

fort/setzen to continue

die Frage, -n question

fragen (nach) to ask (about)

(das) Frankreich France

die Frau, -en woman; wife; Mrs.

das Fräulein, - young lady; Miss

frei free; vacant

das Freibad, ⸚er public pool

die Freiheit, -en freedom

fremd strange, foreign

die Freude, -n joy, pleasure

sich freuen to be glad

   sich freuen auf (*acc.*) to look forward to

sich freuen über (*acc.*) to be glad about

der Freund, -e friend

freundlich friendly, kind

der Friede(n) peace

frieren, o, o to be cold, to freeze

froh glad, happy, joyful

früh early

der Frühling, -e spring

das Frühstück, -e breakfast

   zum Frühstück for breakfast

fühlen to feel

führen to lead

füllen to fill

für (*acc.*) for

die Furcht fear, fright

furchtbar frightful

fürchten to fear

sich fürchten (vor + *dat.*) to be afraid (of)

der Fuß, ⸚e foot

   zu Fuß on foot

die Gabel, -n fork

ganz quite; whole, entire

gar at all

   gar nicht not at all

   ganz und gar completely

die Garderobe, -n cloak room

der Garten, ⸚ garden

der Gast, ⸚e guest

das Gebäude, - building

geben, (i), a, e to give

   es gibt there is, there are

geboren born

gebrauchen to use

der Geburtstag, -e birthday

der Gedanke, -ns, -n thought, idea

das Gedicht, -e poem

die Gefahr, -en danger

gefährlich dangerous

gefallen, (ä), ie, a (*dat.*) to please

   es gefällt mir I like it

das Gefühl, -e feeling, emotion

gegen (*acc.*) against; toward

der Gegenstand, ⸚e object
das Gegenteil, -e opposite
  im Gegenteil on the contrary
gegenüber (*dat.*) opposite
die Gegenwart present (*time*);
  presence
geheim secret
das Geheimnis, -ses, -se secret
gehen, ging, gegangen (ist) to go, to
  walk
gehören (*dat.*) to belong to
der Geist, -er spirit; mind, intellect
gelb yellow
das Geld, -er money
gelingen, a, u (ist) (*dat.*) to succeed
  es gelingt mir I succeed
gemütlich comfortable, cozy
genau exact
genießen, o, o to enjoy
genug enough
gerade just; straight
geradeaus straight ahead
gering slight
gern(e) gladly, willingly
  gern + *verb* to like to . . .
das Geschäft, -e shop, store; business
geschehen, (ie), a, e (ist) to happen
das Geschenk, -e gift, present
die Geschichte, -n story; history
die Gesellschaft, -en company, party;
  society
das Gesicht, -er face
das Gespräch, -e conversation;
  dialogue
die Gestalt, -en form, figure
gestern yesterday
  gestern abend last night
gesund healthy
die Gewalt, -en power, force
gewinnen, a, o to win
gewiß certain
sich gewöhnen an (*acc.*) to become
  accustomed to, to get used to
gewöhnlich usual, ordinary

gießen, o, o to pour
glänzen to glisten, to shine
das Glas, ⸚er glass
der Glaube, -ns, -n belief, faith
glauben (*dat.*) to believe
glauben an (*acc.*) to believe in
gleich immediately; equal, same
das Glück happiness, luck
  Glück haben to be lucky
glücklich happy
das Gold gold
der Gott, ⸚er god
graben, (ä), u, a to dig
grau gray
greifen, i, i to grasp, to seize
die Grenze, -n boundary, border
groß large, big, great; tall
grün green
der Grund, ⸚e reason; ground
der Gruß, ⸚e greeting; salute
grüßen to greet, to salute
gut good, well

das Haar, -e hair
haben (hat), hatte, gehabt to have
der Hafen, ⸚ harbor
halb half
die Hälfte, -n half
der Hals, ⸚e neck, throat
halten, (ä), ie, a to hold; to stop
  halten für to consider
die Hand, ⸚e hand
hängen, i, a to hang
hart hard
hassen to hate
häßlich ugly
das Haupt, ⸚er head, chief
das Haus, ⸚er house
  nach Hause gehen to go home
  zu Hause sein to be at home
heben, o, o to lift, to raise
das Heft, -e notebook
die Heimat, -en homeland
heiraten to marry

heiß hot
heißen, ie, ei to be called (name); to
 bid, to command
  Wie heißen Sie? what is your name?
  d.h. = das heißt that is
der Held, -en, -en hero
helfen, (i), a, o (*dat.*) to help
hell bright, light
das Hemd, -en shirt
her here, hither
die Herberge, -n hostel
der Herbst, -e autumn, fall
der Herr, -n, -en gentleman; Mr.;
 Lord; master
herrlich splendid, magnificent
das Herz, -ens, -en heart
herzlich cordial, sincere
heute today
  heute abend this evening, tonight
hier here
der Himmel, - sky, heaven
hin there; to that place
hindern to hinder, to prevent
hinter behind
hoch high
höchst highly, extremely
höchstens at the most
der Hof, ¨e court; yard; farm
hoffen to hope
höflich polite, courteous
holen to get, to bring, to fetch
hören to hear
die Hose, -n trousers
der Hund, -e dog
der Hunger hunger
  Hunger haben to be hungry
hungrig hungry
der Hut, ¨e hat

immer always
  immer noch, noch immer still
  immer besser better and better
in in, into
indem (*conj.*) while, by

innen inside, within
intelligent intelligent
interessant interesting
sich interessieren (für) to be interested
 (in)
inzwischen in the meantime
irgend- any, some
sich irren to be mistaken
(das) Italien Italy

ja yes; indeed, to be sure
das Jahr, -e year
  jahrelang for years
die Jahreszeit, -en season
das Jahrhundert, -e century
je ever
  je ... desto the ... the
jeder each, every; everyone
jedoch however
jener that; that one; the former
jemals ever
jemand someone, somebody
jetzt now
die Jugend youth, young people
jung young
der Junge, -n, -n boy

der Kaffee coffee
kalt cold
(sich) kämmen to comb (one's hair)
der Kampf, ¨e fight, struggle
kämpfen to fight, to struggle
das Kapitel, - chapter
die Karte, -n card; ticket; map
die Kasse, -n ticket-office; cash
 register
die Katze, -n cat
kaufen to buy
der Kaufmann, Kaufleute merchant
kaum hardly
kein no, not a, not any; none, no one
der Kellner, - waiter
kennen, kannte, gekannt to know (a
 person), to be acquainted with

kennen/lernen to become acquainted
  with
das Kind, -er child
das Kino, -s movie theater, cinema
  ins Kino gehen to go to the movies
die Kirche, -n church
klagen to complain
klar clear
die Klasse, -n class
das Kleid, -er dress
die Kleider (*pl.*) clothes
klein little, small
klopfen to knock, to pound
klug clever, intelligent, smart
Köln Cologne
komisch funny, comical; strange
kommen, a, o (ist) to come
der König, -e king
können, (kann), konnte, gekonnt can,
  to be able, to know how to
der Kopf, ⸚e head
der Körper, - body
kosten to cost
die Kraft, ⸚e strength
krank sick, ill
die Kreide chalk
der Krieg, -e war
der Kuchen, - cake
kühl cool
die Kunst, ⸚e art
der Künstler, - artist
kurz short
küssen to kiss

lächeln to smile
lachen to laugh
laden, (ä), u, a to load
der Laden, ⸚ store, shop
das Land, ⸚er land, country
  auf dem Lande in the country
  aufs Land to the country
die Landkarte, -n map
lang long
lange for a long time

die Langeweile boredom
langsam slow
langweilig boring
lassen, (ä), ie, a to let, leave; to have
  (something done)
sich lassen + *inf.* = can be (done)
laufen, (äu), ie, au (ist) to run, to walk
laut loud
leben to live
das Leben, - life
die Lebensmittel (*pl.*) food, groceries
leer empty
legen to lay, put
lehren to teach
der Lehrer, - teacher
leicht easy; light
das Leid, -en sorrow, grief
  es tut mir leid I am sorry
leiden, litt, gelitten to suffer
leider unfortunately
leise soft, gentle
lernen to learn
lesen, (ie), a, e to read
letzt last
die Leute (*pl.*) people
das Licht, -er light
lieb dear; kind
die Liebe love
lieben to love
Lieblings- favorite
das Lied, -er song
liegen, a, e to lie, to be situated
link- left
links to the left, on the left
loben to praise
der Löffel, - spoon
los loose
  Was ist los? What is the matter?
lösen to solve; to buy (ticket)
los/werden, (i), u, o (ist) (*acc.*) to get
  rid of
der Löwe, -n, -n lion
die Luft, ⸚e air
die Lust, ⸚e desire

Lust haben to feel like
lustig merry, funny

machen to make, to do
die Macht, ⸚e power, might
machtlos powerless
das Mädchen, - girl
das Mal, -e time (instance)
  mit einem Mal(e) suddenly
  zum ersten Mal for the first time
man one, a person, they, people
mancher many a
  manche some
manchmal sometimes
der Mann, ⸚er man; husband
der Mantel, ⸚ coat, cloak
das Märchen, - fairy tale
der Markt, ⸚e market, market place
die Mauer, -n wall (outside)
das Meer, -e sea, ocean
mehr more
  mehrere several
meinen to think, to mean, to say
die Meinung, -en opinion
meist most
meistens mostly, usually
der Meister, - master; champion
die Menge, -n crowd
der Mensch, -en, -en human being,
  person
die Menschen (*pl.*) people
merken to notice, mark
das Messer, - knife
die Milch milk
die Minute, -n minute
mit (*dat.*) with; along
der Mittag, -e noon
das Mittagessen lunch
  zum Mittagessen for lunch
die Mitte, -n middle, center
mögen, (mag), mochte, gemocht to
  like, to like (to); may (possibility)
Möchten Sie . . . ? Would you
  like . . . ?

möglich possible
der Monat, -e month
der Mond, -e moon
der Morgen, - morning
morgen tomorrow
morgens in the morning(s)
müde tired
München Munich
der Mund, -e or **⸚er** mouth
die Musik music
müssen, (muß), mußte, gemußt must,
  to have to, to be compelled
der Mut courage
die Mutter, ⸚ mother

nach (*dat.*) after; to, toward;
  according to
  nach und nach little by little
der Nachbar, -n, -n neighbor
nachdem (*conj.*) after
nachher afterwards
der Nachmittag, -e afternoon
die Nacht, ⸚e night
  heute nacht tonight
  nachts at night
nächst next
nah(e) near, close
nämlich namely
der Name, -ns, -n name
die Nase, -n nose
naß wet
die Natur, -en nature
natürlich naturally
der Nebel, - fog
neben beside, next to
der Neffe, -n, -n nephew
nehmen, (nimmt), nahm, genommen to
  take
nein no
nennen, nannte, genannt to name, to
  call
neu new; recent
nicht not
nicht mehr no longer

nicht wahr? isn't it?
die Nichte, -n niece
nichts nothing
   nichts als nothing but
nie never
nieder (*adv.*) down
niedrig (*adj.*) low
niemals never
niemand nobody, no one
noch still, yet
noch einmal once more
   noch etwas something else
   noch immer still
   noch nicht not yet
der Norden north
die Not, ⸚e need, distress
nötig necessary
die Novelle, -n short story
die Nummer, -n number; size
nun now; well (*particle*)
nur only

ob whether, if
obgleich although
obwohl although
oder or
offen open
der Offizier, -e officer
öffnen to open
oft often, frequently
ohne (*acc.*) without
ohne zu essen without eating
das Ohr, -en ear
der Onkel, - uncle
die Oper, -n opera
opfern to sacrifice
der Ort, -e place, town
der Osten east
(das) Österreich Austria

das Paar, -e pair, couple
ein paar a few
das Paket, -e package
das Papier, -e paper

die Person, -en person
das Pferd, -e horse
die Pflicht, -en duty
der Platz, ⸚e place, seat
plötzlich suddenly
die Post mail; post office
das Postamt, -ër post office
der Preis, -e price; prize
(das) Preußen Prussia
das Problem, -e problem
der Professor, -en professor
das Programm, -e program
prüfen to test, to examine
die Prüfung, -en test, examination
   eine Prüfung machen to take a test

das Rad, ⸚er wheel; bicycle
der Rat, Ratschläge advice
der Rat, ⸚e counselor
raten, (ä), ie, a (*dat.*) to advise; to
   guess
das Rathaus, ⸚er city hall
rauchen to smoke
der Raum, ⸚e room; space
rechnen to reckon, to figure
die Rechnung, -en bill, account
das Recht, -e right, justice, law
   recht haben to be right
recht- right
   rechts to the right
reden to talk
die Regel, -n rule
   in der Regel as a rule
der Regen, - rain
regnen to rain
das Reich, -e empire, nation
reich rich, wealthy
reichen to reach, to hand to
die Reihe, -n row, series
rein pure, clean
die Reise, -n trip, journey
reisen (ist) to travel
reißen, i, i to tear, to rip
reiten, ritt, geritten (ist) to ride

rennen, rannte, gerannt (ist) to run
retten to save, to rescue
der Richter, - judge
richtig right, correct
die Richtung, -en direction
riechen, o, o to smell
der Ring, -e ring
der Rock, ⸚e skirt; jacket
Rom Rome
der Roman, -e novel
rot red
der Rücken, - back
rufen, ie, u to call
ruhig quiet, still
(das) Rußland Russia

die Sache, -n thing, matter, affair
sagen to say, to tell
sammeln to collect, to gather
der Satz, ⸚e sentence
sauber clean
schade: es ist schade it is too bad
der Schatten, - shade, shadow
der Schatz, ⸚e treasure; sweetheart
schauen to look, see
   schauen auf (*acc.*) to look at
das Schauspiel, -e play, drama
der Schauspieler, - actor
scheinen, ie, ie to shine; to seem
schenken to give, to make a present of
schicken to send
schieben, o, o to shove, to push
schießen, o, o to shoot
das Schiff, -e ship, boat
der Schirm, -e umbrella
schlafen, (ä), ie, a to sleep
schlagen, (ä), u, a to beat, to strike
schlank slender
schlecht bad, wicked
schließen, o, o to close, to conclude
schließlich finally
das Schloß, -sses, ⸚sser castle
der Schluß, -sses, ⸚sse conclusion, end
der Schlüssel, - key

schmecken to taste
der Schmerz, -en pain
der Schmutz dirt
schmutzig dirty
der Schnee snow
schneiden, schnitt, geschitten to cut
schneien to snow
schnell fast, quick
schon already
schön beautiful, fine, nice
der Schrecken, - fright
schrecklich frightful, terrible
schreiben, ie, ie to write
schreien, ie, ie to scream, to cry (out)
schreiten, schritt, geschritten (ist) to
   stride, to step
der Schriftsteller, - writer, author
der Schuh, -e shoe
die Schuld blame, guilt;
die Schulden (*pl.*) debts
schuld sein an (*dat.*) to be to blame for
die Schule, -n school
   in die Schule to school
der Schüler, - pupil
die Schulter, -n shoulder
schwach weak
schwarz black
schweigen, ie, ie to be silent
die Schweiz Switzerland
schwer difficult, hard; heavy
die Schwester, -n sister
schwierig difficult
schwimmen, a, o (ist) to swim
das Schwimmbad, ⸚er swimming pool
der See, -n lake
die See, -n sea, ocean
die Seele, -n soul
seelisch mental
sehen, (ie), a, e to see
sehr very; very much
sein, (ist), war, gewesen (ist) to be
seit (*dat.*) since
seit(dem) (*conj.*) since, since that time
die Seite, -n side; page

selber, selbst myself, yourself, etc.

selbst even

selten seldom; rare

seltsam strange, peculiar

senden, sandte, gesandt, (sendete, gesendet) to send

setzen to set, to place

sich setzen to sit down

sicher certain, sure; safe

der Sieg, -e victory

das Silber silver

singen, a, u to sing

der Sinn, -e sense; meaning; mind

die Sitte, -n custom

sitzen, saß, gesessen to sit

so so, thus; then

  so ein such a

  so . . . wie as . . . as

sobald as soon as

soeben just now

sofort immediately, at once

sogar even

sogleich immediately

der Sohn, ̈e son

solange as long as

solch: solch ein such a

  solcher such, such a (one)

der Soldat, -en, -en soldier

sollen (soll), sollte, gesollt should, to be supposed; to be said; ought

der Sommer, - summer

sondern but, on the contrary

die Sonne, -n sun

sonst otherwise

  sonst noch etwas anything else

sorgen (für) to care (for), to take care of

  sich sorgen to worry

spät late

der Spaß, ̈e joke, fun

Spaß machen to be fun

spazieren/gehen, ging spazieren, spazierengegangen (ist) to go for a walk

der Spaziergang, ̈e walk, stroll

einen Spaziergang machen to take a walk

der Spiegel, - mirror

spielen to play

die Spitze, -n point, peak

die Sprache, -n language, speech

sprechen, (i), a, o to speak

springen, a, u (ist) to jump

der Staat, -en state

die Stadt, ̈e city

stark strong

statt, anstatt (*gen.*) instead of

stehen, stand, gestanden to stand

stehen/bleiben, ie, ie (ist) to stop

stehlen, (ie), a, o to steal

steigen, ie, ie (ist) to climb; to rise

der Stein, -e stone

die Stelle, -n place; position

stellen to place, put

die Stellung, -en position, job

sterben, (i), a, o (ist) to die

still quiet, still

die Stimme, -n voice

der Stoff, -e material, substance

stolz proud

  stolz sein auf (*acc.*) to be proud of

stören to disturb

stoßen, (ö), ie, o to push, to thrust

die Strafe, -n penalty, punishment

die Straße, -n street, road

strecken to stretch

streiten, stritt, gestritten to quarrel, to fight

streng severe, strict

der Strumpf, ̈e stocking

das Stück, -e piece; play

  das Stück Papier piece of paper

der Student, -en, -en student

studieren to study

der Stuhl, ̈e chair

die Stunde, -n hour; lesson

der Sturm, ̈e storm

stürzen (ist) to rush; to crash

suchen to seek, to look for
der Süden south
die Sünde, -n sin
süß sweet

die Tafel, -n blackboard
der Tag, -e day
tagelang for days
das Tal, ̈er valley
die Tante, -n aunt
tanzen to dance
die Tasche, -n pocket; purse
die Tasse, -n cup
die Tasse Kaffee cup of coffee
die Tat, -en deed
der Teil, -e part, portion
teils partly
   z.T. = zum Teil in part, partly
teilen to divide, to share
der Teller, - plate
teuer expensive, dear
der Teufel, - devil
das Theater, - theater
tief deep
das Tier, -e animal
der Tisch, -e table
die Tochter, ̈ daughter
der Tod, -e death
das Tor, -e gate
tot dead
töten to kill
tragen, (ä), u, a to carry; to wear
der Traum, ̈e dream
träumen to dream
traurig sad
treffen, (i), a, o to meet; to hit
   (*a target*)
trennen to separate
sich trennen to part
die Treppe, -n stair(s)
treten, (tritt), a, e (ist) to step
treu faithful
trinken, a, u to drink
trocken dry

trotz (*gen.*) in spite of
trotzdem nevertheless, in spite of that
das Tuch, ̈er cloth, scarf; towel
tun, tat, getan to do; to act
die Tür, -en door
der Turm, ̈e tower

üben to practice, to exercise
über over, above; across; about
überall everywhere
überhaupt at all, indeed
übersetzen to translate
üblich usual
übrigens by the way, moreover
die Übung, -en exercise, practice
das Ufer, - bank, shore
die Uhr, -en watch, clock
   um ein Uhr at one o'clock
   Wieviel Uhr ist es? What time is it?
um (*acc.*) around, about; at (o'clock)
   um zu in order to . . .
umgeben, (i), a, e to surround
die Umleitung, -en detour
und and
der Unfall, ̈e accident
die Universität, -en university
unten below, down
unter under
unterbrechen, (i), a, o to interrupt
sich unterhalten, (ä), ie, a to converse
der Unterricht instruction
unterrichten to instruct, to teach
der Unterschied, -e difference
der Ursprung, ̈e origin
das Urteil, -e judgment, sentence
die USA United States

der Vater, ̈ father
verbergen, (i), a, o to hide, to conceal
verdienen to earn; to deserve
der Verein, -e club, organization
die Vergangenheit past
vergessen, (i), a, e to forget
das Vergnügen, - pleasure, fun

verkaufen to sell
der Verkehr traffic; association
verlangen to demand
verlassen, (ä), ie, a to leave
sich verlieben (in + *acc.***)** to fall in love
(with)
verlieren, o, o to lose
sich verloben (mit) to become engaged
(to)
verschieden different
verschwinden, a, u (ist) to disappear
versprechen, (i), a, o (*dat.*) to promise
verstehen, verstand, verstanden to
understand
versuchen to try, to attempt
viel much
viele many
vielleicht perhaps
der Vogel, ⸚ bird
das Volk, ⸚er people, nation
voll full, filled
vollkommen complete, entire; perfect
von (*dat.*) of, from; by
vor before, in front of; ago
vor einem Tag a day ago
vorher before, previously
vor/kommen, kam vor, vorgekommen
(ist) to occur; to seem
die Vorlesung, -en lecture
vor/schlagen, (ä), u, a to suggest
die Vorsicht caution
vorsichtig cautious, careful
vor/stellen to introduce
sich (*dat.*) **vor/stellen** to imagine
vor/ziehen, zog vor, vorgezogen to
prefer

wachsen, (ä), u, a (ist) to grow
der Wagen, - wagon, car, carriage
wagen to dare
wählen to choose; to elect, to vote
wahr true
nicht wahr? isn't it?
während (*gen.*) during

während (*conj.*) while
die Wahrheit, -en truth
wahrscheinlich probable
der Wald, ⸚er forest, woods
die Wand, ⸚e wall (inside)
wandern (ist) to hike
wann when
warm warm
warten (auf + *acc.***)** to wait (for)
warum why
was what, whatever; that
was für (ein) what kind of (a)
waschen, (ä), u, a to wash
das Wasser, - water
wechseln to change
weder . . . noch neither . . . nor
weg away, gone
der Weg, -e way, path, road
wegen (*gen.*) on account of, because of
weh tun, tat, getan to hurt
weich soft
Weihnachten Christmas
weil because, since
der Wein, -e wine
weinen to cry, to weep
weise wise
die Weise, -n way, manner
auf diese Weise in this way
weiß white
weit far, distant
weiter further, on
und so weiter and so forth
welcher which (one), what; who
die Welt, -en world
wenden, wandte, gewandt (wendete,
gewendet) to turn
wenig little (quantity)
wenige few
wenigstens at least
wenn when, whenever, if
wenn auch even if
wer who, whoever, he who
werden, (wird), wurde, geworden (ist)
to become, get

werfen, (i), a, o to throw
das Werk, -e work (art or literature)
der Wert, -e value, worth
der Westen west
das Wetter weather
wichtig important
wie how, as, like
wieder again
wiederholen to repeat, to review
Wien Vienna
die Wiese, -n meadow
wieviel how much
der Winter, - winter
wirklich real
die Wirklichkeit, -en reality
der Wirt, -e innkeeper
die Wirtin, -nen innkeeper (*fem.*), landlady
das Wirtshaus, ̈er inn
wissen, (weiß), wußte, gewußt to know
die Wissenschaft, -en science
wo where
die Woche, -n week
woher from where; whence
wohin where to, where
wohl probably; well; indeed
wohnen to live, to reside
die Wohnung, -en apartment, dwelling
die Wolke, -n cloud
wollen, (will), wollte, gewollt to want; to claim; to be about to
das Wort, -e *or* **̈er** word
sich wundern to wonder
der Wunsch, ̈e wish
wünschen to wish

die Zahl, -en number
zählen to count
der Zahn, ̈e tooth
das Zeichen, - sign, signal
zeichnen to draw
zeigen to show
die Zeit, -en time
die Zeitung, -en newspaper
zerbrechen, (i), a, o to break to pieces

ziehen, zog, gezogen to draw, to pull
ziehen, zog, gezogen (ist) to move
das Ziel, -e goal, aim, destination
die Zigarette, -n cigarette
die Zigarre, -n cigar
das Zimmer, - room
zu (*dat.*) to, toward; too; closed
zufrieden satisfied, content
der Zug, ̈e train
zu/hören (*dat.*) to listen (to)
die Zukunft future
zu/machen to close, to shut
zurück back
zurück/kehren (ist) to return, to turn back
zusammen together
der Zustand, ̈e condition, state of affairs
zwar to be sure
der Zweck, -e purpose
der Zweifel, - doubt
zwingen, a, u to force, to compel
zwischen between, among

English–German

a, an ein, eine, ein
able: be ... können (kann), konnte, gekonnt
about über, um
above über
abroad im (ins) Ausland
absent: be ... fehlen
absolutely durchaus
accept an/nehmen (nimmt an), nahm an, angenommen
accident der Unfall, ̈e
accompany begleiten
according to nach (*dat.*)
account: on ... of wegen (*gen.*)
accustomed: become ... to sich gewöhnen an (*acc.*)
across über

acquaintance der Bekannte, -n, -n
acquainted: become . . . with kennen/
  lernen
act (as if) tun, tut, getan
actor der Darsteller, -; der
  Schauspieler, -
actress die Schauspielerin, -nen
actual eigentlich
admire bewundern
advice der Rat
advise raten (rät), riet, geraten (*dat.*)
affair die Sache, -n
afraid: be . . . (of) sich fürchten (vor +
  dat.); Angst haben vor (*dat.*)
after (*prep.*) nach (*dat.*); (*conj.*)
  nachdem
afternoon der Nachmittag, -e
afterwards nachher
again wieder
against gegen (*acc.*)
ago vor (*dat.*)
agreeable angenehm
aim das Ziel, -e
air die Luft, ⸚e
airplane das Flugzeug, -e
airport der Flughafen, ⸚
all, everyone alle; jeder
all, everything alles
allow erlauben (*dat.*)
almost fast
alone allein
along entlang (*acc., follows obj.*); mit
already schon, bereits
also auch
although obgleich, obwohl
always immer
America (das) Amerika
American der Amerikaner, -
among unter, zwischen
and und
angry böse
animal das Tier, -e
answer die Antwort, -en
answer antworten (*dat.*)

any irgend
  not any kein
apartment die Wohnung, -en
appear erscheinen, ie, ie (ist)
apple der Apfel, ⸚
arise, originate entstehen, entstand,
  entstanden (ist)
arm der Arm, -e
around um (*acc.*)
arrival die Ankunft, ⸚e
arrive an/kommen, a, o (ist)
art die Kunst, ⸚e
artist der Künstler, -
as wie; **(when)** als; **(since)** da;
as . . . as so . . . wie
as if, as though als wenn, als ob
ask (about) fragen (nach)
ask (for) bitten, bat, gebeten (um)
asleep: fall . . . ein/schlafen, (ä), ie, a
  (ist)
assert behaupten
astonished erstaunt
at an, bei
at the home of bei (*dat.*)
at all gar, überhaupt
attain erreichen
attempt versuchen
attend besuchen
attention die Achtung
  pay attention (to) auf/passen
    (auf + *acc.*)
aunt die Tante, -n
Austria (das) Österreich
author der Schriftsteller, -
automobile das Auto, -s
autumn der Herbst, -e
await erwarten
away fort, weg, ab

back der Rücken, -
back zurück
  back and forth auf und ab
bad schlecht, böse
  it is too bad es ist schade

band das Band, ⁻er
bank die Bank, -en
bank, shore das Ufer, -
bath das Bad, ⁻er
bathe baden
Bavaria (das) Bayern
be sein (ist), war, gewesen (ist)
be about to wollen (will), wollte,
   gewollt
be said to sollen (soll), sollte, gesollt
beat schlagen (ä), u, a
beautiful schön
because weil, da, denn
because of wegen (*gen.*)
become werden (wird), wurde,
   geworden (ist)
bed das Bett, -en
beer das Bier, -e
before (*prep.*) vor; (*conj.*) bevor, ehe;
   (*adv.*) vorher
begin beginnen, a, o; an/fangen (ä),
   i, a
beginning der Anfang, ⁻e
behind hinter
Belgium (das) Belgien
belief der Glaube, -ns, -n
believe glauben (*dat.*)
   believe in glauben an (*acc.*)
belong to gehören (*dat.*)
below unten
bench die Bank, ⁻e
bend biegen, o, o
beside neben
besides außer (*dat.*)
between zwischen
bicycle das (Fahr) rad, ⁻er
big groß
bill, account die Rechnung, -en
bind binden, a, u
bird der Vogel, ⁻
birthday der Geburstag, -e
bite beißen, i, i
black schwarz
blackboard die Tafel, -n

blame die Schuld
   be to . . . schuld sein an (*dat.*)
blood das Blut
blouse die Bluse, -n
blue blau
board (a vehicle) ein/steigen, ie, ie (ist)
boat das Schiff, -e; das Boot, -e
body der Körper, -
book das Buch, ⁻er
border die Grenze, -n
boredom die Langeweile
boring langweilig
born geboren
both beide
box office die Kasse, -n
boy der Junge, -n
bread das Brot, -e
break brechen (i), a, o; zerbrechen
breakfast das Frühstück, -e
breast die Brust, ⁻e
breathe atmen
bride die Braut, ⁻e
bridge die Brücke, -n
bright hell
bring bringen, brachte, gebracht
broad breit
brook der Bach, ⁻e
brother der Bruder, ⁻
brown braun
build bauen
building das Gebäude, -
burn brennen, brannte, gebrannt
business das Geschäft, -e
but, however aber, doch
but sondern
buy kaufen
by von (*dat.*); durch (*acc.*)
by heart auswendig

cake der Kuchen, -
call rufen, ie, u
call for ab/holen
call up an/rufen, ie, u
called: be called heißen, ie, ei

can: be able to können (kann), konnte, gekonnt
capture fangen (ä), i, a
car das Auto, -s; der Wagen, -
card die Karte, -n
care for sorgen für
careful vorsichtig
carry tragen (ä), u, a
case der Fall, ¨e
   in any case auf jeden Fall
cash register die Kasse, -n
castle das Schloß, -sses, ¨sser
cat die Katze, -n
catch fangen (ä), i, a
catch cold sich erkälten
cathedral der Dom, -e
caution die Vorsicht
celebrate feiern
celebration das Fest, -e
century das Jahrhundert, -e
certain sicher, gewiß, bestimmt
chair der Stuhl, ¨e
chalk die Kreide
champion der Meister, -
change wechseln
chapter das Kapitel, -
cheap billig
chest die Brust, ¨e
chief das Haupt, ¨er
child das Kind, -er
choose wählen
Christmas Weihnachten
church die Kirche, -n
cigar die Zigarre, -n
cigarette die Zigarette, -n
citizen der Bürger, -
city die Stadt, ¨e
city hall das Rathaus, ¨er
claim to wollen (will), wollte, gewollt
class die Klasse, -n
clean sauber, rein
clear klar
clerk der Beamte, -n, -n
clever klug

cliff der Felsen, -
climb steigen, ie, ie (ist)
cloak room die Garderobe, -n
clock die Uhr, -en
   at one o'clock um ein Uhr
close schließen, o, o; zu/machen
cloth das Tuch, ¨er
clothes die Kleider (*pl.*)
cloud die Wolke, -n
club der Verein, -e
coat der Mantel, ¨
coffee der Kaffee
cold kalt
cold: be cold frieren, o, o
   catch cold sich erkälten
collect sammeln
Cologne Köln
color die Farbe, -n
comb kämmen
   . . . one's hair sich kämmen
come kommen, a, o (ist)
comfortable gemütlich
command befehlen (ie), a, o (*dat.*)
company die Gesellschaft, -en
compel zwingen, a, u
complain klagen
complete vollkommen
comprehend begreifen, i, i
conceal verbergen, (i), a, o
conclude schließen, o, o
conclusion der Schluß, -sses, ¨sse
condition der Zustand, ¨e
consider halten (ä), ie, a für
contain enthalten (ä), ie, a
continue fort/setzen
contrary das Gegenteil
   on the contrary im Gegenteil; sondern
converse sich unterhalten (ä), ie, a
conversation das Gespräch, -e; die Unterhaltung, -en
cool kühl
cordial herzlich
corner die Ecke, -n

correct richtig
cost kosten
count zählen
country das Land, ⸚er
   to the country aufs Land
couple das Paar, -e
courage der Mut
court der Hof, ⸚e
courteous höflich
cover decken, bedecken
cozy gemütlich
crash stürzen (ist)
crowd die Menge, -n
cry weinen
cup die Tasse, -n
custom die Sitte, -n
customary üblich
cut schneiden, schnitt, geschnitten

dance tanzen
danger die Gefahr, -en
dangerous gefährlich
dare wagen
dark dunkel
daughter die Tochter, ⸚
day der Tag, -e
   for days tagelang
dead tot
dear lieb; teuer
death der Tod, -e
debts die Schulden (*pl.*)
decide (sich) entscheiden, ie, ie
declare erklären
deed die Tat, -en
deep tief
definite bestimmt
demand verlangen
Denmark (das) Dänemark
departure die Abfahrt, -en
describe beschreiben, ie, ie
deserve verdienen
desire die Lust, ⸚e
destination das Ziel, -e

determine bestimmen
detour die Umleitung, -en
develop (sich) entwickeln
development die Entwicklung, -en
devil der Teufel, -
dialogue das Gespräch, -e
die sterben, (i), a, o (ist)
difference der Unterschied, -e
different ander-, anders, verschieden
difficult schwer
dig graben (ä), u, a
diligent fleißig
dinner das Essen, -
direction die Richtung, -en
dirt der Schmutz
dirty schmutzig
disappear verschwinden, a, u (ist)
discover entdecken
distant fern, weit
distress die Not, ⸚e
disturb stören
divide teilen
do tun, tat, getan; machen
doctor, physician der Arzt, ⸚e
dog der Hund, -e
door die Tür, -en
   out of doors draußen
doubt der Zweifel, -
down nieder; unten
dozen das Dutzend, -e
draw zeichnen
draw, pull ziehen, zog, gezogen
drawer das Fach, ⸚er
dream der Traum, ⸚e
dream träumen
dress das Kleid, -er
dress: get dressed sich an/ziehen, zog
   an, angezogen
drink trinken, a, u
drive die Fahrt, -en
drive fahren (ä), u, a (ist)
driveway die Ausfahrt, -en; die
   Einfahrt, -en

dry trocken
during während (*gen.*)
duty die Pflicht, -en

each, each one jeder
each other einander
ear das Ohr, -en
early früh
earn verdienen
earnest ernst
earth die Erde, -n
east der Osten
easy leicht
eat essen (ißt), aß, gegessen
educate erziehen, erzog, erzogen
either auch
   either . . . or entweder . . . oder
else: something— (sonst) noch etwas
empire das Reich, -e
empty leer
encounter begegnen (ist) (*dat.*)
end das Ende, -n
enemy der Feind, -e
engaged: become -(to) sich verloben
   (mit)
England (das) England
enjoy genießen, o, o
enough genug
entire ganz, vollkommen
entrance die Einfahrt, -en; der
   Eingang, ⸚e
equal gleich
escape fliehen, o, o (ist)
especially besonders
essay der Aufsatz, ⸚e
eternal ewig
Europe (das) Europa
even eben, sogar
   even I selbst ich
   even if auch wenn, wenn auch
   not even nicht einmal
evening der Abend, -e
ever je, jemals

every, everyone jeder
everything alles
everywhere überall
evil böse, schlecht
exact genau
examination die Prüfung, -en; das
   Examen, -
examine prüfen
example das Beispiel, -e
   for example zum Beispiel = z.B.
excellent ausgezeichnet
except außer (*dat.*)
exercise die Übung, -en
excuse entschuldigen
exit die Ausfahrt, -en; der Ausgang,
   ⸚e
expect erwarten
expensive teuer
experience die Erfahrung, -en; das
   Erlebnis, -ses, -se
experience (find out) erfahren (ä), u, a
explain erklären
extraordinary außerordentlich
extremely äußerst, höchst
eye das Auge, -n

face das Gesicht, -er
fairy tale das Märchen, -
faith der Glaube, -ns, -n
faithful treu
fall (autumn) der Herbst, -e
fall fallen (ä), ie, a (ist)
fall asleep ein/schlafen, (ä), ie, a (ist)
false falsch
family die Familie, -n
famous berühmt
far weit, fern
farewell der Abschied, -e
farm der Hof, ⸚e
farmer der Bauer, -n, -n
farther weiter
fast schnell
fat dick

father der Vater, ⸚
fault die Schuld
favorite Lieblings-
fear die Angst, ⸚e; die Furcht
fear fürchten
feel fühlen
   feel like Lust haben
feeling das Gefühl, -e
festival das Fest, -e
fetch holen
few wenige
   a few einige
field das Feld, -er
fight der Kampf, ⸚e
fight kämpfen
figure, calculate rechnen
figure (form) die Gestalt, -en
fill füllen
finally endlich, am Ende, schließlich
find finden, a, u
find out erfahren (ä), u, a
fine schön, fein
finished fertig
fire das Feuer, -
firm fest
first erst
   at first zuerst
flat flach
flee fliehen, o, o (ist)
floor der Boden, - *or* ⸚
flow fließen, o, o (ist)
flower die Blume, -n
fly fliegen, o, o (ist)
fog der Nebel, -
follow folgen (ist) (*dat.*)
food die Lebensmittel (*pl.*)
foot der Fuß, ⸚e
   on foot zu Fuß
for (*prep.*) für (*acc.*); (*conj.*) denn
for supper zum Abendessen
force die Gewalt, -en
force zwingen, a, u
foreign fremd
forest der Wald, ⸚er

forget vergessen (i), a, e
form die Gestalt, -en
former jener
formerly einst, früher
forth: and so . . . und so weiter = usw.
fortress die Burg, -en
fountain der Brunnen, -
France (das) Frankreich
free frei
freedom die Freiheit, -en
freeway die Autobahn, -en
freeze frieren, o, o
frequently oft
French (das) Französisch
friend der Freund, -e
friendly freundlich
fright der Schrecken, -
frightful schrecklich
from von (*dat.*)
front: in—of vor
full voll
fun der Spaß, ⸚e
   be fun Spaß machen
funny lustig, komisch
future die Zukunft

garden der Garten, ⸚
gate das Tor, -e
gather sammeln
gay lustig, froh
gentle leise
gentleman der Herr, -n, -en
German (das) Deutsch
Germany (das) Deutschland
get (become) werden (wird), wurde, geworden (ist)
get (bring) holen
get (receive) bekommen, a, o
get in ein/steigen, ie, ie (ist)
get out aus/steigen, ie, ie (ist)
get up auf/stehen, stand auf, aufgestanden (ist)
gift das Geschenk, -e
girl das Mädchen, -

give geben (i), a, e; schenken
glad froh
glad: be—about sich freuen über (*acc.*)
gladly gern(e)
glance der Blick, -e
glance blicken
glass das Glas, ¨-er
glisten glänzen
go gehen, ging, gegangen (ist)
go shopping ein/kaufen
goal das Ziel, -e
god der Gott, ¨-er
gold das Gold
good gut
grasp greifen, i, i; begreifen, i, i
gray grau
great groß
green grün
greet grüßen
greeting der Gruß, ¨-e
grief das Leid, -en
groceries die Lebensmittel (*pl.*)
ground der Boden; der Grund, ¨-e
grow wachsen (ä), u, a (ist)
guess raten (ä), ie, a (*dat.*)
guest der Gast, ¨-e
guilt die Schuld

hair das Haar, -e
half halb
half die Hälfte, -n
hand die Hand, ¨-e
hang hängen, i, a
happen geschehen (ie), a, e (ist)
happiness das Glück
happy glücklich, froh
harbor der Hafen, ¨-
hard hart; schwer
hardly kaum
harm das Leid, -en
hat der Hut, ¨-e
hate hassen
have haben (hat), hatte, gehabt
head der Kopf, ¨-e; das Haupt, ¨-er

health die Gesundheit
healthy gesund
hear hören
heart das Herz, -ens, -en
  by heart auswendig
heaven der Himmel, -
heavy schwer
help helfen (i), a, o (*dat.*)
here hier
hero der Held, -en, -en
hide verbergen (i), a, o
high hoch
hike wandern (ist)
hinder hindern
history die Geschichte, -n
hit (*target*) treffen (i), a, o
hold halten (ä), ie, a
holiday der Feiertag, -e
home: go . . . nach Hause gehen
  at home zu Hause
homeland die Heimat, -en
honest ehrlich
honor die Ehre, -n
honor ehren
hope hoffen
horse das Pferd, -e
hostel die Herberge, -n
hot heiß
hour die Stunde, -n
house das Haus, ¨-er
how wie
  how much wieviel
however aber, jedoch, doch
human being der Mensch, -en, -en
hunger der Hunger
  be . . . Hunger haben
hungry hungrig
hurry eilen (ist)
hurt weh tun, tat weh, weh getan
husband der Mann, ¨-er

idea der Gedanke, -ns, -n
if wenn
  as if als ob, als wenn

ill krank
imagine sich (*dat.*) vor/stellen
immediately gleich, sofort
important wichtig
impossible unmöglich
impression der Eindruck, ¨-e
in in (*dat.*)
    into in (*acc.*)
indeed ja, überhaupt, wohl
influence der Einfluß, -sses, ¨-sse
information die Auskunft, ¨-e
inn das Wirtshaus, ¨-er
innkeeper der Wirt, -e
inside innen, drinnen
instead of anstatt, statt (*gen.*)
instruct, teach unterrichten
instruction der Unterricht
intelligent intelligent, klug
intention die Absicht, -en
interested: be . . . in sich interessieren
    für (*acc.*)
interesting interessant
interrupt unterbrechen (i), a, o
introduce vor/stellen
invitation die Einladung, -en
invite ein/laden (ä), u, a
Italy (das) Italien

jacket die Jacke, -n; der Rock, ¨-e
job die Stellung, -en
joke der Spaß, ¨-e
journey die Reise, -n
joy die Freude, -n
judge der Richter, -
judgment das Urteil, -e
jump springen, a, u (ist)
just eben, soeben, gerade
    just as ebenso
justice das Recht

keep behalten (ä), ie, a
key der Schlüssel, -
kill töten
kind lieb, freundlich

kind (sort) die Art, -en
all kinds of allerlei
king der König, -e
kiss küssen
knife das Messer, -
knight der Ritter, -
knock klopfen
know (*facts*) wissen (weiß), wußte,
    gewußt
know, be acquainted with kennen,
    kannte, gekannt
know, know how to können (kann),
    konnte, gekonnt
known bekannt

lack: be lacking, absent fehlen (*dat.*)
lady die Dame, -n
lake der See, -n
land das Land, ¨-er
landlady die Wirtin, -nen
lane (*auto*) die Bahn, -en
language die Sprache, -n
large groß
last letzt
    last night gestern abend
last dauern
late spät
latter dieser
laugh lachen
lay legen
lazy faul
lead führen
leaf das Blatt, ¨-er
learn lernen
least: at least wenigstens
leave lassen (ä), ie, a; verlassen
leave-taking der Abschied, -e
left link-
    to the left links
leg das Bein, -e
lesson die Aufgabe, -n; die Stunde, -n
let lassen (ä), ie, a
letter der Brief, -e
library die Bibliothek, -en

lie liegen, a, e
life das Leben, -
lift heben, o, o
light leicht; hell
light das Licht, -er
like mögen (mag), mochte, gemocht
   he likes to sing er singt gern
   he likes it es gefällt ihm
   Would you like (to) . . . ? Möchten
   Sie . . . ?
like als, wie
lion der Löwe, -n, -n
listen (to) zu/hören (*dat.*)
literature die Literatur, -en; die
   Dichtung, -en
little klein; wenig
little by little nach und nach
live leben, wohnen
load laden (ä), u, a
lonely einsam
long lang
   as long as solange
   for a long time lange
look, appear aus/sehen (ie), a, e
look (at) schauen (auf + *acc.*);
   an/sehen (ie), a, e
look forward to sich freuen auf (*acc.*)
look for suchen
loose los
lose verlieren, o, o
loud laut
love die Liebe
love lieben
   fall in love with sich verlieben in
   (*acc.*)
low niedrig
luck das Glück
lucky: be . . . Glück haben
lunch das Mittagessen, -

magnificent herrlich
mail die Post
maintain behaupten
make machen

man der Mann, ¨er
manner die Weise, -n
   in this manner auf diese Weise
many viele
   many a mancher
map die Landkarte, -n; die Karte, -n
market, marketplace der Markt, ¨e
marriage die Ehe, -n
marry heiraten
master der Meister, -; der Herr, -n, -en
material der Stoff, -e
matter: that doesn't . . . das macht
   nichts (aus)
   What is the . . . ? Was ist los?
matter die Sache, -n
may: be permitted to dürfen (darf),
   durfte, gedurft
   That may be. Das mag sein.
maybe vielleicht
meadow die Wiese, -n
meal das Essen, -
mean, think, say meinen
mean (signify) bedeuten
meaning die Bedeutung, -en; der Sinn
meantime: in the . . . inzwischen
meet treffen (i), a, o
meet (encounter) begegnen (ist) (*dat.*)
merchant der Kaufmann, Kaufleute
merry lustig
middle die Mitte
might die Macht, ¨e
milk die Milch
minute die Minute, -n
mirror der Spiegel, -
Miss Fräulein
mistake der Fehler, -
mistaken: be . . . sich irren
moment der Augenblick, -e
money das Geld, -er
month der Monat, -e
moon der Mond, -e
more mehr
moreover übrigens
morning der Morgen, -

most meist
  at the most höchstens
  mostly meistens
mother die Mutter, ⁓
mountain der Berg, -e
mouth der Mund, -e *or* ⁓er
move, stir bewegen
move ziehen, zog, gezogen (ist)
movie theater, movies das Kino, -s
  go to the . . . ins Kino gehen
Mr. Herr
Mrs. Frau
much viel
Munich München
music die Musik
must (have to) müssen (muß), mußte,
  gemußt
  must not nicht dürfen
myself, yourself, etc. selber, selbst

name der Name, -ns, -n
name nennen, nannte, genannt
namely nämlich
narrow eng
nation das Reich, -e
naturally natürlich
nature die Natur, -en
near nah(e)
necessary nötig, notwendig
neck der Hals, ⁓e
need die Not, ⁓e
need brauchen
neighbor der Nachbar, -n, -n
neither . . . nor weder . . . noch
nephew der Neffe, -n, -n
never nie, niemals
nevertheless doch, trotzdem
new neu
newspaper die Zeitung, -en; das Blatt,
  ⁓er
next nächst
next to neben
nice nett, schön
niece die Nichte, -n

night die Nacht, ⁓e
no nein; (*adj.*) kein
  no longer nicht mehr
noble edel
nobody, no one niemand
none keine
noon der Mittag, -e
north der Norden
nose die Nase, -n
not nicht
  not a, not any kein
  not at all gar nicht
  not until erst
note bemerken, merken
notebook das Heft, -e
nothing nichts
  nothing but nichts als
notice merken, bemerken
novel der Roman, -e
now nun, jetzt
  now . . . now bald . . . bald
number die Zahl, -en; die Nummer, -n

object der Gegenstand, ⁓e
observe beobachten
occur vor/kommen, a, o (ist)
ocean das Meer, -e; die See, -n
of von (*dat.*)
off fort, ab, weg
offer an/bieten, o, o
office das Amt, ⁓er
officer der Offizier, -e
official der Beamte, -n, -n
often oft
old alt
on auf, an
once einmal
  once more noch einmal
once, formerly einst
one (*indef. pron.*) man; (*numeral*) ein
one another einander
only nur; (*adj.*) einzig
open offen, auf
open öffnen; auf/machen

opera die Oper, -n
opinion die Meinung, -en
opposite das Gegenteil, -e
opposite gegenüber (*dat.*)
or oder
order: in . . . that damit
   in . . . to um . . . zu + inf.
order, command befehlen (ie), a, o
   (*dat.*)
ordinary gewöhnlich
origin der Ursprung, ̈e
originate entstehen, entstand,
   entstanden (ist)
other ander-
otherwise sonst
out, out of aus (*dat.*)
out of doors draußen
outside draußen
over über
own (*adj.*) eigen
own besitzen, besaß, besessen

package das Paket, -e
page die Seite, -n
pain der Schmerz, -en
pair das Paar, -e
paper das Papier, -e
parents die Eltern (*pl.*)
part der Teil, -e
   partly teils
   in part zum Teil = z.T.
part sich trennen
particular besonder-
party die Party, -s; die Gesellschaft,
   -en
past die Vergangenheit
path der Weg, -e
pay (for) bezahlen
pay attention (to) auf/passen
   (auf + *acc.*)
peace der Friede(n), -ns
peak der Gipfel, -; die Spitze, -n
peasant der Bauer, -n, -n
peculiar seltsam

pen die Feder, -n
penalty die Strafe, -n
pencil der Bleistift, -e
people das Volk, ̈er; die Leute (*pl.*)
perhaps vielleicht
permit erlauben (*dat.*)
permitted: be . . . to dürfen (darf),
   durfte, gedurft
person der Mensch, -en, -en; die
   Person, -en
   a . . . man
physician der Arzt, ̈e
picture das Bild, -er
piece das Stück, -e
   piece of paper das Stück Papier
place der Platz, ̈e; der Ort, -e; die
   Stelle, -n
place, put stellen, setzen
plate der Teller, -
play spielen
play, drama das Schauspiel, -e; das
   Drama, Dramen
pleasant angenehm
please bitte
please gefallen (ä), ie, a (*dat.*)
pleasure die Freude, -n; das
   Vergnügen, -
pocket die Tasche, -n
poem das Gedicht, -e
poet der Dichter, -
poetry die Dichtung, -en
point die Spitze, -n
polite höflich
pool: public . . . das Freibad, ̈er
poor arm
position die Stelle, -n; die Stellung, -en
possess besitzen, besaß, besessen
possible möglich
post office die Post; das Postamt, ̈er
pound klopfen
pour gießen, o, o
power die Macht, ̈e; die Gewalt, -en
powerless machtlos
practice die Übung, -en

practice üben
praise loben
pray beten
prefer vor/ziehen, zog vor, vorgezogen;
  lieber + *verb*
prepared bereit
presence, present die Gegenwart
present (gift) das Geschenk, -e
present (give) schenken
press drücken
prevent hindern
previously vorher, früher
price der Preis, -e
prize der Preis, -e
probably wahrscheinlich, wohl
problem das Problem, -e
profession der Beruf, -e
professor der Professor, -en
program das Programm, -e
promise versprechen (i), a, o (*dat.*)
proud stolz
  be . . . of stolz sein auf (*acc.*)
prove beweisen, ie, ie
Prussia (das) Preußen
pull ziehen, zog, gezogen
punishment die Strafe, -n
pupil der Schüler, -
pure rein
purpose der Zweck, -e
purse die Tasche, -n
push stoßen (ö), ie, o; schieben, o, o
put (place) stellen, legen
put on (clothes) an/ziehen, zog an,
  angezogen

quarrel streiten, i, i
question die Frage, -n
quick schnell
quiet ruhig, still
quite ganz

railroad die Bahn, -en
rain der Regen, -

rain regnen
raise heben, o, o
rare selten
rate: at any rate auf jeden Fall
reach (hand) reichen
reach (attain) erreichen
read lesen (ie), a, e
ready bereit, fertig
real wirklich, eigentlich
reality die Wirklichkeit, -en
reason der Grund, ̈e
recent neu
receive bekommen, a, o; erhalten (ä),
  ie, a; empfangen (ä), i, a
reckon rechnen
recognize erkennen, erkannte, erkannt
recommend empfehlen (ie), a, o
red rot
relate erzählen
remain bleiben, ie, ie (ist)
remark bemerken
remember sich erinnern an (*acc.*)
repeat wiederholen
report der Bericht, -e
report berichten
represent dar/stellen
request bitten, a, e
rescue retten
respect die Achtung
rest ruhen
return zurück/kehren (ist)
review wiederholen
Rhine der Rhein
ribbon das Band, ̈er
rich reich
rid: get . . . of los/werden (ist) (*acc.*)
ride fahren (ä), u, a (ist)
ride (*on an animal*) reiten, i, i (ist)
right das Recht, -e
  be right recht haben
right (correct) richtig
right (*direction*) recht-
  to the . . . rechts
ring der Ring, -e

rise steigen, ie, ie (ist)
river der Fluß, -sses, ̈-sse
rock der Felsen, -; der Stein, -e
Rome Rom
roof das Dach, ̈-er
room das Zimmer, -; der Raum, ̈-e
row die Reihe, -n
rule die Regel, -n
   as a rule in der Regel
run laufen (äu), ie, au (ist); rennen,
   rannte, gerannt (ist)
Russia (das) Rußland
rush stürzen (ist)

sacrifice opfern
sad traurig
safe sicher
salute der Gruß, ̈-e
same gleich
   the same derselbe
satisfied zufrieden
save retten
say sagen, meinen
scarf das Tuch, ̈-er
school die Schule, -n
   to school in die Schule
science die Wissenschaft, -en
scream schreien, ie, ie
sea das Meer, -e; die See, -n
search for suchen
season die Jahreszeit, -en
seat der Platz, ̈-e
secret das Geheimnis, -sses, -se
secret geheim
see sehen (ie), a, e
seem scheinen, ie, ie; vor/kommen, a,
   o (ist)
seize greifen, i, i
seldom selten
sell verkaufen
send schicken; senden, sandte, gesandt
sense der Sinn, -e
sentence der Satz, ̈-e; das Urteil, -e
separate trennen

serious ernst
serve dienen (*dat.*)
service der Dienst, -e
set (*the table*) decken
set setzen
several mehrere, einige
severe streng
shade der Schatten, -
shadow der Schatten -
shine scheinen, ie, ie; glänzen
shirt das Hemd, -en
ship das Schiff, -e
shoe der Schuh, -e
shoot schießen, o, o
shop das Geschäft, -e; der Laden, ̈-
shopping: go shopping ein/kaufen
shore das Ufer, -
short kurz
short story die Novelle, -n
should (be supposed to) sollen (soll),
   sollte, gesollt
shoulder die Schulter, -n
shove schieben, o, o
show zeigen
shut zu/machen; schließen, o, o
sick krank
side die Seite, -n
sign, signal das Zeichen, -
significance die Bedeutung, -en
significant bedeutend
signify bedeuten
silent: be . . . schweigen, ie, ie
silver das Silber
similar ähnlich
simple einfach
sin die Sünde, -n
since (*causal*) da; (*temporal*) seit *or*
   seitdem; (*prep.*) seit (*dat.*)
sincere herzlich
sing singen, a, u
single einzeln
sister die Schwester, -n
sit sitzen, saß, gesessen
sit down sich setzen

situated: be . . . liegen, a, e
size die Nummer, -n; die Größe, -n
skirt der Rock, ⸚e
sky der Himmel, -
sleep schlafen (ä), ie, a
slender schlank
slight gering
slow langsam
small klein
smart klug
smell riechen, o, o
smile lächeln
smoke rauchen
snow der Schnee
snow schneien
so so
  so (therefore) also
  so that damit
society die Gesellschaft, -en
soft weich
softly leise
soldier der Soldat, -en, -en
sole einzig
solve lösen
some, any irgend-
some manche, einige
somebody jemand
someone jemand
something etwas
sometimes manchmal
somewhat etwas
son der Sohn, ⸚e
song das Lied, -er
soon bald
  as soon as sobald
sorrow das Leid, -en
sort die Art, -en
  all sorts of allerlei
sorry: be . . . leid tun (*dat.*)
soul die Seele, -n
south der Süden
space der Raum, ⸚e
speak sprechen (i), a, o
special besonder-

spend (*money*) aus/geben (i), a, e
spirit der Geist, -er
spite: in . . . of trotz (*gen.*)
splendid herrlich
spoon der Löffel, -
spring der Frühling, -e
stairs(s) die Treppe, -n
stand stehen, stand, gestanden
state der Staat, -en
station der Bahnhof, ⸚e
stay bleiben, ie, ie, (ist)
steal stehlen (ie), a, o
step treten (tritt), a, e (ist)
still noch, noch immer, immer noch
still (quiet) still, ruhig
stocking der Strumpf, ⸚e
stone der Stein, -e
stop stehen/bleiben, ie, ie (ist); halten
  (ä), ie, a
store der Laden, ⸚; das Geschäft, -e
storm der Sturm, ⸚e
story die Geschichte, -n
straight gerade
  straight ahead geradeaus
strange fremd; seltsam
street die Straße, -n
strength die Kraft, ⸚e
stretch strecken
stride schreiten, i, i (ist)
strike (hit) schlagen (ä), u, a
strong stark
struggle der Kampf, ⸚e
student der Student, -en, -en
study studieren
stupid dumm
subject das Fach, ⸚er
succeed gelingen, a, u (ist) (*dat.*)
  I succeed es gelingt mir
success der Erfolg, -e
such, such a (one) solcher, solch ein,
  so ein
sudden(ly) plötzlich; auf einmal
suffer leiden, litt, gelitten
suggest vor/schlagen (ä), u, a

suit (*of clothes*) der Anzug, ̈-e
summer der Sommer, -
summit der Gipfel, -
sun die Sonne, -n
superhighway die Autobahn, -en
supposed: be . . . to sollen (soll), sollte,
  gesollt
sure sicher
  to be sure zwar, allerdings
surround umgeben (i), a, e
sweet süß
sweetheart der Schatz, ̈-e
swim schwimmen, a, o (ist)
swimming pool das Schwimmbad, ̈-er
Switzerland die Schweiz

table der Tisch, -e
take nehmen (nimmt), nahm,
  genommen
talk reden
tall groß, hoch
tape das Tonband, ̈-er
task die Aufgabe, -n
taste schmecken
teach lehren
teacher der Lehrer, -
tear reißen, i, i; zerreißen
telephone an/rufen, ie, u
television das Fernsehen
television set der Fernsehapparat, -e
  watch television fern/sehen
tell sagen, erzählen
terrible schrecklich
test die Prüfung, -en
  take a test eine Prüfung machen
test prüfen
than als
thank danken (*dat.*)
  thank you danke (schön)
thankful dankbar
that (*dem. pron.*) das; (*adj.*) jener;
  that one jener; (*conj.*) daß; (*rel. pron.*)
  der, die, das;
  that is das heißt = d.h.

the der, die, das
  the . . . the je . . . desto
theater das Theater, -
then dann
there da, dort
there are, there is es gibt
therefore also, daher, darum
these diese
thick dick
thin dünn
thing das Ding, -e; die Sache, -n
think (of) denken, dachte, gedacht
  (*an + acc.*)
thirst der Durst
thirsty durstig
this, this one dieser
  this evening heute abend
those jene
thought der Gedanke, -ns, -n
throat der Hals, ̈-e
through durch (*acc.*)
throw werfen (i), a, o
thus so
ticket die Karte, -n
ticket office der Schalter, -
tie binden, a, u
tight eng, fest
time die Zeit, -en; das Mal, -e
  at that time damals
tired müde
to zu (*dat.*), nach (*dat.*), auf, in, an
today heute
together zusammen
tomorrow morgen
tonight heute abend
too zu
too much zu viel
too (also) auch
tooth der Zahn, ̈-e
top der Gipfel, -
toward nach (*dat.*); entgegen (*dat.*)
towel das Tuch, ̈-er
tower der Turm, ̈-e
town der Ort, -e

townsman der Bürger, -
track die Bahn, -en
traffic der Verkehr
train der Zug, ⁻e; die Bahn, -en
translate übersetzen
travel reisen (ist)
treasure der Schatz, ⁻e
tree der Baum, ⁻e
trip die Reise, -n; die Fahrt, -en
trousers die Hose, -n
true wahr
truth die Wahrheit, -en
try versuchen
turn wenden, wandte, gewandt;
   biegen, o, o (ist)

ugly häßlich
umbrella der Schirm, -e
uncle der Onkel, -
under unter
understand verstehen, verstand,
   verstanden; begreifen, i, i
unfortunately leider
United States die Vereinigten Staaten,
   die USA
university die Universität, -en
until bis
  not until erst
up auf
upon auf
up to bis
use gebrauchen
usual gewöhnlich, üblich
usually meistens, gewöhnlich

vacant frei
vacation(s) die Ferien (*pl.*)
valley das Tal, ⁻er
value der Wert, -e
very sehr
  very much sehr
victory der Sieg, -e
Vienna Wien
view der Blick, -e

village das Dorf, ⁻er
visit der Besuch, -e
visit besuchen
voice die Stimme, -n
vote wählen

wagon der Wagen, -
wait (for) warten (auf + *acc.*)
waiter der Kellner, -
wake up auf/wachen (ist)
walk laufen (äu), ie, au (ist); gehen,
   ging, gegangen (ist)
  go for a walk einen Spaziergang
   machen, spazieren/gehen
walk der Spaziergang, ⁻e
wall die Wand, ⁻e; die Mauer, -n
want to wollen (will), wollte, gewollt
war der Krieg, -e
warm warm
wash waschen (ä), u, a
watch die Uhr, -en
watch, observe beobachten
water das Wasser, -
way der Weg, -e
way (manner) die Weise, -n
  in this way (and manner) auf diese
   Art (und Weise)
  by the way übrigens
weak schwach
wealthy reich
wear tragen (ä), u, a
weather das Wetter
week die Woche, -n
weep weinen
welcome: you're welcome bitte
well, fountain der Brunnen, -
well gut, wohl; (*as particle*) nun
well-known bekannt
west der Westen
wet naß
what was
  what kind of (a) was für (ein)
whatever was
wheel das Rad, ⁻er

when wann, wenn, als
whenever wenn
where wo
  where to wohin
whether ob
which (one) welcher; (*rel. pron.*) der,
  die, das
while während (*gen.*)
  while . . . ing beim + *inf.*; (*conj.*)
  indem
white weiß
who wer; (*rel. pron.*) der, die das
whoever wer
whole ganz
why warum
wicked schlecht, böse
wide breit
wife die Frau, -en
win gewinnen, a, o
window das Fenster, -
wine der Wein, -e
winter der Winter, -
wise weise
wish der Wunsch, ̈e
wish wünschen
with mit (*dat.*)

  with it, with that damit
within innen
without ohne (*acc.*)
without . . .ing ohne . . .zu (+*inf.*)
woman die Frau, -en
wonder sich wundern
woods der Wald, ̈er
word das Wort, -e *or* ̈er
work die Arbeit, -en; das Werk, -e
work arbeiten
world die Welt, -en
write schreiben, ie, ie
writer der Schriftsteller, -; der
  Dichter, -

yard der Hof, ̈e
year das Jahr, -e
  for years jahrelang
yellow gelb
yes ja
yesterday gestern
yet doch, noch
  not yet noch nicht
young jung
young lady das Fräulein, -
youth, young people die Jugend

Grammatical Index

476

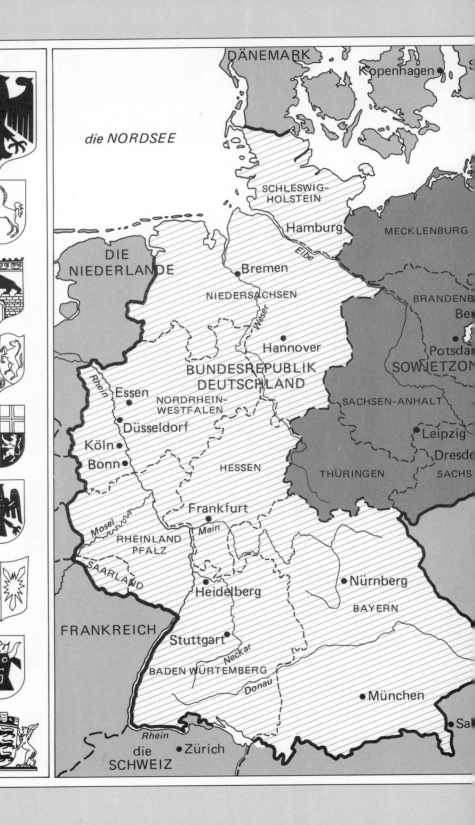

Bundesrepublik
Deutschland

Niedersachsen

Anhalt

Nordrhein-
Westfalen

Saarland

Ostpreussen

Schleswig-Holstein

Mecklenburg

Baden-Würtemberg

DÄNEMARK

Kopenhagen

die NORDSEE

SCHLESWIG-
HOLSTEIN

Hamburg

MECKLENBURG

DIE
NIEDERLANDE

Bremen

Elbe

NIEDERSACHSEN

BRANDENB

Ber

Weser

Hannover

Potsdar

BUNDESREPUBLIK
DEUTSCHLAND

SOWJETZON

Rhein

Essen

NORDRHEIN-
WESTFALEN

SACHSEN-ANHALT

Düsseldorf

Köln

Leipzig

Bonn

HESSEN

Dresde

THÜRINGEN

SACHS

Mosel

Frankfurt

Main

RHEINLAND
PFALZ

SAARLAND

Nürnberg

Heidelberg

BAYERN

FRANKREICH

Stuttgart

Neckar

BADEN WÜRTEMBERG

Donau

München

Sa

Rhein

die
SCHWEIZ

Zürich